社会科学哲学译丛　殷杰　主编

本书受教育部人文社会科学重点研究基地
—— 山西大学科学技术哲学研究中心基金资助

社会科学哲学：导论

〔美〕罗伯特·毕夏普（Robert Bishop）◎著

王亚男◎译

科学出版社

北　京

图字：01-2016-2203 号

© Robert C. Bishop，2007

This translation is published by arrangement with Bloomsbury Publishing Plc.

图书在版编目（CIP）数据

社会科学哲学：导论 /（美）罗伯特·毕夏普（Robert Bishop）著；王亚男译. —北京：科学出版社，2018.1

（社会科学哲学译丛）

书名原文：The Philosophy of the Social Sciences: An Introduction

ISBN 978-7-03-055586-1

Ⅰ.①社⋯　Ⅱ.①罗⋯　②王⋯　Ⅲ.①社会科学-科学哲学-研究

Ⅳ.①C02

中国版本图书馆 CIP 数据核字（2017）第 286289 号

丛书策划：侯俊琳　牛　玲　邹　聪

责任编辑：邹　聪　刘　溪　王志兰 / 责任校对：何艳萍

责任印制：赵　博 / 封面设计：有道文化

编辑部电话：010-64035853

E-mail: houjunlin@mail.sciencep.com

科 学 出 版 社 出版

北京东黄城根北街 16 号

邮政编码：100717

http://www.sciencep.com

三河市春园印刷有限公司印刷

科学出版社发行　各地新华书店经销

＊

2018 年 1 月第 一 版　　开本：720×1000　B5

2025 年 2 月第三次印刷　印张：27

字数：441 000

定价：135.00 元

（如有印装质量问题，我社负责调换）

总　　序

　　社会科学是以社会现象及人的群体行为为研究对象的科学，其所从事的是对人类社会进行理性的、系统的研究；而社会科学哲学则是对社会科学的逻辑、方法和说明模式进行研究的学科，并以社会科学实践的理性重建为基本旨趣。实质上，二者之间呈现出科学与哲学的内在关系。作为人类知识的两种不同形态，自科学脱胎于哲学伊始，其与哲学就不分轩轾，但科学往往以其革命性的动力推动着哲学的发展甚至转向，科学发现为哲学困惑提供了新的出路，同时也使哲学面临着新的问题。

　　一方面，社会科学哲学的发展，从社会科学和自然科学的发展中获得了新的动力，这也是面向科学实践的社会科学哲学发展的基本路径。作为社会科学较为成熟的分支学科，经济学所描述的是，凸显社会状态而非物理状态的人类行为，其方法论被逐步扩展到政治学、社会学、人类学等其他社会科学当中，并且成为社会科学的普遍方法论，比如，理性选择理论依然是当今社会科学哲学所关注的热点之一。自社会学从哲学中分离出来之后，实证方法业已成为社会科学研究的基本方法，由此也开启了社会科学研究的实证主义哲学思潮，当然，实证主义在哲学中的兴盛与当时科学方法论的成功密切相关。时至今日，一系列科学新成果的出现，不断引发社会科学的深刻变化，特别是，人类学与社会学、心理学与认知科学之间的学科交叉发展愈益明显，这更有利于社会科学的"科学性"建设，也有助于社会科学哲学传统问题的实质性求解。比如，用互惠利他理论可以细化囚徒困境的说明，用竞争学习理论来说明跨文化异同，以认知科学中的联结主义来研究社会实践中的"共享"现象，等等。由此，可以看出，社会科学哲学正逐步"参与"到社会科学中来。

　　另一方面，从本质上讲，作为一种对科学进行的反思性实践活动，社会科学哲学就是要对社会理论的所有内容从根本上进行哲学层面的考察，进而寻找到各种理论性和纲领性的思想。作为哲学学科的分支，社会科学哲学的具体形态必然与一定时期的哲学形态相关联。在当代社会科学哲学中，无论是实证主义到后实证主义的相继出现，还是大陆社会科学哲学与英美社会科学哲学的区分，都与其所在的哲学传统有关。此外，社会科学哲学的历史发展，恰恰是哲学与社会科学互动的历史，也是社会科学不断通过自己的理论和实践表达，阐释和建立自己学科特征的历史。虽然当今社会科学有自觉摆脱哲学形而上瓜葛的倾向，但是社会中价值等规范性现象的合理性，却难以完全依靠经验事实来说明，诸如此类的问题，客观上就要求引入哲学的反思，这就使得社会科学哲学与哲学的发展总是同步进行的。20世纪相继发生于社会科学哲学中的逻辑转向、语言转向、历史-文化转向和知识转向便印证了这一观念。

　　综上可见，不能孤立地理解社会科学哲学的发展，因为如果仅按流派来描述其发展理路，则有许多具体的焦点问题得不到应有的关注，这些问题恰恰是哲学与社会科学实践最直接相关、理论最中肯的地方。然而，如果只以具体问题的求解来呈现社会科学哲学现实状况，则有可能在整体语境的缺失下，难以周延问题的全部方面。因此，对于社会科学哲学整体研究的概观性图景的把握，就需要将二者统一起来，点线面结合，同时关注问题的历时性与共时性，这也是社会科学哲学的特殊性为研究者提出的根本要求。

国外社会科学哲学研究可谓方兴未艾。当前的社会科学哲学不能仅仅被视为科学哲学的分支，而是呈现出一种对社会研究实践进行反思的元理论研究。这是一种以社会科学的独立学科建制为基本定位的观点，它把社会科学哲学的研究视为在社会科学本身中进行的事务。可以说，社会科学哲学新的理论定位，直接以具体社会科学的研究对象为目标，不只限于为社会科学提供哲学认识论和方法论意义上的普遍指导，而且更专注于反思社会科学学科当中的社会科学实践，以及寻求具体学科本身的普遍原则和理论。也就是说，社会科学哲学面向科学实践的发展路径正在成为主流。特别是，在当前科学社会学和科学、技术与社会（STS）研究的推动下，社会科学家有组织的社会行为、认知劳动的组织模式、研究者的社会责任、研究共同体的制度化等方面，也正成为社会科学哲学自我反思的重要内容，这也使得社会科学哲学的理论和实践价值得到前所未有的认同。

近 30 年来，国内社会科学哲学研究基本上在各个问题域都有所展开，但是总体上看：一方面，在具体问题研究方面有所深入，在研究范式的形成方面却尚在起步；另一方面，社会科学哲学研究所涵盖的领域并没有形成统一的理解。事实上，这两方面的问题是相互联系的，研究领域的模糊，致很难形成用以对话交流的明晰问题，于是也就难以形成所谓的范式。这个现状是国际性的，社会科学哲学近一个世纪的发展，其本身特质使研究触角无往弗届。以新康德哲学为代表的大陆社会科学哲学，通过其解释学、系谱学和批判理论传统几乎可横贯整个西方哲学史，特别是，自狄尔泰系统探索用"精神科学"来区分自然科学始，到韦伯时形成了比较成熟的解释主义的社会科学哲学理论。而以语言哲学为代表的英美社会科学哲学，则与分析哲学交织在一起，比如，温奇秉承了维特根斯坦的后期思想，将"语言维度"引入社会科学哲学的研究当中。此外，当前的社会科学哲学又不可避免地与认知哲学、心灵哲学等分支联系在一起。实际上，科学社会学、STS 在一定程度上也被认为是广义社会科学哲学的一部分。更为复杂的是，传统哲学分支中还包括社会哲学、政治哲学、法哲学等，这些哲学分支与相应的具体社会科学哲学关系的界定一直存有分歧。在此，需要特别指出的是，从当前学科建制上来看，社会科学哲学的研究"散落"在外国哲学、科学技术哲学、马克思主义哲学等学科领域当中。虽然这些领域都在研究社会科学哲学，但整体上缺乏一种具有统一性的研究范式，如此一来，各个领域的研究共同体就很难形成相应的学术认同感，由此也导致了学术规范的缺失，使得社会科学哲学也难以作为一门学科持续发展。

当然，我们迫切希望社会科学哲学成为一门学科，而不是以一种跨学科的、边缘化的研究状况来呈现，因为它有自己的核心问题，即社会科学的科学地位问题。社会科学哲学学科的建立将有助于其研究范式的形成，而范式的形成更需要学术积累与进步。从近 30 年国内社会科学哲学发展的状况来看，其积累有一定的成就，但是与研究范式的形成还有距离，至少在与该学科相关的学术资料特别国外学术资料方面的丰富程度还不够。因此，我们启动"社会科学哲学译丛"的初衷就是，致力于为社会科学哲学研究范式的建立做一些推动性的工作。事实上，只有对国际学术进展有深入细致的了解，并具备广阔的学术视野，才能建立起自己的合理的学术规范乃至学术话语格局，进而做出理论与实践层面的创新。本译丛总体上出于学科建设的需要，遴选代表西方社会科学哲学最新进展的优秀著作，突出学术观点间的异质性，反映一个时期观点间的对话与交锋，重点关注原创性的作品，同时在国内同行已做好的工作基础上，力求呈现社会科学哲学近半个世纪以来的发展图景，为其学科建设做一份厚实的基础性积累。这将是一项艰巨的任务，所以我们把本译丛设计成开放的体系，徐图渐进，以期虑熟谋审，争取力不劳而功倍。

本译丛的整体框架由四个部分组成。第一部分的内容以史为主，包括社会科学史、社会科学思想史和社会科学哲学史，如《社会科学的兴起 1642—1792》《1945 年以来的社会科学史》《社会科学的历史与哲学》。社会科学是社会科学哲学研究的对象，是哲学依赖的事实基础；社会科学发展的规律和本质的研究离不开对历史的审视与重构；社会科学思想史介于科学与哲学之间，是社会科学范式转换发展的呈现；社会科学哲学史是社会科学哲学教学与科研倚重的方面，一门学科的建立首先是其学科历史的建立，有史才有所谓的继承与发展，有史才有创新的基础。第二部分的内容体现为具体社会科学哲学，如《社会科学与复杂性：科学基础》《社会科学的对象》。当今社会科学的发展从深度上讲专业化程度越来越高，从广度上来看交叉发展是不可逆转的趋势，呈现出学科间协作解决问题的态势，学科间的大一统越来越不可能，学科间的整合则时有发生。因此，对社会科学的哲学批判与反思已不能完全是一种宏大叙事，而需要参与到具体社会科学中来。第三部分的内容聚焦于社会科学哲学专论，主要包括名家名著、专题文集、经典诠释等，旨在呈现某一时期学界关注焦点、学派特色理论、哲学家思想成就等，如《在社会科学中发现哲学》《卡尔·波普尔与社会科学》。第四部分的内容专注于与社会科学哲学相关的教材，如《社会科学哲学：导论》《社会科学哲学：社会思想的哲学基础》。教材建设是学科教学建设的重中之重，成熟教材的译介，为我们编写适合实际情况的教材提供了重要的参照。对此，我们从两个方面来展开：一是社会科学哲学通识课教材；二是其专业课教材。总之，本译丛的规划框架兼顾史论，点线面结合，从科研与教学两方面立意，以期能满足社会科学哲学研究范式建设在著作和教科书方面的需要。

山西大学科学技术哲学研究中心一直以积极的姿态推动中国科学技术哲学的学科建设，以促进中国科学技术哲学的繁荣与发展为己任，在译介西方哲学优秀成果方面形成了优良的学术传统、严谨的学术规范和强烈的学术责任感，曾做过大量而富有成效的工作，并且赢得了国内同行的广泛认可。21 世纪初我们陆续推出"山西大学科学技术哲学译丛"，2016 年我们组织翻译的大型工具书《爱思唯尔科学哲学手册》9 部 16 册已陆续出版发行。我们将一如既往地秉承传统、恪守规范、谨记责任，以期本译丛能够实质性地推动我国社会科学哲学的教学与科研迈上新的台阶。由于本次翻译工作时间紧迫，翻译和协调难度大，难免在某些方面会不尽如人意，我们诚盼学界同人不吝指教，共同推动这一领域学术研究的进步。

在译丛即将付梓之际，作为丛书的组织者，有许多发自肺腑的感谢之言。首先我谨向各著作的原作者致谢，他们的原创性的成果为我们提供了可珍鉴的资源；其次，感谢科学出版社科学人文分社侯俊琳社长，他的远见卓识和学术担当，保证了本译丛的成功策划和顺利出版，他为此付出了难以言表的辛劳；再次，感谢每一部书的责任编辑，他们专业高效的工作保证了译著能够以更好的质量呈现出来；最后，还要感谢诸位译者，他们克服种种困难，尽最大可能保质保量地顺利完成了翻译工作。总之，我希望我们的工作最终能够得到广大读者的认可，以绵薄之力推动国内社会科学哲学事业的蓬勃发展。

"哲学社会科学是人们认识世界、改造世界的重要工具，是推动历史发展和社会进步的重要力量，其发展水平反映了一个民族的思维能力、精神品格、文明素质，体现了一个国家的综合国力和国际竞争力。"[1] 社会科学哲学是哲学，同时是社会科学发展必不可少的思想前提，为社会科学澄清基本概念，以理论模式提供合法化辩护的工具性手段等；社会科学哲学的繁荣必将有力推动社会科学的发展。社会科学哲学译丛的长远意义也正在于此，"安知不如微虫之为珊瑚与蠃蛤之积为巨石也"[2]。谨序。

殷 杰

2017 年 10 月 10 日于山西大学

---

[1] 习近平. 2017-10-10.（新华网授权发布）在哲学社会科学工作座谈会上的讲话（全文）. http://news.xinhuanet.com/politics/2016-05/18/c_1118891128.htm.

[2] 蠃，通"螺"。出自：章太炎. 1981. 译书公会叙//朱维铮，姜义华，等编注. 章太炎选集. 上海：上海人民出版社：36.

本 书 凡 例[①]

本书斜体有以下意义：

（1）作为例示的或者被解释的词语。示例如下。

内格尔分析中的一个关键区分是，*评价性*价值判断和*描述性*价值判断，前者表达赞成或不赞成，后者估算某一特征在何种程度上会存在。（The key distinction in Nagel's analysis is between *appraising* value judgements，which express approval/disapproval，and *characterizing* value judgements，which estimate the degree to which some feature is present.）

（2）表示强调的词语。示例如下。

他们还对这种研究"幕后所发生的事情"提出了一种富有启发性的判断，他们认为问题来自一个隐藏或*伪装的意识形态*（例如，那些被社会科学家和社会行动者所忽视的文化理想）。（They also offer an illuminating diagnosis of 'what's going on behind the scenes' of such research often locating the problem as one of hidden or *disguised ideology*（e.g.，cultural ideals that go unnoticed by social scientists and social actors）.）

（3）未归化的外来词语。示例如下。

理解（*verstehen*）

工具理性（*zweckrational*）

---

① 凡例为译者所加。

目　录

图 表 目 录

图 目 录

表 目 录

引　言

社会科学一直都在引起人们的兴趣。诺贝尔经济学奖每年都得到广泛的宣
传，心理学家在我们的文化（包括情景喜剧和电影）中似乎无所不在，政治学
家也定期在报纸、杂志和电视上接受采访。这种兴趣部分程度上来自这样一个
事实，即我们想知道我们前进的动力是什么，以及为什么我们是其所是。但是
这种兴趣部分程度上也在于社会科学可能解决的那些问题，以及对社会科学家
不管怎样努力，都会不自觉地把个人和文化偏见带入其研究中的担忧。后面的
这些担忧直击社会科学哲学中的一些最深层次的问题的核心，而这恰恰是本书
的主题。

本书可以被用作高年级本科生和研究生的社会科学哲学课程教材。我的目
标是使本书对于哲学系和社会-科学系的那些对自己的学科基础感兴趣的同学
来说，可理解并具有启发性。我通过确定一些常被作为社会科学实践的基础但
却未经检验的假定，来集中研究社会科学中的一些重要的概念问题和方法论问
题，但是这种做法并不意味着需要大量的哲学背景。这些假定和问题会随着它
们在社会科学中塑造研究实践、解释发现，以及阐述理论的主要方式而一并得
到批判性分析。

本书具体章节是讨论这些假定和问题是如何在心理学、理性选择理论、政
治学及经济学中出现的。我使用了一个大的概念框架来对社会-科学研究模式
进行分类，这就为读者提供了一种有效的方式来比较（compare）和对照
（contrast）那些看似完全不同或不可通约的社会-科学研究方法。到本书的末

尾，你将获得一种能力来批判性地思考社会-科学研究的各个重要方面及特定学科的实践。

2   总的来说，本书所覆盖的内容超出了对本科生一学期的学习内容而言合理的范围。故而本书的设计是，这门课程应该包含第一篇和第二篇的全部内容，然后从第三篇和第四篇中挑选出一些感兴趣的章节。第一篇介绍了本书的主题，涉及一些重要的哲学、历史和概念背景，它们是本书其余部分的基础。特别是第三章，介绍并讨论了五种不同的社会研究模式的概念框架。

本书的核心位于第二篇，第二篇集中于对社会科学中价值中立问题的持续考察。这部分的独特之处在于，它强调了文化理想如何总是隐藏在社会-科学研究中，但却影响着社会研究的各个方面。这些内容中绝大部分在关于社会科学的哲学和专业文献中很少得到讨论。间接地说，对这些内容关注得越少，文化理想对社会科学的影响越大。

第三篇对心理学与行为科学、理性选择理论、政治学及经济学给予了简要论述。各章分别讨论了其中一个学科或视角，本书前两篇讨论过的假定和问题也将在本篇的每一章中得到详细的阐释。

最后，第四篇讨论了社会科学哲学中的一些标准的和非标准的问题。该部分内容处理的是数据收集和排序中存在的问题：自由意志-决定论困境及社会科学中的科学解释。本篇的最后两章对于总结全书至关重要，因此我强烈建议，不论作出什么选择，这两章都应该包括在内。第十六章详细讨论了一个贯穿全书的主题——自然科学研究与社会科学研究的相似性问题。第十七章以讨论一种替代性路径结束，这一替代性路径超越了对客观主义还是相对主义的这种毫无意义的选择，因为这些选择似乎困扰着我们对社会研究的基本思考。

这样一本书当然不可能是一个人努力的结果。相反，它是与一些朋友、同事、学生、原著及其他谈话者的大量对话和争论的产物，名字太多在此就不一一列举了。但是一些人值得特别指出。弗兰克·理查森（Frank Richardson）一直都是一位真正的朋友、导师和启发者。过去几年我们之间的大量对话形成了这本书中一些我认为是革命性的见解。他和大卫·洛伦佐（David Lorenzo）对初稿的一些章节提出了有益的、富有洞察力的评论。本书的很多观点受到与哈拉尔德（Harald Atmanspacher）、查尔斯·基尼翁（Charles Guignon）及伦纳德·史密斯（Leonard Smith）等对话的影响，他们甚至可能都没有意识到这一点。特别感谢我的那些把本书初稿当作教科书来阅读的学生，他们从学生的视角提供了很多有意义的评价。我还想特别感谢萨拉·道格拉斯（Sarah Douglas）和亚当·格林（Adam Green）及 Continuum 出版社的编辑团队。他们提供了最大的帮助，使得完成本书的过程比我想象得要更为顺利。

第 一 篇

第一章
科学的概念

　　本书在进行一些探索。总的思想是，拉开帷幕来看看，藏在社会科学研究背后的东西是什么。这些研究作出了哪些假定？包含着哪些概念？社会科学前进的动力是什么？就像冰山的大部分都藏在海洋表面之下一样，也有很多问题藏在社会-科学研究和实践的表面之下。正如我们将看到的那样，"眼不见，心不烦"对于社会科学家的工作而言并非没有影响。

　　探索社会科学的内部运作和基础是一项哲学工作。通常这项工作使人们想到的第一个问题就是："为什么我们应该对社会科学进行哲学探讨？"毕竟这些都是业已确立的研究性学科。它们探索和描绘社会世界的疆域就像自然-科学①学科探索和描绘自然世界一样，起码从对这些问题的主流认识来看是这样的。我们除了认为社会科学家使用科学方法去建构理论，以此来解释、预测和控制人类社会并改善人类社会这种说法，还可以说什么？

8   这些都是非常好的问题。但是对这些问题的回答可能会让你惊讶。很多思想者，无论他们处于社会科学的内部还是外部，都担心这些学科总是作出一些"对显而易见之物的赘述"（Taylor，1985a：1）。更让人苦恼的是，一些人甚至担心社会科学事实上不仅没有改善人类社会，反而给当代（西方）社会带来了一些极不健康的趋势。例如，超级个人主义、社会疏离感、自恋、过分强调对其他人的工具主义控制等（Richardson，Fowers，Guignon，1999）。

为什么要从根本上对社会科学进行哲学探讨，藏在这一问题背后的是一个更深层次的哲学问题，这也是本书的一个核心任务：社会科学与自然科学一样吗？尽管有一些社会科学家和哲学家假定了自然科学与社会科学非常相似（如Kincaid，1996；Steuer，2002），但也有很多理由让我们觉得情况并非如此。如果在社会科学与自然科学之间存在显著的差异，那么使用适用于自然-科学研究的方法和目标，不仅会歪曲我们所尝试理解的社会世界，而且可能会是一些现代的痛苦的来源，这些痛苦我们在日常生活中的很多时刻都能感受得到。我们将看到，事实上有很多证据证明事实的确如此。

另一个关于社会科学的重要问题，同样困扰着很多人，那就是，它们是否可以真正做到价值中立。社会科学领域的很多学生、从业者和评论家，都对社会科学声称可以做到毫无偏见表示担心。他们想知道，如果社会科学事实上的确是严格中立的，那么这些科学如何以某种方式与人类事务关联起来，或者说如何有助于个人福利或推动一个更好的社会的形成？而且这种方式还要不同于某种令人恐惧的、操纵性的行为技术。基于科学规律去追求一种与语境无关的人类行为科学，这种自然-科学的理想在很多人看来是完全丧失个性的，而

---

①   原书中 natural sciences 译为"自然科学"，natural-science 译为"自然-科学"。"自然科学"就是指与人文科学、社会科学相对应的自然科学，指的是普遍意义上的学科；"自然-科学"在原书中一般用作形容词或者限定词，表示"自然科学式的研究"，强调的是自然科学式的研究模式和方法。在原书中，自然科学（natural sciences）一般独立使用，是一个完整的词语，自然-科学（natural-science）一般后面加名词，如 natural-science disciplines，natural-science inquiry，natural-science ideal，natural-science approaches/methods，natural-science terms，natural-science methodology/ epistemology，natural-science model，等等。——译者注

且与我们认为的可以促使生活有意义的东西的认识产生了强烈的冲突，总的来看这一事业就是不利的。例如，有些观察者指出，理论心理学和临床心理学弊大于利（Cushman，1990；Hillman，Ventura，1992；Fancher，1995；Richardson，Fowers，Guignon，1999）。我们可以看到，这些担心就像社会科学中的价值中立问题一样是有根据的，而这也是本书的一个核心关注点。

忽视这些问题——不对社会科学进行哲学探讨——不会使这些问题消失。相反，忽视这些问题会导致对社会科学乃至整个科学事业本身失去信心。一方面，社会科学的理论和发现被证明受到了一些关于基本问题的假定的深刻影响，这些问题涉及世界的本质、知识的本质及美好生活的本质，而且都是很少得到承认且在很大程度上未经检验的*哲学*假定。除非我们已经梳理出这些假定，查明它们对我们的影响，并开始严格过滤它们的过程，否则我们就不能准确或公正地评价社会-科学研究。另一方面，彻底想清楚这些问题和假定也并不会让我们对社会科学丧失信心。相反，我希望通过更多地关注这些问题，我们可以更清晰地思考社会科学应该研究什么，以及它们如何有助于改进人类社会。

第一节　科学是什么？

在我们开始我们的社会科学之旅以前，我需要奠定一些适当的基础，来使我们可以思考这些科学及它们与科学事业本身的关系。很多人都自问过这个问题："科学是什么？"但他们并没有意识到他们提出的是一个哲学问题。分析事物是一种典型的哲学活动，而回答"科学是什么"这一问题，恰恰是要把科学当作一种特定类型的活动来进行分析。

然而，回答这一问题，远不像现有的那些对科学的可能的分析那样简单。科学史学家大卫·林德伯格（David Lindberg）（1992：1-2）提出八种不同的科学概念，其中每一个概念都得到了科学家、哲学家和历史学家的重要支持。

1. 活动概念

科学是一种人类活动的模式，通过科学，我们可以逐步获得对环境的控制。这种观点与工艺传统、手工业者和技术紧密相关，它强调了科学实践产生于我们应对世界的日常方式。托马斯·库恩（Thomas Kuhn）（1996）指出，从历史的视角来看，在 16 世纪到 19 世纪，工艺传统和技术发展对于新科学的出现而言必不可少。当史前人类学习如何参与有成效的农业生产、如何加工皮革和金属等时，即使我们不把他们当作科学家，他们也的确推动了科学的发展。按照这一概念，科学是我们日常实践的一种更具反思性的、更系统化的表达（Dewey，1933）。

2. 理论化概念

科学是概念知识和理论知识构成的一个体系，是一组相互联系的概念和事实。这种概念性的知识体系更有利于理解或解释事物为何会发生。要成为科学就必须是理论化的，这与"应用的"或者集中于技术而言截然相反。理论知识通常被认为会带来技术进步并引导技术发展。这一概念的支持者通常会在科学与工程学之间作出严格的区分，但同时也承认并不是每一个理论性的知识体系都是科学的（如神学、哲学）。因此需要一些额外标准来把科学知识和其他的理论知识体系区别开来。

3. 普遍-规律概念

科学就是寻找一种精确的语言（如数学等）可以表达普遍的、似规律的陈述。这种规律的一个例证就是牛顿第二定律——$F=ma$，这一规律指出，某一物体受到的作用力与这一物体的质量乘以加速度直接相关。与前两种科学概念不同，这一观点表达了科学活动的一个目标：要发现或者形成那些可以用来解释、预测并控制对象行为的普遍规律。

4. 方法论概念

科学是一种*方法论*；也就是说，它是一组特定的程序，通常这些程序是实验性的，被用来探索和证实/证伪关于自然的那些假说和理论。只有当一个陈述与一种公认的方法论建立起适当的联系，或者这一方法论在经验上被证明是可靠的时候，它才能被视为科学的。值得注意的是，托马斯·霍布斯（Thomas Hobbes）和勒奈·笛卡儿（Rene Descartes）也强调了方法论对于科学的重要性，但他们同时也指出了这种方法论从根本上来说是演绎的而不是实验的。

5. 认识论概念

科学是一种认识和证明知识陈述的独特方式；换句话说，它有其独特的*认识论*。只有一个独特的证据来支持科学陈述，这样，区分科学家的就是她如何及为什么相信某些特定陈述。反过来，对于证明科学陈述和科学实践具有特有的认识和证明知识的方式而言，证据至关重要。这个概念的一些更加极端的表达则坚持主张，*只有*科学才能真正创造知识，争论点有时会在一些自然科学家与一些人文和社会科学家之间的"科学大战"中爆发。相比之下，埃米尔·涂尔干（Emile Durkheim）则认为，科学知识和日常知识只存在程度上的不同。因此，尽管科学知识常常更加精炼，但它们的分析和证明可能是相似的。　11

6. 内容概念

科学有其独特的内容（可以说它是一种独特的本体论①，而不是一种独特的方法论或者认识论）；也就是说，它是在很多学科中都有体现关于自然的一组特殊命题，这些学科有物理学、化学、生物学及地理学等。对特定内容的强调促成了一种拼接式的科学观，这就意味着，没有什么可以把单个科学学科联结起来。相比之下，像普遍-规律、方法论和认识论等科学概念，则会形成一种统一的科学图景，其中，所有的科学学科都具有相同的目标、方法论或认识论。

7. 精确概念

科学与任何以精确、准确或客观为特征的程序联系在一起。在这一概念下，如果没有任何其他额外的区分标准的话，工程学、犯罪现场调查，甚至是军事计划和神学等都可能被视为科学。

8. 批准概念

科学是一个批准标签，被用来把我们想要给予特权的东西与其他东西区分开来。在极端形式下，这一概念把科学知识视为完全是社会建构的，因此，除了我们赋予它特殊身份之外，它从根本上来说与任何其他社会现象并无不同。

这些不同的概念既不是相互排斥的也不是完全重叠的，每一个对科学的特征的描述，都指出了科学事业中一些被认为很重要的特征（表 1.1）。活动概念、内容概念和批准概念，当然不包括批准概念的极端形式，都被认为与很多其他概念存在着关联性。例如，日常实践发展并提炼为高度标准化的方法论，可能会把活动概念与方法论概念联系起来。唯理论者，也就是那些相信知识只能通过理性来获得的人，倾向于强调一种理论化的科学概念，而经验论者，也就是那些相信大部分（即使不是所有）知识都是通过感觉来获得的人，则倾向于强

---

① 本体论处理的是世界的属性、范畴或者其他的基本特征。

调一种方法论概念，同时，二者都认为精确性是科学的必然追求，但二者也都不足以描述科学的全部特征。科学在一种文化中获得批准可能是因为其精确性、方法论和认识论。[①] 普遍规律概念更多地关注科学事业的主要愿望或目标，而理论概念、方法论概念和认识论概念则更多地关注科学事业的实现方式（如科学实践）。因此后三个概念可以看作是追求获得普遍规律这一目标的适当方式。

表 1.1　八种科学概念

活动	人类活动的模式
理论化	概念知识和理论知识构成的体系
普遍规律	寻求普遍的、似规律的陈述
方法论	一种方法论
认识论	一种认识论
内容	一种独特的内容
精确	以准确、精确或客观为特征
批准	一种批准的标签

这些概念的共同之处在于，它们是对寻求解释、模式或原理的各种不同的表达，而这些解释、模式或原理可以为我们周围的世界带来秩序、一致和意义。然而，我要强调的是，对于这八种概念中哪一个代表着"正确的"科学观，或者哪些概念可以组合在一起，目前并没有达成共识。很多时候，人们在讨论"科学是什么"的时候，会不自觉地从一个概念转移到另一个概念上。

此外，即使这八种概念在任何条件下都适用，对于很多问题也达不成共识。例如，它们是否可以同样地被应用于自然科学和社会科学，或者是否有些概念更适用于自然科学，而其他概念则更适用于社会科学；另外，不论我们用"科学"这个术语来指称什么，社会科学是否都可以被认为符合任何一种"科学"概念；等等。物理学、化学和生物学被视为范式性的自然科学，而心理学、经济学和社会学则被视为范式性的社会科学。有些人认为，社会科学应该在方法

---

① 这可能是一种把科学的批准和价值严格地归因于科学实践内部的标准的方式。社会建构论思想家（见本书第三章，第四节，第一部分）常把科学的批准视为来自一种社会标准，而这种社会标准与科学实践毫无关系。

上与自然科学类似（如 Hempel，1965；Comte，1974），因此，如果这八种概念中的其中一个（或多个）描述了自然科学的特征，那么它也就描述了社会科学的特征。另一些人则指出，"痴迷于把社会研究转变成自然科学，会掩盖、歪曲和抑制对于将政治和社会生活理论化而言至关重要的那些问题的合法性"（Bernstein，1976：59），因此，如果这些科学概念中的一个（或多个）适用于社会科学的话，那么当它（或它们）被应用于自然科学时，就应该得到完全不同的理解。

假如我们采用一种理论化的科学概念，即科学是一种理论化的知识体系，我们在思考物理学或生物学的时候，就会立即发现，这些学科具有综合性的、包罗万象的理论体系，而且其视角涉及各个不同的领域。如果从一种理论化概念的视角来看，这些学科可以确定无疑是科学。相反，很多评论家已经注意到，与这些自然科学相比，心理学和其他行为科学中几乎没有得到广泛支持的系统化理论，这一点是非常突出的（例如，Taylor，1985b；Slife，Williams，1995；Richardson，Fowers，Guignon，1999）。与这种系统化解释最接近的可能是我们都比较熟悉且有影响力的人格理论，如弗洛伊德的人格理论及它的很多继承者，特别是那些对人类行为的综合性认识，如行为主义、存在主义和认知心理学。尽管如此，行为科学仍然表现出巨大的理论碎片性。那么根据这种理论化概念，我们应该把这些学科当作科学吗？

如果我们采用一种方法论概念，即科学根据一种独特的方法论而与其他事物区分开来，情况仍然难以应付。像物理学和生物学这样的自然科学表现出一种高度的方法论统一性（或者至少可以这么说，这种统一性很容易看得见）。根据方法论概念，它们的得分很高，但是行为科学的得分如何呢？行为科学的各个学科分支在方法论上是碎片化的。不止如此，即使是在主要的学科分支内，情况也类似于成百上千个微小的理论和/或研究孤岛。这些学科分支内的研究各自独立地展开，通常使用完全不同的方法论，根本就没什么希望将它们整合进任何一种一致的画面（Koch，1981；Staats，1991；Yanchar，Slife，1997）。根据方法论概念，行为科学具有科学的资格吗？

类似这样的争论就是向社会科学提出的经典的哲学问题。事实上，不论社会科学与自然科学是一致的还是不同的，不论社会科学是否应该成为一种自然科学这一规范性问题的回答如何，这些问题都是本书的核心关注点。等你读到本书的末尾时，你应该会有能力去思考这些问题并至少得出一些尝试性的答案。

第二节　一些标准的理论概念

通常当我们思考科学时，理论的概念会立刻映入脑海。事实上，科学的理论化概念强调的正是这种观点，即科学知识以某种方式体现在理论中。但是理论是什么？这本质上是另一个纯哲学问题，因为除了理论是系统化的知识体系这一直觉外，几乎达不成任何一致性。

一、逻辑实证主义观点或普遍看法

20 世纪前半叶最流行的一个理论概念是，*实证主义*①观点也叫作*普遍看法*。其核心观点是，理论是由普遍的、与语境无关的规律所固定下来的陈述体系（普遍-规律概念）。一个理论的意义包含在构成这一理论的句子中，就像一本书的意义包含在构成这本书的句子中一样。然而，逻辑实证主义者强调了这些陈述应该采用的方式，也就是说，规律和其他科学陈述都应该以精确的语言（如某种逻辑形式）来表述。规律是公理系统的公理，这样公理系统就可以通过逻辑关系与其他陈述关联起来，这些逻辑关系通常是演绎的，但有时也是归纳的。因此，按照这种观点，理论实际上就是某种公理化的、逻辑上一致的陈述体系（有时叫作命题）。

另外，有一些桥接陈述或者协调定义可以把理论的形式陈述与经验影响连接起来，这就可以对理论化的陈述进行实验测试了。按照这种实证主义概念，理论就具有一种逻辑结构，这种逻辑结构蕴含着经验意义。这样，理论就被视为事实、事实之间的可观察的关系，以及对事实及其之间关系的概括等的形式化描述。可以根据规律来构造对观察到的现象的解释（见本书第十五章），反过来，规律也可以被归入更一般的规律之下。最基本的理论层次，通常被认为

---

① "实证主义"一词指的是，一种所谓的只处理客观的、可证实的事实的实证科学。一般来说，实证主义坚持认为，感觉经验是形成关于世界的知识的唯一方式。

是物理学，原则上包含少数几个一般规律，然后所有其他规律和现象都可以从这几个一般规律中推导出来。

逻辑实证主义，作为一种支持这种理论概念的有影响力的哲学运动，本质上是一种认识论，而且其理论观恰恰反映了这个重点。"科学认识论"的基础类似于弗朗西斯·培根（Francis Bacon）（1561—1626）所主张的观点：科学开始于作出详细的观察，然后对这些观察进行经验概括，进而发现一些长久的模式。这些观察和概括都可以用观察术语构成的一组词汇来进行阐释，这些术语描述了所研究的现象的行为。随后通过定义引入一组理论词汇，就可以用某种形式的语言来阐述普遍规律或概括。规律最终应该可以为观察到的现象提供一个解释，同时通过桥接陈述与观察陈述联结起来。这种认识论类似于更为基本的语言学习过程：人类首先获得一组观察词汇，然后通过用这组词汇表示相似的事物并为这些事物命名，进而扩展了这组词汇，因而获得了一组理论词汇。这真的是一种"自下而上的"获得知识的方法。

逻辑实证主义就像它听起来的那样，是形式主义的，其巨大吸引力在于，它看似为知识提供了纯粹的、与历史无关的标准，为了把真理与误差或错觉区分开来提供了一个阿基米德点；它看似提供了确定性和无偏见的知识，而这些正是我们期望从科学事业中获得的。然而，正如我们在读完全书将看到的，这些美好的理想存在着一些问题。

这一传统因为一些众所周知的原因崩塌了（Kuhn，1996；Miller，1987；Suppe，1977）：①这些实证主义分析所使用的逻辑词汇太过受限而不能准确捕捉科学理论的结构。[1] 此外，把重点放在关于世界的陈述所采用的形式上，几乎完全脱离了实际的科学实践。②这些分析所逐渐显现出的各种推理规则[2]既不能支持科学家作出推论，也不能准确地重构这些推论。③这些分析所采用的理想化都太过简单而不能反映科学理论和实践的敏感性。④这些分析都假定存

①　在自然科学中，物理学和其他科学实践要求扩展至超越一阶逻辑的范围，但是，所需要的这种扩展会直接导致一些有关完整性、可判定性和其他演绎属性等逻辑概念的问题。有一些简单的例子证明了为什么作出这些扩展是合理的。为了把诸如质量或者电荷这样的物质属性描绘成固有的，就需要至少使用二阶特性谓词。另外，经典物理学的很多属性都呈现出一个由可能的物理值所构成的连续统，这些物理值要求足够有力的形式语言来描述真实数值的连续函数。一个更复杂的例子涉及物理学本身的数学语言。尽管数学家认为，真正的分析是根据二阶特性谓词来进行表达的，但是，物理学家还使用了诸如数集和数集微积分等数学概念，而这些概念都要求超越二阶语言。

②　从一组前提或者证据到一个结论的逻辑推导或者其他形式的推理所构成的一个活动或者过程。

在着客观数据，因而在某种程度上，理论及其结构、证实方法和解释模式都可以从数据中读取出来，这一假定严重低估了理论、实验、事实及诠释之间敏感的相互关系（纵观全书我们将看到一些例证）。

二、语义学观点

一种替代性的理论观，就是大家所熟知的*语义学观点*，即理论是模型集合或模型家族，它强调的不是陈述的形式，而是模型的意义或内容。这种科学理论观，至少从某种程度上来说，寻求的更多的是模式本身而不是科学家的实践。因此，与普遍看法相反，理论和模型之间没有区别，理论的意义存在于模型家族中而不是描述模型的任何句子中。在语义学观点最流行的表达中，理论等同于一组模型，因此，理论可以以各种方式得到描述。我们可以说，一个理论就是一类模型，如数学模型或物理模型，但即使是物理模型，也常常被认为可以当作一个数学系统来进行阐释。例如，按照普遍看法，牛顿的运动方程——$F=ma$，被认为是一个普遍的运动规律，但现在我们知道这个规律是错误的。相反，按照语义学观点，这个方程是一个抽象模型，可以用来构建关于真实世界系统的具体的数学模型，如大炮发射炮弹。牛顿方程和他的其他运动规律，都被视为模型构建的原理而不是规律。因此，在某种逻辑意义上，一个理论的各个模型之间可能彼此相关，或者至少在某种较弱的意义上，如相似性上是相关的（这种关系的确切性质仍然是一个非常开放的问题）。

因此，模型还有理论，并不是完全符合真实世界的。相反，它们在某些特定方面类似于①真实世界的系统，或者具有有限的准确性。所以，模型并非旨在描述某一意向领域内某一现象的方方面面。相反，它只想要抽象出这一现象的最为重要的方面来进行分析和描述。它假定这些方面就是这一现象的关键特征，而这一现象的所有其他方面对这些关键特征产生的影响微乎其微。语义学方法中有一种非常强的理想化假定在起作用。因此，只有当一个理论可以根据一些明确的关键特征来描述这些现象的行为的特征时，且这些现象可以像理论所预测的那样完全独立的行动时，才能说这个理论是适合这些现象的。模型的经验部分被认为是表征可观察的现象的候选。因此，理论结构和经验结构之间

---

① 模型与真实世界系统之间的这种相似性关系，其本质处于激烈的争论中。

仍然有区别（如果我们想要接近逻辑实证主义的语言分析的话，也可以说，理论词汇和观察词汇之间仍然有区别）。根据语义学概念，观察到的规则性（以多少有点复杂的方式）与关联理论的模型有关，或者说嵌入在关联理论的模型中。一旦这一点可以成功地实现，模型就可以被应用于那些在世界中观察到的现象，同时我们也就可以解释和预测模型所覆盖的那些现象了。

　　当然，如果在模型的构想中加入这种理想化假定，那么关于这些假定的本质和有效性就会出现各种各样的争论。一个模型如何确定关键特征并把关键特征与非关键特征区分开来？一种方式是通过可控实验来完成，即明确哪些特征对系统的行为会产生巨大的影响，而哪些特征的影响很小或者几乎没有。这些理想化假定其实就是要扔掉那些"非关键特征"，但是，这些特征真的在任何语境下都是无关紧要的吗？[①] 其实还存在其他的一些问题，例如，澄清必须引入哪些辅助假定来实现经验适当性，以及如何证明这些辅助假定是合理的。

三、库恩的观点

　　第三个有影响力的理论概念来自库恩（Kuhn，1996）对科学的分析，这一理论概念完全不同于之前的观点。库恩明确地表达了一种科学实践的概念，这一概念在科学哲学家和科学史学家中间一直非常有影响力，它在关于理论的普遍看法的衰败过程中发挥了重要的作用。例如，库恩强调的其中一点是，自然科学研究比逻辑实证主义所重视的那种僵硬的、算法方法要更具创造性。

　　库恩在常规科学和革命性科学之间作出了一种基本的区分。常规科学实际上就是在一种固定的、公认的范式内解决问题。[②] 正是以这种方式，库恩把范式描述为"普遍接受的科学成就，它可以在一段时间内为参与者共同体提供模型问题和解决方案"（Kuhn，1996：x）。在库恩的故事情节中，一门特定的科学学科开始于前范式阶段，在这个阶段中，对于主题、什么才能算作证据、关键问题和范例是什么等，几乎不能达成任何一致。最终，这门学科围绕一个范式、一组主导性的成就或范例而聚合起来。这些范例代表着解决问题的技术和

---

　　① 　在有些情况下，可能根本就不存在什么无关紧要的概念（比较 Bishop，2006c）。
　　② 　库恩在《科学革命的结构》（*The Structure of Scientific Revolutions*）一书中使用"范式"一词是非常模棱两可的（库恩本人就有多达 21 种不同的用法！）。作为一种解决问题的范例集合，是范式概念这个词的一个非常重要的意义。

策略，这样一组组织化的范例结合起来就被视为代表着一个理论。但是这样一种理论不能等同于一个范式（一般来说，理论是在范式内建构起来的）。范例（可以通过显性规则、隐性规则或者根本就没有规则）为常规科学解决问题提供范式，某一特定学科的科学理论依赖于在这门学科中占支配地位的范式。虽然一个理论可能代表着一些系统化秩序，但它并不必然需要一个公理化的结构或者逻辑结构（事实上库恩对科学理论最终就是这种结构表示怀疑）。

常规科学的任务就是使主导性范式更加确定和准确，并把它应用于新的问题的解决。相反，革命性科学旨在为某一科学分支提供一种新范式，在这个科学分支中，看似一切都待价而沽。在库恩最极端的描述中，主导性（但可能正在衰落的）范式与新范式之间是"不可通约的"。在此，不可通约的意思是，没有基础可以用来比较这两个范式，因为这两个范式之间不存在共同的概念、知识、方法甚至数据。因此，一旦科学家采用了新范式，可能与之前的范式就不会存在任何重叠——这两个范式之间的区别就像是苹果和橘子的区别一样。因此，库恩有时候甚至会更为极端地指出，科学知识在科学革命之间并不具有累积性（如 Kuhn，1996：2-3，92-96）。

依据这一观点，理论发展和理论变化都依赖于范式，但这一观点受到了强烈地质疑，例如：①相对主义（没有任何基本的或独立的标准，来判断什么时候应该为了一个新范式而抛弃一个旧范式）；②不可通约性（范式之间的转移带来了理论术语有意义的相应转移，这样，旧意义与新意义之间就几乎不存在任何关系了）；③"非理性主义"（没有一个标准来判断范式的转移是代表着进步、退步还是仅仅是不同）。这三点给一些人留下了这样的印象，即非理性是科学的核心。然而，库恩有时候又会理性地收回或逐渐削弱对那些相对主义和非理性主义的激进的支持。

科学哲学家对于这些或者其他一些理论概念并没有达成一致的认识。逻辑实证主义者和库恩式的观点在社会科学中最有影响力。然而，就这三个理论概念而言，我们仍然面临着另一个哲学问题。自然科学构成了对理论的这些分析的背景，但这些分析中有能真正适用于社会科学的吗？社会科学的理论化与自然科学的理论化是一回事吗？纵观整本书我们将会看到，有一些明显的证据证明，自然科学的理论化与社会科学的理论化之间存在着显著的差异，但是这些差异应该存在吗？本书的目标之一就是，帮助你判断你应该对这些问题作出怎样的回答。

第三节　作为前范式的社会科学

库恩的科学概念已经被应用于社会科学中，这种科学概念的一个特征就是上文所提到的他的范式概念。库恩把前范式科学看作是那些没有主导性范式存在的科学。对于这些学科而言，可能不存在理论上和方法论上的一致性，但是，存在一种"每个科学家都代表自己"的心态，这样就会有理论和方法论构成一些孤岛，对于关键问题是什么不能达成一致，同时对于研究对象也不能形成集中的认识。库恩对前范式科学的描述看起来非常像我们之前遇到的对行为科学的描述，事实上，库恩认为行为科学与所有社会科学一样都处于前范式阶段（Kuhn，2000）（见本书第十六章，第二节）。

对于很多人来说，这种社会科学观意味着，社会科学至今还缺少这种一致性是因为，相比自然科学而言它们仍然是相对年轻的。毕竟按照这种观点，物理学花了几个世纪才获得其第一个范式。社会科学如何能被期望在其创立不久后就获得范式地位呢？

然而，这种思路至少存在两个问题。第一，正如很多人所相信的那样，如果社会科学在霍布斯的系统性思想里找到了开端，那么很多社会科学学科都有几个世纪之久的历史，这点就是令人信服的。可能在同一历史时期内，社会科学并未收到像自然科学那样持续的努力，但是有足够多的人参与到了研究和测量人类行为的尝试中来。1738 年，丹尼尔·伯努利（Daniel Bernoulli）引入效用概念（见本书第十章，第一节）来描述人类的偏好，皮埃尔-西蒙·拉普拉斯（Pierre-Simon Laplace）在 19 世纪讨论了概率在社会现象中的应用，19 世纪 30 年代，阿道夫·凯特勒（Adolphe Quetelet）研究了从不同谋杀方法发生的频率到苏格兰男人的胸围等观测数据中存在的模式（他事实上创造了"社会物理学"一词）。因此，对社会现象的研究相对较新，这种认识并不符合实际情况。第二，按照库恩的分析，自然科学中比较新的科学学科，如微生物学，在几十年内就已经获得了范式地位，而不是花了几个世纪。因此，一门学科的年龄对于其未能形成一种范式而言，既不是必要条件也不是充分条件。

对于不能获得范式地位，我们也可能指出其他一些原因：①相比自然科学，社会科学收到的持续性努力要少得多；②社会科学比任何自然科学都要复杂得多。很多人都把这些因素作为对为什么社会科学仍处于前范式阶段的解释，如果它们真的是关键因素，那么，自然科学与社会科学之间的唯一的关键差异就是，后者比前者更为复杂，或者说后者受到的关注要远远少于前者。就复杂性辩护而言，它对于社会科学问题有什么影响目前还不清楚。毕竟按照这种回答，科学在所有其他极其复杂的现象领域（如生物学和生态学）中都已经取得了明显的进步，因此，如果复杂性是唯一的问题，那么为什么社会科学就应该是不同的？绝对的复杂性、缺少足够长时间的或持续性的努力等，这些加起来可能会解释社会科学的前范式本质，但正如我们刚刚已经看到的，很多时间和努力已经投入社会科学中了。

然而即使这些争论得到解决，我们还是要注意，它们假定了自然研究与社会研究之间的差异只是程度上的，而不是类型上的。但是，有一个更重要的原因可以解释，为什么相对于自然科学而言社会科学看起来是前范式的。正如在下一节中将要指出的，社会科学可能从根本上就不同于自然科学。如果社会科学中的研究对象是完全不同的，那么将自然科学方法严格应用于社会科学研究，就很可能导致理论和方法论断裂的情况出现，而这种情况我们在社会科学的很多领域中都已经看到了。此外，正如前文所指出的，尝试把社会科学纳入自然科学的模具，可能会维持甚至加剧我们正在努力理解和解决的那些人类社会的问题。

对社会科学范式分析的思考进一步产生了其他两个问题。第一，范式的确是构想科学活动的适当方式吗？如库恩对范式的构想一样，范式集中于大量的一致性；他有时会更为激进地指出，即使是在同一学科内，前范式与后范式之间也没有任何共同之处（例如，前范式中可能没有任何知识可以被传输到后范式中）。但是，这是一种太过僵硬的范式概念，库恩自己在其不那么激进的时刻也承认这点（如 Kuhn，1996：129-130，169）。那么，一种更为宽松的范式概念可以完成库恩所期望的工作吗，或者说这一概念会不会变得太过灵活而不能作出有效的区分？

　　第二，库恩对范式的分析完全是在自然科学领域内进行的，而且全都是用自然科学的例子来阐释的。简单地把相同的分析形式应用于社会科学，看起来预先判断了自然科学与社会科学是否足够相似这一问题。而这恰好就是库恩（Kuhn，2000）的观点（我们将在本书第十六章来检验这一观点），但是就这一点而言存在大量的争论，是否应该沿着这些路线来构想社会科学，目前还不清楚。例如，把社会科学称为前范式，意味着社会科学将经历与自然科学在某一时刻上所经历的完全相同的转移。但是，有任何理由去期望这种情况会实现吗？除非我们已经确定，社会科学从根本上来说与自然科学完全相同，否则这就是不可能实现的。因为期望社会科学像自然科学一样形成范式，就假定了这些科学之间不存在根本性差异，这样，当范式概念被应用于社会研究时，就不会不相关或者有问题。

21

第四节　理解的经验方法 vs 理解的诠释方法

　　在一篇题为"心理学中的和平共处"的极富见解的文章中，查尔斯·泰勒（Charles Taylor）（Taylor，1985a：117-138）区分了心理学中两种主要的理解方法，这两种方法同样也适用于社会科学。第一种方法集中于原始数据，泰勒将使用这种方法的人称为"相关者"（correlators）。这种方法受到单义（只承认一种意义）的主体间一致这一目标的驱动，它包含三个主要构成：①依靠"原始"数据，即科学家可以获得的那些数据，不需要作出任何诠释（换句话说，生成数据的实验必须可以被任何人复制，而不只是那些拥有某种特定观点的人）；②依靠对数据的操作，这些操作也是不用诠释的，或者说只承认一种意义（"单义操作"）；③物理主义，即物理参数和变量是原始数据的适当候选（因为物理参数和变量被认为是单义的）。依赖于某一个人的观点或诠释的评价性判断，永远都不可能摆脱诠释性争论，且永远都不可能满足前两个标准。因此，按照这种方法，它们不能被当作适当的科学数据。相关者一般寻求的是人类行为的普遍规律，遵循特定的方法论并拥有特定的认识论（正如我们后面将要看到的）。

　　因此，数据发挥着双重作用。第一，数据构成了观察到的现象领域，理论正是为这些现象所建构的。这些理论被用来为这些现象提供解释，并为哪种类型的现象值得期待提供预测。第二，数据为证实或者破坏我们的理论提供了证据。因此，数据既是科学理论化的目标，同时也充当理论成功或失败的证据。如果数据承认了不只有一种意义，那么无论如何，它们都不可能发挥这种双重作用，而正是凭借这种双重作用，我们可以在理论的成功和失败之间作出原则性区分，并清晰地说明我们的理论意味着什么，等等。如果社会领域的数据承认多重意义，那么就不会有一种固定的、稳定的意义。没有这种稳定的意义的情况下，如果意义之间存在着转化或者不一致，如何可以形成有关这种现象的理论，如何检验理论解释和预测是否是准确的？

　　接下来是使用相关者方法的一个简单例子。设计一个问卷调查表，其中，各种态度都被具体化为信念陈述，对于这些信念陈述，人们可以表达同意或者不同意（如标准的课程评价调查）。通过给被调查者一组从"非常同意"到"非常不同意"的回应，就可以完成问卷调查。基于某个规模，这些回应被赋予不同的数值或权重，对于所研究的态度而言，这个规模必须是经过验证的（例如，关于他们已经完成的某一门课程）。然后就可以用统计分析来证明受访者对态度的显性表达与想要的结果（例如，他们期望在这门课程中获得的分数）之间的相关度，受访者对态度的显性表达通常被表示为具体化的命题。对这些问卷调查表的回应就被视为原始数据，就像某人举起他的手一样，而揭示相关性的数据分析的统计学方法被认为是单义数据操作。看似不需要作出任何诠释。

　　泰勒用他所谓的"诠释者"来对比相关者。诠释者意识到，人类是自我诠释性的存在，我们的行动路线通常与我们的感觉、我们认为重要的东西、我们观察世界的方式等紧密相关，对于人类是自我诠释性的存在这种观点，我还有其他看法。换句话说，人类行动所生成的任何社会科学数据都不可能是未经诠释的，因此，社会科学研究需要一种诠释方法。正如泰勒所指出的，"行动和感觉……部分程度上可以根据看待所考察的人类的思维、想象、意向及方式等来得到描述"（Taylor，1985a：120）。

　　正如泰勒的描述一样，相关者和诠释者都是社会科学研究类型或模式的夸张或极端表现（见本书第三章）。几乎没有研究者真的符合这些特征，但是对于揭示自然科学与社会科学之间的可能的差异而言，它们被证明是有用的。例如，我们如何确定一个行动？作为相关者，我们可能会通过行动本身明显的、可观察的特征来刻画行动，并寻找规则性。然而，对于诠释者，行动根据目的和意向性得以确定。如果你给我一盒巧克力，那么，我伸出手来选择一块巧克力，与我伸出手来试图阻止这盒巧克力掉在地上，是两个完全不同的行动。一个更加困难的例子是，不理解一个人对于事物的看法及她正在做的事情的意义，就试图去决定这个人是为了保全面子还是她真的在表达愤怒。

　　对于感觉而言的情况也是相似的。以羞耻感为例。当一个人在某些方面做了不光彩的或者有损人格的事情时，羞耻感就会出现，羞耻感既与她对于自我的感觉有关，也与她对其社会的传统和期望的感觉有关。她对这种羞耻感的理解和评价产生于这些事情对她而言所具有的意义，这就涉及她的价值观和理念，她自己的道德观，以及她认为对她而言重要的东西，她当前对于她周围的社会环境的理解和这些环境的微妙影响等，其中很多因素在很大程度上她自己都没有注意到。因此，羞耻感并不只是动力因果关系的问题。[①] 一个人的价值和她观察世界的方式及社会环境等，都发挥着形式因的作用。[②] 如果没有这些形式因，这种情况或行为可能对她而言就不会被视为可耻的。

　　这就意味着心理学的数据，如行为和情感等，以及其他社会科学的数据都不可避免的是诠释性的，因为它们是由价值构成的，既包括个人价值也包括社会价值。因此，相关者的第一个要求就被违反了，因为数据永远都不可能是原始的，即永远都不可能是不需要诠释的，恰恰相反，人类的诠释和情感构成了他们的行动。根据泰勒的观点，如果脱离开一个人的情感和意向，我们就不能理解她所做的事情。同时，如果没有原始数据，就不存在不需要诠释的数据操作、程序或方法，因此，相关者方法的第二个要求看似充其量也只具有有限的

23

---

　　① 动力因果关系一般被视为科学中的唯一一种因果关系形式。动力因果关系有两个关键特征：第一，能量、动量或者一些其他的物理量的转移；第二，原因和结果之间的一种先行关系。这种先行性可以是逻辑上的，即原因在逻辑顺序上先于其结果而存在，也可以是时间上的，即原因在时间上先于其结果而存在。时间上的先行性概念支配着科学中动力因果关系的使用。在自然科学语境中，一个典型的例证是，移动的母球撞击静止的八号球，转移了能量和动量，进而造成了八号球的运动。认知科学中的一个例证是，信息输入（如通过感觉）触发了（处于大脑或者更广泛的神经系统中的）处理器，这些处理器的输出反过来决定着行为。
　　② 形式因（亚里士多德，形而上学，第5卷第2章；Slife，Williams，1995，第4章），就是把部分和整体联系起来的一个过程或者事件的形式或者结构，它引导或者约束着部分如何在一个整体中运行（就像设计图对于房屋的建造一样）。此外，这种对部分的约束或者管理会同时发生，相比之下，动力因果关系则是随着时间顺序来发生的。

适用性。此外，如果没有原始数据，物理变量，如对显性行为的量化，将不能作为原始数据的最佳候选，因此，相关者的第三个要求看似也是有问题的。

　　近代以来，社会科学的批判者和有思想的观察者一直认为，对于研究亲密的人类实际生活而言，相关者的方法是一种相当冷漠的、分离的方法。而对于自然科学方法事实上扭曲而不是澄清了日常生活，特别是诠释对于理解人类行为和社会行为而言至关重要，这些担忧不断出现（见本书第二章）。沿着这些思路，在思考参与式能动性（engaged agency）这个概念时，一种观察相关者和诠释者之间差异的不同方法出现了。泰勒（Taylor, 1993）讨论了参与式或者叫塑造世界的两个不同的概念。第一个概念的特征是，影响我们动力因产生的原因是我们所拥有的身体的类型。假如我正在一个教室里讲课，此时我不能看见我身后的墙，因为墙面所折射出的光不能到达我的眼睛。我的物理位置与光的物理性质目前是并列的，这样，我的动力因的通道塑造了我的知觉，因此还有我的世界及我与世界的接触。相比之下，那些坐在观众席的人，处于一个可以看到我身后的墙的位置。在这个意义上，我们身体所处的位置塑造了我们对这个房间的不同的认知。这就叫作弱的具身认知或者塑造世界，其典型特征是，我的环境与我的身体如何根据动力因果关系关联起来（如光子的透射和接收）。

　　参与或者叫塑造世界的第二个概念——我将其称为*强感觉*——按照泰勒的说法至少包含三个方面。第一，我们参与这种强感觉，意味着理解这样一种经验，即必然要利用那些只有在我们所拥有的特定身体的背景下才有意义的概念。即使是要理解某物"在手边"或"够不着"是什么意思，也要求必须是一个有自己身体能力的能动主体。这就是说，作为人类，我们感受世界中的事物的这种本质，很大程度上是由我们特定的*具身形式*（form of embodiment）所构成的，而并非主要通过动力因果关系所构成。看到一个小孩因为失去心爱的玩具而哭泣，在某种程度上也可以使用动力因果关系，即从这个小孩身上折射出来的光子到达我的视网膜，从这个小孩的哭泣中发出来的声波到达我的耳膜。然而，要解释这个小孩身上发生了什么及其对她的影响，以及要知道在这种情况下如何安慰她，来自我作为一个人的具身经验，去感受发生在她身上的事情。此外，要安慰这个孩子需要我作为一个人所具有的特定能力（如温暖的拥抱，温和的、抚慰人心的语言，自信的、鼓励性的举止）。

参与还包括一些其他方面，特别是一个人的生活形式，也就是她的日常实践和信念，塑造她的世界的各种方式。例如，如果某人把世界当作其欲望的游乐场，那么她的行为方式将不同于她把世界当作传统、价值和机会的集合体那样的情况，因为在后面这样的世界中她可以学习和成长。同样，一个人的历史，包括她的家庭教养、社会习惯和传统及生活中的偶然事件，这些也都会影响她如何看待这个世界及她从事的行动。这些特征调节或塑造着我们的行动；但是，反过来，我们的行动和对这些特征的诠释同样也塑造着这些特征。从这个层面上来说，强塑造世界描绘的是我们尽可能紧密地参与到我们周围的世界中来。相比之下，弱塑造世界则把我们描绘为脱离世界，远距离地观察和行动。

25

泰勒指出，这三种塑造我们的世界的方式，在性质上不同于把世界构想为仅由动力因果关系塑造出来的情况。这种产生于一种生活形式或历史的塑造，类似于形式因果关系而不是动力因果关系。我所拥有的身体、我自己所处的历史及我的生活形式三个方面共同提供了一种语境，在这个语境中，我作为一个人的行为是可以理解的，因为它们决定了我所拥有的自我诠释的类型。相比之下，这样说也是可以理解的，一个电子的世界就仅仅是由它与其周围环境之间的动力因果交互作用所塑造的（例如，电磁场的存在或消失）。我的身体、我的历史及我的生活形式为我提供了意义，并塑造着我所拥有的参与和关注的类型。这与电子和其环境的交互作用完全不同。电子不会从它的身体体验、社会历史和生活方式中获得任何意义或自我诠释。

所有的行动都发生在某一背景中，且只有在这一背景下才能被视为可理解的，如果没有这个背景，任何行动都不可能是其所是。按照相关者的方法，这一背景就仅仅指物理-生物世界和构成这个世界的动力-因果结构。按照诠释者的方法，行动的背景不只是物理-生物世界，还有行动者的意向、信念、情感和观点，以及行动者的文化-历史背景。

我认为这应该就是构成社会科学的主题与自然科学的主题之间的关键差异的东西，前者主要指人及其制度。社会科学研究的主题会"反驳"，仿佛在某种程度上会"改变他们的想法"，同时在不同的时间会用不同的方式"观察这个世界"，而这并不符合自然科学研究的对象。如果这是对的，那么像相关者那样，只使用经验和形式方法来研究人类，看似就意味着把人类看作通过动力因果关系与其周围的环境联系起来，而这种动力因果关系与人类和岩石、阿米巴和计算机之间的关系是同阶的，只不过前者可能是以一种更为复杂的方式建立联系。① 诠释者认为他们的方法更充分地考虑到了我们与我们的环境联系起来的很多其他方式，特别是社会和政治方式，更明确地考虑到了人类如何看待他们的各种不同境况。

26　　总的来说，相关者坚持认为，他们的方法为在社会科学中实现主体间的确定性提供了唯一的希望，而这种主体间的确定性常被视为自然科学一直所拥有的。② 一般认为行动和情感不适合用这种方法来进行研究，因此，要寻求替代性的分析层次，如信息输入、认知处理、输出，也就是说，希望在物理上可以量化，以便使社会科学研究可以以一种尽量接近自然科学研究的模式来得以开展。这种情况一般可以通过在适当的确定下来的量化变量之间找到相关性来实现。

　　另外，诠释者坚持认为，人类的自我诠释对于理解人类活动而言至关重要，处理这一问题的真正科学的方法是，努力寻找适于研究主题的主体间确定度，而不是仅仅因为自然科学是进行社会科学研究的唯一适当的方法，就基于自然科学预先决定一种研究模式。换句话说，诠释者提出了一种不同于相关者所预设的科学的概念。③

　　这两种方法看起来非常不一致，特别是相关者指出的，没有什么是关于诠释的问题（站在其他人的角度来看，这难道不是另一种诠释？）。但是很难说按照这种方法所发现的相关性意味着什么，或者说相关性的真正本质是什么。另外，基于心理学内的不同子学科都有其独特的目标，泰勒指出，相关者可以在诠释者的方法内找到自己的位置。

　　他以一种简单的心理学研究的类型学来作为起点。第一个范畴是*基础结构*（*infrastructure*）研究，对于人类能力的练习而言，它是必要的生理条件。就这一点而言，看似相关者的方法在很大程度上是没有问题的，因为目标就是研究

---

　　① 弗里德里希·冯·哈耶克（Friedrich von Hayek）（von Hayek, 1967：22-42）作出论证来反对社会科学中规律存在的可能性，其思路是这样的，能动主体及其行动与自然科学对象并无显著的差异，除了前者更加复杂之外。
　　② 他们中很多人也坚持认为，这是保证"科学性"的唯一方式。
　　③ 值得注意的是，诠释者和相关者可能都赞成，方法论概念对于区分科学而言至关重要，但是，他们在哪些方法论构成了适当的科学实践上存在着不一致。或者说，诠释者可能仍然坚持认为，活动概念比方法论概念要更为重要。

各种物理上定义的变量（如人体的化学状态）与心理状态（如饥饿感）之间的关系。第二个范畴是*能力*（competencies）研究，即对这些能力的结构及其发展的研究。这里同样也为一些经验测量留有空间（例如，智力测试或者对儿童在不同成长阶段可以完成的操作类型和水平的量化）。第三个范畴是*行为表现*（performance）研究，即出于某种目的而锻炼能力的积极活动。在这一点上，我们必须超越对基础结构和能力的简单研究，相反，应该集中于对人类的自我理解。由于这一范畴的主题并不适合相关者方法的假定，因此，作为主要的研究路线，诠释学方法获得了许可。

因此，泰勒提议，基础结构研究是相关性的，行为表现研究是诠释性的，能力研究的研究结构可以被形式化，在很大程度上可以得到经验研究，且在不同的地方也包含着诠释。因此，从这个意义上来说，它把二者结合了起来（尽管对于相关者和诠释者之间的交互作用会如何发生，泰勒基本上保持沉默）。这一提议及其伴随的类型学，不能被理解为必然结局或者对明确边界的设定；相反，它既是对真正合作的一个提议，也是相对于这三个领域特别是基础结构和行为表现领域所界定的现象类型而言，对相关者的优缺点的判断。[①]

27

第五节　评　　论

在前面这几节中，我们得出了社会科学哲学的主要问题可能是：自然科学与社会科学所研究的主题之间的差异是程度上的（人类和社会结构只是比电子和阿米巴更复杂而已），还是类型上的（自我诠释、意义、价值、参与和关注点在性质上不同于诸如质量、电荷和化学比率等定量属性）。这些差异非常明显，对这些差异的争论也非常活跃。泰勒的提议代表着一种调和方法，但其他人可能会拒绝这一观点，而倡导一种严格的相关者或诠释者的方法。本书的目的之一就是，帮助你鉴定社会科学的本质并形成一些对这些差异的结论。

在我们于下一章开始考察一些历史背景之前，我想要指出的是，这些关于自然科学与社会科学之间差异的争论不只是抽象的、学术上的争论。我们随后

[①]　泰勒在很大程度上并未提及相关者与诠释者如何可以富有成效地进行合作，但是，我们并不需要担心这个问题就可以看到全局，那就是，泰勒所提出的两种方法之间的裂缝。

将看到，这些争论实际上有时候是以令人深感不安的方式而存在的，并且对社会科学研究的结论极为重要。

—— 进一步的研究

1. 有没有哪些科学概念看起来是互相协调的？如果有的话，哪些科学概念与其他科学概念看起来不一致？为什么？

2. 比较第二节中所讨论的三个理论概念中的任意两个。

3. 这三个理论概念中哪一个看起来最适于社会研究？为什么？

4. 解释弱塑造世界与强塑造世界之间的差异，并举例说明。

5. 你认为支持自然科学与社会科学之间相似的最有力的理由是什么？你认为反对这种相似性的最有力的理由是什么？你认为哪一个理由更令人信服，为什么？

—— 推荐阅读

R. Giere，"Theories of Science"，in *Science without Laws*（Chicago：University of Chicago Press，1999），pp.22-61.

T. Kuhn，*The Structure of Scientific Revolutions*（Chicago：University of Chicago Press，3rd edn，1996）.

C. Taylor，"Peaceful Coexistence in Psychology"，in *Philosophical Papers*，vol. 1：*Human Agency and Language*（Cambridge：Cambridge University Press，1985a），pp.117-138.

—— "Engaged Agency and Background in Heidegger"，in C. Guignon（ed.），*The Cambridge Companion to Heidegger*（Cambridge：Cambridge University Press，1993），pp.317-336.

第二章
社会科学的历史与哲学根基

章节大纲

就本书所讨论的几乎任何主题而言，我们都可以以柏拉图（Plato）和亚里士多德（Aristotle）这两个最早关注政治、社会和人类行为的系统思想家来开始研究。他们对这些社会现象的思考和分析非常重视什么才能带来最好的社会，且具有一种明确的道德责任。从近代早期开始出现了一种趋势，这种趋势远离充满道德责任的社会分析，而朝向对社会和人类行动的条件分析。在这种趋势下，好的社会或者最好的社会的概念不再清晰，转而被作为社会实在之基础的原因和条件所代替。

本章的目标是，呈现出社会科学的根基和发展的一个简短的历史。虽然任何类似这样的描述都不可避免是高度选择性的，但是仍然有一些我想强调的特定主题会在本书中重复出现。考虑到即便是一个简单的历史概观，也有助于为社会科学中所发生的一系列事情定下基调并提供一种认识。在大多数情况下，我所列出的人物都代表着不同的社会科学发展阶段，但每一个人物都以其自己的方式成为这些学科最重要的贡献者。

30   ## 第一节　托马斯·霍布斯

托马斯·霍布斯（1588—1679）是近代早期的科学家和哲学家[①]，被很多人视为近代政治学的奠基者，也有一些人将其称为社会科学的奠基者。他非常崇尚新兴的科学方法并参与其中，而这些新兴的科学方法其实就是我们现在所说的近代自然科学，尽管当时没有现在这么多的实验方法。更准确地说，霍布斯非常倾心于演绎方法，这些方法试图从一些基本的第一原理出发，并结合对基本要素的准确定义，来推断出事物的运作过程。这种科学演绎方法的模型是几何学，几何学就是从一些基本公理出发，霍布斯用演绎逻辑构建起了整个欧几里得几何学系统。尽管在霍布斯之后，这种演绎方法很快不再受到青睐，且在短时间内失去支持（并在 20 世纪早期的科学哲学中以一种新的表现形式出现），但它的确形成了霍布斯对人类和社会实在的哲学思考。例如，尽管霍布斯可能并不是一个无神论者，但他在分析人类本质、政治思想和道德时，仍然坚持使用与物质/物理事实相关的范畴（主要是物质和运动）。他认为政治和社会的理论化具有一种演绎结构，这种演绎结构开始于对人类知觉和推理的定义，然后转向对人类动机和行动的了解，最后形成一个对可能的政治关系形式及其相应吸引力的推论。通过这种演绎方法，霍布斯提炼出了一些诸如社会、国家、公民和权力等的概念，这些概念现在已经成为社会科学的关键概念。此外，他尝试以一种独立存在于任何特定条件或者语境的方式来定义这些概念。[②]

这种对霍布斯观点的机械-演绎描述，并不必然意味着他拥有一种对人类本质的机械认识，即认为人类本质只是更为基本的生理学和心理学机制的产物。在霍布斯的著作中，有一些观点暗示着人类是机械对象，可以说完全是为了追求私利而程序化的活动（见下文），因此可以改变人类行为的唯一诱因就

---

① 他可能并没有像我们今天这样认识到，在这两个知识领域之间存在着区分。

② 这种对语境自由的强调，预示着在 19 世纪和 20 世纪与知识有关的大部分科学思考都是不依赖语境的。

是快乐和痛苦。换句话说，一些人认为这些话语多半是隐喻性的，特别是考虑到对作为这些机械概念的基础而言，必要的科学要么不存在，要么太不发达以至于不能获得人类内部运行的真实图景。但是，在霍布斯著作的一些段落中，他似乎认为自己已经为发展这些类型的科学提供了基础，这里的问题可能只是证明更多定理来把他的物质运动图景与心理学动机和知觉联系起来。① 　　31

　　无论我们如何看待霍布斯对人类本质的终极认识，他都主张科学是形成信念的最可靠的方法；这与形成信念的较不可靠的方法，特别是人类的判断形成了鲜明的对比。霍布斯相信科学，也就是"重要的知识"（Hobbes，1994：第V章），可以提供关于未来结果的可靠知识，而人类判断则常常做不到。因此，他力图把其政治学理论置于一种稳固的、科学的基础之上，进而得出演绎性结论。这种努力很大程度上构成了霍布斯成为近代社会科学，特别是政治学的奠基者这样的领导人物的原因。

　　不幸的是，他的科学观事实上是建立在原始的机械原理和推论的基础上的，这种科学观在他那个时代都不是非常合理的，更不用说对近代自然科学的发展产生影响了。霍布斯对于社会-政治交互作用的部分认识是对个体主义的一种原始承诺；也就是说，必须根据个体的行动来分析政治交互作用，然后推论出个体行动与交互作用的影响。尽管这种个体主义的社会和政治实在概念后来再度出现（见本章第三节），但霍布斯并未在其理论化中达到"科学确定性"的层次，而他的决心是为其理论结论创造逻辑推理链条，这对于后来社会科学的发展而言是一种有影响力的模型（这在本书第一章，第二节，第一部分中所描述的逻辑实证主义者的科学分析中表现出来）。

　　霍布斯的另一个社会科学遗产是，他在对人类动机的解释中强调了利己主义的理性选择，这也是很多人把霍布斯当作近代社会科学的一个重要奠基者的另一个原因。尽管利己主义和理性选择在诸如政治学、经济学和博弈论这样的领域中发挥着重要作用（见本书第十章，第十一章，第十二章），但把这种强调归因于霍布斯则是一个有争议的诠释性问题。因为霍布斯支持利己主义的、

---

　　① 对霍布斯人类行为的"科学图景"的隐喻诠释，存在着一个深层次的问题。他认为，隐喻是一种对知识的滥用，而且易于歪曲和误导思想（Hobbes，1994：第Ⅳ章），因此，对他而言，隐喻地讨论他的人类行为的科学基础可能就是很奇怪的。另外，霍布斯又关键性地诉诸隐喻（"利维坦""比希摩斯"）来作为其政治学研究的核心组织工具。

理性主义的诠释，因此他有时候会直截了当地宣称人类自私自利，以及他们利用理性去避免死亡并发展自己（如 Hobbes，1998：3-7）。有两个因素可以用来反对霍布斯的这些诠释。第一，完全利己主义的能动主体概念代表着一种对人类本质的错误认识。我们常常作出一些自我牺牲的或者其他的行为，而这与利己主义是完全相反的，虽然霍布斯完全意识到了这些人类倾向，但他对于我们通常作出的这些不受利己主义驱动的行为并未表现出任何惊讶。[①] 第二，霍布斯经常使用一些超越或者反对利己主义的动机，如怜悯和正义感，而且还指出我们经常难以判断我们的利益何在。换句话说，相比纯粹的利己主义解释而言，他对于人类行为可能有一种更为复杂的认识。关于霍布斯对于利己主义和理性选择的思考，不论这种诠释性争议的结果是什么，正如我们将要看到的，这种强调利己主义能动主体的诠释在一些社会科学学科内激发了某些研究路线的发展。

第二节　奥古斯特·孔德与威廉·狄尔泰

尽管在霍布斯之后，还有一些其他人也对社会科学的发展作出了重要的贡献[②]，但奥古斯特·孔德（Auguste Comte）（1798—1857）是首先把自然科学方法专门应用于研究社会现象的人之一。他相信人类行为必然遵从一些严格的规律，就像撞球必然遵循牛顿运动定律一样（普遍-规律概念）。支配人类行为的规律可能与那些支配自然物体如撞球的行为的规律有相似的来源。有这些规律在手，就可以设计出完美的社会。孔德认为，唯一合理的知识模型就是具有经验方法的自然科学及逻辑和数学等形式学科。这与孔德认为社会经历三个发展阶段的观点非常一致。

（1）神学阶段：在这一阶段中，我们对于我们自己和我们在社会中的位置

---

① 事实上，霍布斯特别强调了宗教和大学及政治制度和社会制度的教育力量，以鼓励人们尊重那些无论是显式还是隐式都不呼吁利己主义的法律和权威。

② 两个值得一提的人物是罗伯特·马尔萨斯（Robert Malthus）（1766—1834）和卡尔·马克思（Karl Marx）（1818—1883）。马尔萨斯因其人口理论而著名，他研究并撰写了社会的完全性，货币问题如价格和货币供应量之间的关系（他常被视为英国第一个学术型经济学家）、租金及自由贸易的影响，等等。马克思撰写了大量社会理论、政治学理论和经济学理论。他倡导阶级分析，并对资本主义给予了详细的考察。

的反思是通过直接诉诸神来完成的。

（2）形而上学阶段：在这一阶段中，人的普遍权力建立在某种比人类权威更高的平面上，尽管这个平面除了隐喻性的意义之外与神毫无关系。

（3）科学阶段：在这一阶段中，人类使用自然科学、逻辑和数学方法找到了所有问题的解，这些问题涉及社会问题和其他一切问题。

因此，对于孔德来说，如果社会科学想要真正成为"科学的"，就不能与自然科学、逻辑和数学区分开来。

孔德发明了"实证科学"一词，来指称他的仅限于研究事实和规律的严格的自然科学方法（进而形成了逻辑实证主义）。他也发明了"社会学"一词，并分析了诸如劳动分工及其如何导致社会联系从相似到相互依赖的转移之类的现象。他相信社会学将成为最后一个最伟大的科学，在某种程度上包含着所有其他科学并把它们整合为一个综合的整体。虽然他认为社会学在方法论上与自然科学是一致的，但他同样也意识到，定量分析和经验分析在研究社会现象时存在一种重要的局限性："作为数学分析的主题，社会现象仍然是非常复杂的，甚至是不可能做到的。这并不是说在这些情况下没有数学基础……而是说对于如此复杂的问题的运作而言，我们的能力实在是太有限了。"（Comte，1974：59）值得注意的是，科学之间都只是程度上的区分，而不是类型上的区分，在他看来，人类只是没有能力使对社会行为的数学研究变得易于处理（但是上帝可以做到）。[①] 尽管如此，孔德仍然相信社会科学家应该继续寻找普遍规律，而且，自然科学方法就是寻找普遍规律的适当方法。

通过对霍布斯关于人类行动和社会交互作用等观点的机械-演绎诠释，孔德的观点成为霍布斯与当代社会科学的自然科学研究方法之间的一个重要连接。按照泰勒的分类，孔德可能是一个相关者，很多人把他视为一门科学学科的社会学的创始人。他强调要发现行为的因果规律，借此预测或解释社会事件，同时需要对这些规律进行经验验证。

社会理论家威廉·狄尔泰（Wilhelm Dilthey）（1833—1911）对孔德［和约翰·斯图亚特·密尔（John Stuart Mill）（1806—1873），他受到孔德的影响］

---

① "金融物理学"的当代发展，也就是把来自物理学的概念和技术应用于经济和社会系统研究中，可以被视为是在努力完成孔德的想象，并试图使得对这类现象的研究在数学上变得易于处理。

有关人类行为的"自然科学转向"作出了强烈的回应。狄尔泰并不强调通过经验观察来寻找普遍规律，而是强调历史偶然性和变动性，他更聚焦于社会行动对于行动者而言具有的意义和诠释。他认为，自然科学"从外部"把对象视为无意义的物质事物，这些事物没有经验和意向性等"内部"能力（如原子、岩石、恒星等）。如果尝试通过把事件归入普遍规律来解释事件，那就需要一种把世界当作一些去语境化的对象的集合来处理的能力，而这些对象可能存在于各种因果关系中。反过来，把事物当作纯粹的客观对象来处理，预先假定了一种抽象能力，这种抽象可以把所有意义和价值从我们以往通过经验得到的东西中移除掉（第五章，第三节）。按照这种方式，我们所研究的事物就被当作受**34** 规律支配的内在无意义的时空对象。正如狄尔泰所说，只要"我们经历自然的方式、我们对自然的参与，以及我们享受自然的重要感受，都后退到根据空间、时间、质量和运动来抽象的理解世界"，我们就可以把我们周围的世界看作一个受规律约束的对象的集合（Dilthey，1976：172）。换句话说，这种物化的世界观是霍布斯的世界图景，而这无非是运动中的物质。

　　狄尔泰研究社会现象的诠释学方法，本身受到德国哲学家弗里德里希·施莱尔马赫（Friedrich Schleiermacher）思想的强烈影响，这种方法包括三个步骤：经验、表达和理解。他强调经验的作用，这点与英国经验主义哲学家大卫·休谟（David Hume）和约翰·洛克（John Locke）是一致的，同时他还相信所有科学都是经验的。但是与经验主义者相反，狄尔泰坚持认为，所有的经验最终都必须回溯到我们自己的意识和历史背景中。基础是我们的直接生活经验，这些经验通过意义连接在一起。但是在第一个阶段中，我们的经验仍然是前反思性的或者叫未经分析的。这些经验反过来在人类生活中得到创造性的表达或实现。这些表达采用思想、判断、概念及行动等形式，通过诸如艺术作品、文学甚至理论化等语言和手势来得到阐释。对这些经验和行动的反思性理解的结果就是，领会人类行动和事件及其语境的意义。通过这种方式，狄尔泰想要把社会研究根植于一种历史的、诠释学的方法，而这种方法与孔德所倡导的经验方法截然相反。然而，狄尔泰也的确认为，对于防范对生命的推测性的形而上学理论化而言，经验研究是必要的（如格奥尔格·黑格尔）。

　　按照泰勒的分类，狄尔泰是诠释者的一个例证，而且狄尔泰认为，社会科学如心理学、历史学和社会学，都与自然科学之间存在严格的区分，因为前者至关重要地包含意义和诠释，而后者则没有。在他看来，自然科学的目的仅仅在于对概念和现象进行描述和解释，而社会科学则旨在理解概念和现象。对他而言，尽管社会事件不能得到预测，但是社会科学可以通过揭示社会事件的意义来解释社会事件，而且，他强调诠释学方法恰恰适用于发现这些意义。与孔德相反，狄尔泰相信在自然科学与社会科学之间存在一种根本不能逾越的鸿沟。但是他认为，社会科学应该以对人的内心生活和经验的客观描述或诠释为目标，社会科学与自然科学是平等的，甚至优于后者。

第三节　埃米尔·涂尔干

35

埃米尔·涂尔干（1858—1917）也被很多人视为现代社会学的创始人，部分程度上是因为他是第一个被授予社会学家这种学术地位的人。他强调要收集经验数据来支持理论推测，并指出，社会学与其他社会科学如心理学之间是存在区别的。然而，涂尔干的确也主张，就像每一个自然事件都需要在与某一自然事实的法定联系中来寻找其解释一样，这些自然事实包括自然现象和自然力，每一个社会事件也都要在与某一社会事实的法定联系中寻找其解释（普遍-规律概念），这些社会事实包括社会现象和社会力。尽管他指出，社会事实不能还原为自然事实，但解释的模式是大致相同的。因此，社会科学的任务就是，发现可以描述社会事实与人类行为之间联系的因果规律。在社会科学的方法论方面，他受到孔德的强烈影响，把这些科学看作孔德意义上的实证主义。

霍布斯相信社会是由个体所形成的，与霍布斯相反，涂尔干认为社会先于个体而存在。事实上，正是社会事实使得人们在任何特定的社会中是其所是。涂尔干相信，这些社会事实就是社会学的主题。在他看来，社会事实是独特的，它区别于物理事实，因此，除了生理现象和心理现象之外，都必须按照自己的方式来得到研究。社会事实就像行为模式一样，发挥着指导或者引导行为的作用，社会事实外在于个体，像群体规范、习俗和民俗一样发挥作用。这些行为指导可以在家庭和其他社会化/教育渠道中学习到，然后逐渐内化在个体的意识中，进而支配着个体的行为。此外，在涂尔干看来，社会事实是由其他社会事实决定的："一个社会事实形成的原因应该在其他先于它的社会事实之间，而不是在个体意识的状态之间去寻找。"（Durkheim，1950：110）他指出，社会事实不能还原为心理事实和生理事实。

涂尔干相信，人类的利己主义（回忆一下，这是霍布斯的一个重要主题），只能通过社会所提供的外部约束来得到控制。① 在他看来，一个人拥有的越多，他想要的就会越多，因为需求或欲望的满足只会激发而不是结束那些需求和欲望。涂尔干把约束利己主义的外部力量叫作集体意识，他用集体意识来意指我们共同的社会联系，这些社会联系表现为共同的观念、规范、信念和意识形态。这些联系被制度化在社会结构中，并被内化在个体中，它们是社会秩序的最重要的来源。

随着社会不断发展，其变得越来越复杂、现代化和工业化，社会秩序的来源受到不断增加的劳动分工的威胁（Durkheim，1960）。根据涂尔干的观点，早期社会表现出的所谓的*机械团结*，是一种强烈的相似性感觉，它产生于一个巨大的同质性社会。男人和女人参与相似的日常工作和活动，他们拥有相似的经验，并通过相对较少的社会制度来交互作用（例如，在一个狩猎-采集的社会中，人们在良知、任务或经验方面几乎不存在多样性）。集体的同质性的力量如此之大，以至于不会给个体性和异常行为存在的机会。涂尔干指出，在这种社会中，社会和道德的整合程度很高，人们对于自己在社会秩序中的作用或位置的认识很强烈，他们具有共同的道德和精神价值，人们倾向于把自己当作一个群体的成员而不是个体。

按照涂尔干的说法，随着社会变得更加复杂，劳动分工不断发展，个体将发挥出更加专门化的作用。因此，根据各自的日常工作和活动，人们彼此之间会变得更加不同，他们会经历不同的社会经验，具有不同的物质利益、价值和信念等。通过这种方式，人们之间的共同之处越来越少，劳动分工也逐渐侵蚀着社会的机械团结，削弱了社会联系和秩序。然而，反过来，为了生存并满足需求和欲望，人们彼此之间也会变得更加相互依赖。涂尔干把后一种团结形式称为*有机团结*，并把其视为劳动分工的一个直接产物。他认为，个人主义的发

---

① 在这个意义上，涂尔干遵循着对霍布斯式的人类动机概念的更加狭隘的诠释，即私利即使不是人类行动的唯一动机，也是人类行动的最主要的动机。

展是不断增加的劳动分工的一个必然结果，个人主义的发展是以牺牲与机械团结相联系的共同价值、信念和情感为代价的。因此，涂尔干指出，与传统社会相反，在现代社会中，人们倾向于首先以个体而不是群体的成员来定位自己。事实上，他相信，随着个体主义的发展，人们的群体意识和共同认同会越来越被弱化。形成集体道德意识的社会联系会逐渐弱化，直到社会价值和信念不再能为社会中每个人的行为提供统一的或一致的指导。涂尔干和其他一些人就观察到，18世纪和19世纪欧洲的工业化和机械化加深了前现代社会和现代社会之间这些概念上的差异。

因为社会是围绕个人主义中的共同信念而组织起来的，如果社会联系在引导个体行为方面不太有效，那么，就很难发现像前现代社会中的那些对集体行动的"自上而下"的指导。社会因素的这种变化对于个体如何思考和行动具有重要的影响。涂尔干承认，规范和价值的多样性有可能把人们从压迫性的传统，以及家庭、教堂和社会的等级制度中解放出来。但是这种多样性同样也带来了一些问题，他认为其中一个就是利己主义。随着社会联系的削弱甚至是瓦解，个体的私利不再受到强烈的外部约束。涂尔干认为，他们可能越来越倾向于寻求自身需求和欲望的满足，而几乎不考虑他们的行动对于其他人可能产生的影响。比起"这是否是道德的？"或者"这是否是正确的？"而言，人们更可能问的是，"这是否会满足我的需求？"尽管个体为了生存会彼此依赖，但从根本上来说，个体会任由其自由发展来满足自己的需求和欲望，这就会导致偏离预期的社会行为、社会隔离和压力。

第四节　马克斯·韦伯

马克斯·韦伯（Max Weber）（1864—1920）作为现代社会学之父，在很多人看来是可以与涂尔干相匹敌的，他提出了一种理解人类行动的方法，从某种意义上来说，这种方法结合了狄尔泰对诠释的强调和孔德对经验的强调。本质上，韦伯相信，自然科学方法可以被用于揭示社会领域中的事件的原因，但是最终他拒绝了孔德和涂尔干的彻底的实证主义。韦伯主张，诠释方法应该被用于识别那些由经验方法所揭示出的事件和原因的意义，因为人们的行动很大程度上是由他们的经验，以及在作出这些行动时他们对自己的认识所界定的，也就是说，是由指导他们行为的、他们自身的自我理解来界定的。他可能被视为代表着一种妥协主义方法，这种方法在泰勒的分类中位于相关者和诠释者之间（见本书第一章，第四节）。

韦伯把社会学视为一种关于社会行动的综合性科学。用他的话来说就是，

> 社会学……是一门关注对社会行动的诠释性理解的科学，从而也关注对社会行动的过程和影响给予因果的解释。在作出行动的个体为其行为赋予一种主观意义的范围内，无论它是公开的还是隐秘的，疏忽的还是默许的，我们都可以来谈论"行动"。在行动的主观意义考虑到其他人的行为从而调整其过程这个意义上，行动是"社会的"。（Weber, 1968: 4）

最初，韦伯关注我们赋予我们的行动，以及我们与其他人的交互作用所具有的主观意义，他区分了社会行动的四种动机类型或来源。第一种叫作*工具理性行动*（zweckrational）（就是"技术专家思维"），它代表这样一种行动，即实现一个特定目标的手段是经过理性选择的。这种手段-目的一个合理性的例证是，选择大学教育作为获得一份好工作并最终获得物质财富和成功的最有效的方式。

第二种叫作*价值理性行动*（wertrational）（就是"价值导向思维"），这也是一种手段-目的合理性形式，但是在价值导向思维中，尽管追求目标的手段是合理的，但目标本身并不必然就是合理的。形成这些目标的价值可能来自宗教、伦理、哲学的观点或者一些其他类型的群体或语境。目标和手段倾向于根据人的终极价值，如社会公正或人类繁荣来得到评估。价值导向思维的一个例证是，某人上大学是因为，她重视精神生活或者想要通过遵循先知的教导来获得拯救。

第三种叫作*情感行动*，这种行动是基于一个人的情绪状态而不是手段和目的的理性筛选。感觉和情绪是人类行为的强有力的动机，例如，与朋友旅行是为了不会觉得受忽视，搬去一个新城市是为了和女朋友在一起。

第四种叫作*传统行动*，这是一种受风俗或习惯引导的行动。人们作出某种行为可能是因为它总是以一种特定的方式来完成，而且这种行动可以完全

不用思考就可以完成。很多学生上大学仅仅是因为，那是他们的同龄人和社会的期望，一个儿子从其父亲那里接手家族企业是因为生意总是以这种方式传递下去的。

在韦伯的图景中，人类行为总是由这四个动机中的两个或多个的混合所造成或者受到其引导。但是他的这种四重分类也提供了一种区分前现代社会和现代社会的方式，那就是，现代社会的典型特征强调，以牺牲传统、价值或情绪为代价，有效利用手段去实现目的。事实上，现代社会的演化看似越来越强调*工具理性*，而削弱了对传统行动的强调。韦伯的一个持续的兴趣是，追踪在西方社会的这种*理性化*过程中起作用的因素，他确定了其中两个：工业化和官僚主义的发展。

对于韦伯来说，官僚主义就是一个典型例证，它印证了现代社会的一个典型特征。在韦伯的概念中，官僚主义是人类行动的理性化（*工具理性*）合作，旨在有效地实现既定目标（想象一下，一个现代国家的组织和协调经济，以实现有效的财富分配或特定的失业率目标）。随着现代社会变得更加复杂，人口不断增长，我们会变得更加依赖官僚主义来协调和控制。同时，随着我们变成官僚机器中的一个个齿轮，官僚主义的发展也有可能破坏我们的自由。同样，因为选民和当选官员都不能有效地了解官僚政治中到底有多少真正在发挥作用，因此，民主也会受到官僚主义发展的威胁。[①]韦伯对官僚主义的研究为一个被称为组织社会学的领域奠定了基础。

官僚主义的基础表面上看来是不间断的理性化过程，韦伯认为这恰恰是现代社会发展的一个核心特征。在韦伯看来，随着人类行为变得越来越受*工具理性*的主导，理性化就是把知识实际应用于实现期望目标的过程。无论是物理环境还是社会环境都逐渐得到调整并处于控制之下，以实现期望目标，这些目标通常与效率和有效性的理想而不是其传统来源如宗教或道德观点挂钩。

正如韦伯所描述的，理性化与世俗化、去人性化和生活的很多程序化的方面关联起来，因为越来越多的自然环境和社会环境要素落入手段-目的推理的范围之内。随着生活变得越来越受到*工具理性*的主导，我们对人类特征的认识

---

① 除了其他人之外，尤尔根·哈贝马斯（Jurgen Habermas）（1971；1991）强有力地指出了，理性化和官僚化实际上压制了人类自由和民主，并且易于破坏人类关系和社会的伦理基础。

也改变了。诸如个人主义、效率、有效性、自律、物质主义和可定量性/可计算性等价值越来越受到高度重视，而以牺牲那些在传统社会中发挥关键作用的更广泛的、更有意义的价值为代价。这些特征促成了韦伯所谓的"现代性的牢笼"，也就是说，随着越来越多的生活活动处于工具理性的支配之下，生活被剥夺了其浪漫和滋味。我们越来越感觉，我们就像是官僚机器中的一个个齿轮，而这也使得隔离和疏远的感觉在现代社会中普遍存在。韦伯预见到了并且很害怕工具理性支配作用的不断增加会导致去人性化、情感隔离、肤浅的社会生活及感觉什么都不值得等。随着社会逐渐变得现代化和理性化，它变得去传统化，而且我们的社会联系被瓦解了，这样，我们变得越来越像官僚机器中无助的兵卒，而不是一个群体中的成员。

　　理性化是韦伯的社会理论化中的一个基本要素。它导致劳动分工的不断增加，官僚主义的不断发展和社会的不断机械化。韦伯相信，在这种意义上，理性化也带来了社会的世俗化。无论是在前现代社会还是在传统社会中，人们都理所当然地认为他们属于一个具有等级制度和意义的宇宙戏剧中。因此，男人和女人都获得了有意义的角色，这样他们就可以在日常生活中发挥作用，并在宇宙中获得一种场所感。在韦伯看来，这种有意义的关于宇宙秩序的传统愿景的崩塌与理性化的出现密切相关。随着社会在*工具理性*而不是传统的价值和信念下被组织起来，沉浸于意义中的对世界的宇宙叙事日益被机器中的齿轮这种机械化叙事所代替，人们在一种官僚化的努力中找到自己的位置，旨在实现商品和服务分配的有效性，而这只是当权者所设定的众多目标之一。理性化把基于价值的理性行动，或者是受传统或情绪驱动的行动，转换成了手段-目的行动。因此，正如韦伯所说，在理性化的作用之下，世界变得"祛魅"，现在可以从男人和女人在社会的组织化中所发挥的作用中来找到意义，但是这种社会是在*工具理性*而不是某种支配一切的宗教、道德或世界的形而上学秩序下组织起来的（这里可以对比孔德的社会发展的三阶段论）。

第五节　评　　论

　　通过这种简短的历史回顾，我们可以发现，在社会科学的历史中，一些开创性人物所实践的社会科学研究方法是非常多样化的。这种多样性一直是我们目前所使用的一些不同的社会科学方法的来源，很快我们就会看到这一点。此外，隐藏在这种多样性中的，是一种自社会科学创立之初就存在于社会科学中的张力。一方面，就很多社会科学家而言一直存在一种趋势，是根据自然科学术语来解释人类行动，并寻求作为行为基础的经验概括和普遍规律（相关者）。另一方面，一些人则认为，这些刻画人类行为的方法充其量是与日常实际生活完全不相干的，在最坏的情况下甚至可能会歪曲这些实际生活（诠释者）。无论是相比之前还是之后的几乎所有社会科学家，韦伯都更加深入地与这种张力进行斗争。他把经验理论与人的规范性视角之间的区别，视为一种对事实与价值之间的不可逾越的鸿沟的表示。他想要社会研究既是真实的（或准确的），又是道德上相关的，但事实与价值之间的区分似乎阻碍了把这些目标结合起来。在剩下的章节中我们将会看到，这种张力会变得更加明显。

在知识先驱之间所存在的这种多样性也遗留下了一些问题，这些问题既是社会科学实践不可或缺的一部分，也构成了对社会科学的哲学分析的一部分。一方面，比较孔德和涂尔干，另一方面，比较孔德和狄尔泰，我们看到一个问题是，强调经验研究与诠释之间的对抗，也就是相关者与诠释者之间的对抗。对于理解社会现象而言，哪一个更加重要：是收集经验数据和加工理论，还是找到指导行动的意义和动机？又或者说，二者对于理解人类行动和社会制度而言都是必要的？如果真是这样的话，那么看似可以说，社会科学是科学和价值的一种混合物。

对于科学与价值的这种看似麻烦的纠缠，存在两种典型的回应。一种是，在所谓的发现语境和辩护语境之间作出明确的区分，汉斯·赖欣巴哈（Hans Reichenbach）（Reichenbach，1938）第一个提出这种区分，但他是为别的目的。在发现语境中，允许对可能的解释假设提出直觉的、推测性的或价值负载的猜测。然而，知识陈述只能在辩护语境中才能得到确证。价值可以进入第一个语境，但不能进入第二个语境。尽管表面上看起来这是一个比较省事的解决办法，但它不能公平地对待库恩的已被广泛接受的论点：即使是在自然科学中，"理论选择也没有中立的算法，没有系统化的决策程序，使得适当地应用这种程序必然会导致每个个体……都作出相同的决策"（Kuhn，1996：200）。

第二种回应更加复杂且越来越具有影响力。这种方法承认我们对人类活动的解释所具有的不可消除的价值渗透特征，或者叫"真理的社会决定性"（Lukes，1987），并紧接着接受了这样一种观点所蕴涵的彻底的相对主义（随后我们将看到例证）。哲学家理查德·罗蒂（Richard Rorty）认为这种方法提供了一种乐观的"无根据的希望"，它"给予人类成长的机会，使人类可以自由做自己，而不是从某种想象的外部来源中寻找方向"（Rorty，1987：253-254）。

42　　尽管第二种回应强调了社会研究的历史嵌入性，但是它可能并不完全理解，文化和道德价值如何密切地影响着对社会知识的阐释。我们可能会说，即使罗蒂主张，我们对社会实在和我们自己特性的所有构建都完全是"无根据的"且可修改的，他自己的思想看似仍然预先假定了这样一种观点，即"社会被设计成一种可以促进自由的中立模型……而这将必然会带来公共利益，这是一种经典的自由主义信念"（Guignon，Hiley，1990：357）。换句话说，即使是这种彻底的反基础主义，也可能被证明与本质上的伦理承诺不可分割，我们随后将探讨这种可能性。在严格的科学主义与相对主义的诠释性困境之间，是否存在任何真正的替代性选择？对于构想社会研究而言，是否只存在这种可能性？

产生于早期先驱者的第二个紧密相关的问题是，社会科学研究在何种程度上必须坚守价值中立。价值中立的核心思想是，理论和方法或者说研究和数据收集，都必须是价值中立的或者客观的，意思就是说它们不能预先假定任何道德或宗教承诺，而且不依据感情或情绪等（这就是我们之前所提到的单义性要求）。孔德和涂尔干的方法的目标是，通过按照自然科学来模拟他们的研究，以此体现这种中立性。与此相反，狄尔泰则明确指出，聚焦于价值和意义对于实现对社会现象的真正理解而言才是决定性的。韦伯也相信这样一种方法具有其重要的作用，但他最终并不能使对价值的直接可靠的处理与对客观性的价值中立承诺协调起来。一方面，价值中立构成了泰勒的相关者方法的关键基础。另一方面，诠释者把在社会科学研究的各个方面努力实现价值中立，视为对社会科学研究主题的歪曲。在社会科学研究中，价值是关乎所有还是一无所是？价值是否具有某种合法的作用？

第三个问题常被称为*方法论个体主义*与*方法论整体主义*之争。韦伯把方法论个体主义①概念当作一个重要假定引入了社会科学，但在霍布斯对人类行动和交互作用的分析及对政治系统的分析中也都能够看到这一概念。这一概念的核心思想是，社会现象只能根据它们如何从个体行动中产生出来而得到解释，反过来，个体行动也只能根据个体行动者的动机来得到解释（这里可以回忆韦伯关于行动动机的四个来源）。与此相反，涂尔干坚持方法论整体主义，其观点是，从根本上来说，个体行动只能通过大规模的社会事件和作用力来得到解释，而且社会事件和作用力不能还原为个体行动者的动机和行动。在此，我们清楚地看到了个体主义与社会联系之间所存在的张力。在理解人类行动中，哪一个更加重要？这个问题是否隐藏着一个错误的悖论，这个悖论迫使我们只能在这两个多少有点局限性的选择之间作出选择？

43

　　在社会科学家及那些关注社会科学的哲学家之间的讨论中，这三个问题看似反复出现。因此，我们将详细地讨论这些问题。第四个问题较少得到当代社会科学家和哲学家的讨论，那就是常被称为工具推理/行动的手段-目的推理/行动的出现。涂尔干和韦伯都讨论过远离所谓的传统行动方式，而朝向*工具理性*的这种趋势，在前者中，理性、手段和目标都必须根据源自更大的道德、宗教或文化视角的价值和情绪等来得到评估，而后者则集中于实现既定目标的手段的效率和有效性。这种转移导致了对工具主义知识和控制的过分强调，正如我们将看到的，它还会对社会科学研究，以及由这种研究所形成和提供的制度和政府政策产生一些干扰性的影响。

　　作为一个初步的评论，我想要指出，这种对控制和工具性知识的当代强调并不能在科学实践中找到其来源。相反，它来自巫术与（前现代形式的）科学及（前现代形式的）科学和宗教之间的希腊区分。前者（巫术）作为一种实践，至少在古希腊和大部分西方世界，是一种把个体的意志强加于自然世界或者说巧妙地规避自然秩序的一种尝试。后两种实践（科学和宗教），是对个体与集体的目标和价值之间所表现出来的平衡的尝试性理解（Jordan，Montgomery，Thomassen，1999；具体参见 Jens Braarbig 和 Einar Thomassen 的论文）。后两种实践，包括早期的科学实践在内，很大程度上与传统的理性和行动模式一致。但是在启蒙运动早期，一些知识改革逐渐导致通过一种*工具理性*的镜头来观

───────────────

　　① 事实上是韦伯的学生约瑟夫·熊彼特（Joseph Schumpeter），创造了这个词来指称韦伯的观点。

察科学、哲学和其他实践，当然这个故事本身是很复杂的。启蒙运动（17 世纪和 18 世纪）是为了在物质上、智力上和精神上改善人类境况，而通过哲学和科学来强调理性的、应用的一场知识和社会运动。对自然和我们自身的统治和控制等思想，是启蒙思想的一个占主导地位的研究主题。因此，具有控制和工具主义色彩的科学在古代世界最初是与巫术联系在一起的（这是多么具有讽刺性的一件事！）。

44   把我们自己限制在现代社会学的"三大鼻祖"内，考虑到他们之间的差异，这三大人物竞争这门学科的创立者这样的角色看似会令人迷惑。把他们视为社会学或者更广泛地讲社会科学中的那些有影响力的研究传统或方法的创立者，可能会更好：孔德（就这一点而言，可能涂尔干也应该被考虑在内）是经验-科学传统的创立者，狄尔泰是诠释-科学传统的创立者，韦伯是结合了二者方法的创立者。这种分类可能有用，但是这样一种分类对于我们的目的而言仍然太过粗糙。在下一章中，我将介绍社会科学研究的五种模式或模型，提供一种我认为适用于在任何社会科学学科中对任何研究方法进行分类的框架。每一种模式都有其优缺点。因此，在任何特定的社会科学学科中，使用其中任何一种模型的任何一种方法都将继承这些优点和缺点。因此，这一框架对于我们分析各种社会科学学科及其实践而言都将非常有用。

进一步的研究

    1. 孔德和狄尔泰之间最大的不同之处是什么？这些不同之处与自然科学和社会科学是否相似这个问题有何关系？

    2. 解释价值理性和工具理性。对每一种行动给出一个日常生活中的例子。

    3. 理性化是什么，它是如何改变现代社会的？举例说明理性化改变了以前由传统或价值理性行动所主导的生活领域。

推荐阅读

A. Comte, *Introduction to Positive Philosophy* （Indianapolis： Hackett，1988）.

W. Dilthey, *Wilhelm Dilthey： Selected Writings* （Cambridge： Cambridge University Press，

1976）．

E. Durkheim，*The Rules of Sociological Method*（trans. S. A. Solovay and J. H. Mueller；
　　New York：The Free Press，1950［1895］）．

T. Hobbes，*Leviathan*（ed. E. Curley；Indianapolis：Hackett，1994［1651/1668］）．

M. Weber，*Max Weber on The Methodology of the Social Sciences*（eds and trans. E. Shils
　　and H. Finch；New York：The Free Press，1949）．

第三章
社会研究的五种模式

在上一章中，我们已经看到，一些对于社会科学的创建和形成作出重要贡献的人，他们采用的是完全不同的研究方法。这种差异在当代图景中仍然存在。托马斯·麦卡锡（Thomas McCarthy）已经观察到这样一个现象，即在社会科学中我们会发现"各种各样的理性实践，其中一些看起来像历史叙事的文本诠释，而另一些则努力尽可能地看起来像自然-科学式的理性"（McCarthy，1988：237）。我们可以把这些学科所提出的高度碎片化的理论概念和研究发现组织起来，而不是描绘出一幅社会科学研究的无序图景。

在本章中，我描述了五种广义的社会科学研究模式或模型：①自然科学式的；②描述主义的；③批判的；④后现代主义的或者社会建构论的；⑤诠释学的。①这五种模式不仅有助于明确研究工作，而且有助于判断过去两个世纪在理解人类行为上的这么多努力为什么会遇到如此多的困难。

第一节　自然科学式

孔德和涂尔干支持把自然科学方法应用于研究社会现象。这就是社会研究的*自然-科学式*。这种对社会科学研究的主流共识是，自然科学为研究提供了最好的而且可能也是唯一的模型。这就意味着社会领域应该被当作自然的一部分来看待，就像电子、分子、阿米巴和岩石一样，社会现象应该用类似于任何其他自然科学中的那些方法来得到研究。可以说，这种研究方法假定了经验理论是社会科学知识的黄金标准。

经验理论的目标不只是收集各种行为、心理和环境变量之间的相关关系。尽管这很重要，但真正的科学知识或科学解释，应该超越纯粹的相关关系去形成普遍的或者说与语境无关的心理和社会行为规律，这些规律可以从一些关于所研究领域的假定和定义中推论出来（这本质上是孔德的社会科学图景）。一个例子是，政府机构倾向于使其自身永远存在并得到扩展，可归因为三个关键因素：①那些有工作的人不想要失去工作；②那些熟悉了特定技能的人不欢迎改变；③那些习惯于行使权力的人不想要放弃这种控制——他们倾向于扩大自己的权力（Hempel，1965：235-236）。又或者是，根据类似"人口倾向于迁移到可以提供更好生存条件的地区"这样的"普遍假设"来解释，在美国 20 世纪 30 年代的干旱中为什么风沙侵蚀区——科罗拉多州、堪萨斯州、新墨西哥州和俄克拉荷马州的部分地区——的农民向西迁移到加利福尼亚州（Hempel，1965：236）。在理想情况下，这些规律和规则性应该可以通过可控实验来得到经验的证实。所形成的理论可以用这些规律来确定解释，并形成对未来行为和社会事件的准确预测（这里涉及科学的理论化概念、普遍-规律概念和方法论

---

① 本章极大地利用了弗兰克·理查森和布莱恩·福沃斯（Blaine Fowers）（1998）对这五种模式的富有洞察力的鉴别和讨论。

概念）。因此，这些经验知识代表着可以操纵社会领域中的事件的工具主义力量，以实现想要的结果或促进人类福利等。

自然科学式模型的一个深层次特征是，事实和价值之间的显著区分。事实和价值之分是客观主义的一部分，它渗透着自然科学式的社会研究概念：科学知识是关于事实的而不是关于价值的。相反，价值一般只被当作对于客观事态的主观感觉、态度或者倾向。值得注意的是，这种区分描绘出一幅世界图景，很多人喜欢它的运作方式，但也有很多人讨厌它的运作方式。在这幅图景中，几乎没有为道德或精神实体和意义留有任何位置，而只是把它们当作并不需要认真对待的奇思怪想或功能失调的幻想（例如，在孔德的社会发展的第三个阶段中，所有的问题都可以得到科学地回答）。

实际上，如果事实和价值可以按照这种方式来区分的话，那么对于任一给定的事实，都可能会出现无限多的价值定位。只要科学家思考这些"主观"因素，他们就会倾向于把这些因素视为一种秩序或事件流，而这些秩序或事件流必然与"客观"世界中的前因或后果存在着联系。这些主观因素可能存在，但它们基本上是客观世界中的力量和影响的渠道或副产品。通常这种联系采用的是类似如下这样的命题形式：

如果一个能动主体想要 a 并且相信 b 是在这种情况下获得 a 的一种手段，那么这个能动主体将会尝试 b。

如果你口渴（一种愿望），并且你相信喝冰箱里的水将会解渴，那么，如果你在家，你将会从冰箱里取水喝。你对水的愿望和你认为冰箱里有水且能解渴的信念，就会促使你喝冰箱里的水，前提是你在家。你的行为是包括你的主观愿望在内的前因的结果。

与内在感觉和价值截然相反，客观世界被视为物质对象的集合，这些物质对象没有意义，但是意义可以通过经验调查而得到有利映射。这种观点与韦伯所惶恐地描述的*工具理性*的统治和世界的祛魅非常吻合（见本书第二章，第四节）。世界中的物体不是被当作一个有意义的宇宙，而是被视为处于彼此之间的因果关系中，且可以用实验方法论和基于规律的解释来得到表征和理解。

仅仅讨论其实验和解释方法论，并不能对自然-科学式的研究进行充分的分析；它还有一种独特的认识论（科学的认识论概念），这种认识论可以至少追溯到笛卡儿（Descartes，2000）和培根（Bacon，2000）。世界被视为一个由（精神）独立的对象构成的领域，它可以通过适当的方法而不是风俗、宗教经典或其他传统的权威来源来得以认识。笛卡儿对这种认识论概念的贡献被很多 **48** 评论者视为独一无二的，它是一种强烈的内在转向，认为真正的知识来自我们的心灵对外部的、独立的对象领域的正确的内部表征（例如，关于先前存在的外部对象的信念）。因此，应用可靠的方法就可以得到充分证实的信念，这些信念可以生成区别于任何个人的或主观的意愿和评价的客观知识。[①]

这种认识论预先假定了一种所谓的*主体-客体本体论*，在这种本体论中，一方面，主体与其意识和感觉等内在状态之间存在明显的区分，另一方面，主体与其外部的精神独立的客体领域之间也存在明显的区分。根据这一概念，我们对美的体验、任何与我们的目的相关的感觉，以及任何善或恶的观念，都只能被当作我们的各种不同的诠释和目的的产物，而这些诠释和目的存在于并且仅限于一个私人的、完全主观的领域。同时，这个独立世界中的任何事物和事件，包括能动主体及其行动在内，都远离日常生活中任何丰富的经验或意义。因此，它们被认为仅仅存在于彼此之间及与我们自身之间的动力因果关系中。如果你愿意这样说的话，世界及其对象，包括我们在内，都会变得*客观化*，社会科学家采用一种超越任何价值的公正的视角，对"在那里"的社会实在给出一种完全中立的解释。社会科学家被描绘成采用一种外部人的视角，这种视角位于社会领域之上或者远离社会领域（图3.1）。这种客观化忽视或者抽离了大部分的意义、评价和目的，而这些恰恰构成了我们日常生活的绝大部分经验（见本书第五章，第三节）。相反，为了形成适用于这些因果模式的概括和与语境 **49** 无关的普遍规律，它集中于事件之间的因果关系。

主流社会科学坚持使用相关方法和实验方法，而不管所研究的主题是什么，在此背景下，本体论和认识论的这种结合成为通往真正知识的路径（这里可以回忆一下泰勒的相关者，见本书第一章，第四节）。自然-科学式方法寻求的是人类事件领域的安全知识，这种知识独立于观察者或者社会科学家的解

---

① 对于笛卡儿和霍布斯而言一样，这些可靠的方法很大程度上是理性的或者是理论上的，而对培根和大部分现代科学传统而言，这些方法很大程度上是经验上的。

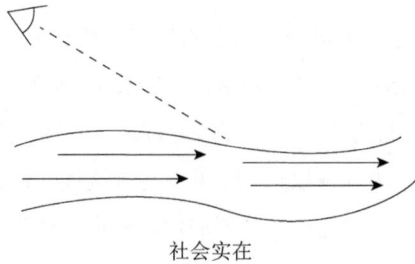

社会实在

图 3.1　外部人的视角

外部人的视角是一种被认为分离的、客观化的、价值中立的视角，这种视角外在于社会实在

释，即使观察者也是这个领域的一部分。例如，在劳伦斯·科尔伯格（Lawrence Kohlberg）（Kohlberg，1984）富有影响力的道德发展理论中，它出现在其对形式关系的特权的辩护中。科尔伯格认为最高层次的道德就是，把高度抽象的形式化原则应用于具体环境的能力（这看起来很像自然-科学方法论和认识论）。

借用理查森和福沃斯提出的一个例子（Richardson，Fowers，1998：468），他们认为，那些具有某些心理学家所说的"内控点"的主体（例如，他们通常相信通过他们的行动，他们可以影响事件的进程），通常比那些不具有这种内控点的主体，在实验室环境下对于尝试解决困难问题要坚持得更久。这是一个关于行为和信念之间有持续相关性的例子。然而，只有这种相关性存在，并不能告诉我们这种信念系统是否真的造成了这种坚持，或者说，它们二者是否都是其他未知因素的共同结果，无论这些因素是心理的还是生理的。根据自然-科学式的研究模型，这些问题最终只能通过进一步的可控实验研究来得到回答，这会促使真正的经验理论发展，以解释这些长期存在的模式。

因此，这是相关者的社会科学图景；然而，到目前为止它表现得相对较差。即使经过了几十年大量的努力，特别是在方法论上复杂的努力之后，主流社会科学的成就即使用它自己最喜欢的标准来评价，充其量也是微不足道的，这点在敏锐的观察者之间是达成共识的。特别是当它与自然科学的成就相比时，更是这样。然而，对于这种令人困扰的状况到底意味着什么，几乎未达成任何一致。一些人认为，我们应该坚持并改进我们的方法，并且加倍努力，因为我们只是没有足够的时间去达到适当的精炼层次以实现实质性的成功。与此相反，其他人认为，有绝对的证据证明，主流方法严重跑偏了（这里可以回忆狄尔泰对于孔德的自然-科学转向的消极回应）。

在现实的社会和历史环境中，对于人类活动的解释是否实现过或者说是否 **50**
可以实现经验理论和真正的价值中立等理想（见第六章）这一点，无论是在社
会科学内还是在社会科学外，都产生了一些严重的质疑。布伦特·施莱弗（Brent
Slife）和理查德·威廉姆斯（Richard Williams）（Slife，Williams，1995：180-194）
指出，主流的社会科学研究方法建立在理论和方法的严格二分的基础之上：理
论或观念依据最有效的方法来得到证实或否证。然而，这两个作者颇有说服力
地指出，以这种方式不可能在理论和方法之间作出明确的区分，因为根本就不
存在与理论无关的方法。有些方法可能与某些理论一致而与另外一些理论不一
致，但是它们都预先假定了一些事情，例如，世界究竟是什么样子的、有关世
界的真理是什么样子的及首先应该了解什么等。如果没有这些假定，我们甚至
都不会知道我们需要方法，更不必说哪些方法可以满足我们的需要。一旦这些
假定被视为理所当然的，那么除了把世界当作一个由确定的对象或知识构成的
领域，它包含着除人类行为的规律之外的任何事物，其他的任何世界观就都看
起来是令人绝望的、模糊的、不成熟的、"不科学的"。但是，正如很多评论家
（如 Gergen，1982）所指出的，一旦这些假定受到质疑，而且一旦我们考虑这
种可能性，那么可以说，到目前为止，我们还未形成任何关于人类世界的真正
的经验理论，这些假定开始看起来非常武断。方法很难充当对我们的理论或信
念的独立检测（Kuhn，1996）。这些方法假定了关于世界、人类理解及社会研
究的目的等事情，如果不对它们表示怀疑，就很容易被看作是教条主义的。

社会科学在获得真正的经验理论时所面临的巨大困难，是其认识论理想不
适合其研究主题的结果，并且已经有越来越多精炼的论证指出了这一点（例如，
Gergen，1982；Taylor，1985a；1985b；Vaughan，Sjoberg，Reynolds，1992；
Richardson，Fowers，Guignon，1999；稍后我还会谈到这一点）。也有一些担
忧是关于人类行动模式的稳定性的，也就是说，要根据规律来解释目标，因为
我们会随时间改变我们的社会实践和价值观念，因此，就这一点而言，这些模
式看似会发生重大改变（我们将会不断地回到这种担忧上来）。

此外，彼得·温奇（Peter Winch）（1958；1977）令人信服地指出，不论
是在日常生活中还是在社会研究中，解释人类行动都意味着，通过参考构成人

们特定"生活形式"的主体间规则或标准，对于人们为什么作出他们所做的事情给出解释，也就是说，给出他们的理由、动机和目标。他认为，这样一种解释的可接受性依赖于其对社会行动者本身的理解。如果是这样的话，那么对于 **51** 行为的社会-科学解释在性质上就不同于通过与语境无关的普遍规律对自然或社会所作出的解释。在温奇看来，人类行动存在于合作活动中，这种合作活动受到共同意义和共享价值的指导或调节，这也就是涂尔干的社会联系，而不是存在于遵循因果规律的、极端利己主义的行为中。毕竟，在我们现代的个人主义社会中，人们把自己视为独特个体，与在传统社会中，他们把自己视为从他们的部落或群体中获得身份，这两种社会化方式是类似的。事实上，在西方社会中，人们从很小的时候就被教授了一套非常详细的规则和习惯，它们与如何在一个非常个性化的环境中成功地生活有关。社会环境改变了，教给孩子的规则和习惯也将随之发生改变。这与我们所期望的与语境无关的、普遍的规律支配着社会世界，是完全不同的情形（见本书第十三章）。

对行动的解释可能比人们通常预期会掌握的要复杂得多，只有在与能动主体自身的意图和信念有意义地联系起来时才可以实现，很多赞同温奇观点的评论者都通过强调这种认识来弱化其观点（如 Taylor，1985a）。正是我们赖以生存的意义和我们所寻求的目标，实际上塑造了或者决定了我们的生活模式，即使我们常常不能完全充分地或准确地说清楚它们是什么。其他人（如 Bernstein，1976）指出，温奇的批判并未否认这一点，即揭示社会领域中各要素之间的相关性，可能有助于确定那些模式并以各种方式阐明人类行动的一些动力学。例如，这些相关性可能证明，对于人们说一套做一套，可能需要对他们互相矛盾的动机、自我欺骗或合理化给予更深层次的诠释。

这些对主流社会科学的批判，其中很多本质上是，一旦意义和目的在构成个体实在和社会实在的过程中发挥了关键作用，那么自然-科学式的科学解释模式就不能理解行为到底发生了什么。对这种状况的一种清晰的描述是，罗伊·D. 安德雷德（Roy D. Andrade）（Andrade，1986）把社会研究描述为"基于'意义'而不是自然或物理秩序来研究'强加的'秩序……[这种强加的秩序]创造了意义，而它本身又是由表达意义这种尝试所创造的"。这是一种"任意的秩序，它会随地点和时间的变化而快速地改变"（Andrade，1986：22）。

强加的秩序的一个例证是语言，语言创造了意义，同时，语言又是由表达意义的这个尝试所创造出来的。或者思考一下关于适当的穿着和行为等的规范，这些规范构成了诸如交谊舞或袜子舞之类的行动的重要性和语境。换句话说，与自然世界中的事件相比，人类的行动和情绪，实际上也包括我们自己，正是以这些方式象征性地构造出来的。换句话说，人类行动是根据意义而不是与语境无关的规律来构造出来的。实际上，这种强加的秩序可能在某种程度上使人类和社会行为的某些方面变得可预测。但是，一个完全可预测的社会可能是一个完全墨守成规的社会，却并不必然是一个受与语境无关的行为规律支配的社会。而且，支配个体行为和社会行为的规律即使存在，也可能依赖行动者的感觉、态度和价值（我们随后将会再次看到这种观念）。因此，个体诠释被社会科学界定为所研究的现象，这就使得用科学的普遍-规律概念所表达的愿望不适合于社会研究。

这些批判者中绝大多数都赞同，在社会研究中坚持在相关方法与诠释方法之间作出非此即彼的选择是毫无意义的，甚至可能是有害的。然而，他们批判的结果是，这些相关性甚至都不是严格的经验理论和普遍适用的人类行动规律的近似值。从自然-科学式的调查模式中所提取出来的经验方法，可能会在社会研究中找到其位置，但是，经验理论和普遍规律看似是无关的。

第二节 描 述 主 义

这种关于有意义的人类行动的深刻见解已经被包含在了伯恩斯坦（Bernstein）（Bernstein, 1976）所谓的社会研究的*描述主义*方法中，这种方法强调，社会科学主要是在一种有意义的、主体间的生活世界中描述目的性的人类行动。描述主义者力图描述以其自身的方式构造人类生活的个人意义和社会意义，而不是把人类生活解释为普遍规律和动力因的产物。

虽然这些方法在社会科学中不断发展，但仍然是一个比较小众的观点，它们在现象学、社会人类学、民族方法学及各种各样的"定性"研究方法中开始出现。如上文简要描述的那样，温奇的方法可以归入这种社会研究模式，另外还有阿尔弗雷德·舒茨（Alfred Schutz）和历史学家、哲学家科林伍德（R. G.

Collingwood）的方法（Bernstein，1976）。对于很多批判主流社会科学的人而言，某种描述主义方法看似已经成为唯一似真的替代性选择。一个关键的直觉是，我们应该以其自身的方式来描述有意义的人类行动或生活经验，而不是把它们还原为决定论的普遍规律。而且，适于描述人类行动的词汇，并非就是和这些与语境无关的规律相一致的词汇。例如，描述人类行动的适当词汇可能是根据感觉和意愿，在这种描述中，诉诸"行为规律"是不相干的，就像用根据 **53** "憎恨"或"希望"所作出的描述来解释身体的运动一样，都是不相干的。

我将通过简要地阐释温奇的方法来证明，如果没有人类行动的理由和动机，人类行动将不能得到理解或者适当地描述。如果不能确定在特定的社会中，人们的生活形式和支配他们生活的规则或标准，这些理由和动机也不能得到理解或适当地描述。只要有这些生活形式连同理由和动机，这些行动对于行动者而言所具有的意义就可以得到认识和描述。对于这种描述而言普遍规律永远都是不相干的，永远都不需要普遍规律。

有些社会科学家和哲学家（例如，Giddens，1976；Taylor，1985a；1985b）指出，社会研究具有一种*双重诠释*（*double hermeneutic*）的特征，也就是说，它们是双重地进行诠释的。有一些科学研究观点如库恩的观点认识到了这种双重诠释的上半部分，这种观点强调，一门科学的理论和发现在很多关键性的方面都是由研究者的诠释框架所塑造出来的，这种诠释框架包含着假定、习惯和目的。与社会科学一样，自然科学也有这种"单向诠释"，也就是说，自然科学和社会科学都包含着科学家的研究框架的诠释性部分。毕竟，类似"重力"和"叶绿素"这样的词是来自我们而不是自然的，就像类似"焦虑性神经机能病"和"间断强化"这样的词来自社会科学家而不是日常用语一样，当然，除非我们已经阅读过大量的心理学书籍，否则事实就是这样！描述主义的社会研究方法开始重视这种双向诠释关系的另外一半，即在社会学科中，研究对象与行动者是一样的，或者说，研究对象也是开展研究的人。也就是说，社会科学家是参与进一种智能社会行动的行动者，而他们研究的恰恰也是人类同胞的智能社会行动。换句话说，社会研究的诠释本质是一个双向车道。社会科学家受到其社会的深刻影响，同时，他们的社会研究实践也重塑着社会。

自然科学中不会发生这种事情；研究电子行为的物理学家既不是电子（研

究对象）也不像电子那样活动。也就是说，人类行动和电子的行为在性质上是不同的。相反，社会科学家是一种自我诠释性的存在，他们总是尝试理解并应对其世界（社会科学就是这样做的其中一种方式），研究其他同样尝试理解并应对其世界的自我诠释性的存在。在社会研究中，研究对象会以各种方式反馈回来，而岩石和火山则不会这样，研究它们意味着我们必须密切关注它们用自己的话语和需求向我们表达的东西。在这个意义上，描述主义方法意识到，人类行动和情绪是社会实在的象征性结构化部分，即社会领域中的秩序是由意义和诠释而不是普遍规律所强加上去的。描述主义者把这种特点与自然科学中的研究对象进行了比较。他们指明了一些我们可能都会支持的事情，因为在日常生活中我们总是寻求理解其他人的意义和态度（例如，"在这种情况下我真的应该相信我的朋友吗？"）

54

此外，即使社会科学家正在考察某一实在的其他一些部分，他们也都在各个方面构成了同一实在的一部分。研究活动是一种人类行动，就像人类所参与的任何其他行动一样（活动概念）。因此，在社会研究的中心位置，在自我诠释性的存在的意义负载行动与调查者的诠释框架之间，存在着一种非常有影响力的相互作用。通过社会科学成果的广泛传播，人们可能会开始以社会科学研究者的方式审视自己！同样令人担忧的是，这些调查者也会把其研究主题的文化理想吸收进他们的研究框架中去，然后把这些理想当作其研究成果进行传递（见本书第八章）。

自然-科学式研究模式的支持者很可能会抱怨，描述主义方法集中于有意义的行动，这点很容易受到质疑。集中于意义而不是因果机制，就像是一种非常一厢情愿的、非理性的，甚至多少有些不成熟的愿望，它希望可以用令人欣慰的、抚慰的或支持性的方式来描绘人类行动和社会世界的特征。而这些愿望会导致所作出的描述具有可疑的认知价值（我们如何获得证据以把客观知识陈述建立在牢固的基础上？）和不可靠的实际作用。这些愿望会干扰或者掩盖更多缜密的、有用的解释，而这些解释集中于行为的规律和机制。

然而，通过与人类的自我理解更一致的方式来描绘人类行动的特征，并不必然要涉及一种温和的、感性的、完全令人欣慰的或自我迷惑的行为方法。大部分关于世界上最伟大的宗教传统的文献和著作，都表达了各种各样的意义，而这些意义就嵌入在人类行动和实践中，可以被很多人感觉到。这些著作常常以完全现实主义的、悲剧性的、贬损的或者毫无慰藉的方式来描述人类境遇。它们有时候会通过对生活的黑暗面的深度诠释，来揭示出发现意义的新路径，有时候也不会这样做。通常，它们根本就不会比实际更美好。此外，有理由相信，自然-科学式方法对于人类环境的认识是趋向于理想化的（如 Skinner，2005）、不切实际的，或者说是幼稚的。自然-科学式方法总是以各种方式低估人类的局限性，夸大我们支配环境和生活方向的可能性，忽视一些实际存在的困境，而且会带来伦理困惑，这些都将在下文中得到更加充分地研究。

　　尽管认识到了这种相互作用或者叫双重诠释，但是描述主义者对于社会研究的认识还远未得到清晰的说明。一旦他们选择有意义的描述而不是自然-科学式解释来作为其研究的目标，他们就必须面对一个艰难的问题，即"一个好的描述的特征是什么？"毫不夸张地说，这是一个非常紧迫的问题，因为一些反思证明，每个描述都必然是局部的、选择性的。而且，可选择性很好地反映出社会科学家或者其团体的特定价值或利益。但是，大部分描述主义者仍然坚持认为，他们提供的不是一种任意的描述，而是一种对生活经验或人类行动的完全客观的特征描述。因此，与自然-科学式研究模式一样，描述主义模式也仍然预先假定了一种主体-客体本体论和认识论，它把观察者/描述者置于一个非常有利的位置上，这个位置远离所描述的社会实在。换句话说，描述主义方法也采用了一种类似于自然-科学式方法的外部人的视角。但是采用双向诠释通道就意味着，外部人的视角是根本不可能的。

　　这种客观化的观点看起来既不是可能的也不是想要的，原因稍后再做详细讨论。在描述主义者看来，就像在自然-科学式方法中一样，社会科学家被描绘成与所描绘的社会实在是相分离的（图3.1）。事实上，社会科学家在文化上嵌入这个社会实在中，并构成了这个社会实在的一部分，这与其本体论和认识论假定是相反的。回忆一下韦伯的观点，他认为，一个人的行动受到这个人对其环境的自我理解及他们如何看待自己所做的等诸多指导。行动的这种特征的一个意义是，对于社会科学家来说，不存在价值中立的、客观的描述（韦伯从未完全理解这一点）。当我在一个会议上举起我的手时，我不只是在移动我周围的空气分子，也不只是在收缩我的肌肉。我是在传输信号，表明我想要问问题或者是我要投票赞成那个男性候选人。我的行动可以由我对会议情况的理解及我看待我正在做事情的方式来得到定义。[1] 如果其他人可以根据我所作出的描述来理解我的行动，那么他们就可以把我的行动正确地理解为投票。事实上，他们可能比我能更好地理解我的行动，实际上他们可能把我看作是在通过投票赞成男性而不是女性来表达一种性别主义态度（我的自我理解必然常常遭受由社会风气、无意识的偏见等所传递的各种歪曲和合理化）。但是即使是这种对我的行动的诠释，也必定首先预设了我自己的自我描述，然后才超越我的这种自我描述。从这个意义上来讲，至少在一开始，我们必须按照这个人自己的描述来理解他的行动。而且，对这个人及其行动的自我理解，必然包含着她自己的价值承诺、她对利害攸关的事情的担心及她对其处境的诠释。

　　这样，我们不能从一个完全分离的或者中立的角度，来对其他人的行动给出一种富有洞察力的描述，这点看起来就很明显了。即使可能会被当作人类学家所谓的"参与观察者"，我们也必须有意义地投入或参与到这种情境中。我们必须对我们试图描述的情境和人形成一种真正的感觉，想象他们是什么样子的，事件是如何影响到他们的，可能会问他们一些问题，或者甚至让他们挑战我们对他们的认识和诠释。这种质疑和挑战的一种微小但仍非常有力的形式，会发生在我们自己与另一个人或另一种文化之间的我们自己的内心对话中，而没有任何公开的交流。这些行动对我们大家来说都非常熟悉。它们在我们不断努力的在日常生活中去认识或者更好地理解陌生人、朋友或家庭成员的过程中发挥着关键作用。

　　然而，如果这是真的，描述主义的社会研究模式就会遭遇大问题。首先，社会科学家总是将文化关注和承诺带入其理解的活动中。他们必然首先会用自己的术语和范畴来诠释他人，而且永远都不可能完全避开这些术语和范畴。完全避开它们并不意味着就像非人类一样客观。当然，社会科学家总是想要在其对社会现象的解释中，表现得尽可能精确和无偏见。但是，这并不意味着他们就要摆脱自己所有的或者绝大部分的人类同情心及与研究对象之间的联系，可以说，这就好像我们只想通过用望远镜的反端来观察现象以避免偏见一样！相反，它意味着尽量不要出于无价值的或者不适当的动机来进行操作，就像自欺

---

① 另外，在这一实践中，我必然也对将要参与的投票是什么有一些理解。

欺人、为了自私的或意识形态上的目的而操纵解释等一样。具有讽刺意味的是，很多人所努力追求的中立和严格的道德公正等理想，之所以在很大程度上是吸引人的，恰恰是因为它反映出很多实质性价值，如对各种各样的生活形式保持开放、尊重和宽容，而这至少可以说是一种有同情心的、关心的、非常实质性的伦理视角（见本书第二篇）！

57   其次，社会科学家不仅将他们的文化偏见和意义带入其诠释和解释人类行动的工作中，同时他们也会受到他们与其研究主题之间的交互作用及他们的偏见和价值等的*影响*。在调查者和研究主题之间将发生一种对话，在这一对话中，调查者和研究主题都可能会以或大或小的方式发生变化，而且这些变化常常是不可预测的。我们会再一次发现，不论是作为学生、教师、父母、朋友还是公民，我们在日常生活中都很熟悉这一过程。丰富且人性化的社会科学如何才能成为这个过程中的一个有机组成部分？无论如何，社会研究都被证明是一个比描述主义方法所认识到的要更混乱也更有趣的过程，更不用说相比自然-科学式方法而言了。

尽管如此，描述主义者的观点确实对有关社会科学本质的争论作出了重要贡献，为人类生活所固有的社会和道德本质提供了有价值的见解。他们指出，人类行动不能被完全还原为*工具理性*，相反，它在很大程度上包含着合作实践和制度，这是对生活的共同理解的表达。即使我们最终还是使用*工具理性*，但在我们有意识地讨论这些问题之前，这样或那样的一些本身就有意义的价值，告诉我们有些事情是值得的，进而指导着我们的行动，前反思性地塑造着我们的经验和实践。

这些贡献可能很有用，但是伯恩斯坦（Bernstein，1976）指出，描述主义者的方法在它开始解释社会理论和实践的规范维度时就已经失败了。这种对于社会科学如何刻画其研究主题的特征的认识，比起自然-科学式的观点要更有意义，它导致了一种令人烦恼的、看似不可解决的悖论。温奇可能会为很多描述主义者辩护，他令人激动地写道，对其他文化的研究"与智慧这一概念紧密相关。我们面对的不仅仅是不同的技术，还有善与恶的新的可能，只有与这些关联起来人们才能与生活达成协议"（Winch，1958：103）。然而，正如伯恩斯坦所指出的：

　　除非这样一种"智慧"也为评价这些"善与恶的新的可能"提供了一些重要的基础，否则它就是空洞的。当然我们会认识到，有一些生活形式是灭绝人性的和冷漠的，而且我们想要准确地理解他们为何是这样的；坚持认为哲学和社会理论仍然是中立的和自由的，这会逐渐破坏这样一种社会批判的任何合理的基础。（Bernstein，1976：74）

第三节　批判社会科学

　　有些社会科学家常被称作批判社会科学家，他们非常重视社会研究的评价边缘。他们的态度可以用这种方式来表示："如果诠释、价值和道德信任不可避免，如果尝试避免它们仅仅意味着我们不再偷偷地支持那些有问题的价值，那么让我们搞清楚我们的道德价值，并竭尽所能的服务于人类自由和福利。"根据批判思想者的观点，如果我们不想结束对现状的合理化和强化，社会科学就不能仅仅是描述性的。相反，我们应该深入挖掘现状，寻找隐藏的偏见和动机，然后把它们揭示出来，使它们接受严肃的批判。原则上来说，作为调查者研究的结果，他们应该会改变或者发展自己的观点和价值，而且，如果可能的话，他们的发现传播出去会使社会变得更好。正如韦伯所强调的，某种承诺和价值不仅会影响研究者对于调查主题的选择，而且也是他们会得出的结论（有关例证随后将得到讨论）。因此，承诺和诠释变成了影响社会生活的力量，就像塑造日常生活事件的动机、意识形态和观念一样。认识并澄清这些处于社会科学核心位置的，但通常又隐藏起来或者未被认识到的影响，是批判社会科学家的一个主要特征。

　　卡尔·马克思批判道，古典政治经济学隐藏了对实在的一些基础性的意识形态歪曲，批判理论就起源于卡尔·马克思的这种批判。因为批判理论家相信，所有的社会理论和研究发现都不可避免是诠释性的和评价性的，他们认为，在社会科学与自然科学之间存在一种关键性的差异，后者并不研究可以自我诠释的对象，也不涉及对事物状态的道德评价。批判思想家还坚持认为，自然-科学式的和描述主义的社会研究方法，都至少在两个方面具有严重的局限性。第一，这两种方法都否认或者忽视了道德承诺或意识形态信念，而正是这些承诺或信念促使他们自己对研究发现进行理论化和诠释。虽然这两种方法各有不同，但二者都追求客观性和价值中立，却又不能达到这种高度，因为这一观念本身就受到其自身大量的道德承诺驱动和推动，这些道德承诺虽常常未被注意到，但却影响着社会研究的方方面面（见本书第二篇）。

59　　　第二，不论是自然-科学式的方法还是描述主义的方法，因为它们对价值中立的承诺，因而都不能完全探究人类行动的一些最为有趣的特征。特别是在那些遍布人类生活的大量矛盾或不一致中所显露出来的特征。思考一下，一个提倡与自然和谐共处的环保行动主义者，后来为达到其目的而转向支持暴力。或者那些自称献身于民主的普通市民，但他们常常懒得去投票。或者那些为自己的失败辩护的父母，他们对自己的孩子设置必要的限制是出于关心而不是要去"妨碍"或者"伤害"他们。这种可能性不计其数。社会科学家对价值中立的承诺使得他们除了描述这些不一致性之外，不能再做任何其他事情。如果想要做的比简单的观察和汇报要更多，就要诠释和评价这些张力和矛盾在社会潮流和人类动机中的来源。但是，这又不可避免地包含对所涉及的人类善良或道德罪恶进行伦理评价，而在自然-科学式的和描述主义的社会研究中，这些判断都是禁用的。正如批判社会科学家所指出的，从这些方法中所预期得出的观点，必定不会是深刻的或者有启发性的，因为它们有意避开了对这种伦理评价的深入分析。

　　　相比刚刚提到的客观化的社会研究方法的各种局限性，批判社会科学家对这些客观化的社会研究方法的分析要深刻得多。他们还对这种研究"幕后所发生的事情"提出了一种富有启发性的判断，他们认为问题来自一个隐藏或*伪装的意识形态*（disguised ideology）（例如，那些被社会科学家和社会行动者所忽视的文化理想）。一种特定的生活方式可能包含着矛盾，因为所涉及的社会行动者的自我理解或信念，包含着系统性的歪曲（例如，弗洛伊德学派和马克思主义者都断定这些歪曲来自各种类型的压抑和合理化）。例如，那些旨在实现客观性和中立性的解释，很可能把受压迫的工人描绘成乐天派，把冷酷的工作狂描绘成骄傲的公民，这些解释始终将现状予以合理化，并回避有关正义和人类幸福等重要的问题。人们并不必然表达或者承认他们的生活到底发生了什么，通常只说那些他们认为期望他们说出的或者他们认为是"安全的"东西。

因此，仅仅描述他们的行为，并不能为我们提供去了解那些受压迫的工人、受到恐吓的遵奉者、顺从且受到虐待的配偶或者被强迫的工作狂等的线索，以及他们所面临的真正困境。因此，批判理论家坚持深入探究人类行动的矛盾本质，就不可避免地会诉诸价值和理想。在批判的视角下，最大的危险是，社会科学家在对数据和理论化的"客观"表达中，会不知不觉地重现社会行动者和文化中所隐藏的意识形态的盲目性和合理化。换句话说，他们将会盲目地或无意识地强化并保持那些严重的人类问题（见本书第八章）。

　　虽然批判理论家关注那些我们所熟知的邪恶和不公正，但他们也集中研究一些现代技术社会所特有的新的统治和腐败形式（例如，Habermas，1971；1991；Horkheimer，1974；Bernstein，1976；Held，1980）。特别是，尤尔根·哈贝马斯指出，现代西方文化很大程度上是建立在一种破坏性的混淆的基础之上的，那就是，混淆了文化上有意义的行动和共同意义与手段-目的推理和技术统治（*工具理性*）。这就导致了社会趋向于将生活的文化和道德维度瓦解为仅仅是技术和工具的考量（这里可以回忆一下韦伯的理性化过程）。我们将在第二篇更充分地探讨这种"工具主义转向"，但是此刻的关键问题是，这种客观主义视角远远不是价值中立的，其对严格的手段-目的的推理的赞美，实际上包含着一种隐藏在表面之下的、潜在的价值体系或意识形态。通过直接遵循启蒙运动的传统，这种视角把自己视为与无知、迷信、教条主义和专制权威作战的对象，目标是促进对人类权利、自由和尊严的理解，而这些恰恰都是我们大家以某种形式所共有的重要价值。因此从表面上来看，客观主义的社会科学研究方法，把所有价值都视为是纯粹主观的，把知识限定在客观方法的发现这一范围内，始终坚持大量承诺，而正是这些承诺逐渐破坏了任何关于客观性和价值中立的陈述。不论是自然-科学式的社会科学家，还是描述主义的社会科学家，都没能避开意识形态和道德主张，反而（不知不觉的）通过后门把它们输送了进来。

　　批判社会科学家和理论家不断提问："我们如何能确保我们的视角、观点和研究不受隐藏在表面之下的意识形态承诺所歪曲？"这个问题很重要，因为从表面上来看，没有一个人可以完全摆脱隐藏的偏见，所有的知识形式都受到特定的文化理想和习俗的影响。而他们方法的精神就是，咬紧牙关，接受伦理承诺和主张的不可避免性，同时欢迎继续解放个体并寻求更充分的社会公正机会。就社会科学是什么或者应该是什么而言，不少当代社会科学家深刻地认同这种稳健的观点。

　　然而，这种方法一定会使很多人感到紧张。这一观点所包含的对社会公正和所有人的自由的承诺，使他们自己的方法看似多少有些狭隘或者教条。难道我们不是在冒着武断的危险去支持一种特定的正义观和解放观吗？对于这种基于启蒙运动的现代道德观而言，这些都是熟悉的问题。这样一种观点着重强调了人类权利和宽容。但是，在容忍那些对我们而言看似是教条主义或者偏狭的观点方面，我们还要走多远？对于更保守的文化或宗教观点而言，我们又会作何态度呢？它们是完全错的，还是只不过是不同于批判社会科学的强有力的解放论的和反独裁主义的偏见？毕竟，我们完全信赖自由和宽容，因此，如果一味地谴责它们会让我们觉得不舒服，那么，这难道不会使我们的理论和研究因为其自身特定的伦理偏见和主张，而看起来更像是另外一种即将发出的政治声音，而不是任何普遍有效的社会科学吗？即使我们信奉批判社会科学的大部分理想，我们可能也仍然会感觉到，如果一个社会想要坚持其对人类权利的最广泛程度的宽容和尊重这个承诺的话，一些其他类型的文化、道德或精神价值也是很重要的，也需要得到我们的关注（Etzioni，1994；Sandel，1996）。其他类型的价值也应该纳入我们的社会科学研究和理论中吗？如果是的话那会是怎样的一种情形？特别是作为个体和社会时，我们不确定也不清楚个体自由、对群体或传统的完全忠诚、自由价值和保守价值或者精神价值和对教条主义的憎恶等，如何以一种合理的方式共存或者协调。前提是如果它们真的可以共存或者协调的话。

　　对于诸如哈贝马斯等批判理论家而言，实际生活和社会科学的一个关键问题是："在当代，对于那些至少在部分程度上是道德的或评价性的问题，我们如何达成一致意见，而不用求助于教条主义和专制权威？"批判社会科学家不赞成下文将要讨论的社会建构论这种替代性选择，他们认为，社会建构论放弃了一种在伦理上非常严肃的社会科学的概念，而采用了一种"怎么都行"的态度。批判理论家常常假定，在现代语境中，他们为了揭露统治和争取更多程序上和分配上的公正，而采用伦理和社会规划，对于回答这些问题而言是完全合理或充分的。程序上的公正指的是，根据公平的过程来制定和实施决策（例如，通过法律的公平和一致的应用，来确保审判的公平进行）。然而，程序上的公正会变得越来越抽象和形式化，而且诸如哈贝马斯这样的批判理论家会倾向于强调那些程序和抽象的伦理原则，它们应该对于所有的利益和各种美好生活图景而言，都是中立的。①

正如一些有同情心的评论家所指出的那样（例如，Taylor，1985b：231-236；Warnke，1987：130-134），批判社会科学家倾向于采用很多现代的形式主义伦理观，而这恰恰是他们在客观主义的社会科学研究方法中所极力反对的。集中于形式主义的方法和程序上的问题不可能对于克服敏感的种族偏见或我们对于环境的"掠夺性"态度有任何实质性的影响。此外，泰勒（Taylor，1985b：230-247）指出，所有这种现代的"形式主义"方法，都不能公平地对待这样一个事实，即没有一个社会或者传统可以把自己严格限定在程序性原则内。社会和传统常常同样重视一些其他真实存在的，甚至有时候是相互矛盾的理念，如关于成熟、个性、荣誉、社会福利、忠于传统、存在主义意义等的理念。这就引起了一些道德和政治争论，这些争论比形式主义观点所带来的争论要更加混乱也更加有趣。

批判社会科学的确促使我们大胆面对，在诠释和解释人类行动与社会生活的过程中，道德价值和精神价值是必然存在的。而且，社会研究本身如何被视为生活的一部分，而不是某种消除了人性的东西，即像自然-科学式的方法和描述主义的方法那样，在距离人性很远的地方去试图理解我们的人性，批判社会科学的这些方法讲清楚了此类问题。然而，我们还是有一些庞大的问题需要解决。哈贝马斯的形式主义和残存的个人主义（尽管是一种非常社会性和对话式的形式主义和个人主义）仍然包含着少许对客观性的追求，他希望摆脱这一事实，即作为社会科学家，我们总是与我们的历史和文化语境相联系并由它们塑造而成。如果我们放弃了这种观点，接受一种对于我们所有行动彻底相对的观点，那么我们就会留下一个巨大的难题，那就是，我们如何理解存在着一些对人类行动更好和更坏，或者更有效或更无效的诠释。这是在尝试向一种彻底的相对主义让步，并声称在人们和社会之间的观点和价值的差异中，我们所拥有的，只不过是一种主观偏见与另一种主观偏见之间的赤裸裸的冲突。但是也

①　这些"中立"原则实际上代表着一种对政治自由主义的盲目承诺（见本书第五章）。

可能得出这样的结论：因为缺少一种外部人的视角，我们的人类处境及其限制意味着，我们既不能避免涉及关于更好的和更坏的诠释的合理信念，也不能宣称它们拥有最终的或确定的真理。因此，后面我将提到这两个社会研究方法，一个提倡一种无条件的相对主义，而另一个提倡一种强烈的谦逊。

第四节　后现代主义/社会建构论观点

对于个人主义文化和现代社会的*工具理性*导向，有一些思想家提出了一种不同类型的批判，这些思想家被松散地聚集在一起，称作*后现代*理论家。后现代主义者所支持的观点，其最典型的特征是，综合了各种分析形式、敏感性和知识条件。这些思想家在某种程度上类似于哈贝马斯和其他批判理论家，他们都试图恢复一种认识，即人们是嵌入在历史文化中的或者说是在历史文化中语境化的，也就是说，我们只拥有一种*内部人*的视角（图3.2）。与哈贝马斯和很多批判理论家不同，后现代主义者拒绝任何企图为批判性地评价我们的价值和实践而定义的普遍标准或者程序。对于他们而言，现代西方社会把其自己的生活方式自命为一种绝对准则，并专制地主张所有的文化和人类都要根据其民族中心主义式的观点来得到判断，批判理论就是这种观点的另一个例证。后现代主义者还拒绝为判断我们的信念而"走进"历史变迁中的任何尝试，无论是通过建立形而上基础、确实可靠的方法，还是普遍的道德标准。他们认为，任何这样的标准实际上都是把一个特定群体的观点投射到其他人身上，因为除了群体所选择采用的标准之外，不存在任何这样的标准。从根本上来说，我们大部分的哲学传统和科学传统，都常常把在文化上或历史上稳定的东西误认为是本应该永恒的和普遍的东西。相反，后现代主义者相信，社会秩序和意义永远都是局部的和语境化的。因此，"社会"实际上指的是一个异质的、碎片化

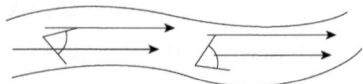

社会实在

图 3.2　内部人的视角

在内部人的视角下，社会实在只能被那些沉浸于其中的人所观察

的实体。这种社会概念平行于后现代主义者关于知识是局部的和语境化的而不是普遍的这一论点。

后现代思想家意识到人类是自我诠释性的动物，而且通常认为，就这一点而言，我们经常参加的一些实践使我们可以"就像是［我们］在历史进程中有一系列不同的本质一样去行动"（Dreyfus，1987：65）。后现代主义者指出，人类本质并没有超越文化，也就是说，不存在像很多前现代和现代哲学家和科学家所认为的那种客观的、相对固定的人类本质。诸如菲利普·库什曼（Philip Cushman）那样的社会建构论心理学家倾向于认为，这种固定的、与历史无关的人类本质概念产生了一些不良的影响，如"对外导致了一种文化上失礼的、有破坏性的心理帝国主义"，"对内导致了大量随之而来的灾难"（Cushman，1990：599）。因此，在后现代主义者看来，使用一种固定的人类本质概念来作为某种标准，去判断个体或社会，或者去设想一种更加人性化或者就只是社会化的秩序，这样的尝试不论是科学的还是别的，都充其量是欺骗性的，在最坏的情况下甚至可能是毁灭性的。

根据后现代主义者的观点，文化解释和诠释了作为一种人类自我意味着什么，它塑造着我们的本质和特性，这种自我不是以某种方式独立于文化的一种自我。库什曼坚持认为，"自我的文化概念化和构成形态是由其各自时代的经济和政治所形成的"（Cushman，1990：599）。哲学家理查德·罗蒂是这样说的，"在创造实践的过程中，没有一个准则是我们还没有创造出来的，也没有一个合理性标准是不诉诸这样一个准则的，同时，没有一个严密的论证是不服从我们自己的约定的"（Rorty，1985：28）。沿着这一思路，后现代思想家一般把科学仅仅当作另外一种认知方式，并不比任何其他的认知方式要更优越（批准概念的极端形式）。

一、社会建构论

这种后现代主义思想分支的典型代表是，著名哲学家罗蒂（1982；1985），对于社会科学，他也谈论了很多他自己的观点。他认为，不存在词汇中立的事实或准则，可以让我们用来判断一个词汇或者对事件的描述比另一个词汇或描述更好或更真。相反，我们所拥有的只是几组不可调和的"语言游戏"，它们

都有自己的内部准则和规则。这就意味着，没有一种社会科学方法比其他方法
更好或者更差。此外，按照罗蒂的观点，社会科学所提供的对事件的描述，不
可能比我们所感兴趣的任何其他描述（如美学的、宗教的、讽刺的）要更优越，
因为任何一种特定的社会科学描述，都只反映出了我们可能会选择的一种特定
的词汇或语言。

　　社会科学中的社会建构论的一个很好的例证来自心理学家肯尼斯·格根
（Kenneth Gergen）（Gergen，1982；1985；1994）。他指出，我们用以理解世界
的术语是社会建构的，因为这些术语是在我们彼此之间的历史交互作用中所形
成的（Gergen，1985）。根据格根的观点，西方文化使得个体思想在心理学和
大部分一般社会科学中处于"解释的关键位置"（Gergen，1994：3）。[①] 但是在
他看来，这只是一种社会建构，因为对"各种形式的世界建构"的历史和文化
基础的研究表明，"心理过程在一种文化与另一种文化之间存在着显著的差异"
（Gergen，1985：267）。因此，他认为，社会科学的很多理论和发现歪曲了心
理现象，因为它们假装世界、自我及心理过程都拥有一种超越历史的或者根本
性的本质。换句话说，心理现象只是一种方式，称之为我们的方式，这种方式
既是民族中心主义的也是错误的。从一种明显负载西方文化的立场来看，作为
自然科学基础的主体-客体本体论和认识论，认为心理现象很难成为主流心理
学家所渴望的那种客观的、价值中立的视角下的对象。

　　格根相信，社会建构论可以帮助我们超越这种歪曲的"主体-客体二元论"
和沙文主义的民族优越感（Gergen，1985：270-272）。在建构论者看来，对一
个人的经验报告或描述，被证明是"某种语言学建构，这种建构受到历史偶然
的对话约定的引导和塑造"。没有一种正确的方法可以保证发现是客观的，没
有一种程序可以产生真理。相反，在社会建构论者看来，"[我们的] 解释的成
功，主要依赖于分析者吸引、强迫、激励或者愉悦观众的能力，而不是依赖于
精确性这个准则"。我们所有的关注点，无论是实践的还是理论的，都是由社
会协商的，在这个意义上，日常生活和社会理论之间没有什么真正的差异。不
存在主体-客体分裂，但前提是主体参与到文化或社会习俗的运行中。

　　这种建构论观点看起来是不合理的且是相对论的，但是格根和罗蒂相信这

_____

① 值得注意的是，这是对方法论整体主义和方法论个体主义的一种明显的混合。

些指责是不合时宜的。首先，我们的实践和价值只能通过一种（松散地）协调起来的社会努力才能逐渐形成，因为我们的理解和意义存在一种稳定性，这种稳定性产生于"知识系统对于共同的可理解性群体的内在依赖性"（Gergen，1985：272）。换句话说，因为知识和价值是全社会所共享的和有条件的，它们被阻止去混沌地或反复无常地变化，因为文化内在的变化是缓慢的。仍然没有什么关于美国社会或世界的客观的东西，可以阻止美国公民第二天早上醒来然后鲁莽的冲向一种法西斯主义文化。其次，如果我们不隐藏在客观性或价值中立的外表之下，我们就不得不承认，我们的理论和实践"进入了文化生活，维持着［特定的］行为模式，并破坏着其他的行为模式"。因此，"这种工作必须根据善和恶来得到评价"（Gergen，1985：272），因为善和恶的这些标准表现出社会稳定性，尽管这些标准有时候也会发生非常急速的变化，但它们仍然可以作为评价性判断的合理标准来发挥作用。最后，罗蒂（Rorty，1985）认为，这种相对主义将不会导致社会分裂或者个人方向的迷失。相反，它通过逐渐破坏教条主义，并培养一种对连通性和特定生活方式的同路者所具有的共同目标的积极认识，使得我们可以自由地去经历一种更深层次意义上的"团结"。

二、米歇尔·福柯

与格根和罗蒂对文化嵌入性相当乐观的认识不同，米歇尔·福柯（Foucault，1979；1980a；1980b）提出了一种比较暗淡但可能更加具有实用主义的视角。福柯集中于权力和权力关系，特别是在社会制度中所表现出来的权力和权力关系。对于福柯而言，在任何知识领域，都不存在支配一切的真理或虚假；相反，"真理"是一种产生于权力关系的"规则"的效果，这些规则创造并构成了一种特定的生活方式或知识领域，他所思考的权力关系既无关明确的一致，也不是暴力胁迫的问题。相反，它们是在一个特定的、完全任意的"权力/知识"系统中，人们被迫一起行动的无数种方式（对福柯而言，权力和知识之间几乎不存在任何差异）。依照福柯的分析，我们称之为统治或正义的东西，仅仅是我们的文化规则内的"真理效果"；也就是说，我们视作真理的东西，只是某种制度或社会-科学学科的规则效果或结果。文化和制度以偶然的方式进行演化，因此，对这些演化而言，不存在任何必然性或者方向。因此，"权力/知识"

66

系统在很大程度上是任意的。

在福柯看来，权力关系既可以被积极地运用于创造生活方式或者知识领域，也可以被消极地应用于镇压或者统治。在过去，统治的类型和正义的形式既不是支配性的，也不是在道德上优于或低于任何其他类型和形式的，包括我们自己的在内，它们仅仅是不同的。在他看来，对于权力的这些形式而言，不存在历史地可辨识方向，不会感觉到道德或智力的发展，没有任何"进步"可言。

福柯把社会科学称作"可疑的科学"。尽管它们声称其目标是获得真理，但事实上，它们变成了对人的分类和管理，其依据是，当前的文化制度对于一个正常的、健康的人应该是什么样子的认识。[①]社会科学巧妙地使这种详细的监视和控制成为可能，福柯认为，在服务其所支持的关于可接受和不可接受的行为的理念过程中，现代社会运用了这些监视和控制。福柯试图详述，统治和规训模式如何把人类变成了我们自己所认为的现代个体。有些特定的实践常常受一个外部权威人物的调解（如心理咨询师或者神父），他强调这些实践如何使个体主动的自我形成过程与当下的思想体制一致（Foucault，1980b）。福柯指出，自社会科学在 18 世纪和 19 世纪出现开始，社会科学与教会、军队、学校、监狱及诊所一样，都成了权力/知识体制的一部分。这些体制引入了一些维持公共秩序和社会控制的新方法，这些方法并非是先前就存在的，社会科学家在创造这些新方法的过程中发挥了一种主导作用。

一个例证是，不论是在个体环境还是群体环境中，一个治疗师如何引导患者去详细地检查自己，直到他们"找到"特定的问题或趋向。因此，他们被说服去负责管理或消除这些要求。福柯认为，按照这种方式，在努力符合当下的健康和生产力规范的过程中，人们就获得了自我形成的能力。我们不需要完全同意福柯分析的每一个细节，但可以看看这样一种情况所引起的一些潜在问题。例如，有一些证据表明，治疗师在评估患者的治疗进展时，倾向于根据患者采用治疗师的思维方式，包括治疗师的价值观念等的程度来作出评估（Kelly，1990）。换句话说，治疗师对于是否有所改观的认识与治疗师的价值观念存在紧密联系。这些价值观念反映了心理学群体对可接受或不可接受行为的定义，

① 或者说，它们可能发挥的作用是，为可接受或者不可接受的行为确定了一种新的文化制度。

就这一点而言，把"真理"强制输入个体的信念和行为中这种可能性是真实存在的。

　　另一个例证是，在《规训与惩罚：监狱的诞生》（*Discipline and Punish：The Birth of the Prison*）（Foucault，1979）一书中，福柯追溯了权力的规训技术的发展。他还追溯了在规训和惩罚实践，以及相关的社会科学的发展过程中的相应变化，这些都为刑事制度提供了必要的分类。因此，对这种制度本身而言存在着一种科学许可，但是相关的社会科学被视为在很大程度上构成了自我和实践的观念，而不是发现了某些独立的社会实在（见本书第十三章）。

　　按照福柯的分析，情绪上孤立的现代个体得到训练，去适应成为社会和经济机器中的一个齿轮，因为没有持久的社会关系也可以这样做，而且对于他们的生存问题，他们只会去批判自己而不是流行的社会秩序（比较一下，韦伯利用理性化去把人们放入其在社会机器中的合理角色上）。按照这种方式，我们可以把一个社会的公民想象成"遵守规矩的"，他们并没有自觉意识到，权力关系在塑造其生活和形成其自我的过程中所发挥的作用。

68

　　福柯用*系谱学*实践取代了客观化的主流社会科学或者批判理论家的伦理讨论。系谱学试图揭示这些权力规则的可能的起源。这种分析模式应该可以揭示出规则的欺骗性的真理主张，事实上是如何产生于历史事件的而不是产生于一种假定的人类的普遍本质。他对于现代刑罚体系发展的研究，是运用其系谱学方法的一个例证。但是，这种系谱学模式是高度分离的，把一些与制度相关的实践领域客观化和具体化了，如刑罚体系。在福柯尝试描绘权力事实上如何在这些具体的环境中发挥作用时，他提出了一种高度去个性化的实践概念。

　　在其生命行将结束之时，福柯开始阐述一种更加积极的伦理，这种伦理超越了仅仅是参与到最终同样主导真理制度的孤立系谱学。他想要表明，如果没有任何固定的或普遍的人类本质，我们如何可以像艺术品一样不停地创造和再创造我们自己（Foucault，1982）。然而，考虑到福柯在这些问题中所表现出的独断性，我们并不清楚他是如何证明这一方向的合理性的。为什么不采用无政府主义、存在主义或者宗教信仰的飞跃，来作为对拒斥一种固定的人类本质的合理回应呢？

三、对后现代主义/社会建构论的评价

无论是以上这些后现代思想，还是其他形式的后现代思想，都各有优点，与批判理论一样，它们都有助于揭露过分夸大的自主权、确定性和控制等令人困扰的现代自负。很多人也发现，这些方法为阐明个体行为和社会行为提供了新的、富有成效的方法，同时也以科学的、理性的或工具主义的思维方式所无法获得的方式来解释经验（如 Flyvbjerg, 2001）。尽管如此，这些后现代观点仍然有严重的缺陷。

对于社会建构论解释，有一点需要特别注意，那就是它们对人类自我自相矛盾的描述。自我从根本上受到历史影响的决定，但同时也可以为了自己所虚构出来的目标，按照自己的意愿来自由地重新诠释自我和社会实在。这是一个完全难以置信的观点。这种嵌入在历史中的存在，如何可以摆脱文化上的决定性力量，进而以这种方式从根本上重塑自我？难道他们是站在影响流之外的一个与历史无关的位置上，然后选择他们想要变成的自己？或者说，他们以某种方式利用了这种力量流，用它来在一个不受这种力量流决定的新方向上开始自己的发展（图 3.3）？那些后现代作者并不清楚，这种自我建构如何运转，但是他们的能动主体概念重现了在主体-客体本体论和认识论中所发现的自我与世界相分离的图景，而这恰恰是建构论者所拒斥的。自我具有以某种方法进行重塑的能力，它可以摆脱社会秩序，选择它想要呈现的诠释和意义，这就意味着这些自我可以完全摆脱他们所嵌入的历史流。

69

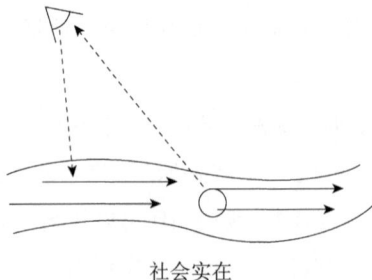

社会实在

图 3.3　操纵社会影响

一个完全嵌入文化和历史的影响流中的自我，如何摆脱或者操纵这个影响流，进而重新诠释或者改变自己？

在这些后现代观点中，还存在另外一种张力，这种张力与客观性本身有关。一方面，罗蒂、格根、福柯等，都强调了对于社会实在而言根本不存在一种外部人的视角。这就意味着，对于观察和分析社会现象而言，不存在任何客观的或者与视角无关的立场。另一方面，这些作者又提出要获得某种"真视角"，并承诺存在着相对的恶和善（例如，种族隔离是坏的，自由是好的）。但是，除了从某种外部人的有利视角来看，他们所提出的这种更为优越的观点如何在其他任何基础上被证明是合理的？比起任何其他的视角而言，为什么后现代主义者和建构论者所提供的视角不是一种既不更好也不更坏、既不更清晰也不更模糊的视角呢？他们认为，后现代主义者致力于宣称，如在种族隔离和民主政治之间不存在任何性质上的道德差异。

后现代主义思想家常常指出，拒斥所有形而上的和道德的一般概念，可以使我们摆脱朝向教条主义和统治的方向发展的可怕趋势（如罗蒂）。然而，那些阻碍这些自由的自我，去放弃我们的社会关于自由、普遍尊重和宽容等的理念，而去支持肤浅的娱乐活动或某种安慰人的新的暴政的，到底是什么？当民主表现得越来越容易受到内部和外部压力的侵害，这些问题就会变得极其严重。正如理查森和福沃斯所指出的：

> 我们常常被后现代理论要求着去相信，一旦诸如自由和尊重人类生活这样的理念得到认真对待，它们就会成为危险的错觉。然而，不幸的是，社会建构论者建议，我们可以通过我们的道德信念和价值的"语用意义"，来评价这些信念和价值，以此来避开这种危险，而这与我们通过在日常生活中用真正的承诺或承担责任来意指的东西存在严重的冲突。我们想要知道，建构论思想家是否真的已经彻底地想清楚了，例如，完全摧毁因为不敢反对而产生的内疚感与因为违反某人自己的道德标准而产生的懊悔之间的区别将意味着什么。从字面上理解，这可能意味着采用了一种非人的而且极其具有破坏性的道德无涉性。然而，它更可能意味着，我们正被要求去认可，后现代相对主义是最具人性且最真实的观点，而这事实上将有助于瓦解非理性的内疚和教条主义信念。尽管如此，即使［这样一种观点］非常真诚，它看起来也是乌托邦式的、天真的。失去可靠的信念及其所需

70

要的使命感，看似更可能会导致个人冷漠和社会原子化（即使不是绝望和暴力），而不是增进团结。这些思想家似乎相信，他们自己来之不易的特性和教养，将会在其他人那里作为接受相对主义的结果而自动地涌现出来。他们再次卷入了这样的矛盾中，为了提倡［特定的］道德价值观如社会团结，而把所有的道德价值观都视为完全相对的或主观的，但是，他们又似乎不会把社会团结视为完全相对的或可选择的。（Richardson，Fowers，1998：484）

特别是，福柯的著作揭示出了这种文化对于个体所产生的影响的阴暗面，这恰恰是后现代主义者所强调的，它同时也引起了人们对于作为一种操纵和控制"技术"的社会科学的恐慌。按照建构论者的观点，没有什么特别的理由可以让我们相信，罗蒂和格根所提到的价值和实践的文化稳定性就永远都是好的，或者会以某种方式促进人类福利。相反，似乎有更多的理由去担心，社会科学研究的结果及这些结果在何种基础上可以被用来实现公共利益。

第五节　当代诠释学

当代哲学诠释学或者叫本体论*诠释学*（例如，Gadamer，1975；Warnke，1987；Taylor，1989；Guignon，1991；Ricoeur，1992；Richardson，Fowers，Guignon，1999）并未在个人与身体，或者个人与其他人及世界之间设想一种明显的区分。换句话说，它并没有预先假定一种主体-客体本体论和认识论。相反，诠释学把我们赖以生存的意义视为"在那里"的存在，它们影响并塑造着其他人与世界的实践和制度，就像它们属于我们的"内在"生活一样。我们经验日常生活的方式、价值和意义等，都既存在于我们内部，*也*存在于我们周围的世界中。当我们看到一家酒店或餐馆爆炸，男人、女人和孩子受伤或丧生，我们就会意识到，就在那里而不仅仅是在我们的脑海里，真的发生了一些不好的事情。

在某种意义上，本体论诠释学试图把来自其他社会科学研究模式的深刻见解结合起来，以此来超越科学主义与不成熟的相对主义之间的表面上的僵局，前者包含很多自然-科学式方法，后者由建构论构成（见本书第十七章）。诠释学真诚地采用了自然-科学式方法的一些优点，如合理的怀疑主义和对某种形式的客观性、准确性和再现性的承诺。尽管它否定了对人类行动给出一种客观的、价值中立的描述的可能性（对我们而言不存在有效的外部人的视角），但它同样重视描述主义对有意义的人类行动的丰富性和不可还原性的强调。它认可批判理论努力揭示隐藏的假定和伪装的意识形态这个总方针，但它也怀疑程序公平和形式主义伦理学是否真的可以真正解决意识形态所带来的问题。虽然它痛恨后现代主义的道德相对主义，但是，对于批判社会科学方法中存在很多人类自负，以及人类行动是诠释性的，它与后现代主义思想家达成了一致。

　　诠释学哲学家和社会科学家认识到，行动和行动的知识是受历史制约的，而且不可避免是诠释性的。因此，他们常常把自然-科学研究与社会-科学研究当作被不可逾越的鸿沟所分离（见本书第一章，第四节；第十六章，第二节），这样，诠释对于社会研究而言至关重要，但对于自然科学而言并非如此。[①] 对诠释学思想家而言，社会科学中的理解和解释通常反映了某种程度的创造性和诠释，因此，它们既不受某种客观的事实秩序（或形而上学）束缚，也不是完全相对主义的。同时，他们认为，否定社会-科学研究中的这种创造性和诠释，在很大程度上促成了这些科学的碎片化特征和它们只对显而易见之物进行赘述的趋势。

　　对话是当代诠释学的一个关键特征，它把诠释学与其他的研究模式区分了开来。对于思考和研究人类行动与交互作用而言，会话是核心模式，因为对话是人类生活中的交互作用和成长的核心过程之一。日常生活中的简单例子有，与朋友或家人的聊天证明了，不论是对我们还是我们的会话伙伴而言，这些会话如何会使我们产生对自己的新认识和看待我们的生活处境和我们的世界的新方式。同样，读书通常会使我们反思我们自己和我们的生活方式，会使我们以一种新的视角来看待我们的过去和未来，反过来，这又会使我们对我们现在是谁和我们的生命将去往何处等的认识形成一种新的诠释或者变化。我们所观看的电视节目和电影，我们所听的音乐，我们所看的艺术品及无数其他有影响

72

---

① 正如我们随后将看到的，库恩（Kuhn，2000）挑战了自然科学以某种方式并不涉及诠释的这一特征。

力的渠道，也都以这样的方式影响着我们。这些都是我们在日常生活中所拥有的经验，哲学诠释学在其关于人类动机和行动的概念中，力图使自己尽可能紧密地效仿人类生活的这些日常实在。按照诠释学的认识，根本就不存在一种真的、适当的、正确的内部人的视角。相反，我们必须把一些内部人的视角放入彼此的会话中，以充实关于人类动机/行动的准确概念。

另外，我们所成长于其中的家庭、群体和社会，从生命早期开始就为我们提供了大量的诠释、意义和价值。我们发现，正是因为有了这些诠释和价值，我们自己才"开始运转"（即海德格尔所谓的"被抛状态"thrownness），它们塑造着我们作为人是其所是的绝大部分内容。当我们慢慢成熟且变得具有反思性，我们就开始以新的创造性的方式，来重新评价并修订这些诠释和意义，拒斥一些诠释和意义，并将另一些诠释和意义个性化。按照诠释学的观点，社会力量并不像后现代主义作者通常所想象的那样是决定论的。

诠释学观点如何避免客观主义和相对主义这两个极端？一方面，诠释学思想家并不必然反对绝对真理。的确存在绝对真理，它们表现为持续的自然模式或道德公理，但是，诠释学思想家认识到，绝对真理并不是未经诠释的或单义的（如只承认一种意义的存在）。任何绝对真理都承认多重意义或多层意义。因此，按照这种实在概念，根本就不存在任何赤裸裸的客观主义。另一方面，并非万事万物都伴随着诠释。如果存在自然规律的话，这些规律会限制对它们进行诠释的类型和范围。或者想象一下把"十诫"或"黄金法则"视为道德公理。并不是我们可以选择的任何方式都可以用来诠释"不可杀人"的。例如，如果把这个公理诠释为，对于无论什么杀害都只字未提，这就是没有意义的，就像说在任何情况下（如自我防卫、入侵）都不能杀害任何事物一样，都是没有意义的。此外，这一戒律可能会对死刑施加一些限制，而且与导致战争的原因有关。因此，即使道德绝对真理允许多重诠释的存在，诠释的范围也是非常有限的，而且一些诠释会比另一些诠释要更好或者更充分。我们可以再次看到，既不存在赤裸裸的客观主义，也不存在不成熟的相对主义（比较第十七章）。

和后现代研究方法一样，诠释学同样拒绝那些在很多社会研究模式中都发现过的主体-客体本体论和认识论。[①] 自然-科学式的、描述主义的和批判的方

---

① 与后现代主义方法不同，诠释学并没有暗中复制这种主体-客体分裂。

法都或明显或隐晦地对于研究对象的主观性质不予考虑（例如，我们对于某一对象或某个人的依赖感）（见本书第五章，第三节）。诠释学认识到，这些意义和依附，包括我们变化莫测的欲望、价值观念和目的，都构成了我们日常生活经验的一部分。此外，诠释学思想家还认识到，这些欲望、价值、目的及重要性，并不只是对客观事实的主观态度。一种情境的意义和重要性不能被还原为牵涉进这一情境中的人的感觉和回应。例如，一种可耻的行动具有丢脸的特征，不论作出这一行动的人是否有这种特定的感觉。这就是为什么我们可以说，"你应当为自己感到耻辱"。同样地，正是因为情境导入是我们感觉的基础，情绪才可能是错误的或者是非理性的，例如，当人们没有理由对某事感到羞耻但他却感觉到羞耻时，就会出现错误的或非理性的情绪。成吉思汗（Genghis Kahn）、阿道夫·希特勒（Adolf Hitler）或者奥萨马·本·拉登（Osama bin Laden）的欲望、价值观和目标，并不只是对世界上无意义的实在的主观回应，事实上，它们还作为我们世界上的实在的一部分而存在，且具有真实的影响。

因此，"把世界当作独立于它可能对于人类主体而言所具有的意义，或者独立于它在人类经验中如何发挥作用"，都会把研究限制在对人类行动和关注点的一种相当狭隘的调查之内（Taylor，1989：31）。这种分离的、受限的方法在很多自然科学领域中已经被证明很有用，在社会科学中也并非毫无用处。然而，诠释学思想家相信，有一些其他途径可以获得知识和对社会现象的理解，这些途径可能比自然-科学式的方法更富有洞察力，可以说，它们捡起了那些被客观化和分离所扔掉的东西。通过缩短研究者和被研究者，即主体与客体之间的距离，充分认识双重诠释的力量，诠释学社会科学家相信，我们可以学习和理解更多关于人类及其行动的东西，而不只是追求相关性研究。这就意味着，拒斥那种只强调对独立实在进行正确表征的主体-客体本体论，承认社会科学家是他们所研究的社会架构的一部分，而且这个社会架构对于社会科学家的研究及其结果具有一定的影响，不论这种影响或好或坏。

相比其他模式而言，诠释学的社会研究方法受到的关注要少得多，因此也相对较少被具体化。然而，在这里我们可以简要追溯一些要点。这些思想家致力于用一种嵌入在历史中的能动性观念来取代支配大部分社会科学研究的主体-客体本体论和认识论，这种能动性观念利用了诸如参与式能动性/强塑造世界等概念去充实这种替代性选择。在这个意义上，比起社会建构论者或批判理论家而言，诠释学方法可以更好地避免回到一种刻板的主体-客体式的社会实在概念。诠释学社会科学家和哲学家，并非是在外在于人类实践和历史的某一个有利位置上，而是在人类实践和历史的内部，提出了一种对人类是什么样子的诠释，托马斯·内格尔（Thomas Nagel）将其称为从无处看世界（Nagel，1989）。

这样一种内部人的解释开始于洞悉到人类是"自我诠释性的动物"（Berlin，1962；Taylor，1985a；1989）。其核心观点就是，我们在日常生活中所设计出的意义在很大程度上使我们是其所是。换句话说，客观的自然科学所描述的遗传影响和社会影响并不是我们行为的全部理由。相反，生活拥有不止一种叙事特征，我们的遗传影响和社会影响为我们"书写"我们生活多种可能的故事情节提供了情境支持。在理解这些叙事的过程中，我们有时候会用抽象和客观化来形成具有持久模式或合法性的知识，包括有关手段-目的关系的知识，而不考虑我们对这些事件的评价。我们有时候会对我们的伦理反思采取一种疏远的态度，也可以说，从不太有价值的依附和感情后退到就像我们看到的那样去更好地做正确的事情。然而，还有一种更为基本和实用的理解，那就是，这是人们共同决定的；我们对事件、社会实在和其他人的行动及参与等的共同理解，比那些可以获得的普遍规律和抽象方法要更加紧密地影响着我们。特别是：

> 历史经验改变了事件对于我们而言所具有的意义，不是因为它改变了我们对于一个独立客体的认识，而是因为历史是一个辩证的过程，在这个过程中，不论是客体还是我们关于客体的知识都在不断地发生变化。因此，如美国独立战争的意义和我对自由的理解在这二者之间的对话中都能不断地得到修正。因此我们正沉浸在这一过程中，并与这一过程深深地联系起来，而不是像科学主义的、描述主义的甚至后现代的方法所倾向于假定的那样，从本质上与这一过程相分离。（Richardson，Fowers，1998：490）

这种不间断的会话或对话模型对于诠释学哲学家和社会科学家而言都很重要。事实上，对于他们中的很多人而言，如何看待理解人类经验的自然-科

75

学方法与诠释学方法之间的交互作用，会话是一种模型。① 通常，当我们想要整合这两种不同的方法时，有一个严重的问题需要首先得到解决："这两种方法在何种基础上被整合起来？"例如，就主流方法和诠释学方法而言，我们在主流观点的基础上整合它们吗？还是在某种诠释学观点的基础上整合它们？又或者在第三种可能中立的观点的基础上来整合它们？这么容易就能提出这个问题就证明了，这种整合模型不可能以一种毫无偏见的方式，把多重方法整合起来，形成一种包含所有这些方法的方法，来为未来所有的交互作用奠定基础。

就像两个人之间的会话，会为他们开启彼此之间相互影响的机会一样，诠释学方法和其他方法之间的这种合作模型，也为它们之间交换意见提供了可能，在这种整合主义的交互作用模型中，我们会看到这些视角彼此之间的相互影响，而不是一个视角对于其他视角的统治和支配。相关性研究当然会在对人类能动性和交互作用的研究中占有一席之地，它可以帮助我们发现那些原本可能没有被认识到的持久模式或规则性。但是，这些过程和模式在我们的生活中所发挥的作用，对于我们所具有的意义，以及我们为应对或改变它们而作出的努力的本质和方向，都由它们在展开个体叙事和社会叙事中所占据的位置所决定。对于把这些不同方法的优势聚集起来而言，会话看起来是一个很好的模型。

但是，通过提出主流方法与诠释学方法之间的会话模型，诠释学思想家可能就会暗中认识到，自然-科学式的方法实际上比它们让我们相信的要更加具有解释性，或者说对于诠释而言要更加开放。鉴于此，我并不是想说，主流方法对于中立性、公平性、宽容、尊重、自由个人主义，以及其他构成其实质性的道德框架的那些价值观念，通常所作出的不言而喻的承诺，与其客观性和价值中立的伪装不一致（这一观点随后将得到更加详细的审查）。相反，我的意思是，正是这两个伙伴之间的会话概念预先假定了，这两个伙伴都具有意义和诠释，其中某些意义和诠释是共有的，这才使得会话得以发生，而且，这些意义和诠释容易因为会话而发生改变。换句话说，泰勒把相关者描述为仅仅受到他们对原始数据和单义方法的依赖的推动，这至少在某种程度上歪曲了主流社会-科学研究的部分内容。否则，对话就不会成为一个将诠释学方法和自然-科学方法整合起来的有吸引力的模型（会话就会变得更类似于一种独白而不是

76

---

① 事实上，诠释学社会科学家可能把会话视为他们与其他四种社会研究模式交互作用的模型。

真正的对话）。

第六节　评　论

　　纵观各种社会研究模式，每一种方法都为把握社会现象提供了一些有价值的东西。每一种模式都有各种各样的特性，其中一些强调经验实践，而另一些则强调诠释实践（在后者中，不同模式采用的则是一些各不相同的诠释实践方法）。就本书第二章中所考察的社会科学的奠基者而言，尽管霍布斯赞同的是演绎方法而孔德可能赞同的是经验方法，但二者显然都可以归入自然-科学式研究模式。尽管狄尔泰的方法被描述为诠释学的（"诠释性的"），但他可能并不能被归入当代诠释学这个范畴（除了泰勒之外，这些奠基者中没有一个可以归入这一范畴）。相反，他的诠释方法来自施莱尔马赫，在后者那里，研究目标就是，把自己放入感受另一个人的感受的位置上，以另一个人观察事物的方式来进行观察，进而去理解（verstehen）另一个人的动机和价值。狄尔泰可以很自然地被归入描述主义的模式，他寻求的是对人类行为的尽可能准确的诠释性解释。与之相反，涂尔干和韦伯既可以被归入自然-科学式的模式，也可以被归入描述主义的模式，他们在自己的研究中都整合了这两种方法的关键特征。可以说，没有一个奠基者可以真正超越主体-客体/事实-价值分裂，他们都强调具有主观性的价值和诠释。

　　有趣但多少也有点令人惊讶的是，无论是主流方法、描述主义方法、批判方法还是后现代方法，它们都在很大程度上共同承诺了一种主体-客体本体论和认识论。只有诠释学方法看似非常明确地用某种替代性方法根除并替换了这种本体论和认识论（即使这种替代性方法目前还未完全形成）。然而，有人可能会质疑这一举措。毕竟，主体-客体本体论和认识论，连同客观化趋势一起，在科学研究中如此普遍，这可能正是很多人质疑的原因，它们在科学研究中发挥着重要的作用，如果我们放弃它们，是否会带来一些重大的损失？毫无疑问，肯定会带来一些损失，但是正如我们将在后面几章中看到的，主体-客体本体论和认识论，就像它们是科学理想一样，它们同样也是一种道德理想。因此，如果社会-科学实践者没有注意到它们，也会付出相当大的代价。

77

⸺ 进一步的研究 ⸻⸻⸻⸻⸻⸻⸻⸻⸻⸻⸻⸻⸻⸻⸻⸻⸻

1. 在这五种社会研究模式中选择一种并给出简要的解释。对这种模式最强烈的反对意见是什么？这种模式可以得到修正以应对这种反对意见，而不用把它转化成其他模式吗？为什么可以或者为什么不可以？

2. 解释主体-客体本体论和认识论。即使自然-科学式的社会研究模式和后现代主义的社会研究模式完全不同，它们以何种方式共享这种本体论和认识论？

3. 对这五种社会研究模式的分析，如何有助于解释第一章所描述的行为科学的理论和方法论分裂？

⸺ 推荐阅读 ⸻⸻⸻⸻⸻⸻⸻⸻⸻⸻⸻⸻⸻⸻⸻⸻⸻⸻⸻⸻

R. Bernstein，"Conceptual Analysis and the Language of Action：Peter Winch"，in *The Restructuring of social and Political Theory*（Philadelphia：University of Pennsylvania Press，1976），pp.63-74.

F. N. Kerlinger and H. B. Lee，*Foundations of Behavioral Research*（Belmont，CA：Wadsworth 1999）.

F. C. Richardson and B. Fowers，"Interpretive Social Science：An Overview"，*American Behavioral Scientist* 41（1998）：465-495.

第 二 篇

第四章
文化理想 I：工具理性

章节大纲

　　正如目前为止我所描述的，*工具理性*连同主体-客体本体论和认识论（见第三章，第一节）在对个人行为和社会行为的社会-科学分析中普遍存在。当然我也提到了，这些概念并非对所有行为都合适，所以是时候更加仔细地检查它们了。有趣的是，这些概念是密切相关的，而它们关联起来的方式，恰恰有助于解释它们在社会-科学研究中未被注意到的统治地位，同时，它们关联起来的方式，也让我们想到社会研究的一些可能的替代性选择，而且也可能解决我们在上一章最后所提到的担忧，也就是，如果我们放弃主体-客体本体论和认识论的话，代价会很大。

第一节　工具主义的行动概念

　　在韦伯看来，*工具理性*的显著特征是其手段-目的结构化推理。考虑到一些业已确立的目的或目标，如提高学生的考试分数或者保护日渐脆弱的婚姻，*工具理性*强调的是，理性地检查和选择实现这些目标的最有效或最高效的方式。这种手段-目的推理通常是有用的或必要的，如当某人问路的时候，解释去最近的邮局的最快路线，或者决定举起一个重物的最有效、最安全的方式。

手段-目的推理强调，支配理性思考和行动的手段所具有的效率和效果，它的出现与 19 世纪经济学（而非一些不相关的现象）中功利主义伦理和边际革命的出现（见本书第十二章，第一节）有很大的关系。简单地说，功利主义伦理集中于一个个体或者由个体所构成的群体的幸福或福利的最大化（即"为最多数的人谋求最大的幸福"）。带来最大可能的幸福或福利的行动，就可以被判断为是最合乎伦理的。经济学中边际主义思想的出现，与把消费者和生产者的选择视为不同消费品和不同生产方式之间的权衡这种认识有很大关系。边际主义者强调，要系统地思考对某一给定目的而言，最优或最大化的手段选择。因此，一个利润最大化的老板，可能通过最小化人工成本，来应对工资的增加，如通过尽可能多地外包生产过程。在现代理性行动概念的发展过程中，这些类型的手段-目的合理性已经被证明非常有影响力。而且，这一概念非常符合主体-客体本体论，它把世界视为实现主体目的的潜在手段的集合。

韦伯与批判理论家如霍克海默、哈贝马斯等对*工具理性*所提出的担忧是，这种手段-目的思维在社会中如此占据优势地位，以至于其他同样重要甚至更为重要的生活特征被排挤出去了。这可能会给我们留下这样一种人类行动的印象，即人类行动在很大程度上是或者说可能完全就是*工具主义*的，所有行动都只是实现我们目标的手段或工具，几乎完全没有思考我们行动的道德性、行动的其他可能的理由或者我们的目标的价值等。[①] 正如乔恩·埃尔斯特（Jon Elster）所简要阐述的那样，"行动不是因其自身而得到评价和选择，而是作为对一个深层次目的而言或多或少有效的手段而得到评价和选择"（Elster，1989：22），在这里，目的也并非因其价值而得到评价。

但是，这种工具主义的人类能动性概念并不只是强调手段-目的推理。在这种能动性概念中，虽然能动主体同时嵌入在动力因果事件链中，而且事实上这些因果事件链的确影响并流经我们，但是，能动主体被认为可以通过使用关

---

① 涂尔干以他自己的方式，提出了对利己主义行动以牺牲社会联系和习俗为代价的同样的担忧。

于这种因果链的知识，在一定程度上扭转这个因果流，进而为符合其目的需要而干预并改变事件的未来发展。把原因和结果链想象成一条河，在这条河里原因导致结果，结果又是形成一些更深层次的结果的原因，如此，等等。我们作为能动主体恰恰容易陷入这种原因和结果流中。但是按照这种工具主义概念，能动主体也可以通过干预原因以产生符合其目的需要的结果来操纵这个因果流（图4.1）。例如，社会科学家或者社会规划师和个体形成一些关于决定自尊的因果关系的知识，然后用这些知识来操纵因果关系以增强自尊。

83

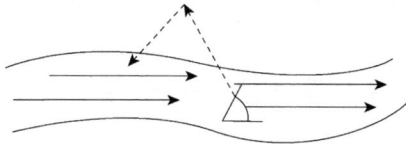

图 4.1 工具主义的行动概念

假设社会实在受到动力因果链的支配。在这种工具主义概念中，能动主体
被假定可以以某种方式操纵这些因果链，进而形成一些想要的结果

这样一种能动性概念看似与很多社会科学家的理想一致。他们设想，把一些价值无涉的理论和结果应用于个体和群体所关注的问题，这样他们就可以根据他们的目的更有效地改变或改善其生活，或者追求那些有助于其美好生活构想的政策，通常认为这些价值无涉的理论和结果应该可以反映出那些支配人类行为的动力因果链。这种工具主义行动的特征与我们所珍视的价值中立（见本书第六章）存在着深层次的关联，并在社会科学中的自由意志-决定论困境（见本书第十四章）中发挥着重要作用。

反过来，作为一种对人类行为的解释，这种工具主义的能动性或合理性，其可信性主要来自两个方面：一种科学理想和一群文化理想。就科学理想而言，是因为工具理性看似非常适合一个由动力因果交互作用所构成的物理世界，它存在于主流社会科学关于世界和行动的大部分机械概念中。把能动主体视为通过作用于世界的动力因果关系来运转，而动力因果关系世界又是一个由动力因构成的相互连通的网络，这代表着世界中一种非常吸引人的行动概念，这种行动概念经得起科学研究的检验。

至少在某些实际生活领域中，这种工具主义概念的确在行动和世界之间提供了一种似真的拟合图像（例如，决定一次旅行的最有效的路线）。这种事物图像还具有一种优势，即它可以和一种现代的科学世界观协调一致，同时它还强调了对人性问题的技术解决（例如，孔德的社会发展的第三阶段）。简单地说，这种工具主义的行动概念看似与很多人所认为的最好的科学理解和科学实**84** 践相一致。此外，集中于动力因果关系也允许社会科学家去尝试设计可控实验，来试验诸如环境因素、信念和行为等之间的关系。而且，如果这些不同要素的贡献被证明是可测量和可预测的，那么使用这种知识就可能改善人类幸福，具体形式有改进治疗方法、管理技术、学习策略、组织结构、公共政策等。

第二节　工具主义能动性，主体–客体本体论与自主性

工具主义能动性概念，不仅与科学的世界概念相协调，还非常适合于很多社会研究所预先假定的主体-客体本体论，并受到这种本体论的强化。能动主体被认为与世界包括自己所居住的社会领域完全不同，这就允许能动主体呈现出一种在自我与世界之间的工具主义关系（Taylor，1985a：187-212；Slife，Williams，1995）。可以说，能动主体位于社会领域内，但并不属于社会领域的一部分。如果我们假定物理领域和社会领域中的事件都遵循动力因及其结果序列，这就与能动性概念非常一致，因为后者主要关注的就是个体为生成想要的结果而对那些原因进行的操作。依据主流观点，社会领域中的动力因果链得到社会科学的研究，且被具体化为位于彼此之间因果关系中的独立客体。因此，这种研究的结果可以被用来实现那些价值负载的结果。一方面，在世界的运行方式和成功的工具主义行动所需要的条件之间，另一方面，在世界的运行方式与工具主义行动想要实现的目的或目标之间，看似都存在着一种具体的拟合。社会科学所刻画出的因果链被视为实现个体目标或社会目标的价值中立的手段。这是在社会研究中表达事实与价值之分的一种方式。物理世界和社会世界被表示为外在于我们的客体，而价值是我们对这些外部客体的主观态度。社会科学所发现的知识就是工具性知识，是可以根据我们的主观意愿和价值来进行操作的社会世界中的因果知识。

85　　超越这种表面上的"科学拟合"，工具主义的行动概念和主体-客体本体论

会受到对自主性和个体性的大量承诺的相互强化，而自主性和个体性是现代西方社会的典型特征（回忆一下涂尔干和韦伯对于前现代社会向现代社会的转化的讨论）。按照工具主义概念，能动主体在很大程度上受到利己主义的驱动，或多或少都会基于其偏好而有意地评价替代性的行动路线（这本质上就是霍布斯基于利己主义诠释对参与进程性选择的个体的描述，这在第二章第一节中讨论过）。因此，社会倾向于被概念化为个体行动者的聚合，而个体行动者运用工具理性在群体层次上形成了某种形式的集体理性（见本书第十章）。在有限的、高度结构化的环境中，行动者基于对结果的偏好参与进策略推理，这种能动性概念的确有一些适用性和表面上的合理性。正是在这些有限的环境中，这一概念的表面上的成功，给了其作为一种对所有环境而言都适当的行动概念的表面上的验证。本质上，这种工具主义的行动概念把行动者视为参与到大致相同类型的手段-目的推理中，不论他们是想要构想一次旅行的最短路线还是在讨论追求爱的意义或惊喜。

理想地来说，根据工具主义概念，行动者参与到手段-目的推理中，他们在各种手段之间仔细思考，这种思考独立于社会语境、文化价值和作用、历史或其他更大的视角，或者说不受这些因素的影响，甚至可以说独立于其他人对它们的认识。此外，能动主体的目的通常被描绘为理想上来自个体的内部倾向或个人选择，而不是来自一些更加广泛的文化、道德或精神群体，个体属于这些群体或者支持这些群体。这反映了一个非常重要的自我决定概念，这一概念的前提是，来自我们自己的我们的目的和动机与被迫服从其他人的目的之间的截然二分。因此，这种能动性概念包含着一种对现代西方社会所特有的自主性和分离性的深刻渴望。正如罗纳德·德沃金（Ronald Dworkin）描述这一理想时所说的："如果一个人认同自己的意愿、目标和价值的话，那么这个人就是自主的，而且这种认同本身不会受到那些使得这一认同过程在某些方面背离个体的方式的影响。"（Dworkin，1989：61）

这些自主性概念中绝大多数的核心观念是，一个人运用自治力的能力。纵观历史，一个自主的人这一概念的形成类似于各个国家至高无上的自治。但是，在人类行动的语境中，确定自治的准确本质和条件被证明是非常困难的。当然，自主性包含一些外部条件，这些条件相对容易确定下来，如有权利或者特权去过我们的生活，而不用受到国家或其他人的干扰。但是，自主性也包含着一些内部条件，如刚刚提到的心理上的自治能力。确定其中一些内部条件如免于被强迫，看似是一个相对简单的问题。但是其他条件则非常容易引起争议。罗伯特·凯恩（Robert Kane）（Kane，1996）指出，真正的自由涉及我们至少可以对一些价值、选择和行动"最终负责"，并成为它们的"终极原因"。这就意味着，如果某人对因其性格而产生的不道德行为负责的话，那么他/她至少对在过去的某一时刻这一性格的形成负责。有些人会发现，这种"最终责任"对于有意义的自由意志而言必不可少；而其他一些人可能会认为，它是一种超世俗的、难以理解的神秘主义（见本书第十四章，第三节）。但是，不论处于这一争论的哪一边，大部分思想家都把某种自主性概念当作自我决定而欣然接受。这一般涉及诸如缺乏之内部和外部约束，缺少自我决策并规划自己的生活轨迹的能力，缺少运用个人责任，因此不能拥有人类尊严等问题。

实际上，这种工具主义概念假定了泰勒所谓的"点状自我"，即就自我可以把其与自然世界及社会世界完全地区分开来，其可以为获得自己和他人的福利而工具主义地应对这些世界而言，自我可以被视为自由的和理性的（Taylor，1995：7）。这种点状自我被认为在两个方面摆脱了物理领域和社会领域。第一，这种点状自我概念涉及我所谓的弱塑造世界（见本书第一章，第四节），在其中，自我与世界之间的交互作用仅仅根据动力因果关系来结构化。这种类型的自我理想适合在一个动力因构成的世界中作出工具主义行动。

第二，点状自我是分离的，它在理想上是自由的或不受控制的，是一种"主权自我"（Dunne，1996），它可以随心所欲地操纵这些领域。因此，自我与世界之间的任何重叠都被视为不仅是个人的自主性妥协，还是与自由个人主义有关的自我的完整性、尊严及其他价值的妥协（见本书第五章）。这种对自主性和分离性的深刻渴望当然是一种认识论理想，如主体-客体本体论所表达的那样，但是它显然也是一种道德理想。它反映了当代西方文化的强烈解放论或反独裁主义的倾向，并受到这些倾向的强化，在现代西方文化中，"现代意义上的自由，就是自我负责，依靠你自己的判断，寻找你自己的目标"（Taylor，1995：7）。从这个视角来看，允许一个宗教团体或者是一些有影响力的人，去把一个学生的选择塑造成城区学校的教师而不是工程师或者律师，这种做法会冒着使学生的意愿服从某些外部权威的风险。现代西方文化中出现的这种强烈的自主性倾向，可以追溯到启蒙运动，它试图把人们从迷信、未经检验的偏见和潜在的、坏的权威中解放出来，使得个体做自己灵魂的主人。这种启蒙运动式的自主性理想把我们看作是摆脱了习俗、传统和权威，这样我们就成为自主的、自我定义的个体。

就目前的发展而言，摆脱迷信和非法权威是有价值的目标。经过几个世纪的发展，作为一种确保人们个体性和自主性的方式，这种启蒙运动式的自主性理想已经被证明对很多人而言有吸引力。而且，自主性看起来有吸引力是因为，它似乎赋予了个体权利，增强他们的自由、自尊及过他们自己的生活的能力。但是，对自主性的强调是以失去社会联系和义务为代价的，毕竟，我们不能既是自主的同时又受到其他人的束缚。赞美个人自主性的观点通常会推动一种无阻碍的自我实现，而这种自我实现最终并不能令人满足，它还鼓励我们去努力掌握和控制我们周围的世界。但是，这种鼓励常常会产生事与愿违的结果，把我们变成了那些我们所赖以实现主导性的事情的奴隶，如时间、工作甚至是手机！

此外，因为单方面强调自主性和分离性，过分强调自主性会有很大的风险退化为意志反抗意志，权利反抗权利这样一种冲突。为了阻止这一灾难，现代道德观用尊重个人尊严和权利这样一个严肃承诺，补充了这种对自主性和利己主义的绝对强调。因此，这种工具主义概念和对推动工具主义概念的自主性的追求，与我们所珍视的很多价值，如自由、尊严、宽容及个体性等密切结合了起来。换句话说，这种工具主义的行动概念与现代西方视野下的一组强有力的道德价值是统一的。事实上，如果没有这些周围的自由价值，工具主义的行动概念和自主性理想，都会导致粗鲁地把其他人仅仅视为实现我们想要的目的的手段。

此外，追求自主性强化了工具主义的行动概念。要成为一个有主权的、自我决定的个体，就要有能力去做任何对于得到你想要的东西而言最好的或者所需要的事情（而不是其他人想要你做的事情）。反过来，工具主义的行动概念也强化了自主性。最终的自主个体是点状自我，它具有对自然世界、社会世界及她自己的特征的完全的工具主义控制，而且它可以操纵这些资源，把这些资源当作实现其所选择目的的手段。① 同时，正如上文所提到的，这种工具主义的行动概念也反映并强化着诸如客观化、根据动力因来解释、主体-客体本体论和认识论等科学实践。反过来，这些实践也倾向于强化工具主义的行动概念。例如，主体-客体本体论把行动者描绘成独立于或者脱离了自然世界和社会世界。一旦与主流社会科学对动力因果关系的强调结合起来，自然的行动概念就好像成了一种工具主义的行动概念。

为了使工具主义的行动概念更加具体，让我来给出一些来自行为主义、精神动力学和认知理论的例子（见本书第九章）。首先，根据行为主义者的分析，任何看似利他的或者自我牺牲的行为，都仅仅是由外部刺激所产生的刺激-反应-强化模式的结果。这一分析假定了，只要人们为我们提供正强化，我们就将与他们关联起来。一旦我们开始接收来自一个人的负强化，我们对那个人的关系行为就会发生显著地改变。对所有关系而言，强化都是基本的支配性要素，强化把所有关系都变成工具主义的，因为我们只在我们可以获得令我们愉悦的结果的范围内才追求关系。一旦结果变得令人讨厌，关系就会发生变化。同时，行为主义也认为，我们可以自由地选择我们想要哪一种关系，并无论以何种方式改变我们的关系以最好地适合我们的目的。我们被假定完全卷入了刺激-反应-强化循环中，同时又可以跳出这些循环，并引导它们以适合我们的需要和意愿。

在弗洛伊德的精神动力学中，性本能的影响是普遍存在的。这就意味着，其他人主要是作为满足的对象来发挥作用的。此外，满足在一个人的发展过程中发挥着一种至关重要的作用。无论我们的意识多么高贵，我们所采取的每一个行动，在很大程度上都是为满足过去和现在未满足的需要而作出的一种尝试，这就使得我们与其他人的所有关系都变成工具主义的，因为其他人都只是作为我们的满足对象来发挥作用的（反过来，我们对他们而言也发挥着相同的作用）。因此，关系在很大程度上是满足我们的需要和意愿的手段（这显然是一种处理关系的工具理性方法！）同时，精神动力学理论也假定，我们可以以某种方法跳到我们的精神"装置"内的各种交互作用和反作用"力"之外，或

89

---

① 比较西方文化中对自主性和分离性的渴望和日本所实行的对和谐、礼仪的强调和对等级制度的尊重。在他们的文化中，这些价值被视为只不过是个体的主观态度。

者无视它们，以改变我们的行为和世界观。①

根据认知分析，我们是复杂的信息处理系统。它假定了，我们与其他人的关系是对信息输入的逻辑处理的结果，这种逻辑处理遵循的是成本-效益或者其他的分析路线。这就意味着，我们与其他人的关系是工具主义的，因为这些行为是对我们从关系中接收到的输入进行理性计算的结果，而且，就我们的关系而言，它们被认为是对我们而言最好或最有利的行为（这就是"都是为了我"的一种信息技术形式）。同时，认知方法还假定了，我们可以为了这些想要的目的以某种方式操纵或者改变我们的输入-处理-输出结构。

第三节　对工具理性的批判

一旦以这种方式展示出来，动力因果关系和工具主义行动在社会科学中看起来就成了保证严格的科学适当性的研究公理。集中于动力因果关系及其操作，为可能的原始数据和单义方法及可控实验提供了可能的目标，而可控实验又为经验理论或者对个人和人际间动力学的准确客观的描述提供了可能的目标。一些人反对道，这种"科学"概念会付出巨大的代价，因为这种描述会使社会科学及其对人类生活的解释彻底地去人性化。但是，对去人性化的模糊的担忧，并不足以对一种科学研究的严密的、公理化方法表示怀疑。

然而，在理解人类行为的语境中，这些公理看起来是武断的，而且根本不是价值中立的，对于处理人类生活的详尽细节而言也几乎没有提供任何价值。在我看来，相比法兰克福学派（Horkheimer，1974；Bernstein，1976；Held，1980）特别是尤尔根·哈贝马斯（Jurgen Habermas）（Habermas，1971；1991）的有影响力的"工具理性批判"而言，没有什么更好的地方可以让我们去审查这种武断性。

正如在本书上一章第三节中所指出的那样，哈贝马斯认为，一方面，现代西方文化很大程度上在概念上混淆了文化中有意义的行动（如选举或者宗教典

---

① 如果人们没有能力以某种方法远离这些心理作用力并改变他们自己，那么，精神动力学在很大程度上就是一种操作技术，借用这种技术，治疗师试图"摁下正确的摁钮"，以对一个客户施加这些潜在的作用力，进而重组他们自己以形成想要的行为。这显然允许治疗师以工具主义的方式对待他们的客户，就像为了各种精神健康的目的而操作事物一样（例如，表现出可接受的行为）。

礼）与共享意义（如爱国主义和尊严等概念）；另一方面，它还混淆了工具推
90 理和技术技巧（几乎只专门集中于那些会带来想要的结果的知识和技术）。这
种对比可以以下面这种方式看出来。工具主义视角集中于对于获得某一目标或
意愿而言最有效或者最高效的手段。它的目的，也就是它的目标，是一种可以
带来想要的结果的技术技巧。与此相反，价值理性的视角集中于我们的目标和
目的，以及这些目标和目的的来源。它的目标不是获得或者实现这些目标和目
的，而是美好的生活及我们的目标和目的如何符合一种完美生活的概念。

把对美好生活的有意义的追求变成技巧和技术等问题，从根本上混淆了*工
具理性*和*价值理性*。这种混淆导致社会趋向于把生活的文化和道德维度瓦解
为仅仅是技术和工具主义考量（这正是韦伯所警告的，因为*工具理性*控制住了
越来越多的社会特征）。因此，在哈贝马斯看来（Habermas，1971：254），在
社会研究和公共政策中，把理论应用于实践，大体上就是，以一种操作性的或
者工具主义的方式，应用经验科学所揭示的原理来生成想要的结果（这事实上
成了大部分社会科学的规定性目标）。

假定我们理解了保护和促进好的婚姻所需的条件。我们可能会认为，我
们可以使自己适应于环境影响，利用咨询技术以更好地促进家庭完整和繁荣，
并带来更高的婚姻满意度，这可能是行得通的。因此，婚姻就变成了实现想要
的目标的一种手段，如将自我实现最大化或者获得一种令人满意的生活。然而，
这种观点易于把婚姻的各种文化和道德维度瓦解为仅仅是技术和工具主义考
量，这些考量集中于追求我们的个人和政策偏好的效果和效率（见本书第八章）。
这样，婚姻就变成了一种工具，它关注对于配偶和孩子而言最好的或者最有利
的东西，而不是爱或满足的更深层次的意义，抑或这样一种制度的文化作用。

批判理论家马克斯·霍克海默（Max Horkheimer）（Horkheimer，1974）
探索了以更广泛的文化或道德价值为代价，过分强调工具理性所带来的矛盾和
不利后果。他指出，赞美工具理性的现代观点，实际上走向其相反面或者一种
"理性的消逝"。科学中立性要求我们全神贯注于辨别事件之间的合理的手段-
目的联系，事件被假定是"客观的"，而且社会和道德价值被视为主观的，且
与科学研究无关（这类似于 20 世纪前半叶的实证主义哲学观点）。但是，把能
91 动性仅仅视为工具主义的，会导致这样一种情况，"一方面，除了尝试把天上

地下的万事万物都转化成其生存下去的手段之外，我们还拥有自我，这是一种没有任何实质内容的抽象自我，另一方面，我们只有一种空洞的本质，我们退化成了物质，一种受支配的东西，除了支配别人之外没有任何其他的目的"（Horkheimer，1974：97）。换句话说，个人世界、社会世界和物理世界，都被还原为了原材料，个体为实现一些预先选择的目的而操作这些原材料。这就意味着，其他人最终将被还原为个体为满足其需要或意愿而进行的支配和操作的手段。在日常生活中，工具主义式地行动的例子有，帮助他人以让自己感觉良好（而不是为了成为有同情心的正派的人而去帮助他人），或者告诉某人真相以获得他们的信任（而不是把告诉别人真相当成是作为一个诚实的人的一部分来对待）。

很多社会科学家和生物学家用一种工具主义的行动概念去解释合作和社会的演化（如 Axelrod，1984）。考虑到这些社会科学家和生物学家假定了我们的兴趣不会超出我们的自我、我们的家庭或者我们的亲人（生物学家把这叫做"亲缘选择"），那么为什么不相干的人会帮助彼此呢？给出的答案是"互惠的利他主义"，也就是说，当与我们不相关的邻居有需要的时候，我们帮助他们是因为，这样的话，他们在未来更有可能帮助我们或者帮助我们的亲人。在日常用语中，我们把这叫做"你帮我，我就帮你"。但是值得注意的是，对合作和社会的演化而言，这种解释显然是工具主义的。帮助其他人不是为了成为一个富有同情心的、正派的人，也不是出于更广泛意义上的道德或精神义务，我们帮助他们仅仅是因为期望在未来我们或我们的亲人将获得利益。这种工具主义解释的目的，并不是要我们有意沿着这些工具主义路线进行思考。相反，我们已经将行动和未来的预期利益之间的工具主义关系内化了，而且，现在会把我们的利他行为合理化为一种完全不同的道德属性，因为按照这一理论来看，它本身不是这样的。[①]

然而，这一概念图景事实上与日常生活并不匹配。一般来说，人们并不以工具主义视角及其分离的、主客二分所描绘的那种高度理想化的方式进行决

---

① 在这个例子中，我们对社会实践和意义的理论化并不只是描述了这些社会实在，而是从根本上把它们重新诠释为了某种我们所认为的它们所是的样子。社会-科学理论化的这一特征将在第十章和第十一章中得到更充分地探究。

策。相反，我们常常寻求家人和朋友的建议，利用我们群体的传统和价值观及
更大的道德和宗教视角，对媒体和权威人物的影响（不论是正确的还是错误的）
保持开放，而且实际上非常在乎其他人对我们的选择和行动的看法。人们生活
在一起必定会有意识地讨论规范、价值、利益、目的及手段。例如，在日常生
活中，应对危机所采取的决策和行动并不是如工具主义概念所描绘的那样，是
策略或理性计算的结果，而是考虑到了更大的价值如公平、平等和团结（Short，
1984）。太狭隘地集中于关于手段的策略推理，容易破坏诸如公平和平等等重
要目的。完全集中于策略上有效的手段，并不能保证社会和物质产品的公平分
配，同样，对手段-目的的工具理性的强调，也不能保证人与人之间的公平性。
相反，利己主义的计算理性常常会导致道德上不正当的恶习和统治，因为在利
己主义的计算理性中，手段易于成为唯一实际思考的问题。在工具主义概念中，
关于我们的手段有多公平或公正的问题很容易被最小化，然而即使在西方的自
由主义传统中，它们也是我们认为重要和值得的价值。①

　　主流的及一些其他类型的社会科学研究者，完全集中于工具主义行动，这
既反映了在西方文化中，为了提高人们的幸福、尊严和其他有价值的目标，而
强调获得对自然和社会过程的控制，同时也鼓励着西方文化的这种趋向。这种
不断增强的控制能力无疑会使我们获益。但是，崇尚对文化上有意义的行动和
共享意义的技术支配，存在着一个严重的缺陷，那就是，即使我们增强了工具
主义技能，我们也会逐渐失去在除了个人偏好或绝对意愿之外的任何其他基础
上评价手段的价值的能力（例如，因为我自己对自我实现的渴望而选择维持婚
姻或者离婚）。因此，生活的太多领域被深深地打上了一种计算的、工具主义
的烙印，这种视角识别手段-目的关系，执行成本-收益分析，其目的之一就是，
实现我们对事件的最大化控制或支配。随着社会变得越来越理性化（第二章，
第四节），我们发现越来越难区分实践力量和技术力量。我们常常通过技巧和
技术的镜头来观察谨慎的、道德的和政治的关注（例如，思考"得到我想要的
东西的最好方式是什么"而不是"这种方式对我或者我的群体而言是真正好的
吗？"）。

　　此外，随着日常生活变得越来越受一种工具主义概念的支配，我们的社会

①　事实上，从根本上集中于最有效的手段，这就意味着诸如正义和公平这样的价值非常不重要！

生活被削弱了。我们对相互之间的义务和归属及我们的社会参与等的认识，被
个体获得或实现其个人偏好的手段代替了，或者转变成了后者。例如，美国的
中学课程通常会强调科学能力、技术能力和工具能力，而易于忽视关怀、相互
之间的义务和社会责任感等重要问题。这根本就不是价值中立的课程。因为它
忽视了很多价值，而父母开始教自己的孩子，学校给学生传递信息，指出这些
价值并不像工具能力和控制那样重要。

　　因此，这种工具主义概念远远不是客观的或者价值中立的，它实际上提出
了一种美好生活的形式，那就是，追求精通和控制而缺乏更深层次或者更广泛
的语境意义：简单地说，就是寻求手段而不适当考虑目的的本质（如排斥价值
理性）。不幸的是，正如批判理论家所指出的，以目的为代价的对手段的关注，
削弱了我们共同反省我们的生活方式的固有特质，以及我们最好应该寻求什么
目标或目的等的能力。这就是近几十年来被很多文化评论家所抱怨的社会分
化、缺少集体性、人际疏离感增加的一个强有力的来源。此外，随着控制和影
响手段的增加，生活变得越来越组织化，同时也越来越复杂化，我们失去了设
置优先顺序和施加必要的限制等的能力或基础。通过这种方式，批判理论尝试
阐明我们的一些倾向性的来源，这些倾向有，掠夺环境、对权力和控制的迷恋
而忽视其他重要的价值，以及我们的紧张的、过分扩张的生活方式等。

　　与此相反，在共同的文化、伦理、审美或宗教意义方面，我们通常彼此合
作、商议、对抗或者试图影响彼此（Habermas，1971；Taylor，1985a；1985b）。
我们追求行动和意义，从根本上不是为了它们在获得对事件的控制方面的工具
主义价值，而是为了我们所承认的它们的内在价值（如价值理性）。这些内在
价值和所珍视的目的，塑造并引导着我们的工具主义行动，而不是反过来
（Taylor，1989）。这就是韦伯对生活的方方面面变得理性化的担心，尽管理性
化在很大程度上可以通过大部分社会科学家的研究方法所实现，但看似对于人
们如何开展他们的日常生活而言并没有充分的依据。因此，把人类行动构想为
本质上是工具主义的这种做法，会悲剧性地混淆一些经典的、重要的人类能力
与一些狭隘的技术力量，从而歪曲大部分的人类生活事务。我们在日常生活中
所面临的实际情况多半是审慎、洞察力、道德判断及智慧等的问题，而不只是
应用正确的、价值无涉的方法或成功的技术等的问题。

93

　　思考这样一些情况，如理解如何去安慰一个小孩或者知道何时及如何表现
94　出尊重等。在一个复杂且丰富的社会语境内，我们在这些状况下的反应会失去
作用。这一语境会同时通过一些微妙的线索的影响来塑造我们的选择和行动，
我们在很大程度上不会注意到这些微妙的线索，而且它们对于我们对情境的认
识具有潜在的而不是明确的影响。通常我们的反应发生在与其他人的交互作用
中，而且采用一些具体化的形式，如一个拥抱，或者站在我聪明的朋友身后一
步远的地方。根据工具主义概念，诸如"获得尊重的权利"这样的反应主要是
一个正确技术和适当计算的问题。因此，反应就变成了，基于过去和现在的信
息及"编码"社会规则，通过一组适当的规则，从一种形态（如在半臂长的距
离握手）到另一种形态（如站在后面一步远的地方）的问题。

　　但是，表现出尊重与把规则应用于各种形态几乎没有任何关系。尊重以一
种谦卑感为前提，它是由我对于应该做什么的感觉所构成的一种行动。在一个
更聪明的人面前，我的谦卑感与我对于我们如何在社会上联系起来的感觉有
关，与对于应该如何适当地对待一个像她这种地位的人而言，我所在的社会的
传统和期望有关（Bourdieu，1977）。这些传统和期望并不完全是内化了的，而
是在与不断变化的社会语境的关联中被定义的；因此，它们并不发挥规则的作
用（如 Dreyfus，1988）。我对这种谦卑感的理解和评价，产生于我对这一状况
的认识及事物对我而言所具有的意义。这种认识或意义反映了我作为一个社会
存在所具有的理想、目的和关注点。但是，它们的影响通常以对境况的直接感
觉、知觉或者评价，以及对这种境况的适当反应的认识等形式而呈现出来，这
些形式与计算结果、寻找生成结果的正确技术或者明确地运用行动的语用规则
等毫无相似之处。

　　我们可能仍然会拒绝承认所有的行动，包括表现出宽容和尊重在内，都可
以最终被理解为工具主义的，而且或多或少可以被有意识地设计来产生某一结
果、报酬或奖励。但是，尽管在一个个人主义的、实用主义的时代，工具主义
行动对很多人而言是有吸引力的，但是至少有三条强有力的论证路线可以用来
反对工具主义行动是最基本的这一观点。首先，正如前面所指出的，很多哲学
家和文化评论家指出，把人类行动视为在很大程度上是工具主义的，本质上是
95　我们现代社会的很多社会和情绪困惑与病态产生的根源（Horkheimer，1974；

Barrett，1978；Habermas，1991；Gadamer，1975；Lasch，1991；MacIntyre，1981）。用霍克海默的话来说，它带来了一种"理性的消逝"，因为我们失去了推理的能力，或者失去了对我们所寻求的目的之价值进行慎重考虑的能力，而且只能把手段-目的联系评价为多少是有效的或高效的。这带来了一种单向的掌握和控制，它鼓励过度肤浅的追逐私利和自我陶醉，阻碍了一种强大的道德方向感或正直感，破坏了合作和妥协，并引起了一种狂乱的生活节奏，而这些都阻碍了一种健康的限制感，并削弱了我们进行任何类型的放松和休息的能力。多年以来，一些心理学理论家（如 Fromm，1975；Schumaker，2001）已经指出，这样一种生活方式，无论其本身是个体病理还是家庭病理，都是现代世界中很多焦虑、沮丧和人际问题的来源。例如，集中于掌握和控制使得我们不再重视我们的共享意义和社会联系，使我们在一个工具理性的世界中应对不断增加的现代生活压力时，在情绪上感觉到孤立和孤独。

其次，尽管在一个个人主义的、实用主义的时代中，工具主义概念存在吸引力，但它实际上是非常反直觉的，并且提出了一种歪曲的人类经验、动机和行动概念。泰勒瓦解了这样一种观点，即人们在生活中只是想要特定的结果或满足。相反，我们总是或者"不可避免"会作出更高阶的或者"更强的评价"（Taylor，1985a；1989）。即使只是心照不宣的或者无意识的，我们也总是根据我们的意愿和动机及我们所寻求的目的是否符合我们对于一种体面的或者有价值的生活的整体认识，来评价这些意愿和动机的性质及这些目的的价值，即使这些评价的根据在不同的社会和时代变化很大。泰勒（Taylor，1989）进一步指出，尽管理论家或者普通的社会行动者可能会认可一种功利主义的或存在主义的观点，根据这一观点，指导行动的目的或理想最终是武断的，也就是说，它们要么是特定的意愿，要么只是某种主观偏好，通过更仔细的检查，他们常常致力于把个体从妨碍他们生活的非理性的或者道德主义的观点中解放出来，同时付出巨大的精力甚至作出牺牲去推动人类福利。这些理想和行动反映了承诺或者一种正直感，他们显然不把这些承诺或正直感视为仅仅是主观的和工具主义的！

根据这一观点，阿利斯泰尔·麦金太尔（Alistair MacIntyre）（MacIntyre，1981）指出，最基本且最重要的人类行动，并非是"技术行动"，而是一种在

96 性质上完全不同的"社会实践"，前者旨在形成某人恰好想要的无论什么结果或满足。而社会实践并不会获得"外部的"收益或影响，对它而言，万物皆平等，任何手段都有效。可以说，社会实践实现了"内在的善"，这与出于一种特定的动机或性格而付诸行动密不可分。查尔斯·基尼翁以相似的方式定义了真实性：

> 真正的能动性有一种区别于不真实的能动性的属性。我们日常的不真实的生活方式通常具有一种工具主义的、"手段-目的"结构。我们做事情是为了获得社会认可，或者因为适当地行动而获得奖励。考虑到这样一种手段/目的式的生活导向，我们常常像策略计算器一样生活，试图计算出获得我们想要的目的的最具成本效益的手段。与之相反，你真实地经历你的行动，它们推动了作为一个整体的你的生活故事的形成。因此，生命具有一种我们称之为"成分/整体"的结构：你为了成为一种特定的人而行动，你把你的行动经历为一种完整生活的成分，而你所做的所有事情正在构成一种完整的生活。在这种生活中，行动的目的是行动本身所固有的，而不是不用作出行动就可以获得的外部奖励。（Guignon，2002：98）

可能最根本的是，工具主义的行动这一概念恰恰依赖于其适用性的一种更深层次的基础，这一点可以追溯到涂尔干和有机团结。要让这种行动得以可能，需要预先假定一种稳定的、组织化的群体和社会，在这些群体和社会中，信念、价值和观察事物的方式所构成的一个网络已经建立起来并开始运转，它把人们聚集在道德团结下，并形成和塑造着人们可能作出的行动。正如以塞亚·伯林（Isaiah Berlin）爵士（Berlin，1962）所雄辩地指出的那样，这种社会结构既不是形式计算/分析的结果，也不是经验方法的结果，而是自我诠释性的存在的共同理解和共享意义。我们的工具主义的行动总是在这种更大的价值矩阵中得到理解和诠释，而且其可行性也依赖于这一矩阵。

最终，假如这种反对意见变弱，成为任何人类行动在很大程度上都*可以*被重新描述为工具主义的。尽管这一主张还是容易引起争议，事实上我们的确可以把詹姆斯·乔伊斯（James Joyce）的《尤里西斯》（*Ulysses*）中的每一句话都描述为工具理性的结果，但是，这样做毫无意义。换句话说，这样做会使乔伊斯的文本和利奥波德·布鲁姆（Leopold Bloom）的生活经验都变得无法理解。因此，事情并不是这样的，即任何人类行动总是可以在很大程度上被重新描述为在特征上是工具主义的。

第四节　评　　论

当然，有一些深层次的文化原因，也就是文化理想，可以用来解释为什么唯一看似有意义的理性概念是工具主义的，即决定实现某一想要的目的的最有效或最高效的手段。[①]相似地，这些文化原因或者叫文化理想也可以用来解释，为什么唯一看似可行的行动概念是技术应用、操作和控制的概念。事实上，不论是这种理性概念还是行动概念，它们都不只是关于人类合理性和行动的科学的、客观的概念。更确切地说，它们是观察和思考合理性与行动的那些历史形成的、受文化制约的方式。从这个意义上来说，工具主义的行动概念只不过代表了另一种对于人类行动是什么的价值负载的认识。

对于工具主义的行动概念的这些反对意见，一个回应是，关于共同价值观和共享意义的所有吵吵嚷嚷的争论，都不可避免地涉及更大的道德和宗教视角等，在过滤和了解主体的偏好的过程中，这些视角都应该得到重视。只要把问题塞进这一概念，工具主义概念就可以对所有这些问题作出解释，也就是说，当人们在很大程度上保持策略性的时候，他们如何根据他们对获得那些目的的手段的仔细思考，来实现他们想要的结果。显然这些影响在人们所寻求的目的中发挥着作用。但是，这一回应使得工具主义的行动概念不可证伪，因为对行为的任何表示总是可以沿着这些路线进行重构。正如卡尔·波普尔（Karl Popper）所强调的，不可证伪性（见本书第十章，第四节，第四部分）是非科学理论的标志（即使这一标准并未明确地告诉我们什么可以被视为科学的）。因此，要正确地看待这一回应就要承认，我们对人类行动的概念化并不对任何来自经验的可能证伪开放。[②]但是，社会科学采用工具主义的行动概念的全部

---

① 在本书第十章中，将比较工具主义的行动概念与理性行动者概念。

② 工具主义概念在另一种意义上也是不可证伪的。无论何时，来自心理实验的证据，能动主体的政治行动或者经济表现等，都不能做到对工具主义合理性的描述和预测，情况常常如此，工具主义概念的支持者常常诉诸条件的不完善性来拯救这一理论（例如，能动主体缺少完全预见性，缺少对所有选择的了解，等等）。但是，这一改变显然使得工具主义的行动概念对于任何反证都是免疫的。

意义恰恰在于，打造科学理论和行为解释，因此，这一概念如果不受任何反证的影响，那么这对于任何科学方法而言都是一种错误的方向。此外，正确地看待这种动摇还意味着，我们关于能动性的理论概念实际上是"对显而易见之物的赘述"（Taylor，1985a：1）。而我们可以得到的无足轻重的结果就是，每个人都因为一个理由而行动。毫不夸张地说，这是没有任何信息量的。

这一回应还存在着另一个问题，那就是，它预先假定了事实与价值之间的一种明显的区分。关于手段的工具主义推理与事实领域密切相关（例如，对于实现一个既定目标而言，最有效或者最优化的手段），而目的的形成或采用又与价值领域密切相关。然而，这种区分不可能是正确的，因为它预先假定了关于个体行动和社会行动的所有的"真"问题，都可以在经验方法或形式方法的基础上得到回答，同时还回避了工具合理性的问题实质。正如柏林（Berlin，1962）和伯恩斯坦（Bernstein，1976）及其他人所指出的那样，如果事实与价值之间存在绝对的分裂，构成社会实在和政治实在的意义，就既不能得到适当的理解，也不能得到适当的解决。我们是自我诠释性的存在，因此，我们的信念和感觉、我们对自我的理解、事物对于我们而言的样子等，都由组成社会生活和政治生活的行动、实践和制度所构成。因此，价值和理解不能与政治制度和经济制度或者社会生活的任何其他领域完全分割开来，因为这些制度和生活领域在很大程度上是由包含个体和共同规范、价值、意义等的诠释构成的。例如，对于实现特定的经济目标而言，银行系统和金融市场是非常有效的机制，但是，这些制度建立在一种共同的价值和规范构成的基础之上，更不用说经济制度了。如果我们改变我们的价值和规范，那么银行系统和市场将不再发挥有效的经济机制的作用。在现代生活中，事实和价值以各种方式融合在一起，这就使得想要完全分离它们成为一种妄想。

因此，工具理性，连同主体-客体本体论和认识论一起，隐藏着一种对点状自我的未公开承认的承诺。这样一种自我认识正是我们所发现的一个事实的部分原因，那就是，在社会科学中关于行动、本体论和认识论等的概念如此频繁地被捆绑在一起。另外，正如我所指出的，这种点状自我反映了一种对自主性的深刻的伦理承诺，反过来，对自主性的承诺也强化了对点状自我的认识。因此，还有一种在很大程度上未得到公开承认的实质性的伦理理想，它强化了对于什么才可以被当作人类研究的科学理想的认识，那就是，工具主义能动性及主体-客体本体论和认识论。

这种"一揽子交易"对于社会科学的价值中立，提出了一些很严重的、令人担忧的问题，我们将对这些问题进行简单的思考。在此，我想要提出一个问题，在接下来的几章中我们将更充分地解决这一问题，即工具合理性及其价值中立和客观性的伪装，是唯一一种可以经得起"科学研究"检验的合理性类型。

尽管如此，这一问题可能采用的一种形式是，工具主义能动性是科学可以研究的唯一一种*在经验上可理解的*能动性形式。因此，如果放弃这种工具主义能动性，可能会使人类能动性超出科学调查的范围。然而，这种反对意见只是重复了我所提出的问题，即要"科学地研究"行为，我们就必须把行为还原为一些易处理的最小值，而这些最小值与日常人类行为最终只具有有限的相似性，且始终会引入一些关于自我的本质的有力假定及一些实质性的伦理理想。如果我们承认隐藏在这种反对意见背后的这种受限制的经验主义观点，即只有工具理性在经验上是可理解的，那么社会科学就必须自觉地把自己限制在理解人类行为的一个子域中，就我们的行动、认知方式、兴趣和关注点所构成的整个范围而言，这个子域是非常有限的，且相比起我们真正关心的东西而言，在很多方面是无足轻重的。这代表着一种局限于可测量的、可计量的量级的经验主义概念；然而，从一种更广泛的经验主义视角来看，我们所经历到的人类行动比可计量的行为显然要复杂得多。

更为重要的是，很多人如理查德·米勒（Richard Miller）主张：①"在为一种科学解释辩护时，价值判断不会发挥任何合法的作用"；②"对于科学目的而言，宁愿使用那些本身不是评价性的概念来进行解释，也不愿意让解释道德化"（Miller，1987：109）。换句话说，要完全相信"科学方法"，就要把价值从我们的理论和解释中删除出去。在自然科学如物理学中，这些要求看似非常合理。例如，解释一个钟摆的运动，就不需要直接依赖价值判断，而是可以使用非评价性术语来进行描述。但是尽管如此，即使是在物理学中，研究团队在两种经验上同样适当、概念上同样有效的假设之间进行裁定，也会根据诸如简单性、精确性及其他"非科学"的价值和信念类型来完成。另一个例子是医学，在医学中，诸如身体健康、正常状态、疾病等概念预先假定了一种评价成分。①

99

---

① 米勒看似的确允许价值判断在为解释辩护的过程中发挥某种作用，以反对除了背景实践之外，背景仅由特定的实质性原则所构成。

　　社会科学家可能会认为，总是存在一些替代性的非评价概念和术语，用这些概念和术语就可以重塑理查德·黑尔（Richard Hare）（Hare，1963）、吉尔伯特·哈曼（Gilbert Harman）（Harman，1977）和约翰·马克（John Mackie）（Mackie，1977）等所提出的"解释的道德化"。泰勒（Taylor，1989）颇有说服力地论证到，这些替代性选择并非总是存在于社会和行为领域。我们所提出的问题和我们所给出的答案等的类型都处于一个更大的道德网内，这个道德网由不可或缺的背景性的实践和价值构成（Root，1993：205-228）。避免这种价值负载性描述的尝试本身，就是价值负载的观点，只不过二者强调的是一组不同的价值（Root，1993）。①

　　考虑罗伯特·金（Robert King）（King，1973：第 3 章）提出的一个例子。②

100　假如我们碰巧遇到一个人，这个人正在用水泵把有毒的水注入一个家庭的供水系统里，而一些人正聚集在这个家中密谋一场非正义战争。按照神经生理学解释，我们充其量可以理解，大脑如何指导手去握住这个泵，以及手臂如何转动这个泵使得毒水进入供水系统。他正在做的事情就是抽水，这是很明显的，但是我们不能理解这个人为*什么*要这样做。标准的心理学家会诉诸过去的事件来阐明其中一些动机，但是我们随后将会看到质疑这种解释受到了决定论和其他价值承诺的影响的原因，因为心理学家"解释"这些行动的方式通常是，为它们辩解以消除它们受到的指责，或者忽略它试图阐明的人类能动性（King，1973：第 9 章，15）。假如我们问这个人为什么要抽水，他回答"要毒死生活在这儿的人"。我们继续问为什么要毒死生活在这儿的人，他继续回答"他们正在密谋一场非正义战争，我杀了他们就可以阻止这场战争的发生"。他为什么想要阻止这场战争？"因为我想要维护世界和平，防止不必要的痛苦。"如果步步紧逼，他可能会回答他是在"为神的国度效劳"。

　　现在我们的确可以说，我们不只理解了这个人正在做的事情，还理解了他为什么这么做。值得注意的是，这一系列问题促使这个人在一个不断扩展的语境中，不断重新确定和重新诠释他正在做的事情。抽送毒水是达到一个目的（毒

---

　　① 　得出评价要素永远都不能被科学消除这一结论，另一条不同的论证路线参见范弗拉森（van Fraassen）（Fraasseen，1993：21-23）。要感谢米勒的是，就这一点而言他的确没有作出明确的表态，因为他允许涉及评价概念的解释适于一些具有足够深度的解释（Miller，1987：112-113），这将由下一个例子得到阐释。

　　② 　这个例子最初来自 G. E. M. Anscombe。

死人）的手段，而这个目的反过来又是一个深层次目的（阻止一场非正义战争）的手段，这一深层次目的反过来又是一个更高目的的手段，如此类推，直到我们达到其最终目的：为神的国度效劳。对于理解为什么这个人实施这一行动而言，这组多层次的意向和价值至关重要。此外，还需要注意的是，对于为什么他抽送毒水的解释，既提供了我们已经掌握的阐明和满足，同时在某种程度上也提供了他行动的理由。另外还要注意，这一解释不可避免会依赖道德概念，消除道德概念可能会破坏解释的适当性和可理解性。

当然，在社会科学中，不可消除的评价性判断存在的可能性，对于如何把偏见和腐败适当地隔离出我们的社会科学研究敲响了警钟。同时，正是这些担忧，促使很多人去寻求社会研究的价值中立的方法。我们将在接下来三章中看到，这种价值中立是一种神话，我们实际上的确需要一些更好的方法去认真对待价值如何及为什么进入社会研究中，还有，如何阻止价值误用，或者如何阻止它歪曲社会研究。

进一步的研究

101

1. 工具主义的行动概念是什么？它如何既是一种科学理想又是一种道德理想？

2. 描述一下自主性。这种文化理想在社会研究中发挥的作用是什么？

3. 概述对工具理性的批判。这一批判如何与社会科学关联起来？

4. 评价一下对工具理性的批判的回应。

推荐阅读

R. C. Bishop, "Cognitive Psychology: Hidden Assumptions", in B. Slife, J. Reber and F. Richardson（eds）, *Critical Thinking about Psychology: Hidden Assumptions and Plausible Alternatives*（Washington: American Psychological Association, 2005a）, pp.151-170.

M. Horkheimer, *Eclipse of Reason*（New York: Continuum Publishing, 1974）.

C. Taylor, "Cognitive Psychology", in *Philosophical Papers'* vol. 1: *Human Agency and Language*（Cambridge: Cambridge University Press, 1985a）, pp.187-212.

第五章
文化理想 Ⅱ：政治自由主义与自由个人主义

在上一章中，我们看到了，工具主义的行动概念及作为很多社会研究基础的主体-客体本体论和认识论，如何与作为西方文化核心的一种强有力的伦理理想即自主性关联起来。然而，在这一揽子假定中，这并不是唯一起作用的文化理想。这些假定还与作为西方文化的另一个标志的个人主义存在着深刻的联系。

个人主义有很多种表现形式。在这章中我们将探究这些类型及其如何在社会-科学研究中表现出来。在我们详细研究之后，我们将能够重新审查有关社会科学的假定的价值中立的争论，我们首先从它与一种被称为抽象的科学实践之间的有趣联系开始。

第一节　政治自由主义

103

一方面，把人类行动视为工具主义的，另一方面，世界上所有的物体，包括社会行动者在内，都只能或者在很大程度上通过因果链而连接起来，这二者之间的一致性反映了对个体性的一种强烈渴望。点状自我以其鲜明的自主性，首先就是一个独特的个体。同样地，自主性与我们在西方社会中最为珍视的一些价值如对个体性的尊重和宽容等密切相关。事实上，在前现代社会语境下，自主性概念毫无意义，正如涂尔干所指出的，在前现代社会中，一个人的身份首先存在于群体或社会中，并受到社会联系的支配（见本书第二章，第三节）。西方民主传统部分程度上建立在自由主义价值的基础上，这样，一个人的个体性可以得到尊重，她的个人权利可以得到保护，她的个人自由是无拘无束的，她的个人价值可以被接纳。在涂尔干所描述的传统社会中，这些类型的自由主义价值是难以理解的。

在这些自由主义价值的核心，存在着一个重要的政治理想，那就是，政治自由主义。按照这一理想，国家不应该认为一种美好生活的概念优于另一种，这些概念指导着人们去寻求幸福、接受荣誉和尊严、变得富有且著名，也不应该支持任何特定的宗教、性道德等。提倡或者竭力主张一些善的概念优于其他概念，会制约并威胁自主性和个体性。因此，政府应该对所有这些概念保持中立，允许个体拥有追求自己所想象的善的自由和机会。但是，对所有的这些善的概念保持中立性，这一立场本身就是另一种形式的善，它对任何人可能追求的所有善的概念保持中立并尊重它们。

迈克尔·鲁特（Michael Root）（Root，1993）认为，政治自由主义是所有社会科学之间的一种根本性的或者统一的主题。正如他所指出的：对于相互竞争的善的形式而言，"大多数社会科学家都相信，他们的方法和发现应该是中立的和沉默的"（Root，1993：1）。而这正是韦伯对社会科学研究的中立性的描述（Weber，1949）。其结论是：

> 根据一种自由主义的社会科学哲学的观点，社会科学家（以其作为社会科学家的身份），不应该尝试去影响他们的主体对于任何一种美好生活概念的内在优势或劣势的判断，或者在任何这种判断的基础上去证明他们的方法合理。当社会科学家进行研究并提出他们的结论时，他们应该对什么应该是符合道德的这一问题保持无偏袒和沉默。（Root，1993：1-2）

然而，对于相互竞争的善的概念，社会科学不可避免是有偏袒的。在这些科学中，理论选择和建构、数据收集和分类及解释等，都远远达不到这种无偏袒的理想，因为这些实践不可能以规定的价值中立的形式得以完成。劳伦斯·科尔伯格（Kohlberg，1984）或者卡罗尔·吉利根（Carol Gilligan）（Gilligan，1993）等的发展理论就是众所周知的例证。在这些理论中，"成熟的"发展阶段总是或明显或隐晦地预先假定了一些价值判断，这些价值判断与人们的道德和政治能力有关（Root，1993：第3章）。

我们可能会希望，通过采用一些价值中立的数据收集、分类和分析的方法，来规避其中很多价值判断问题。但是，这些价值中立的方法很遥远而且转瞬即逝（第十三章）。例如，在对人类行动的研究中，所使用的分类法反映了研究主体的社会、法律和政治利益，通过这些方法，而不是科学家本身就已经具备的那些自然方法，"男人群体和女人群体选择组织起来并调整他们的生活"（Root，1993：152）。此外：

> 尽管在社会科学中，好数据的标准规定是价值中立的，但是，当科学家试验、面试或者调查他们的主体时，这些标准把诸如政府机关和学校等机构的道德价值和政治价值传递到了科学家所收集的数据上。（Root，1993：5）

因此，社会科学家选择使用这些数据收集、分类和分析的范畴，反映并传递着作为这些分类法基础的那些（通常未被认识到的）价值判断；而且，这类研究的结果倾向于回传过来，并强化那些作为这类研究之目标的群体的价值判断（见本书第八章和 Root，1993：第 7 章）。

此外，社会科学家在其研究中努力对所有的善的概念保持中立，就这一点而言，他们正在追求并（至少暗中）提倡一种明显的道德负载的观点，即政治自由主义。政治自由主义鼓励我们把诸如教育和研究这样的功能与政治行动和主张区分开来。政府不应该利用其对教育的近乎垄断或者其作为科学的主要经费来源这样的身份，而去命令或建议公民应该如何过自己的生活。主流社会科学认为自己与这一政治理想一致。它表面上试图进行客观的、价值中立的研究，同时远离任何教育或宣传功能，但这却恰恰被其他人用于那些目的。无论如何，在追求这一理想的过程中，社会-科学研究都不可能是中立的，而是微妙地提倡并强化这一观点，即政治自由主义是所有人的一种理想的生活方式。

在这一点上，问题不是政治自由主义作为一种理想有什么问题。因为我们中的很多人都不愿意放弃这一理想。相反，问题的关键是，社会研究会因为微妙地（有时候也并不是如此微妙地）提倡一种特定的善的形式而终结。因此，社会科学假装是价值中立的，而事实并非如此。

第二节　自由个人主义

鲁特对这些例子及其他一些例子的分析是鞭辟入里的，其分析证明了，虽然几经努力，但社会科学不能避开价值负载的判断。此外，他的分析与批判理论对伪装意识形态的强调存在着很多共同之处。既然如此，伪装意识形态就是自由主义的政治哲学。但是，如鲁特的分析一样有用的是，在政治自由主义之下，存在着一种更深层次的个人主义，被叫做*自由个人主义*（Bellah，et al.，1985；Richardson，Fowers，Guignon，1999），与政治自由主义一样，自由个人主义同样鼓励社会科学对工具主义行动及主体-客体本体论和认识论的依附。

自由个人主义是一种完全现代的道德观。回忆一下在第二章中讨论过的前现代社会概念。在前现代社会中，人们认为他们居住在一个有意义的宇宙戏剧中是理所当然的，这就为人类生活的那些不可控的和悲剧性方面带来了一种归属感和目标。对生活处境或位置的这种有意义的认识，事实上常常可以通过多种方式实现，依据我们的现代认识，这些方式来自人们服从错误的或者迷信的信念、不公平的等级制度或者其他专制和统治形式（如涂尔干所认识到的那样）。现代社会的出现在这种社会拓扑学中引起了巨大的变化。现代科学的发展、启蒙哲学、工业化及科层化之间存在着各种各样的相互关联。这些微妙地相互连结起来的文化发展接受了自然科学的趋势，即忽视或不考虑事物的丰富表现，包括那些在追求纯粹知识的过程中我们日常经验所具有的价值和有意义的关系（见本章第三节）。这些抽象实践允许科学以一种客观化的方式来看待世界，也就是说，把世界看作是由处于彼此之间的因果交互作用中的、本来没有意义的物体所构成的（对此的更多讨论见下文）。

在现代西方文化中，这些发展导致"客观性"与"主观性"之间的深度分裂，导致了科学所研究的毫无意义的动力因果链与我们对诸如美丽、目的和善等事物的经验之间的深度分裂。后者常常被视为我们的各种诠释和目的的建构物和产物。这种具有主观性的认识，造成了我们现代社会对于个人本质和内心深处的独特强调，对于个体的强调，以及由这些强调所引发的我们对于个体性、权利、尊严和自由的现代关注。

对于个体性和分离性的深刻渴望，当然是在主体-客体认识论和本体论中所获得的一种认识论理想，而主体-客体认识论和本体论正是自然-科学式的观点和描述主义的观点的基础（见本书第三章，第一节～第二节）。但是，这种渴望至少可以说是一种*道德*理想。和自主性一样，它反映了现代西方文化的自由主义推动力，并强化了这种推动力，在现代西方文化中，对一个人的任何过度的影响都被视为会危害他们的个体性。[①] 在此，我们看到了自由主义个体对个人权利和自由免于被干扰的顽强保护的基础。当然，不成熟的个人主义会冒着发展成这样一种个人主义的危险，即个体为了追求他们自己的生活计划而导致一个人反对所有人的冲突。这样一种黑暗的结果被很多因素缓和了，例如，强调要尊重个体尊严、权利、自由、法治、宽容及其他一些实质性的道德承诺，这就保护了个体对他们自己的美好生活概念的追求，使得他们不会陷入一种混乱的自由中。

---

① 把这种文化与日本村落文化进行比较，后者强调一致性和一致决策作为其社会生活的基础（Smith，1959：第5章）。

自由个人主义是一个根本性的但很大程度上被忽视的假定，这一假定影响着社会科学中的很多研究和理论化（Richardson，Fowers，Guignon，1999）。罗伯特·范彻（Robert Fancher）（Fancher，1995）指出，现代心理治疗系统实际上在暗中推动了一种自由个人主义的观点，这一观点与对生活处境或位置的前现代认识截然相反。舒马赫（Schumaker）注意到，大部分认知治疗师"仍然坚持在个体内部来定位形成抑郁的认知，同时忽视了作为大多数认知来源的文化"（Schumaker，2001：53），另外还强化了对于人们和抑郁的一种个人主义的认识。[①] 在概念上，自由个人主义可以被分解成几个构成部分：一个本体论构成，再加上这一理想如何在理论和社会中表达出来的三种形式之一。

一、本体论个体主义

当代西方社会特别是美国，其典型特征是"将注意力即使不是狂热的集中，也是持续地集中于一个人的思想、感觉、希望、担忧，就显得不足为奇了，这种观点如果不是包含唯我论的话，那它本身就可以称得上唯我论，也就是说，自我是（存在主义）实在的唯一的或者主要的形式"（Coles，1987：189）。罗伯特·贝拉（Robert Bellah）和其同事（1985：143）把这命名为*本体论个体主义*，这是一种很普遍的现代观念，即人类实在的基本单位是单个的人，这些单个的人被假定先于并且独立于其社会存在而存在，同时他们具有确定的特征。在概念上，人们的特征被描述为以一种完全利己的方式形成。这种观点也叫作社会原子论（见本书第九章，第三节），根据这一观点，社会系统被理解为个体的人工聚合物，创立社会系统是为了满足那些个体的需要。作为自由个人主义，本体论个体主义形成了一种现代生活方式的基石，它强调个人自主性和自我实现，它在公共领域和私人领域之间作出了鲜明的区分（如公共道德和私人道德），它倾向于给予个体之间的相对遥远的、主要是契约性的联系以特权，并理想化地描述这些联系，这些个体为了最终的个人目的而合作或者竞争。

这些敏感性与社会科学方法和发现是价值中立的这一理想存在着密切联

---

① 此外，舒马赫指出了，无论是抑郁可能的遗传组成的证据，还是抗抑郁药在减轻抑郁症状上通常是有效的这一事实，都没有暗含生物学特征和抑郁之间的任何因果联系。相反，有相当多的证据证明，共享意义和更加社群主义的应对策略会显著地提升人们的抑郁阈限。

系，因此，这一理想可以被工具主义地应用于任何关于美好生活的观念。根据工具主义概念，这种理论化和结果应该可以代表那些追求个人目标和计划、自我实现，以及其他改善福利的形式等的价值中立的手段。事实上，尽管对于社会科学中方法论个体主义与方法论整体主义之间的哲学争论持续存在（见本书第七章），但是，本体论个体主义形成了主流社会研究的一个核心假定（见本书第三篇）。

二、功利型个人主义

在现代的过程中，自由个人主义采取了几种不同的形式。贝拉等确定了两种主要的现代个人主义形式。他们把第一种称之为*功利型个人主义*，它"把某些基本的人类兴趣和恐惧视为前提条件……把人类生活视为个体为最大化其相对于这些既定目的的私利而作出的一种努力"（Bellah, et al., 1985：336）。

108 它假定了人类生活的目的要么是内置的愉悦和满足，要么是一个人碰巧想要实现的不论什么目标和愿望。人类思想和行动本质上是有效且高效地追求生存、安全和满足的工具。在古典精神分析学说（见本书第九章，第一节，第二部分）里，自我几乎是一种纯粹功利主义的、实用主义的计算者，在沉重的社会生活压力下，只能得到非常有限的满足。同样地，理性选择和经济学中的绝大多数理论都把能动主体描绘成寻求最大化其私利的理性计算者（见本书第十章；第十二章）。

三、表现型个人主义

贝拉等确定的第二种个人主义形式是*表现型个人主义*，它受到这一信念的指导，即"每个人都有一种独特的感觉和直觉内核，如果想要实现个体性的话，就应该展开或者表达这一内核"（Bellah, et al., 1985：334）。正是这些内核和内置的感觉引导着一个人的发展，因此，它们应该受到重视和培养。这种形式的自由个人主义产生于18世纪末和19世纪的浪漫主义运动，它反对功利主义观点的过度理性化、计算化和麻木化。浪漫主义者颂扬接近自然、天性、神话意识及美和艺术。浪漫主义观点大量存在于心理治疗领域，相比一些其他的治疗方法而言，它表现得以客户为中心，是人本主义的和格式塔的。它们在海因茨·科胡特（Heinz Kohut）反对古典弗洛伊德观点中充分地表现出来。在科胡特的理论（Kohut，1977）中，自我远非弗洛伊德所描述的那种被围困的、计算的自我，如果可以得到适当的培养，自我会变成一个拥有自己生活的艺术家。从出生到成熟，自我遵循着一种普遍的"自恋发展路线"，其目标是一种"健康的自恋"，它包括自尊心、自信、生命力、快乐、创造力，以及最终的成熟智慧和对必死命运的接受等（Kohut，1977：171-173）。无论是有意义的社会联系，还是指导生活的价值，在科胡特的观点中都要比在弗洛伊德的观点中有更重要的作用，因为移情的父母的"自我对象"对这一发展而言至关重要，而且与其他人的"孪生经历"是完整生命的一个永久的组成部分。而这些关系和价值本质上是工具主义的，它们主要是作为实现自我强化的目的或者科胡特所谓的"内在生命的强化"等的手段来发挥作用（Cushman，1990）。

四、存在主义个人主义

第三种自由个人主义形式被称之为*存在主义个人主义*（Richardson，Rogers，McCarroll，1998：500；Richardson，Fowers，Guignon，1999：第5章）。它是一种对现代社会中存在的极端科学的、技术的和墨守成规的趋势的回应。然而，它也对表现型个人主义的观点表示怀疑，即把与核心感觉或冲动取得联系，当作在一个人的生活中找到完整性和方向的主要方式。相反，存在主义个人主义重视一种自我创造，如让-保罗·萨特（Jean-Paul Sartre）对存在主义自由的系统阐述。这涉及拒斥任何既有的内部指令或客观价值，因为它们是不可靠的"坏信念"。与此相反，按照这一观点，我们可以为一些基本选择承担全部的责任，也就是，为我们的整个生活"创造"终极价值和"基本计划"。可以说，我们从零开始创造了我们自己的价值和自我，对人类而言不存在任何固定的或终极的本质。沿着这一思路，我们应该努力实现我们自己的实践自由及所有其他人的实践自由，尽管我们还不清楚为什么要这样做。最近，在各门社会科学中出现了一些后现代或社会建构论观点，尽管它们尖锐地批判了它们所谓的"自给型个人主义"，但它们也反映了存在主义个人主义的很多主题（回忆一下社会建构论者将根本的自由归因于自我：本书第三章，第四节）。

很多现代的治疗理论包含着这种存在主义自由的理想（如 May，1958；

109

Yalom，1980）。例如，罗伊·谢弗（Roy Schafer）（Schafer，1976）对精神分析学说的根本修正，就包含着一种存在主义哲学的最初形式。很多治疗理论把我们的行动归因于一些内部或外部的原因而不是我们自己的选择，也就是说，我们不是出于我的感觉、烦恼或"内心小孩"而作出行动，因此，很多治疗理论"否认对我们的行动负有责任"，谢弗拒绝这一趋势。他强调，我们应该通过所谓的"讲述人类生活故事的可选方法"，来接受我们作为我们自己、其他人及我们的世界的作者，所付有的终极责任（Schafer，1981：41）。谢弗赞美这种自由和自主性的"快乐"和"完整性"。

五、伪装成意识形态的自由个人主义

在社会研究中，自由个人主义像一种伪装意识形态一样发挥作用，它就像我们呼吸的空气一样。我们实践并经历着个体性和诸如公平、尊严、宽容等价值。当我们看到某人被不公正地对待时，我们中大多数人会被激怒，或者当我们看到某人的尊严被践踏时，我们会很生气。自由个人主义在很大程度上描述了我们如何看待社会世界，对我们而言事物原来的样子或者应该所示的样子。这与社会科学家如何看待他们的研究主题和实践并没有什么不同。象征性地来说，自由个人主义和政治自由主义就是社会科学家呼吸的空气。就像我们在日常生活中很少注意到空气一样，社会科学家也很少注意到自由个人主义和政治自由主义如何在他们的研究中表现出来或者如何影响着他们的研究。实践社会科学家只是简单地把其研究主体当作应该得到尊重、宽容和尊严等的个体，就好像在客观上人们就应该是这个样子一样（这与在前现代社会中，人们主要是在其对部落或群体的忠诚中寻找他们的身份，形成了鲜明的对照）。但是，这些理想是很多社会科学家所居住和研究的西方社会的组成部分，如果没有这些个人主义理想，这些社会就不可能是现在这个样子。而且，一旦社会科学家在这些社会中研究个体、群体、制度等，就好像它们是客观的社会实在一样，这些理想和价值就会以各种形式通过社会研究被传递下来，这些形式主要有，要回答的问题、要利用的分类、要收集的数据、要使用的方法及要给出的分析等。

抛开它们之间的差异不谈，在各种自由个人主义形式对个体性和自由的反独裁主义渴望中，它们共同具有一种对点状自我的认识。无论是物理世界、心理世界还是社会世界，都代表着一组原材料，对自我而言，我可以为自己的目的和福利而工具主义地塑造和操作这些原材料。在所有的自由个人主义形式看来，这些目的都被理想地描绘成来自自我内部，否则就会冒着个人的个体性和尊严被损害的危险。同时，工具主义的行动概念非常符合这种对个人主义的特别强调。对于这种很大程度上是自给型的个体而言，工具性知识提供了实现其想要目的的最有效或者最高效的手段。假定社会科学家想要把价值中立的结果应用于实现任何想要的目的，而没有预先假定一组目的，工具主义的行动概念自然而然地就会被视为提供这些手段的价值中立的方式，同时它看起来也完全契合自由个人主义概念（"千万不要爬到我的头上来！"）。毕竟，对于功利型个人主义者而言，工具性知识是最有效地最大化其福利或者获得其最高意愿的关键。或者对于存在主义个人主义者而言，把自然世界和社会世界视为可以工具主义地进行操作的资源，对于其激进的自我创造计划而言至关重要。

此外，如果工具主义的行动概念有效，那么成为某种自由个人主义者就是很自然的事情了。工具主义的行动概念不仅把自然世界和社会世界变成了个人计划的原材料，它还包含着阻止并操纵这些世界中的因果模式的能力。没有更好的方式去把功利型个人主义、表现型个人主义或者存在主义个人主义建立在牢固的基础上，并在追求个人目标和愿望的过程中提供一种适当的行动框架。

然而，自由个人主义和工具主义的行动概念等文化理想有其自己的影响。以现代西方社会如美国的当代宗教观点为例。很多观察者已经注意到，精神性的当代形式与"道德、社会制度或政治权力无关"，而这些恰恰是世界上最伟大的宗教的传统关注点。相反，对于当代西方社会的很多宗教信仰者而言，看起来真正重要的是"孤立个体的内心体验，这些内心体验在很大程度上得到那些个体的发展和评价"（Jones，1997：21）。其他观察者还注意到，美国为何频繁地报道宗教是个人满足的一个主要来源，就好像精神性是达到个人的自我实现目的的一种手段（Bellah, et al., 1983）。但是，在自由个人主义和工具主义生活图景的影响下，人们如何以任何其他的方式来看待精神性呢？

工具主义的行动概念和推动其发展的个人主义，与我们所珍视的很多价值如自由、尊严和个体性等之间存在深刻的联系。换句话说，工具主义的行动概念受到一组强有力的文化和道德理想的深刻强化，反过来，它也强化着这些强

111

有力的文化和道德理想。它还反映并且强化了诸如抽象和动力因果解释这样的科学实践，以及主观-客观本体论和认识论。按照这种方式，作为社会科学能动主体观（和西方社会的普通参与者）的一个基本前提，工具主义的行动概念的作用看起来是高度合理的，且不会受到质疑。正因为这样，社会科学家很少能意识到，他们在自己的研究中预先假定了这些文化理想。他们的伪装意识形态仍然没有被认识到，因为社会科学家不认为他们自己陷入了他们的社会舞台的理想中。

支持工具主义的行动概念的自由个人主义，毫无疑问是一种有偏袒性的、深刻的伦理观点。它给予一种特定的美好生活概念以特权，即那种强调诸如个体性、尊严、公正、公平、自由及创造性等价值的美好生活概念，服务于最大化个人福利或追求个人愿望。这些都是非常珍贵的、实质性的价值承诺，我们中没有人愿意轻易放弃它们。但是，这种美好生活概念并非没有自己的问题。正如菲利普·瑞夫（Philip Rieff）所强有力地指出的，与批判理论家对工具主义的行动概念的批判（见本书第三章，第三节）类似，这种伦理观也给我们留下了

112 "可以自由地选择，但却没有值得选择的选择"这样一个问题（Rieff，1966：93）。

无论这些价值多么有价值，社会科学名义上追求所谓客观的、价值中立的方法和结果的问题，事实上根本没有摆脱重要的伦理承诺。社会科学的理论化，数据收集、分类和分析的方法，以及其他的实践，都充斥着这些价值承诺（例如，使人们摆脱错误的权威或者引导更有效的生活，这些在很多社会科学家眼里几乎就是一回事！）同样地，社会科学家出版的研究结果把这些价值返回到社会中，强化了工具主义-个人主义者的美好生活概念。很多人认为，这个概念不可避免会导致社会隔离、异化、令人困扰的空虚，它可以追溯到人们试图咨询的很多心理问题的基础（如 Cushman，1990；Hillman，Ventura，1992；Fancher，1995；Richardson，Fowers，Guignon，1999）。事实上，这里存在着一种双重诠释（见本书第三章，第二节）。

可能更为重要的是，在个人主义者-工具主义者的概念中，在个人主义的极端功利主义与尊重其他人的权利这种强烈义务这两个方面之间，也就是这两个伦理极点之间，存在着一种深深的张力。自由个人主义的道德立场代表着消除教条主义而不放弃我们对其他人的义务，这是一种伦理上非常严肃的认识。

这常常在诸如程序公正和各种美好生活概念之间保持中立立场等观念中表现出来，这样就不会践踏类似尊严、自由和个体性等基本的价值。这代表着对一种美好生活概念的实质性承诺，即我们非常需要这种美好的生活概念，去克服单方面的强调完全的工具主义行动所带来的腐蚀性后果，因为单方面的关注工具主义行动会导致一种道德上不可接受的情况，即人们把彼此严格地作为达到其自私目的的手段。工具主义的行动概念和自由个人主义都需要彼此。

因此，这种个人主义者-工具主义者立场真的致力于道德上优秀的或者本身就很好的人类尊严和权利。然而，没有什么可以阻止对所有的美好生活概念保持一种原则上的中立性这一理想，扩展为自由和人类尊严等这些基本的价值。这样一种中立性可能会逐渐破坏它们的可信性，并剥夺它们进行理性辩护的任何可能性。毕竟，如果我们致力于绝对的中立性这一理想，我们就不能提供道德论证来支持这些价值。我们最多能提供支持它们的就是工具主义考量，但是，这些工具主义考量只有在这些价值满足我们的工具主义需要时才有效。此外，在这种工具主义的外观下，考虑到点状自我把对人类尊严和公正的承诺，视为实现其自身及其他人的福利的手段，那么，防止点状自我远离这些自由主义价值，并采用其他看似对实现他们的目的而言更有利的手段，到底是为了什么？滑向道德相对主义和社会碎片化，看似是这种理论上的能动主体观的一种必然结果。对自由个人主义和工具主义的行动概念的一种未经检验的承诺，在我们的社会-科学"治疗"中，看似注定会破坏那些我们所珍视的价值，并保持社会碎片化、空虚和异化等"疾病"。

113

第三节　抽象与生活世界

在完全转向讨论价值中立本身并尝试提出自由个人主义和工具主义的行动概念的某种替代选择之前，证明工具主义与一种特别重要的科学实践——抽象，是如何联系起来的，将会非常有用。

一、两种抽象模式

正如我所指出的，工具主义的行动概念对于人类行动给出了一种非常有限的认识。我们还看到，这一概念将自主性和个人主义等强烈的文化理想深深地联系了起来。此外，我已经表明，这一概念符合一种"科学的"视角，这种视角的特征是多方面的，如分离的、非个人的、中立的、客观的、第三人称的、空洞的、机械的等。但是，很多哲学家和社会理论家提倡另一种人类行动概念，即一种关于人类行动的整体主义视角，这种视角与日常生活经验更一致，与隐含在日常经验中的关于我们是谁和我们关注什么的概念也更加一致。而这种整体主义的观点的特征也表现在多个方面，如参与的、个人的、情境化的、主观的、第一人称的、具身的、人文主义的等。这两种关于人类行动的认识或概念，常常被视为彼此对立的，但情况不应该是这样的。在开始回答为什么的时候，我首先想要对比这两个视角，一个是工具主义概念及其与抽象这一科学实践的关系，另一个是更加整体主义的实践能动性的日常世界，然后指出这两种视角是如何彼此关联起来的。

114　　　隐藏在工具主义概念背后的一个核心动机一定是实证主义者（见本书第二章，第二节），实证主义者认为，要客观化地并且"适当地"解释人类行为，就要与意义和价值保持一定的距离，并把它们视为主观的。另外，工具主义概念与抽象这一科学实践之间存在着一种有趣的关系，这也强化了社会科学对工具主义的行动概念和客观化的坚守。

　　抽象在科学实践中发挥着重要作用，它涉及两个方面。一方面，科学家研究一个特定对象，这个对象抽离了或者摆脱了其得以形成的原始物理语境，这样科学家就可以研究这个对象的那些因为原始语境的复杂性而可能被遮蔽起来的核心属性，从这个意义上来说，抽象与理想化或简单化相关。例如，在封闭的状态下，物理学家常常把氢分子当作一个谐振子（如系在一个弹簧两端的两个质量）或者只与其最近的邻居交互作用来处理。关键思想是，把所研究的属性与其余的环境隔离开来，尽可能以一种与语境无关的方式来分析它们。抽象的这个方面与亚里士多德的客观性概念完全相反，后者强调了要在对象的具体语境中来研究对象，而不是把对象从这些语境中抽象出来进行研究（McMullin，1965；Daston，2000）。

　　在科学实践中，抽象的第二个方面与抽离了或者摆脱了日常的具身经验的语境更直接地关联了起来，以撇开我们对特定属性及其影响的经验或知觉，来研究那些属性。一个例子是，当研究电磁振动时，忽略类似颜色或温度这样的性质。颜色和温度与我们的身体感觉和电磁辐射之间交互作用的特定方式的关系更大。关键思想是，把要研究的属性与我们的具身状态隔离开来。进行这种抽象，并不意味着使我们摆脱与所研究属性相关的我们日常的人类关注和兴趣，摆脱这些属性对于我们的意义，或者摆脱我们和这些属性所嵌入的背景知识和实践。它只是意味着，在很大程度上我们有显著的能力，可以使我们不考虑我们的前反思性具身视角下的那些特征（如颜色、气味和其他外观），这些特征在过去可能常常会歪曲我们对物理实在的认识。对于那些处理实在的非个人属性的学科而言，这种抽象过程变成了科学实践不可或缺的一个要素。

如果走向极端，在第一种模式中，对抽象的渴望，也就是脱离物理语境，就会导致与物理实在的任何其他要素完全隔离开来观察一个对象。在第二种模式中，脱离具身经验，如果这种抽象走向极端，那么它就代表着一种对于对象的完全中立的立场，这种立场完全摆脱了"主观歪曲"（因此，我们与主观-客观本体论和认识论建立了联系）。在这两种模式中，极端的追求抽象都会直接导致点状自我的主观-客观本体论和认识论理想，点状自我的语境、思想、感觉及价值等，都被从知识发现的标准和方法中完全移除了。

但是，对于这两个方面无论哪一个而言，抽象永远都不能脱离所有语境而得以实现。即使是在自然科学中，所有的研究对象都与科学家存在着一种不可或缺的复杂关系（例如，相对于科学家的时空定位，在科学家所使用的理论体系内的位置，在科学家的关注点中的位置，等等）。此外，无论是在这两种模式中的哪一种，抽象的数量都与我们的目的有关（如我们想要回答的问题的类型）。正如上文所看到的，要理解电磁振动和辐射的本质，考虑到所提出的问题的类型，在这两种模式中尽可能充分地抽象就都是恰当的。但是，在寻求对色彩感知的解释中，科学家既不能完全脱离色彩所存在的物理语境（因为橘子的现象学外观会根据周围的颜色而发生改变），也不能完全脱离色彩感知和知觉报告的身体经验（因为这正是我们想要理解的）。在18世纪和19世纪科学家研究色彩感知的实践中，已经很好地认识到了对于抽象的这些限制（只不过是含蓄的认识到了）（Daston，2000）。

在社会科学中，第一种抽象模式，即脱离物理语境，并不是最重要的，尽管它的确存在于各种类型的简化实验装置中，如一些旨在隔离各种认知能力的简单任务。[①] 然而，第二种抽象模式，即脱离具身存在的主观特征，却会导致客观化，它不考虑所有的价值判断，而集中于在工具主义的行动概念下把行为描述为动力因果链，这种行动概念只涉及弱塑造世界（见本书第一章，第四节）。我们再次看到了，有人认为，价值中立的目标和方法这一理想应该服从人类行为中的原因和结果之间的似规律联系[②]，这样，关于人类行为的知识就可以根据任意数量的价值判断而被应用于任意数量的目的。问题的关键是，如果社会科学的结果不考虑这种价值判断和目的，就可以不受人类生活的这种主观特征存在的"污染"或者遮蔽。

按照这种方式，社会科学与自然科学如物理学就非常类似。物理学家试图隔离各种因果链（如流过一个管道的水分子），以精确地进行可控实验，并描绘出这些因果链的所有路径。同样地，社会科学家试图以一种尽可能隔离的方式，来处理人类行为的方方面面，以量化并描绘人类行为的因果路径。正如物理学把主观因素隔离在其理解这些因果链的实验和理论实践之外一样，社会科学在客观性和价值中立的幌子下，也这样做了。以一种非常粗糙但并非完全不公平的方式来说，社会科学试图把能动主体的行为尽可能当作类似于物理学中的受规律支配的分子，来处理这些行为（回忆一下孔德的社会科学概念：本书第二章，第二节）。

这样，即使是自然科学中的抽象实践，既不可能是与语境无关的，也不可能是价值无涉的，这就不足为奇了。抽象只能针对一组背景知识和实践，为了具身能动主体的特定目的，而得以进行。事实上，脱离这个观念本身，恰恰就预先假定了这样一种背景。即使是尝试中立地理解一个事物，我们也需要对这一事物采取一种特定的立场。也就是说，我们必须以特定的、有限的方式，介入我们所研究的事物。抽象为"中立的"观点，要求我们至少对研究主题所处的语境有一些认识，我们对于抽象的目的有一些认识。在理想化和去语境化的过程中，除了要首先理解采用一种脱离的立场意味着什么之外，还要区分什么是相关的什么是不相关的，背景理解和实践对于我们来说都是非常必要的。因

---

① 见斯滕伯格（Sternberg）和本泽夫（Ben-Zeev）（2001）对这一类型实验的描述。
② 或者说，根据描述主义方法，应该形成对动机和行动的客观的、准确的描述。

为以一种中立的方式处理一个对象使其可理解，就是以一种*理解的方式*定位这个被中立地处理的对象，这种理解的方式其实就是为了特定的人类目的而处理并关注我们世界中的事物的一种方式（存在一些其他的什么目的吗？）。尽管在自然科学中，科学实践的很多要素看起来就是从一种非视角性的立场被不断推进的，即使这种立场对我们而言可用，我们的实践仍然不能与我们情境化的、实践的能动性分离开来（Taylor，1989；van Fraassen，1993；Torretti，2000）。抽象这一实践，尽管如它所尝试的那样是脱离的，但仍然需要与世界接触。

　　显然，抽象的这两个方面的原因都是，一种"可控的最小化"理想，因此，在面对几乎压倒性的、异常复杂的且常常高度变化的原始经验时，考虑到我们的知识局限性和我们的目的，科学描述代表着我们对于描述我们的世界所做的最好的尝试。即使是用我们最好的理论和模型，我们的理解也常常是局部的、有限的且不精确的（Taylor，1985a；1985b；Auyang，1998；van Frassen，1993；Teller，2001）。总是存在着比我们的模型和理论所包含的更多的需要知道的东西，在这个意义上，以上观点是正确的。然而，更重要的是，我们所采取的任何立场，无论是这两个方面中哪一个的最大化抽象，或者某个其他的立场，在解释实在的一些特征时，总是会隐藏或者忽视实在的一些其他特征。要作出一种科学的分析，我们就必须切断我们原始的、复杂的和多变的经验，寻找某一个我们希望理解的控制模块。选择在哪里切断及如何切断，受到价值和利益的驱动，且常常将其他可能有价值的利益排除在外。

　　例如，物理学中的大多数规律和模型（如牛顿定律或谐振子），都集中于对于特定事件来说至关重要的要素。这些规律和模型针对的是那些一般不受外部干扰影响的系统（无论这些干扰是一种物理性质，还是因为人类的能动性而产生的），而且，在刻画系统要素之间的关系中，所涉及的要素数量一般非常少。在这些规律和模型中，这两种抽象模式都起作用，因为它们本身就是理想化，这些理想化既可以远离无数物理影响构成的更大语境（如一个极端复杂的环境），又排斥了具身存在的视角和能动性（如没有人为干涉的影响）。另外，物理学的规律和模型如此抽象，在下面这种意义上，也代表着我们试图通过这两种抽象模式来隔离的对象的理想化。它们代表着一种平衡，一面是我们可以理解和计算的东西，一面是我们想要理解的东西并寻找它们和对象本身之间的关系。换句话说，在尽可能地追求两种抽象模式之后，我们必须进一步简化我们的规律和模型，以使它们成为可控的最小化。因此，每一种这种规律和模型都代表着一种描述，这种描述实际上远离了所研究的对象的"真相"，这就使得描述在本质上是不精确的，它们隐藏或者忽视了对象的一些其他方面，而这些方面对于其他利益或目的而言至关重要（Auyang，1998；Teller，2001）。而且，社会科学家很快承认，人类行为比物理学家所试图研究的行为要复杂得多！

118   此外，一旦精确地知道所有其他相关的要素，而且语境通过抽象被适当的限定起来，这些物理规律和模型一般来说在数学上就是精确的，而且，可以确定任何作用力或大小。但是，这就是说，物理学的规律和模型都是语境依赖的，因为它们要求我们通过抽象和进一步的理想化，从一个具有丰富的物理和人类交互作用及相互关系的语境，转移到一个更加有限的语境中。① 特别是当与社会科学关联起来时，这些规律和模型都是语境依赖的：物理学中的所有规律和模型在没有人类能动性或者影响时才是确定的。因此，要把自然科学与社会科学中抽象之间的相似性推向极致，社会科学家不得不尝试通过无视所有的人类影响来理解能动性，而这对于获得我们研究对象的客观的、价值无涉的距离而言，恰恰是一种相当矛盾的方式！

二、抽象的悖论

这个时候，抽象的悖论就出现了。在社会活动和政治活动中，语境对于自我诠释性的存在的行动而言至关重要。然而，如果自然-科学式的理想是，与语境无关的规律和理论（例如，科学的普遍-规律概念），那么我们的方法恰恰预先假定了，我们不考虑构成我们想要理解的这一行动的一个关键要素，那就是，我们必须对语境依赖的行动给出与语境无关的解释！但是这样我们就不能解释我们的研究主题了。思考一下送礼物这个例子。不存在一种与语境无关的方式去详细规定何为一个礼物，因为礼物这个概念和围绕送礼物的实践都依赖于特定的社会。寻找与语境无关的解释原理看起来与社会现象和政治现象非常不匹配。

我们可以试一试所谓的二阶方法，利用这种方法，科学家把社会建构和语境视为既定的，并寻找那些结构之间的与语境无关的关系。例如，在经济学中，

---

① 因此，即使是在物理学中，我们也没有那种作为普遍-规律概念目标的与语境无关的规律。

这就相当于，把那些在社会上得到定义的要素，如金钱、财产、银行系统及经济导向的意愿如利润最大化等，都视为既定的，即经济秩序中的固定要素，我们可以在这些要素之间寻找规律和规则性。但是，此处的问题是，在这样一种理论内部，没有什么可以用来解释或者预测人们如何或者何时会改变这些在社会上构成的要素，因此，即使是对于一种尝试近似于自然科学理想的二阶方法而言，事实上也不存在有效的规律或与语境无关的原理。

119

不考虑社会生活和政治生活中的具体语境，而专门集中于寻找事件之间的动力因果联系，并把这些因果联系当作形成与语境无关的规律的基础，正是这种认识导致了悖论的出现。语境本身类似于形式因，语境对于构成意义和行动而言至关重要。要弱化人们对于与语境无关的解释原理的着迷，一种方法是，把其他的因果关系概念合并到社会科学理论化中（见本书第六章）。

值得注意的是，这和理论的作用和实在论问题等有关。回忆一下不同的理论概念，如公理的、语义学的和范式的。大部分对与语境无关的规律和理论的追求，是对普遍看法的一种延续（见本书第一章，第二节，第一部分），这种认识不只在对结构还有对理论作用的其他解释中得到发扬。这些规律和理论应该是可预测的吗？它们应该是解释性的吗？还是二者都有？对于不加反思地把我们关于理论由什么构成及理论的作用等的自然-科学式的观念推广至社会-科学实践中，社会领域和政治领域对此提出了挑战。

此外，还存在一个相关的问题：在我们的社会科学理论化中，我们可以把什么当作真实存在的？如果我们遵循自然-科学式理想，那么作为实在论者，我们可能会致力于宣称，理想化的、理论的、抽象的、与语境无关的社会和政治结构，才是社会和政治领域中真正的构成要素。这似乎与语境和自我诠释在这些领域中所发挥的关键作用完全不一致。在社会科学中，我们开始理解事物实际上对人们来说意味着什么。抽象隐藏了这种经验和意义的大部分内容，因此，对于我们想要理解的事物给出了一种非常狭隘的、漂白过的描述。这种剥蚀了的理论构想如何可以对应我们事实上所拥有的实在？

三、生活世界

与此相反，我们的日常经验包括视觉、听觉、嗅觉、味觉、语境、干扰、惊奇等，它们被整合在一个整体性的、动态的统一体中。此外，这种经验通过意义被联系起来，它对于我们来说是有意义的。然而，两种抽象模式都试图尽可能地把这种动态关联性和整体论的很多组成部分缩减为一些微小的、可控的最小化。让我们加入这些采取了*理论立场*的抽象吧。这种立场不考虑日常经验的丰富性和不可预测性，可以根据它选择关注的事物而把一组小范围的事件具体化。这种理论立场（或明确或含蓄的）假定了，人类可以以一种至少在部分程度上独立于物理语境和具身（两种抽象模式）的形式，去了解那些有效且重要的事物。它常常为了一些有价值的目的，在部分程度上削弱了我们与更广泛的关系实在之间的关系。

120

但是，这种理论立场代表着这样一种人类活动，它只对那些在某一问题域内寻求答案的人而言是有意义的，也就是说，所有的人类活动都是为了追求某一目的。此外，即使采用这种理论立场，所有的人类活动也都发生在一个复杂的物理和社会-历史世界中。因此，即使是在进行抽象的过程中，我们也总是嵌入在一个整体性的生活世界中。我们的理论立场嵌入在一个*实践立场*内，这个实践立场由我们试图在我们的世界中有意义地应对和生活的各种方式所构成。发展这种实践立场更多的是一种发展个性、运用判断并获得洞悉的问题，而不是像我们从诸如表达尊重等例子中所看到的，是制定规律或明确一般规则并应用技术的问题（Dreyfus，Dreyfus，1988；Richardson，Fowers，Guignon，1999；Flyvbjerg，2001）。事实上，对这些规律、规则和技术的谨慎使用，依赖于这些个性和判断的预先存在。

因此，即使进行抽象，我们与我们更广阔的环境之间的关系，包括我们对其他人、制度和文化的参与和依赖等，都在很大程度上构成了，作为参与抽象实践的能动主体，我们是所其是。物理-社会-历史相互关系所构成的这个复合体，是人类行动最基本的、无法逃脱的舞台。仅仅采用理论立场，常常被吹捧成社会科学的理想，事实上破坏了或者严重歪曲了我们行动舞台的统一性。它试图把所有的概念和关系还原为一门科学的词汇和本体论，这门科学主要通过抽象和客观化的方式来处理其研究主题。然而，如果这样做，就会忽略或掩盖这一事实，即采取理论立场，只是人类基于其利益和目的以理解并应对这个世界的众多方式之一。因此，我们再次看到了，追求绝对的客观性和价值中立这一目标远不是价值无涉的。

　　我们可能仍然会认为，这种理论立场，即脱离的、"客观"的视角，是一种正确的或者说更正确的视角，但是，为什么就认为这是合理的？首先，正如我已经指出的那样，推动这种脱离视角的是一种"客观性"理想，它就像一个认识论理想一样，是一种受道德驱动的理想；它以工具主义的形式代表着一种对美好的、值得的生活的特定理解。这种理论立场只不过是另外一种"内部人的"视角，它可能对于各种各样的目的而言都是一种重要的视角，但却并不必然是一种"更真的"视角。它绝不是中立的，而且不能脱离我们的目的而存在，因为参与式的能动主体处于一个复杂的、五花八门的世界中。它通常是一种参与世界的有效模式，但也仅仅就是那样而已。[①]

　　此外，仅仅因为自然科学旨在实现最大化的抽象，并不意味着借助自然科学的方法论而获得的知识，就总是比通过其他领域的其他认知模式而获得的知识要更真。自然-科学知识的真伪常常局限于其抽象的、理想化的领域。[②] 理论立场有助于我们理解我们自己和我们的世界，但它并没有彻底探讨这些理解。举一个有点"土气"的例子来说，我只能通过进入一种与你之间的人际关系，才能了解你这个人。如果没有这样一种关系，我只能通过（非常远距离的）观察和推理来了解你的行为。当然，这实际上就是使关于你的知识陈述合法化，同样，在很多情况下也可以证明这些知识陈述是对的还是错的（如你每天在同一时间离开家）。然而，这种知识是抽象的，且受到与你这个人的距离远近的限制。这并不意味着，在进入与你之间的一种关系后，关于你的行为和反应中的规则性和模式的知识就被认为是无关的。但是，哪些规则性和模式是有趣且重要的，它们意味着什么，它们为什么会持续存在，以及我认为我应该如何与它们关联起来等，这些问题在很大程度上都取决于我对于你这个人所关注的事情的理解和鉴别。这只能通过参与进你这个人及这种关系伴随的风险、弱点、痛苦和快乐来实现。

　　最终，有些人可能会认为，理论立场永远是更真的一种立场，因为在自然

---

　　① 这并不是说，在自然科学（如物理学）语境中，理论立场不能以一种优于对这些领域而言其他可能的方法的方式来传递真理（例如，传递关于电子的属性的真理）。相反，它是说，相比社会研究而言，我们在自然科学研究中的目的是不同的。

　　② 在被应用于实验室之外的复杂的、相互关联的世界中时，很多实验结果是无效的。

科学中，不考虑身体经验的话就可以消除歪曲和失真，允许我们清晰地理解诸如电磁辐射这样的现象。就这种现象的真正本质而言，我们对于光和热的身体经验常常会误导我们。同样有人可能会认为，我们需要尽可能地不考虑语境和身体经验，以清晰地观察社会现象。但是，对于那些现象更准确的刻画而言，对自然现象而言有效的并不必然对社会现象而言就有效。思考一下对痛苦的个人解释，如刘易斯（C.S.Lewis）《对痛苦的观察》（*A Grief Observed*）（Lewis，2001）（中译本翻译为《卿卿如晤》），这本书使我们发自内心地体验到痛苦是一种什么感觉。从远处来看待痛苦，这种对痛苦的研究，如心理学或社会学解释，增加了哪些我们对痛苦的认识或体验？这当然不是一种"更真实的"解释。可能后者增加了对痛苦的体验的相似性或概括性的知识，以及我们无法从一种丰富的、高度个人的解释中得到的哀伤过程。但是，这并没有使观察痛苦的理论视角更真实。它只不过是另外一种视角，这种视角补充了我们在刘易斯的个人故事中所找到的关于痛苦的知识，但并没有以某种方式取代或者替代那种个人知识。正如在这里及在第四章中所指出的，在社会领域中追求这种抽象的理论立场，常常会带来歪曲而不是使我们免于歪曲。因此，在社会科学中采用理论立场的结果和在自然科学中采用理论立场的结果并不一样。

第四节　评　　论

工具主义的行动概念，与主体-客体本体论和认识论一道，隐藏着一种对点状自我的未被承认的承诺。这样一种自我观是我们为什么经常在社会科学中发现这些行动概念、本体论和认识论捆绑在一起的部分原因。另外，正如我已经指出的那样，点状自我反映了诸如自主性和自由个人主义等深刻的伦理理想，反过来，这些理想也强化了一种点状自我观。因此，还有一种在很大程度上也未被承认的实质性的伦理构成在起作用，它强化了那些被当作人类研究的科学理想的观念，即工具主义行动及主体-客体本体论和认识论。这种"一揽子交易"在社会科学中带来了有关客观性和价值中立的很多严重的、令人困扰的问题，我们现在就转向这些问题。

……… **进一步的研究** ………………………………………………………………

1. 政治自由主义是什么，它如何出现在社会科学中？

2. 解释本体论个体主义。它如何与霍布斯的社会概念关联起来？

3. 描述自由个人主义的三种形式。你认为哪一种在社会中最具支配性？

4. 为什么自主性、自由个人主义和工具主义的行动概念这三者结合起来是不稳定的？

5. 理论立场和实践立场是什么，它们之间的关系如何？

……… **推荐阅读** ………………………………………………………………　123

R. Bellah，R. Madsen，W. Sullivan，A. Swidler，and S. Tipton，*Habits of the Heart：Individualism and Commitment in American Life*（New York：Harper & Row，1985）.

F. Richardson，A. Rogers and J. McCarroll，"Toward a Dialogical Self"，*American Behavioral Scientist* 41（1998）：496-515.

M. Root，*Philosophy of Social Science*（Oxford：Blackwell，1993）.

第六章
价值中立的神话

章节大纲

前面两章的结论是，社会科学远远不是价值中立的。至少以它们目前的实践来看，它们远远不是中立的。关于假定的社会研究的价值中立，还存在着两个问题需要解决。第一个是本体论问题。社会科学可以是价值中立的吗？像我们认为自然科学研究是价值无涉的那样，存在一种社会研究方法是真正价值无涉的吗？[①] 第二个问题是规范性问题。社会科学应该是价值中立的吗？对于社会研究来说，价值无涉的方法是正确的或者适当的目标吗？

---

① 我已经暗示过自然-科学研究也不是价值无涉的这种可能性。即便如此，我们可能会认为，价值在自然科学研究中并不发挥多么重要的作用，就像伪装意识形态在社会研究中的作用一样。

在前几章中，我已经写到，客观性和价值中立好像永远连在一起一样。在这里，我将指出，在某种意义上，客观性可以与价值中立相分离。而这恰恰是回答关于社会科学的本体论问题和规范性问题的关键组成部分。

对这两个问题的回答，部分程度上还涉及回答第三个问题，这是一个实践问题，即对社会研究来说，真的需要绝对的价值中立吗？在某种意义上，这个问题看似是一件很明显的事情。就像我们希望自然-科学研究是无偏见的那样，我们当然也想要社会研究摆脱偏见。否则，在我们的社会研究和结论中，无论多么含蓄，都不可能摆脱某种主张。因此，对于那些对美好生活的认识恰好符合研究所反映的偏见的人而言，这种研究是被污染了的研究，而且只具有有限的作用。至少这是韦伯（Weber，1949）所表达的担忧。显然，这是作为社会科学的一种伪装意识形态而表现出来的政治自由主义（Root，1993）。这显然是大多数社会科学家都支持的，同时也是公共管理者和政策官员所想要的一种价值负载的观点。但是，我们真的需要在很多思想家看来是不可能获得的东西吗？沿着批判理论家的思路，通过揭露社会研究中的潜在偏见，我们就可以获得一种对于这些研究如何承受其偏见的局限的客观性，这有可能吗？这样，对于我们的社会目的而言，客观性的适用性或者有效性是什么？

第一节　有关价值中立的"传统争论"

我们先来看两个社会-科学研究的案例，这两个案例常被视为绝对价值中立的（这两个案例都以这种方式来开展研究并发现相关性）。第一个案例是，发现选举人的态度与选举人的行为之间的相关性。暂且认为我们的相关者（见本书第一章，第四节）寻找的是原始数据和单义方法，政治学家常常以如下方式来把相关性视为价值中立的。那些被确认为是在选举的行动，通常会遵守一些制度性规则，例如，出示选民投票登记卡、进入投票站并为选票上的一个特定的候选人或者提案拉下控制杆（或者摁下按钮、打孔或在表格上标注椭圆）。毕竟，选举人的态度可以通过匿名问卷的方式被记录下来，在匿名问卷上，他们给出他们对于各种具体的信念陈述，以及被选上的这个人怎么样的回应。然后用统计分析来证明，选举人借由问卷上的陈述所表达的态度与他们的选举行为之间的相关性程度。

对问卷的回应被视为原始数据，就像拉下控制杆这一行动一样，而揭示相关性的数据分析的统计学方法，则被认为是单义的数据运算。看似不需要任何诠释。当然，关于这些相关性，还存在一些深层次的价值负载问题。这些相关性意味着什么？当选举人参与到选举行动中时，他们如何看待他们所做的事情？一旦决定如何拉下控制杆，他们会如何看待局势或者成败的关键？这些问题并不能只是从进行更多的相关性研究就可以得到回答，因此，看起来像是需要对选举人的行为作出进一步有趣的分析，这至关重要，涉及对选举人的意义和经验进行诠释，而诠释容许存在多重可能的理解。还有一个问题是政治学家所采用的分类，即只通过制度性规则来规定特定的物理行为，并把价值、意义和观点转化成同意或不同意的命题列表，而这事实上已经把科学家的各种诠释和文化理想带入了研究中（例如，在整个西方民主计划中，已经提前预设了政治自由主义和自由个人主义）。

另一个被假定是价值中立的研究的案例是，对变量之间模式的描述，如高自尊与更好的成绩之间的粗相关。这也可以通过问卷的方式来进行评估，给出一列陈述，学生可以表达赞成或者不赞成，通过统计方法把这些结论与学生在考试中的实际表现关联起来。然而，自尊的意义或概念依赖于大量的价值和文化情境。在强调个人主义和内在性的西方文化中，自尊对于我们而言看似是真实且有意义的，它是我们的社会实在的一个特征。但是考虑一下中世纪骑士的文化情境，在那个时代，失去骑士精神和荣誉等理想对我们而言才是重要的。自尊的观念对于他们而言几乎没有任何意义。因此，寻找自尊和类似学生成绩这样的东西之间的相关性，远远不是那种客观的、价值中立的研究想要呈现出来的样子。此外，仅仅只是定位这种相关性，并没有告诉我们提升自尊而不管实际的表现，是否是提高学生分数的一种好方式。这种相关性也没有告诉我们，在何种程度上更高的自尊或者更好的分数是值得追求的目标。

韦伯曾公开指出，价值的确会影响社会科学家对于问题的选择，还有她对在社会领域中发现的任何因果规律如何得到最好的应用的思考。此外，关于社会实在的任何具体知识，通常都涉及社会科学家所持有的特定观点。然而，韦伯宣称，虽然社会科学家的研究框架受到一些价值的影响，但是，她的调查的结论或真理性并不同样受到影响。结论对于所有人而言应该都是有效的或者适用的，而不只是对于使用一种特定框架进行研究的人而言有效或者适用。他认为其中一个原因是，社会科学至少能发现类似选举人的态度和选举人行为之间持续存在的因果关系（即使它不能形成像自然科学那样的精确的数学规律）。这些因果关系在原则上应该独立于那些形成社会科学家的研究框架的价值（尽管对于我们是否把这些因果关系视为重要的模式，还需要一种价值判断，毕竟重要性与我们如何观察事物有关）。我们并不需要遵循批判理论家或者后现代评论家如福柯等的观点中的每一个细节，去认识研究结论安然逃脱价值的可能性微乎其微，无论这些价值是来自研究者的还是来自研究主题的。社会生活中的大多数"持存的因果关系"，都依赖于社会行动者及其制度的价值和意义，因此，一旦这些价值和意义发生改变，这些持存的因果关系也会消失或者改变（例如，自尊在前现代社会中不存在，而在现代社会中存在）。

　　欧内斯特·内格尔（Ernest Nagel）（Nagel，1961：第4章）指出，进入社会科学中的价值，不仅存在于问题选择中，还存在于结论的评价中，何为事实的鉴定中及证据的评定中。尽管如此，他仍然主张，我们在自然-科学研究中同样可以看到价值的这些影响，因此，社会-科学研究仍然可以形成类似自然科学那样的无偏见的结论。内格尔分析中的一个关键区分是，*评价性*价值判断和*描述性*价值判断，前者表达赞成或不赞成，后者估算某一特征在何种程度上会存在。像自然科学一样，一种中立的社会科学同样也承认描述性价值判断而完全没有评价性价值判断，事实上我们甚至可以说，科学研究的一个重要组成部分就是，对于在一种情境下什么因素存在及这些因素在行为中的相对地位等作出这种描述性的评价。但是，对于判断的这种区分依赖于事实与价值之分。内格尔指出，看似好像可以一直作出这种区分，但是他提出了一些例子，在这些例子中，我们可以把事实从价值中解脱出来，但这并非是我们永远可以这样做或者永远这样做很明智的证据（见下文）。

　　然而，内格尔承认，社会科学家常常把评价性的判断带入其研究中。对于科学家而言，虽然尽可能明确地揭示并阐明其偏见是值得做的，但是我们常常不会意识到其中一些我们最为重视的偏见。当然，这些偏见"通常可以被作为社会事业的科学所具有的自我修正机制而逐渐克服"（Nagel，1961：

489-490）。① 当然，事实情况是，不断的科学实践就可以根除误差和偏见，但是，内格尔对于社会研究所具有的"自我修正机制"的信心很可能过度夸大了。首先，内格尔所考虑的是自然科学中的自我修正模型，除非自然科学和社会科学足够相似，否则，认为在社会研究中也存在适当的自我修正机制，这点还远不明朗。事实上，无论是主流的社会研究模式，还是描述主义的社会研究模式，都没有任何装备来应对伪装意识形态的微妙影响。其次，更令人困扰的一点是，如果描述主义者、批判理论家、建构论者及诠释学思想家都是正确的（见本书第三章），人类是自我诠释性的存在，如果你愿意的话，也可以说，社会科学家及其主题都是有意义的海绵，这一事实恰恰代表着社会研究获得真正的价值中立的形式的一个顽固障碍。没有一种方法论可以发现所研究的社会领域的文化理想和意义，并把这些文化理想和意义过滤掉，而不是把它们当作科学研究的结论在科学研究中进行传递（见本书第八章）。例如，在前面给出的选举和自尊的例子中，我们如何发现隐藏的自由个人主义意识形态？最后，正如我们已经看到的，促使社会科学去实现价值无涉的驱动力，本身就是一种实质上的价值负载的观点（如政治自由主义、自由个人主义），这对社会研究实现价值无涉的可能性提出了很大的疑问。尽管科学家可能只是想要坚持内格尔所提倡的描述性判断，但是，他们暗中贯彻了诸如政治自由主义和自由个人主义等文化理想，而这恰恰代表着认可这些理想的默许的评价性判断。社会科学中的价值中立问题远比内格尔给出的分析要深刻得多。

在价值中立的争论中，一个较新的主题来自对社会研究和文化的女性主义分析。例如，娜奥米·韦斯坦（Naomi Weisstein）（Weisstein，1971）指出，有关男性和女性行为的心理学结论，受到了他们所生活的社会环境和期望的深刻影响。如果文化把女性描述为情绪化的、软弱的、反复无常的、养育者、靠直觉的而不是智慧的，只适合于特定角色等，那么女性的生活经验和行为将会因为这些微妙的偏见及没有那么微妙的偏见而变得不同。例如，雇佣一个男性而不雇佣一个具有同等能力的女性应试者，因为"她不能领导任何人"，或者男性研究生把女性研究生作为自己的秘书来对待。另一方面，如果女性被描绘成

---

① 内格尔考虑的这类型自我修正机制的例子是，几个不同实验室的实验结果的再现性，或者提交出版的科学论文的同行评议。

智慧的、理智的、强壮的、竞争性的，具有诸如同情心、直觉等品质，那么她们的生活经验将会完全不同。从这个意义上来说，心理学，因其不加批判地采用社会对于男性和女性特征的描述，而倾向于把社会期望下的行为当作出于先天本质而作出的行为。与批判理论家类似，韦斯坦强烈要求挑战流行的理论和文化期望，并转换男性和女性的视角。因此，偏见可能会被根除，我们对男性和女性的心理学刻画和社会描述就可以变得更加准确。

　　但是，正如艾莉森·怀利（Alison Wylie）（Wylie，1992）所指出的，很多女性主义理论家使关于女性的社会研究背上了一种先天的限制，即这种研究必须永远被束缚在女性经验内。但是，这样做恰恰会削弱提高和转换男性与女性的特定意识的力量，这种意识涉及社会期望及其在引导或控制行为中的作用。与启蒙运动的目标一致，女性主义的目标是，最终把人们从引导其行为的错误的、压制性的理想中解放出来，所以，如果保持这种社会研究只限于女性经验的范围，也就使这种社会研究不能呈现出女性主义理论家想要它具有的那种转换功能了。在这种意识转换的过程中，有很多让人赞赏的地方，但是，关于如何把我们自己从社会偏见中解放出来，很多女性主义分析更集中于从一种固定的视角（某种女性主义形式或者是独特的女性视角）来实现这一目标，而不太关注这一视角与其他视角对话的具体方式，无论其他视角是传统的还是其他形式的，以便实现对我们的偏见和期望的更好的理解。

第二节　文化理想与本体论问题和规范性问题

　　显然，这些关于社会科学的价值中立的典型争论，并没有对核心问题"追根究底"：文化理想在社会研究中所发挥的作用和伪装意识形态一样。关于价值中立的绝大部分争论都围绕实现价值中立的可能性；尽管在实践中很难实现价值中立，但是，对于社会研究实现价值中立，原则上没有什么不可移除的障碍。然而，正如我们在前面两章中所看到的，如果对价值中立的渴望如果可以得到满足，那它也只不过是进行社会研究的另一种价值负载的立场。

　　首先，价值中立的社会科学，是一种实质性的政治理想，即政治自由主义的一种表达。这种自由主义理想远远不是价值无涉的观点，它包含着一种强有力的美好生活概念，也就是，对所有可能的美好概念保持中立。因此，对社会研究的价值中立的渴望，如自然-科学式的社会研究模式和描述主义的社会研究模式一样，都代表着一种对自由主义的重要承诺，而这对于社会科学而言绝不是一种价值无涉的立场。

130　　其次，大部分社会研究预先假定了一种工具主义的能动性概念和一种主体-客体本体论与认识论。但是，正如我们所看到的，这种一揽子假定带有对自由个人主义和自主性，以及诸如自由、个体性、宽容、尊重等价值的深刻承诺，而这些都是现代西方文化的组成部分。我们再一次看到，那种看似是实现客观性和价值中立的最好方法，其本身对于社会科学来说却是一种价值负载的、有偏见的立场。

　　在社会科学中，为什么这种价值负载的观点被视为价值无涉，一个似真的原因是，批判-理论家的伪装意识形态概念：观察社会实在的理想和方式推动了社会研究中的工具主义能动性/主体-客体本体论，而这些理想和方式隐藏在表面之下，未被社会科学家认识到。但是，仅仅因为它们未被认识到，并不意味着它们就以某种方式失去影响。相反，这些伪装意识形态就像一个发动机，尽管在一个看不见的地方，但却给车提供了动力，因此，伪装意识形态影响着所有的社会科学实践，从问题选择/定义，到研究方法及对结论的诠释和应用（因此，"眼不见心不烦"并不适用于此处）。

　　隐藏的*道德*动机和科学动机使社会科学中的很多有能力的思想都转移到追求这一揽子理想上去了，我们看似很难避开这种结局。在他们努力阻止很多价值承诺进入其研究中时，他们不知不觉地偷偷运进来至少同样多的价值承诺。而且，在追求这一揽子理想的过程中，社会科学家常常伪造对人类行动的解释，他们不能完全公正地对待他们的研究主题的实在性，而仅仅集中于工具主义的行动（*工具理性*），并且尽可能不考虑丰富的人类语境。此外，我还指出了，这一揽子理想连同其动机和承诺，对于追求社会科学中的知识和理解而言，并不总是有用的，甚至常常是有害的。

　　把人类行为构想为总是受到规律的支配，其方式如同把分子的交互作用视为受规律的支配一样，就像科学的普遍-规律概念引导我们做的那样，这会忽略人类能动性的自我诠释特征（Berlin, 1962; Taylor, 1985a; 1985b; Richardson,

Fowers，Guignon，1999）。同样地，它还易于破坏社会科学事业本身的意义性，科学事业是人类动力学的一种认识来源，同时也是开展人类行动的某种辅助手段。显然，社会科学受到痛恨无知、迷信和暴政等的驱动，其核心是要去寻找关于人类行为的知识，这些知识可以被用来更好地解放人类并改善人类的生活，而这恰恰是自主性和个人主义所关涉的部分内容。不幸的是，社会科学普遍集中于假借价值中立，以一种与语境无关的方式，把行为解释为工具主义，掩盖甚至否认了人类生活世界和人类经验的很多重要维度，包括它自己努力形成一门关于个体行为和社会行为的可靠的、有用的科学，这本身也是受道德激发而作出的意向性努力（Bernstein，1976；Taylor，1985a；1985b）。

因此，社会科学是价值中立的吗，对这个本体论问题的回答显然是否定的。在进行社会研究时，不可避免会存在一些重要的价值承诺。通常更糟糕的是，诸如政治自由主义和自由个人主义这样的文化理想像伪装意识形态一样在起作用，它们渗透在社会研究和任何假定的价值无涉的结论中。

但是，关于价值中立还存在第二个问题，那就是规范性问题：社会科学应该以价值中立为目标吗？回答这一问题，看起来一开始就给我们带来一个令人不快的困境。如果回答"是"，我们就要承诺，我们自己追求的是一种特定的好的社会科学的形式，并提倡一些实质性的价值和理想。然而，如果回答"不是"，我们就是在承认社会研究应该保持偏见。这就像是我们举手投降，放弃社会研究中的所有客观性希望一样。

可能有一种方式可以用来避免这种令人不快的困境。到目前为止，在我们的讨论过程中，价值中立和客观性好像总是连在一起。也就是说，在社会研究中，要成为客观的，就必须完全没有偏见，从某种假定的价值无涉的有利位置去清晰地观察事物（外部人的视角）。假如这种有利位置不存在，是否意味着当我们在社会领域中晃荡着去寻找理解时，必须放弃诸如客观性和准确性这样的东西，而沉溺于偏见？

如果不想使这一困境扩散开来，减轻这一困境的严重性的一种方式，就是咬紧牙关，坚持认为只有内部人的视角对我们来说有效，同时重构客观性。我们不要尝试按照一种不包含价值的"从无处看世界"的思路去构想客观性，客观性是当我们把不同的社会研究方法和不同的好的概念放进彼此的对话中时，我们所获得的视角的品质。[①] 因此，每一种视角都可以通过渗透其他视角的影响，同时更清晰深刻地观察它自己的承诺，来得到不断地丰富。按照这种方式，特定的社会研究视角不只会更加意识到他们自己的偏见，还会更了解其他人的偏见，这就允许对社会研究的意义和潜在作用给予更充分的理解。

132   思考一个简单的例子，这个例子强调了日常对话的社会过程，这种类型的过程在很大程度上经常被忽视，而它们对于塑造人类行动的方向却产生了普遍的影响。[②] 假如你在参加一个会议，会议正在讨论一个有争议的决策。你进入这个争论中，并明确地支持一种观点，这种观点对于你来说看似最有意义，而且反映了你自己的最好的价值，同时阐明了你所认为的在这个决策中利害攸关的东西，因此决定了你的投票。当你离开时，你认为自己对这一问题（你如何投票）的思考感觉非常良好，而且事情正如你所愿。后来，在与一个朋友的会话中，你开始讨论这个会议并描述这些商议，以及你支持和投票的理由，和你所认为的利害攸关的东西等。然而，她回应道，"我不是这么看的"，并继续对这些问题提出了新的理解，她注意到你完全没有考虑进去的各种方面、影响或者价值。在这场会话之后（甚至可能是在对话中间），你就会发现你自己在思考她所说的东西，修正你对于利害攸关的东西的认识，质疑你自己当时的真正意愿和动机，怀疑在那个时候你是否做到了你所认为的你自己最好的价值，而且甚至可能会重新思考其中的一些价值。无论与另一个人及你自己对话的结果是什么，你都可能会在某些重要的方面被改变或者影响，对话的结果最终要么坚定了你的理由，要么加深了你的敏感性。这些事件随着时间的稳步累积，构成了人类生活的大部分实在，就像表达尊重一样，人类生活的主要特征并不是工具主义的行动。

在此我给出的建议是，你已经获得了一些关于你自己的最好的价值、行动的动机，以及你的会话伙伴的最好的价值和行动动机等的客观性。同样地，她也获得了关于你对事物的看法及她自己的看法等的新认识。你现在对于自己的价值和她的价值都具有了一种更准确的认识（她也一样）。同样地，社会科学

---

① 这个建议相当于一种不同于与自然科学相关的标准的客观性概念。
② 可能这已经发生了，因为我们集中于动力因果关系和工具主义行动，要么会倾向于夸大我们对事件的个人主义的理性掌控，要么会倾向于低估作为更强有力的潜在原因之结果的日常对话。或者可能二者都有，例如，高度有创造力的思想家发明了一些倾向于贬低人类思想的创造力和原创性的理论。

家通过参与到有关会话模式的不同视角中，也可以获得关于那些价值的客观性和准确性，这些价值促成了他们自己的研究框架，而正是这些被偷偷地运进其研究中的价值和理想，构成了社会景观的价值中立的"事实"。同样地，他们也可以更好地观察在其他社会科学家的视角和研究中发挥作用的偏见和意识形态，获得一种对于错误的陈述或者不合理的偏见的更为清晰的认识。结论可能就是，需要无情地根除一些我们都认为坏的价值（如种族主义或性别歧视的各种微妙的形式）。然而，也并不总是需要这样，因为对于在社会研究的方方面面起作用的价值获得了更深刻的理解，可以阐明一些积极的、有创造力的方式，通过这些方式，研究得以开展，而且可以推广到日常生活、教育、咨询及公共政策。如果客观性的核心理想是弄清楚事实上正在发生的事情，也就是一种外部人的视角，那么正如我们已经看到的那样，这常常会歪曲在社会实在中到底发生了什么事情。因此，客观性不可能如很多社会科学家和哲学家所认为的那样，与价值中立的外部人的视角一样。在把你的观点带入与其他人的真正会话中，所出现的诚实、公平和分离，使得知识分子群体得以可能，同时也阐明了讨论中的所有观点。很难想象，社会研究还想从我们内部人的视角中得到什么。[①]

社会科学家和理论家刚刚开始描绘和分析这种会话实在和影响（Gergen，1985；Richardson，Rogers，McCarroll，1998）。但是，这些影响代表着某种历史力量和社会过程，如果把它们带入社会科学的中心的话，将会按照实际的样子阐明人类生活，并以有效的方式挑战我们对价值中立及其问题的思考。

第三节　工具主义行动与主体–客体本体论/认识论的一个替代选择

对于追求工具主义的行动概念及其伴随的主体-客体本体论和认识论的替代选择，我想要提出一种可能的方向。这种一揽子交易是社会科学避免落入相对主义的一种方式，但是如果我们放弃这些，我们仍然能够避免落入相对主义吗（见

---

① 人们总是担心，拒绝把客观性当作外部人的视角，就意味着我们必须接受相对主义，并拒斥真正的知识和真理的任何可能性。这些担忧将在本书第十七章中得到解决。

第十七章）？首先，思考几种在社会研究中我们可能采用的不同的理解模式。

一、理解的类型

社会科学寻求对我们的世界和行为的理解。要从根本上理解某一事物，就要以某种诠释形式来看待这一事物，这种诠释形式可以阐明这一事物、搞清楚它的意义并进一步澄清它，这种诠释形式要适合于我们对于我们想要理解的这一事物所产生的各类问题。在泰勒看来，如果社会科学作为一种实践从根本上来说是诠释性的（而且，可能在某些方面还是预测性的），这包括三个特征（Taylor，1985b：15-17）：①

134

（1）"意指"或"连贯性"范畴，也就是说意义，必须适用于研究对象。

（2）所讨论的"意指"必须至少可以相对地区别于其表达或者具体表现，即同一个意义通常可以有替代性的表达。

（3）"意指"必须是相对于一个主体而言的或者说是由一个主体所作出的。②

第一个特征对于任何类型的理解活动，无论是科学中的理解活动还是其他学科中的理解活动，显然都是至关重要的。除非可以"搞清楚"我们所研究的事件、模式、过程及其他事件等，否则以任何形式理解它们都是无望的。对于研究对象而言，我们想要提出的问题，使我们有能力确定某一事物是"有意义的"还是"无意义的"，是连贯的还是不连贯的，因此，"意指"和"连贯性"等范畴不适用于有些事物，它们要求某种对我们而言不可能存在的情况，这种情况存在于我们的所有可能的问题和关注之外。③

第二个特征以很多形式出现在社会科学（以及一些其他学科）的实践中。所有被当作"科学真理"的东西，总是可以根据理论、实验、模型、形象、隐喻、警句及它们的各种描述来得到重新表达。除了别的以外，这些"科学真理"

---

① 尽管这三个特征刚被引入社会研究的语境中，但是，我们随后将会看到，在自然-科学研究中也会发现它们的存在（第十六章）。

② 通过指出意指或者意义必须是相对于一个主体而言的，泰勒并不是说，人们必须总是"获得"或者掌握他们的行动的意义。他只是说，除了可以掌握或者诠释意义的主体，意义就是说不通的，无论这种掌握或者诠释是多少有些混乱的还是有缺陷的。

③ 还有另一种方式使得某些事物可能没有"意义"或者是"废话"；那就是，我们可以对我们试图理解的事物提出错误的或者不适当的问题。

是我们（根据下文所描述的理解模式）赋予我们所研究的现象的意义，这使得我们可以理解那些现象，甚至可以在某些情况下预测并操纵那些现象。经济学中所谓的报酬递减规律就是一个例证；这一原理不仅容许各种诠释的存在，而且其适用性依赖于在一个社会中起作用的那些共享价值、规范和制度，它们为特定的经济赋予结构，并给予何为有意义的行动以意指。另外，我们可以根据给出的描述，在一种给定的情况或行动与其意义之间作出区分，其中每一个描述的特征都可以根据其对于一个主体（如研究一种行为的科学家）的意义来得到刻画。多重描述或者重新表达带来了不同的重点和不同的深刻见解，它们有助于阐明所研究的现象。

　　第三个特征是显而易见的，因为正是社会科学中的人类调查者，基于个人价值和目的及其研究团队的价值和目的，而选择研究哪些现象，提出什么问题，使用哪些研究方法，用什么范畴来收集数据，如何应用所获得的知识，以及在每种选择中什么可以被看作是重要的。从一种更为一般的层面上来讲，作为一种实践的科学概念（活动概念）指明了一个事实，即科学是一种活动，*我们*发现这种活动是有意义的。① 此外，事物对于我们而言的意义（像我们正在研究的特定行为一样）与其他事物对于我们而言的意义网相关。换句话说，一个事物对于我们而言的意义，部分程度上由其他事物对于我们而言的意义所构成。例如，一个词的意义部分程度上可以在与其同义词和反义词的关系中得到定义。或者，思考一下泰勒所描述的这些例子：

　　　　正如颜色的概念通过它们一起构成的对比域而被赋予意义一样，这样，引入新的概念将会改变其他概念的边界，因此，一个下属的行为对于我们而言所具有的各种意义，如恭敬、尊敬、奉承、适度的嘲讽、讽刺、傲慢、挑衅、粗鲁透顶等，都可以通过一个对比域来得以确立；如果我们要更好地辨别，或者出现了一种更加复杂的文化，那么就会出现新的可能性，因此，这个范围内的其他术语也就被改变了。通过借由"颜色"这一确定的术语所定义的一个对比域，我们的术语如"红""蓝""绿"等的意

----

　　①　值得指出的是，某人的行为对于他们或者我们而言有意义或者讲得通，并不意味着这一行为在某种意义上必须是合理的，或者说这一行为是没有矛盾或者混淆的。相反，如泰勒所指出的，"一种状况对于一个能动主体而言的意义可能充满了混淆和矛盾；但是，对这种矛盾的适当描述，可以搞清楚这种情况的意思"（Taylor，1985b：24）。

义就是固定的了，因此，所有这些替代性的行为只在一种社会中才有效，这种社会除了其他的类型之外，还具有权力和命令构成的层级关系……［和］一组维持这些层级结构的社会实践，同时，这组社会实践在这些层级结构中得以实现。（Taylor，1985b：22-23）

1. 机械理解

我们已经看到，社会科学的功能就像是一种诠释性实践，也就是说，它是一种理解我们世界中的事物的方式，或者从更一般的角度来说，我们可以区分四种理解类型，它们在对我们经验的解释和阐明中发挥着重要作用。第一种是根据动力因果关系而作出的*机械理解*（如工具主义的行动概念）。这种理解模式与自然-科学式的解释模式紧密地联系在一起，在后者中，如果可以确定一个事件或过程的原因与其结果之间的适当关系，这个事件或过程就可以得到理解。阐明事件或过程发生的故事是原因-结果故事，在这些故事中，原因-结果之间的关系可以在一种动力（机械）因果关系的意义上得到理解。

例如，为什么黑八球进入底袋，因为它遭到母球以一种特定的力从一个特定的角度进行撞击。此外，至少还有一些心身关系也表现出了动力因果链。一

136 个例子是，从电脑屏幕传出的光子冲击着我的视网膜，造成了呈现在我面前的我正在键入的一个图像（这与处于我身后的我不能看见的那面墙形成了鲜明对比，因为那些反射回来的光子没有到达我的视网膜）。一个简单的社会科学解释例子是："他认为将军应该停止前进，这一信念使得他给他们的食物下毒了。"在这里，将军应该停止前进这一信念被视为给食物下毒的一个动力因。其他的理解模式也可以被用来探索这一信念及其形成。

在第一种模式（物理语境）中，最大化的抽象通常使得科学家可以在高度受控的环境下集中于一少部分的相关原因。然而，自然科学中这种方法的成功，不应该被当作是对这种形而上学主张的认可，即世界上的（无论是物理领域还是社会领域）所有事件和过程，都只是动力因果链（如弱塑造世界：第一章，第四节）。

2. 历史理解

第二种理解模式是历史理解（也就是对起源和发展的理解）。这种模式与

历史学家的研究及各种诠释性的解释模式紧密地联系在一起，在这种模式中，如果一个事件或过程的起源是确定的，发展是可追溯的，那么这个事件或过程就可以得到解释。阐明事件或过程的发生的故事，是根据一系列决定性的事件来讲述的，这些事件可能是因果的，也可能不是因果的，通过这些事件，待理解的事件或过程开始出现并继续发展。人类之间的关系和这些关系对于其他人的影响，以及人类的动机和行动，连同这些关系和行动所发生的社会、经济、地理和政治条件等，都被包括进了历史理解。一种特定的文化的来源，或者现代科学的出现和发展等，都是一些例证。这些解释一般不太使用任何一种抽象模式。

例如，我们可能会认为，在美国内战期间，根据北部领导人的动机和决策来进行描述，这对于理解他们为何会胜利而言并不足够深刻。考虑到北部在诸如人口、工业和运输等资源上的优势，所获得的国际支持较多，而且南部有成千上万的奴隶，北部无论如何应该都会赢。北部领导人在动机和决策上的很多变化，应该会使其战胜南部，尽管我们对那些动机和决策作出了最好的解释，但只有与北部所具有的其他优势结合在一起，才可以阐明为什么北部在特定的时间会赢。这是一种根据经济、地缘政治和其他因素而作出的历史理解的形式，这些因素在决定战争的结果中发挥着重要作用。

137

3. 实践理解

可以被区分出来的第三种理解模式是，*实践理解*或者叫*具身理解*（如何做事情，理解事情）。这种模式有时也被称为发生的、第一人称的或者情境化的理解，它与后现代解释模式和诠释性解释模式紧密地关联在一起，在这种模式中，如果一个事件或过程对于一个情境化的能动主体而言所具有的意义是确定，那么这个事件或过程就可以得到理解。从根本上说，它就像强塑造世界所描述的那种视角（见本书第一章，第四节）。阐明事件或过程的发生的故事，就是具身能动主体以具体的方式参与世界中的事物的观点故事。思考一下泰勒提出的一个关于情境性的基本例子：

> 当我坐在这儿，并开始理解我面前的场景时，这具有一种复杂的结构。它是垂直导向的，一些事物"在上面"，其他事物"在下面"；而且在深度

上，一些事物是"邻近的"，其他事物是"遥远的"。一些物体"在手边"，其他物体"够不着"；一些物体构成了移动的"不可逾越的障碍"，其他物体则"很容易被移开"。我目前的位置并没有给我提供一个理解这幅场景的"好的立足点"；为此我不得不进一步移向左边。如此，等等。（Taylor，1993：318）

我们作为一个具身能动主体参与世界中的事物，意味着，描述经验的故事所使用的那些术语，必须是那些只有在我们所拥有的特定体型的背景下才有意义的术语。在泰勒这段话中，引号里的所有术语都只能从和我们有相同体型的一个能动主体的视角才能得到理解。要理解"在手边"是怎么一回事，就需要成为一个具有人类的身体能力的能动主体。因此，作为人类经验世界中的事物的本质，恰恰由我们特定的具身形式和描述经验的术语所构成，这些术语只有在与我们的具身相关时才有意义。尤金·简德林（Eugene Gendlin）这样说：

让我们以身体而不是这五种意义来开始。此刻你的身体感觉到什么东西在你的背后，不用看、不用听，也不用闻。你的感觉不只是那个事物，还有你的位置，如果你突然转过身的话会发生什么，或者说，如果你重击你邻居住的那面墙的话会发生什么。

身体比认知能更加包罗万象地感觉环境。如果一个老练的飞行员说，"我不知道为什么，但我对今天的天气感觉不太舒服"，那么他就不去。

例如，一个研究人员追求"一个观点"。它事实上不是一个观点，是在实验室里获得的一种重要的身体感觉。如果它是新的，那么这种身体感觉最初难以言喻。"它"将得到很多奇怪的想法和举措来继续推进，直到"它"发展成为一个可行的计划。只有当没有事物推进"它"时，"它"才会保持稳定。"推进"是一个很有用的概念，因为这么多过程既不能从已有的单位来预测，也不是任意的。爱因斯坦的自传指出，十五年来他一直"受到一种对答案的感觉的指引"。显然，这种感觉并不包含任何最终的理论。但没有一个聪明的科学家或程序员会忽视这样一种"感觉"。（Gendlin，1999：236）

沿着第二个轴线（具身语境）进行最大化的抽象，会形成一种完全空洞的客观化观点，也就是说，它任由实践立场去形成一种纯理论的立场。尽管这种抽象在自然-科学语境中是适当的，但对于我们尝试理解具身经验的语境（如辨别人类身体语言的意义）而言，则是完全不适当的。

4. 道德理解

最后一种理解模式是*道德*理解（一般也被解释为道德的、宗教的、文化的理解）。它与诠释性解释紧密地联系在一起，特别是与实践的/具身的理解形式相关，在这种模式中，一个事件或过程在具身能动主体的语境中得到理解，这些具身能动主体处于道德与文化意义和价值所构成的一个历史流中。无论是历史理解模式还是实践理解模式，一般都涉及所存在的更大的地理、社会、政治和经济条件，人们可能没有意识到这些条件，尽管这些条件并不能决定行动，但是仍然引导着行动。同样地，当具身存在作出关于如何在世界中最好地行动的实践决策时，他们也体验到了更大的文化环境。一个例子是，理解尊重这一概念。尊重是我在那些比我更聪明的人面前所采用的一种态度，它是一种对他们在我眼中的地位的承认，是我重视智慧的一种反映，同时也是对特定的人在我的群体或社会中所拥有的地位的一种尊重。这种恭敬的态度在我与各种线索的对话过程中表现出来，例如，我对于大声说出自己的看法犹豫不决，或者我站在离比我更聪明的对话伙伴身后一步远的地方，或者我建议更聪明的人应该第一个解决或评论一个公共论坛中的事情。可以说，我的身体及所有都生活在由一组意义或价值构成的语境中，这些意义或价值对于理解这一行动及其语境而言至关重要，这就是一种具身立场。

二、哲学意义

社会科学研究的自然-科学式方法看似假定了，关于社会实在的所有"真"问题都可以在经验方法或形式方法的基础上得到回答。这像是实证主义的一个遗产，实证主义强调了经验实验和形式语言对于科学而言至关重要，同时它还强调了自然科学的影响（见本书第一章，第二节，第一部分和第二章，第二节）。正如柏林（Berlin，1962）和伯恩斯坦（Bernstein，1976）所指出的，启蒙运动把实验和形式化当作区分意见、迷信和偏见（一方面）与事实和合理知识（另一方面）的方法。实证主义吸收了这种大概的思路，但看似把其认识论本体论化了。也就是说，它从强调认知的这些经验方法和形式方法转移到了这一观点，即只有客观的或真正的知识才能经得起这些方法的检验。其他所有的一切都是无意义的或者是完全主观的（这是主观-客观本体论和认识论及事实与价值之分的表现）。

柏林把这视为从"解放思想"到"令人窒息的紧身衣"的一种转变（Berlin，1962：1）。仅仅通过经验和形式手段，构成社会实在和政治实在的意义既不能得到理解也不能得到适当地处理。也就是说，如果唯一的理解模式是机械的，那么唯一真正的知识和理解就是这一模式所传递的东西。如果唯一客观上真实或合理的知识是经验的或者形式化的，那么意义将走向何处？

与此相反，柏林（Berlin，1962）指出，存在第三种获得真正知识的合法路径，他将这种路径称之为*哲学的*。它之所以是哲学的，是因为它所获得的结果是规范性知识和理论，因为它把人类视为自我诠释性的存在。观察事物和理解人类的方式，本身就是由组成社会生活和政治生活的行动、实践和制度所构成的。因此，观察事物和理解人类的方式，不可能只是经验和形式主义视角所认为的那种主观的、无意义的方式。换句话说，只依赖于机械理解将会遗漏社会行为和政治行为的一些极其重要的特征。我们还需要历史的、实践的和道德的理解模式。

因此，柏林实际上挑战了经验方法和形式方法所假定的价值中立的社会科学的可能性："一种关于人类行动的完全无价值倾向（德语 Wertfrei）［价值无涉］的理论（或模式）的观点……依靠的是一种对于社会研究中客观性或价值中立性是什么的幼稚的误解"（Berlin，1962：17）。柏林指出，这种可以把个人的主观信念与公共的客观行为关联起来的想法，如主流社会科学家倾向于遵循经验和形式方法论所尝试做的那样，是错误的，因为不存在整齐的公共/个人、客观/主观二分。社会生活和政治生活中的人类行动由各种诠释构成，这些诠释既包含着个体的规范、价值和意义，又包含着共享的规范、价值和意义，可以说在这里公共和个人混合在了一起，万事万物最终都是可评价的。如果对社会领域中规则性的机械理解遗漏了对人的诠释，那么结果将是误导性的，因为所研究的规则性可能仅仅是因为对所涉及的人的诠释而形成的（例如，不加批判的接受一种主导性的政治意识形态，或者关于人类健康或美丽的不切实际的理想）。

三、把各种理解聚合起来

在实际应用中，自然-科学式的社会研究模式利用了我们对社会生活中的人类行动、道德信念、对幸福的渴望等的日常理解，因为相比纯粹的机械解释而言，它们具有可理解性，而机械解释一般没有明确地诉诸这些日常理解。而且，即使是自然科学，也不能没有一种更广阔的价值和意义语境，这一语境形成了自然科学实践，同时，自然科学也高度依赖于人类判断。换种方式来说这个问题就是，机械理解只能在历史的、实践的和道德的理解所构成的语境内来发现意义。

与纯粹的机械解释类型，如工具主义的行动概念，形成鲜明对照的是，无论我们是不是科学家，都常常从一种行动者/经验者的实践性的视角来参与这个世界。但是，这并未破坏不同的社会研究模式为我们提供关于人类生活的有效且有启发性解释的可能性。[1] 然而，我们需要认识到，很多解释就其本质而言，或多或少*忽略*了我们的环境和我们的社会情境化人性中的大量相互缠绕的因素。因此，切记一点，要意识到对社会行为的很多解释为了特定的目的而忽略了社会实在。如果这样处理社会实在，这些抽象就犯了一种威廉·詹姆斯（William James）称之为的*心理学家的谬误*（James，1950：196-98）[2] 这样的错误，他们推断出社会实在与我们的抽象图景一致或者非常相似。

然而，从理论立场的有限视角来看，人类行动以某种方式被还原为单纯的行为，这种方式在很大程度上把意向性和能动性从场景中删掉了。诚然，一些思想家已经非常努力地在理论立场内重新解释意向性了（如 Dennett，1987）。但是，这种方法充其量可以复兴一种狭隘的工具主义的行动概念，而这一概念正如我们所看到的，充满了悖论，很难维持下去，易于破坏其自身最好的价值，且会不小心强化一些我们最苦恼的社会趋势。最后，理论立场在很大程度上把

141

---

[1] 毕竟，理论立场实际上是科学家为回答特定问题而形成的特定目的所采取的一种立场。

[2] 詹姆斯之所以把这称之为心理学家的谬误，是因为他是一个撰写心理学的心理学家。但是，这种形式的谬误对于社会科学而言非常普遍，因此可以称之为"社会科学家的谬误"。

人们视为仅仅是除了很多其他对象之外的一个对象。至少要坚持对参与立场或实践立场的平等的优先权，以完全个人的方式来对待人们，并把他们视为处于与其他人、他们的历史、他们的物理和社会世界之间的有意义的、动态的关系中，我们才可以恢复人类行动的实在性和完整性，并利用对人类领域的科学研究。换句话说，我们需要按照我们*实际上的*那个样子来看待人们，而不是像工具主义的能动概念与主体-客体本体论和认识论这个一揽子交易把我们*理想化*的那样来看待人们（例如，要避免犯心理学家的谬误这样的错误）。

诚然，源自理论立场的关于人类领域的知识，可以阐明人类活动的一些必要条件，但是，不能提供人类活动的充分条件（Vogel，1998；Williams，2001）。尽管我们不能违反物理世界在我们的事业中所强加的约束（例如，人们不可能具有可以克服地心引力并独立飞行的能力），但是，如果只是为了例证那些约束而去限制人类行动和创造性，那是完全没有必要的。这种科学解释本身是由处于整体生活世界中的人类行动者所塑造的，而这个生活世界首先使得创造性的科学活动得以可能，因此，鉴于这一事实，这样做几乎没有任何意义。

在大多数情况下，主流社会科学已经尝试把实践立场放在一边，转而努力争取一种对人类行为的"中立的"、分离的描述和解释。自然科学的惊人成就，连同自然科学各个分支的从业者之间所达成的广泛一致，显然影响着社会科学家去认为，自然-科学实践是获得真正知识的唯一可靠的方法。然而，采用这种方法，就会落入一种所谓的"物理嫉妒"中，掩盖了使得人类行动是其所是的大部分语境。我们最终忽视了价值判断是科学研究过程的一部分，在自然科学中都是这样（Polanyi，1962；Kitcher，1993），更不用说意义和价值会渗透进日常生活世界中，从这个意义上来说，意义和价值是大部分社会-科学研究的适当关注点（Berlin，1962；Bernstein，1976；Taylor，1985a；1985b；Richardson，Fowers，Guignon，1999）。

142

另一个导致社会科学家模仿自然科学的影响是，拥有一种价值中立的社会研究形式的规范性驱动。然而，我们也看到了，它在很多方面是一个错误的规范：我们不能成为真正价值中立的，因为这只不过是另一种价值负载的观点。社会科学研究应该是价值中立的吗？这个规范性问题看似得到了一个否定的回答。当然，如果对这一规范性问题的回答是"肯定的"，那么对于社会研究而言，显然需要尽可能做到价值无涉。但是如果回答是"否定的"，那么仍然需要追求价值无涉的研究这一目标吗？从我之前在会话模式中所描述的意义上来说，答案看似是"视情况而定"的。一方面，如果我们认识到，影响社会研究的特定价值是侮辱性的（如种族主义或性别歧视），那么当然需要消除那些价值。另一方面，如果我们认识到这些价值是无异议的，那么可能并不真的需要删除它们，但是，当我们评价并试图使用社会研究时，我们应该小心地继续意识到它们的存在和影响。

如果澄清社会科学都是关于什么的，在哲学上很费劲，而且像这里所指出的那样令人困惑，那么将很难获得一个对价值中立问题和悖论的真正的解决办法，我们只能慢慢来。在我看来，作为有利的第一步，我们必须共同努力，去缩小社会研究中理论立场与实践立场之间的距离。当社会科学家严重依赖于那些以前面几章中所描述的抽象和客观化为基础的方法论方法时，这种鸿沟是确定无疑的。要弥合这一鸿沟，我们就必须把那些推动我们的生活并渗透进日常生活世界的"太过人性化的"目的、意义和价值，都当作理解人类行动的必要手段，而不只是需要被排除在外的无关之物或附带现象，这当然也包括我们与其他人之间富有影响力的交互作用，或近或远，或现在或过去，他们同样都受到这些意义和目标的驱动。此外，我们也不得不把这些意义放入我们的理论化中，并开始把理论化视为人类能动主体为了特定的意义和目的所参与的另一种实践。毕竟，这些"太过人性化的"的意义和诠释形成了社会科学家所采取的理论立场。

其次，在如工具主义的行动概念所要求的那种严格的动力因果关系框架内，来公平地对待人类现象的相互关联性，这看似是不可能实现的。相反，我们将不得不扩展我们的原因和能动性等概念，以适应人类生活的日常实在。社会科学家还需要找出其他的影响类型和路径。心理学和社会学常常诉诸过去的事件来作为理解现在的行为的关键。它们在很大程度上假定了，目前的环境形成了一个语境，在这个语境中，过去的影响可以表现出来，但是，心理学和社会学中的大多数理论都是严格的过去导向型的。然而，除非我们把当前环境的语境和我们对过去事件的当前诠释视为形式因，否则，理解这些影响看起来就是不可能的。我们对过去事件的现在诠释塑造了那些事件现在如何影响我们。

143

因此，这些诠释限制或者刺激了过去的影响，并塑造着我们对目前形势的回应（Bishop，200）（见下文）。

四、叙事解释

如果我们认真对待这些观念，如不存在对我们来说有效的外部人的视角，因此，不存在真正的主体-客体本体论或认识论，而且，把人类活动构想为完全是或者说在很大程度上是工具主义的，会过于扭曲我们想要研究的生活世界，那么，下面就是一种重新审视社会研究的可能的替代选择。我的建议是把三个组成部分编织在一起：会话、叙事解释（产生于生活世界的叙事结构）和多重社会研究模式（回忆第三章第五节和上文所讨论的会话模式）。

有关人类行动的叙事解释，我需要说多一点。[1] 叙事方法并不是专门或主要根据与语境无关的行为规律，或者像自然-科学式的解释模式那样严格根据动力因果关系，来刻画人类行动的特征。相反，各种类型的形式因果关系模式和目的（例如，从我将来想要成为怎样的人这种视角来看目标导向的活动或动机），都在部分程度上赋予叙事解释以结构和流程。叙事方法的核心前提是，人类在一个文化和历史语境中生活和行动，这一语境横跨过去、现在和未来，它在很大程度上构成了我们现在的自我和关系（例如，确定了我们观察事物的方式）。在我们的生活开始不久后，我们的特性就形成了，我们可以使用*决定了的*这个词，但这并非主要是在动力因果关系的意义上才是如此；相反，我们的特性也可以通过我们所成长的文化和社会条件而得以形成。然而，从我们的生活史一开始，我们就在存在主义的意义上和道德上参与到了这些传统中，而且在某种层面上还重新诠释着这些传统。

你的过去的经验、传统和参与，塑造了你现在对自己的认识。同样，你目前对你自己的理解阐明了你的过去的经验、传统和参与，并给予了它们新的理解，反过来，你的过去的经验、传统和参与，进一步阐明了你目前对于你自己

---

[1] 叙事解释不应该被视为进行社会科学研究的一种"方法论"或者技术。这样做会将叙事及其所影响的现象去语境化，并歪曲它们，把它们与在历史和社会层面上嵌入的人类交互作用分离开来，而它们正是这些人类交互作用的一部分。还需要记住的一点是，叙事解释尊重生活世界的叙事结构。这并不意味着只有这种解释才是对个体人的叙事。对群体或者社会及它们的动力学的解释，也可以是叙事的，只要它们尊重生活世界的结构。

的认识（图6.1）。而且，你对你未来的认识，如你的目标、你想象你想要成为的那种人等，形成了你目前对于你自己的认识（而你目前对于你自己的认识也改变了你如何看待自己的过去）。同时，你目前对你自己的认识，也影响着你对未来的认识，你对未来的认识会进一步澄清并解释你目前对你自己的认识。生活中无法预料的惊喜和失望，以及我们阅读的书，我们看的电影，还有我们交往的朋友，都在这个持续进行的诠释事业中发挥着作用。毕竟，我们的生活与其他人的生活交织在一起，一般是通过文学著作及我们在日常生活过程中与其他人的关系和参与等形式而实现的。这些关系和参与从来都不能完全处于我们的控制之下，它们永远充满了惊奇，无论这些惊奇是令人愉快的还是令人烦恼的甚或是造成损害的，它们都进一步塑造着我们如何看待我们的现在、过去和未来。

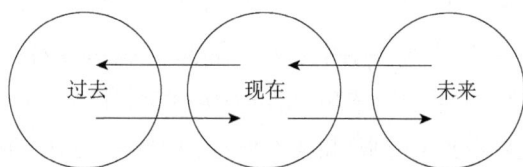

图 6.1　生活世界

在叙事性的生活世界概念中，我们的过去影响着我们如何看待我们的现在和未来，而我们的现在塑造着我们如何看待我们的过去和未来，我们对我们未来的认识同时也影响着我们如何看待我们的过去和现在。这三种自我认识相互塑造彼此，就像参与到意义交换过程中的三个会话伙伴一样

　　人类行动和社会生活具有一种实时发生的叙事结构。在人类领域，无论是在个体层面上还是在集体层面上，我们生活的塑造都采用简单故事的形式，随着时间的推进，通过与其他人的对话和其他形式的相互影响，这些故事被讲述和再讲述，被延续下来，同时也被修正。根据一种叙事概念，人类完全嵌入在历史和文化中，而且是自我诠释性的存在，就这一点而言，"我们自己的生活故事只有在我们的历史文化所开启的可能的故事情节的背景下才有意义"（Guignon，1989：109）。我们的生活是一种演变，在这种演变过程中，我们过去的生活和现在的行动，从对于作为一个整体的我们的生活将走向何方的一种大致且隐含的认识中获得了它们的意义，这就类似于，一个小说中的事件如何从它们在小说的发展进程中所表明的东西来获得其意义。我们正是邓恩

（Dunne）（Dunne，1996）所说的"故事化"的自我，这是一种随时间生成的过程，具有一种粗糙的、不断变化的叙事统一性，我们的故事的上一章还没有写完，它还在继续。很多叙事主义思想家强调，无论是在存在主义的意义上还是道德上，我们都加入了这一过程中，这就意味着，我们开始领会我们所存在于其中的故事的意义，事实上主要是通过*演活*这些故事来领会它们的意义。我们通过坚定我们在危险和不确定的环境中的信念来向前发展，包括那些对人类关系的不可预测的情感冒险，而不是主要通过远距离的或分离的理性分析，或者通过相对来说更加残酷的计算有效的工具主义行动，并相应地调整我们的行为等工作来向前发展。根据叙事概念，我们与生活的各种影响和斗争更为密切地联系在一起，而不是与工具主义概念和主体-客体本体论指征联系在一起。

从一种与这种叙事结构更协调的视角来看，在社会研究中所获得的理解，只是各种见解或理解的一种更反思性的、更系统的形式，无论它们是在澄清还是歪曲，它们都存在于日常生活中（就像在活动概念中那样）。我们所形成的理解或解释，仅在部分程度上依赖于动力因果关系，而且，只在外围根据多少有些成功的工具主义行为来刻画相关人类活动的特征。同样的，这种观点致力于一种人类领域的形而上学，根据这种形而上学，把叙事仅仅建立在遗传和神经生理学机制的基础上是毫无意义的。从这种视角来看，单从遗传学和神经生理学中就可以形成连贯的心理和社会叙事，看起来就是完全令人难以置信的。只有在社会层面上或者一种动态的、整体性的生活世界的层面上，才能找到这些叙事的意义性和连贯性。你在你的社会语境中，对作为一个整体的你自己的生活的理解，而不是你的基因，塑造了特定经验对你而言所具有的意义。反过来，这些经验的意义永远地改变了对作为一个整体的你的生活和你的社会环境的理解。

最后，把我们的生活观念当作未完成的叙事，这就意味着，我们对人类行动的认识发生了一种根本性的转移，我们不再只是根据或者主要根据与语境无关的规律和动力因果关系来解释人类行动（例如，通过一种对人类能动性的机械的理解形式，如工具主义的理解形式）。相反，我们想要找到新的方式，根据人们之间上演的叙事、会话及其他的相互依赖和相互影响形式，来解释人类活动。

146

　　回顾一下我之前给出的与一个朋友的会话这个例子。结论之一是，随着时间的推移，会话中的每一个参与者都以某种方式被这一事件改变了，而且，这些接触的稳步积累构成了人类生活大部分的实在性。但是，并不只是与朋友、家人、同事等的会话才具有这种改变生活的作用。同样的，当我们不断深化我们对这些意义的理解并重新诠释它们时，我们也处于与我们的文化和传统的会话中。这包括我们与我们读的书、听的音乐、看的电视和电影及其他文化要素之间的"会话"。[①] 意义和诠释的所有这些来源，都改变了我们如何看待我们自己，而这又反过来塑造了我们对过去和未来的想象和理解。

　　另一个结论是，作为不同的社会研究模式如何相互影响和作用的一个模型，会话使我们不断掌握我们自己理解人类和社会行动的方法所具有的偏见，以及其他一些方法的偏见，相比与外部人的视角相关联的"从无处看世界"，这是关于客观性是什么的一种更加实在论的概念。但是，一个更深层次的结论是，真正的会话涉及去倾听和思考不同观点的一种意愿。它要求勇气和谦逊，以使自己向不同的观点及这些观点如何形成或改变自己的观点打开心扉。同时，它还包括一种对你自己和你的会话伙伴的承诺，这种承诺超越了仅仅是尊重他们或者包容他们的价值和观点。

　　在此我所概述的这种方法，并不是说动力因果关系在人类领域中没有任何作用，也不是说机械解释绝对不可能阐明人类能动性的语境。我们的抽象、理想化、实验等实践，使我们深刻理解了很多过程的因果运行。但是，我们最好的科学理论和模型，其本身是对世界的创造性的、发明性的诠释。部分程度上因为这个原因，无论是对自然行动还是对人类行动的机械解释，最终都需要在一个更大的故事中来寻找其意义，这个故事的特征是历史的、实践的和有意义的，毕竟，正是我们自己发现了这些解释很重要且能满足我们的各种目的。自然科学的各种分支教会了我们很多，如阅读障碍或者癌症等的条件、运动员的表现和艺术家的表现等的物理过程。相关性研究的确在对人类能动性和交互作

---

　　① 例如，当我在看电视节目《24 小时》时，在使用和滥用酷刑方面，我处于与特工杰克·鲍尔（Jack Bauer）的一场不间断的会话过程中。同时，我发现并仔细思考了这个不断深化的信念，即酷刑在所有情况下都是错误的。（当然，鲍尔的长官常常说，他们不赞成他的方法，但是，他在完成他的任务方面是"有效的"，这就是工具主义的行动概念和自由个人主义作为理想在很大程度上渗透进我们的生活的一种反映！）

147 用的研究中占有一席之地，它们帮助我们发现了在其他方面可能没有被认识到的长期存在的模式或规则性。但是，这些过程和模式在我们生活中发挥的作用，它们对于我们的意义，以及我们努力应对或者改变它们的本质和方向等，都由它们在展开个体叙事和社会叙事中所占据的位置来决定。因此，我们应该抵制住诱惑，不要用诠释性的理解形式来强烈反对机械的解释形式。

第四节　评　　论

在近几章中，我们已经看到，隐藏的道德动机和纯洁的科学动机，使社会科学中很多有能力的想法开始伪造对人类行动的解释，这就导致最终不能正确对待其研究主题的实在性。我们还看到，社会科学可以是价值中立的吗？对于这个本体论问题的回答是"否定的"，因为完全不存在这样的观点。不存在可以完全独立于价值的视角，从这个视角可以构建社会研究。同样，尝试对所有价值保持中立，也是一种显著的价值负载的观点。这种情况有助于解释为什么韦伯竭尽全力地要形成一种社会研究方法，这种方法可以把客观性和价值中立与人类生活的道德直接性和相关性结合起来。他因为受到自然科学的影响，而追逐一种难以实现的梦想，但他从未意识到他自己的方法本身是多么的具有价值负载性。用韦伯的方法不能回答求圆积问题，因为根本就不存在圆的方。

此外，我们还看到，社会科学应该努力成为价值中立的吗？对于这个规范性问题的回答从真正的意义上讲也是"否定的"，因为我们事实上只是假装争取某种难以获得的价值无涉的外部人的视角，而一直冒着我们的社会研究受到伪装意识形态的过度影响的危险。最后，一个实践问题出现了，那就是，社会研究真的需要成为价值无涉的吗？就这一点而言，答案依赖于所研究的价值和理想的本质。一方面，如果社会研究陷入性别歧视、种族主义或者超级个人主义；那么答案就是肯定的，这些东西需要从我们的社会科学中清除。另一方面，如果存在的是尊重、宽容、公正及其他自由价值，那么答案就是否定的，我们并不是必须要把它们清除，但是，我们的确需要意识到它们的存在及其对我们的研究的影响。真正的客观性与价值中立无关，与假定的拒绝采取任何立场无关，与不考虑一个问题的两面其各自的感知价值而只是进行折中无关。这些都

是实现一种外部人的视角的僵硬尝试，根本不存在一种完全免于争论的观点。　**148**
相反，真正的客观性与我们越来越了解我们自己的价值、目的和计划密切相关，
与我们的对话者的价值、目的和计划及我们应该如何应对它们等密切相关。

　　如果我们所拥有的对我们而言有效的只是各种可能的内部人的视角，那
么，我们真的需要找到社会研究的客观化理论立场的可行的替代选择，来代替
工具主义的行动概念连同主体-客体本体论和认识论一起所构成的这个一揽子
交易。我概述的替代选择是打算要在这样一个方向上起作用，但是，哲学家和
社会科学家才刚开始追求这些替代选择。

　　需要记住的一点是，我们的所有的科学描述都是局部的、有限的、不精确
的，因为我们在面对我们试图描述的世界的复杂性时，我们的知识能力有局限
性。上一章所描述的抽象的两个方面都被证明对于特定的目的而言是有用的，
原因之一正在于此。它们为我们提供了有限的、集中的但有用的方式，去处理
我们的各种经验世界的点点滴滴。显然，如果我们的理论和模型是局部的，
那么，为了实现我们所能拥有的有限理解，价值将会参与到决定我们要忽略
或者不那么准确地描述哪些事物。因此，无论是自然科学还是人文科学，都
不可避免地包含着价值判断，它们涉及我们要集中于哪些现象并如何最好地
诠释它们。

　　更深入的一点是，我在近三章中已经指出了，在社会科学家关于如何调查
和诠释人类行为的价值判断中，实质性的伦理承诺发挥着至关重要的作用。在
现代（通常是值得的）价值和采用客观化方法之间，存在着深刻的联系，客观
化方法严格假定了动力因果关系和对行动的工具主义分析。而且，我还讨论了
在这些方法选择如何理解物理世界和社会世界时，它们所面临的局限性。我们
自己所携带的诠释和意义，如希望、恐惧、意见、观念、语言、文化等，都构
成了我们是谁的关键组成部分，形成了我们生活叙事特征的框架，但却常常被
从主流社会-科学的人类活动图景中遗漏。这些诠释和意义约束并改变着我们；
也就是说，它们是我们自己和我们做我们所做的事情的理由或根据。我们的叙
事解释必须利用一些影响，这些影响可以适当地把奉承的姿态与尊重的姿态、
虚伪的人性与真正的人性、皮洛士式的胜利与高尚的失败等区分开来。如果在
我们的解释架构内，我们不可以作出这种区分，或者不能识别一个行动对于一　**149**

个个体、群体或社会的意义，那么，我们要么会忽视影响的适当来源，要么会用一种无创造性的因果观来进行操作（Berkowitz，2000）。研究人类行为的主流方法在这些方面有局限性，因此，要理解人类活动，就需要我们超越这些模型。

进一步的研究

1. 韦伯和内格尔关于价值中立的认识如何相似？它们又是如何不同？

2. 拥有一种价值中立的社会科学是可能的吗？为什么可以，又是为什么不可以？

3. 对比和比较自然-科学式的客观性观点与这章中所概述的这种对话式观点。

4. 对比和比较四种理解模式。对每一种模式都提出一个本章没有提到的例子。

5. 生活世界是什么？它如何为社会研究提供一个基础？

推荐阅读

C. Guignon，"Truth as Disclosure: Art，Language，History"，*The Southern Journal of Philosophy* 28（1989）:105-121.

E. Nagel，"The Value-Oriented Bias of Social Inquiry"，in *The Structure of Science:Problems in the Logic of Scientific Explanation*（New York：Harcourt，Brace & World，1961），pp.485-502.

C. Taylor，"Interpretation and the Sciences of Man"，in *Philosophical Papers'* vol. 2：*Philosophy and the Human Sciences*（Cambridge：Cambridge University Press，1985b），pp.15-57.

第七章
方法论整体主义与方法论个体主义

在第二章中，我们已经看到，一些社会科学家如韦伯等认为，分析和解释社会现象的适当方法应该是从个体及其属性开始，然后逐步发展到社会和制度。这种观点常被称为*方法论个体主义*：必须根据单个社会行动者的意向和行动，来最终给出对社会现象的解释。其他人如涂尔干等则认为，社会研究的适当起点是，从社会和各种社会力量出发，然后下推到个体及其行为。这种观点常被称为*方法论整体主义*：应该根据各种社会事实和社会力量来给出社会-科学解释，反过来，社会事实和社会力量也使得个体行动是可理解的。人类行动是应该根据个体还是应该根据群体和社会来得到分析和解释，这个问题已经在社会科学文献和哲学文献中得到了广泛的讨论。

考虑到自由个人主义的普遍性（见本书第五章），至少在西方社会中自由个人主义非常普遍，有人可能就会认为，这个问题实际上可以根据方法论个体主义来得到解决。毕竟，自由个人主义观点的一个组成部分就是本体论个体主义，即人类实在的基本单位是单个人，他们被描绘成自主的、独立的单位，他们具有以某种方法先于并独立于其社会存在的决定论属性。可以说，"我们现在都是个体"。另外，自由个人主义是一种文化理想，这种文化理想所发挥的作用，看似与涂尔干的其中一种不可还原的社会力量所发挥的作用相同。为什么"我们现在都是个体"，那是因为，从出生，到把我们自己当作社会中的个体，再到像社会中的个体一样发挥作用，社会矩阵塑造并形成了我们每一个人，当然，社会是为个体而设置的。

因此，关于方法论个体主义的争论继续下去看似是可能的。但是，这一争论的条件设定了一种错误的二分法，它假定了我们最终必须选择一种观点或另一种观点，这是一种孤注一掷的选择。然而，事实看起来正好相反，分析人类行动的适当的框架，必须既要利用个体主义要素也要利用整体主义要素，才能形成一幅关于人类行动的适当的图景。

第一节　传统的整体主义/个体主义争论

形成这一争论的一种方式如下：社会力量在很大程度上塑造并引导着人们是谁和他们如何行动吗？又或者是，人们的行动和信念在很大程度上决定了制度和社会的特征吗？例如，在第二章中提到，涂尔干（Durkheim，1950）区分了他所谓的社会事实与个体心理，他认为社会事实不可还原为个体心理。这种事实的例证是，我的社会的习俗引导或迫使我对父母和兄弟姐妹负有责任且具有责任感，或者，一个信徒遵守一个宗教的信念和传统。另一个例证是，某人通过大学教育当学徒学习一个职业（如工程师）的实践和标准。涂尔干把这些各种类型的社会事实或社会力量，视为思想、感觉和行为的通道，它们不只外在于个人，而且具有强加于个人并塑造个人行为和观察事物方式的矫顽力。这些社会力量在本质上既不是生物的也不是心理的，因为它们代表着只存在于社会层面上的思维方式和行动的功能可见性。

方法论整体主义并没有预先假定根本不存在个体性，认识到这一点很重要；也就是说，方法论整体主义并没有预先假定，不存在对这些社会力量的个体回应。相反，问题的关键在于，这些社会力量塑造了对于行动的态度和行动的可能性。人们仍然可以沿着行动的各种可能路线自由移动，因此，他们并不是被社会力量决定着去按照特定的方式去行动，而是说，这些路线本身是由社会力量生成的或者受到社会力量的支配。因此，通常来说，这并不是一种个体行动的社会决定论图景（尽管整体主义的一些极端形式的确把社会力量视为决定论的）。

　　另一个要认识的重要事情是，尽管这些争论事实上是关于理解或解释人类行动的适当框架的，但是，几乎没有社会科学家明确地把自己定位为方法论整体主义者。从这个意义上来说，有一些运用社会科学中的解释形式的社会学家，他们与方法论个体主义不一致（例如，对文化的很多社会生物学或进化论解释形式）。①

　　与此相反，方法论个体主义主张，对人类行动的适当理解非常重视个体心理和行动（Weber，1968：第1章），而且，方法论个体主义认为，涂尔干的社会力量以某种方法产生于各种社会情境中个体之间的交互作用。因此，社会力量并不是真的外在于人类行为的，而是以某种方式产生于个体态度和行动的聚合，这种聚合在社会层面上形成了一种集体效应，我们称之为传统、实践等。约翰·沃特金斯（John Watkins）这样来描述这种区分：

　　　　根据其他大规模的现象（如充分就业），可能形成一些对某一大规模的社会现象（如通货膨胀）未完成的或者半路上的解释；但是，除非我们从有关个体的性格、信念、资源及相互联系等的陈述中，推断出对这些大规模的现象的一种解释，否则我们就不能得到对它们的最低限度的解释。（Watkins，1957：106）

　　这种半路解释只是用一种社会现象来解释其他社会现象（例如，根据充分就业来解释通货膨胀，充分就业是一个来自宏观经济学的社会概念）。最低限度的解释利用个体因素来解释社会现象（例如，根据个体的购买习惯来解释通

---

　　①　方法论个体主义也反对弗洛伊德的解释，在弗洛伊德的解释中，我们的很多信念都被当作是合理化的，我们的意愿被当作是自我升华。因此，行动实际上可以归因于位于我们的有意识的意向性和意愿之下的作用力。

货膨胀）。

为什么这种分析社会现象的框架被称为方法论个体主义，其关键原因是，尽管个体的行动被视为社会现象的基础，但是，人的行动来自其个人的动机和意向性。因此，要理解社会现象，就要理解这些个体的动机和意向性，但只有个体具有动机或意向性（例如，企业并不具有动机或意向性，企业只是构成它们个体的一种聚合形式）。因此，通过把动机和意向性作为行动的最终源泉，这种框架使得个体具有了作为理解社会领域的方法论单位的特权。

153 从方法论个体主义的立场来看，我们试图把政治行动（如选举或者加入一个反政府示威游行）解释为个体行动。个体行动的原因是个体行动者的态度或信念。或者我们试图根据个体行动（构想经济结构，制定法律，设立机构等），来解释银行系统和中央集权经济的发展。然而，这些行动的目的或目标最终来自个体的利己主义。从更一般的角度来说，微观经济学（见本书第十二章）在传统上被视为方法论个体主义的例证，因为微观经济学的解释根植于个体经济行动者的利益和合理性。

然而，正如史蒂文·卢克斯（Steven Lukes）（Lukes，1968：123-127）所指出的，把这种解释仅仅根植于个体行动及其动机，这一目标会遇到一些问题。要把行动确定为政治行动，就不可避免会涉及一些规定选举环境、政府制度等的社会制度和规则。而选举环境、政府制度等这些特征无论如何（无论是在个体行动还是个体动机的意义上）都不是个体的属性。同样的，要把行动归类为经济行动，也不可避免会涉及一些诸如银行和货币等的社会制度。无论你的动机是什么，它们都将由这些制度显示出来，而且，你的行动范围也将受到这些制度的约束（例如，尝试从银行里取出比你的账户里有的更多的钱，而不用进行贷款以补齐差额）。如果没有一种实质性的论证，来证明所有的社会现象都可以还原为个体的动机和行动，那么，把解释限制在那些只根据个体因素而作出的解释的范围内，就会武断地排除任何其他类型的解释。

因此，有人可能会认为，看似可以把这些社会特征视为既定的事实，然后根据个体因素来继续进行解释，但这就不再是一种方法论个体主义的解释框架。因此可以这样说，如果允许提及社会现象，那么这些解释可能并不具有最低限度的解释的资格。然而，有时候有些人可能会坚持认为，方法论个体主义并没有把解释限制在一个词汇表中，这个词汇表中没有与社会现象相关的术语。正如米勒所指出的那样：

> 我们很可能不能给出对"婚姻"的个体主义的定义。但是，如果一个婚姻习俗可以被解释为产生于参与者关于婚姻的信念的话，那么这仍然可以满足对解释的个体主义约束。（Miller，1978）

这个回应存在一个问题，如果诸如婚姻和银行系统这样的制度，是不可还原的社会性的，那么，指称这些制度的词汇就不是这么清白。米勒的回应预先假定了，这种词汇只在它所指称的社会制度方面，发挥着一种描述性的作用。然而，事情并不总是这样，因为这种社会制度与社会实践关系密切，而社会实践是我们社会词汇的基础。换句话说，婚姻或银行系统这样的词汇，只有根据构成婚姻和银行业务这样的社会实践，才是有意义的。但是，脱离这种或某种相关词汇，这些社会实践也不能存在下去（Taylor，1985b：32-37）。社会实践及其相关词汇是共同构成的（见本书第十一章，第二节）。因此，婚姻习俗和银行实践不能只根据参与者对于这些制度的信念来得到解释，而不利用那些以方法论个体主义为由被排除的社会实在的那些要素。

米勒反对方法论个体主义的论据之一是，它是对社会-科学解释的一种无效约束，因为社会科学家想要给出的对于人类行为的很多解释，实际上与方法论个体主义的解释框架不一致（Miller，1978：396）。他用马克思主义社会学当作一个反例，因为其中的一些解释不能根据严格的个体主义来给出（Miller，1978：397-409）。还有一种对个体和社会行为的解释与方法论个体主义的约束不一致，即模仿解释，在这种解释中，个体的行为在很大程度上受到模仿其家庭、群体和社会中的其他人的范本或意愿的推动（Girard，1966；Bourdieu，1977）。我对一些范本或意愿的模仿，可能是由另一个个体所引起的，但也可能是由一个群体（中世纪骑士的骑士精神）或一种文化（意大利人对工作和休闲的态度）所引起的。

一个更简单的例子是，参与到诸如婚姻或银行业务这样的社会制度中。因为参与者的信念和行动深深地嵌入在构成参与舞台的社会实践和词汇中，并由这些社会实践和词汇而表现出来，因此，不能仅仅根据个体主义来给出对这种参与的解释。但是，方法论个体主义者也并不允许这些类型的解释，因此，要么这些解释是无效的，要么方法论个体主义对这些解释的约束是无效的。但是，如果离开这些社会实践和词汇，参与者在婚姻和银行业务中的行为就是令人费解的，这就使得约束看起来很可疑。此外，很多社会科学家发现，这种违反约束的解释貌似是合理的，而这就使得方法论个体主义作为所有社会科学解释的一个框架看起来令人难以置信。

155　　　沃特金斯在这两种解释之间作出了区分，一种是根据其他社会现象对某一社会现象的"未完成的或半路上的解释"，另一种是根据个体信念、动机和行动而作出的"最低限度的解释"，这种区分看似也削弱了对这种方法论个体主义约束的需要。他认为，虽然"半路上的"解释并未告诉我们所有我们想要知道的事情，但是，它们并不必然就是无意义的或者错误的。因此，忽略约束的解释终究不是无效的。

　　　也可能存在另一种可能性，它们实际上告诉了我们了解一个特定的社会现象所需要的所有有意义的事情，但是在继续下降到个体的实际信念和思维的层次上时，它们没有补充任何有意义的东西。例如，在 20 世纪 90 年代期间，美国的暴力犯罪锐减。作为对这种社会现象的解释，存在着一些不同的假设：

　　　（1）社区警务实践发生变化；

　　　（2）雇用了更多警察；

　　　（3）枪支管理法律变得更严格；

　　　（4）加强了对罪犯量刑准则的严重性；

　　　（5）宗教信仰的普遍增加；

　　　（6）人口的人口统计学分布发生变化。

　　　这些假设中有很多都可以在统计学上得到评估。例如，因为在实施不同警务战略（包括做一些和过去没两样的事情）的不同管辖区域中，罪案的发生都减少了，这就可以证明，警务实践的变化和街道上警察数量的变化很可能影响甚微。

　　　此处提供的大部分假设都是"半路上的"解释，然而，一种"最低限度的"解释可能会只根据个体态度和意向，来解释犯罪活动的减少。但是，假如我们发现，这种减少在很大程度上来源于人口统计资料的变化（例如，随着人口老龄化，年轻人变得越来越少了）。这是一个很有益的发现，但是，通过继续寻找一种可以满足方法论个体主义的解释，会补充些什么呢？即使我们准确地理解了在犯罪活动减少的这个时期内罪犯的所思所想，这也不会为解释犯罪活动的减少本身补充任何内容，因为人口统计学的变化意味着在总体人口中罪犯越来越少了。[①]

对作为一种解释框架的方法论个体主义的辩护是，它使得社会科学家避免了一些谬误，这些谬误与把群体利益归因于个体相关。例如，传统的民主政治的"利益集团"理论通常假定，具有共同利益的集团也有动力去促进这种利益，通过诸如游说政治家、促成竞选、资助研究及选举等行动。有一些个体被认为与这种利益集团一致，但是，他们在这方面却几乎没有任何作用（他们中的很多人甚至不选拥护他们利益的候选人！）。或者我们来看另外一个例子，国家经济和金融市场在很多方面以一种集体合理性来运转，这种集体合理性类似于对利己主义的理性追求。但是，这种情况并不意味着，经济和市场中的个体参与者很大程度上受到利己主义的推动，并为最大化这些私利而理性地行动。个体参与者之间的各种不同的动机和意向性及推理的分歧，会聚合起来形成这样一种"集团"合理性。通过促使社会科学家寻找参与者的视角来作为其行动的指导，方法论个体主义反击了这些错误的推论。

此外，个体主义者的约束也会形成一些谬误。将个体态度和行为客观化，并使用大规模的数据收集和分析技术来把个体态度和行为整合进社会行为中，这都会导致对集团中这些态度的特征的不合理的概括。正如亚瑟·斯汀康比（Arthur Stinchcombe）所观察到的（Stinchcombe，1968：68），群体中一个信念的稳定性很少依赖于这一信念在个体中的稳定性。在个体层面上存在相当大的易变性，但是，只要信念的变化在两个方向上跑的一样快，那么这一信念在群体中的普遍性将不会改变。例如，假设人口中每年有10%的人不再信仰上帝，同时10%的人经历了宗教信仰改变。那么，在整个宗教层面上将不会发生任何变化，正如斯汀康比所指出的，在这样一种情形下，"对很多人而言直观上很难"避免落入错误的社会学思想（Stinchcombe，1968：67）。在个体的基础上

[①]　理解单个罪犯的想法就可以理解他们为什么会犯罪。但是，每个罪犯都像其犯罪活动一样独特，致使我们很难找到任何概括，这点也很容易得到证明。

推断出信念的稳定性或不稳定性，常常是误导性的。

第二节　方法论个体主义、社会原子论与还原论

值得强调的是，方法论个体主义与采用本体论个体主义（见本书第五章，

157 第二节，第一部分）形式的社会原子论是有区别的。回忆一下，本体论个体主义是这样一个概念，个体是社会实在的唯一形式或主要形式，是人类实在的基本单位，具有决定论的特征，而且，即使没有把个体包围起来的社会实在，个体也被假定是存在的。或者，据说英国前首相玛格丽特·撒切尔（Margaret Thatcher）曾公开宣称："根本不存在诸如社会这样的事物。只有单个的男人、女人还有家庭。"本体论个体主义是一种关于社会世界的实在性的形而上学论点。另外，方法论个体主义是一种对社会-科学解释应该采取的适当的方法论形式的约束：应该根据个体的动机、意向性和行动来进行解释。

乔恩·埃尔斯特在方法论个体主义与本体论个体主义之间作出了区分，前者认为，"解释社会制度和社会变化，就是要证明它们如何作为个体行动和交互作用的结果而产生出来"（Elster，1989：13），后者认为，"社会生活的基本单位是单个的人类行动"（Elster，1982：463）。前者是一种方法论陈述，而后者是一种本体论陈述。与此相反，当沃特金斯把方法论个体主义修正为这一陈述时，即 "社会世界的最终构成是个体的人"（Watkins，1957：105），他看似把这两个概念结合了起来。

有些人把方法论个体主义的起源追溯到霍布斯的《利维坦》（*Leviathan*）开篇详细阐述的"分解-合成"方法（如 Lukes，1968：119）。但是，霍布斯考虑的是社会原子论，而且他还给出了*本体论*个体主义的最早的表述之一。人们被描绘为"好像是从地球中迸发出来的一样，他们的出现很突然（像蘑菇一样）"，而且他们被视为是完全成熟的，就好像与促成那种成熟性的其他人没有任何关联一样。换句话说，个体的特征在心理学层面被以一种完全非社会的方式进行刻画。因此，霍布斯进而推论出，当一群这样的个体进入与彼此的交互作用中时，将会发生什么（Hobbes，1998：第 8 章）。这些都是本体论陈述而非方法论陈述。

心理学的还原论

埃尔斯特继续指出，主张方法论个体主义使他致力于对社会学作出*心理学的还原论*（Elster，1989）。这个观点大致是，所有的社会现象最终都可以还原为个体的心理现象。波普尔尝试在方法论个体主义与心理学还原论之间引入一种对比（Elster，1945：89）。尽管如此，他对方法论个体主义的系统阐述相当于某种形式的心理学的还原论，这点是可以证明的。

回忆一下涂尔干的这个观点，他认为，社会事实和社会力量不可以还原为心理学。方法论整体主义者在很大程度上遵循这一思路。这样做的一个动机来自一种直觉，即个体构成的群体在某种意义上比这些个体成员的总和要多。这种整体主义者的路线的另一个原因是，想要证明社会学、历史学和其他学科所研究的社会因素和社会力量具有独立于个体的心理特征的自主性。如果真是这样，那么这些学科也具有独立于心理学的自主性（如最终不能还原为心理学）。因此，存在着一种对潜伏在这一背景中的还原论的恐惧，毫无疑问，这种还原论在部分程度上受到本体论个体主义的推动。毕竟，如果社会实在的本体论单位是个体及其心理状态，那么，实在的社会特征看似就必须还原为这些个体特征，即使我们不能描述如何进行这种还原（虽然这种还原对我们来说很棘手，但可能上帝可以描述这种还原）。换句话说，心理学的还原论是一个本体论论点，而不是一个关于在充分实现这样一种还原的过程中我们的局限性的论点。①

一般来说，还原论者按照如下方式对社会学（或者其他社会层面上的学科）提出挑战。假如存在某种社会现象如自杀，如涂尔干所认为的那样，这种现象被视为只有在社会层面上才是可解释的。心理学的还原论者认为，个体的自杀案例总是由个体所包含的心理事实造成的。如果是这样，那么可以对这些个体因素进行概括，发现它们之间的联系，进而用于解释自杀这种社会现象（例如，在普通人群中每十万人中自杀者的数量，或者，为什么一些亚群体的自杀率比普通群体的要高）。换句话说，正是个体的心理要素可以解释为什么自杀这个社会事实是存在的。此外，如果存在一些心理学上的规则性和模式把这些个体心理要素关联起来，那么，这些要素就有助于解释社会学的规则性和模式，如

① 关于支持和反对社会解释中的还原论的一些讨论，见哈罗德·金凯德（Harold Kincaid）（Harold，1986）。

借助个体心理要素解释那些把社会整合与自杀率联系起来的规则性和模式。因此，关于自杀的社会事实就可以还原为关于个体的心理事实及把这些心理事实联系起来的规则性。这样，社会学最终就可以还原为心理学。

这种还原论者论证的一般路线，受到一种歪曲的科学还原论史的大量支持，如果你愿意，这也可以叫作一种哲学的都市传奇。根据这一传奇，生理学的大部分内容都可以还原为生物学，同时，生物学的大部分内容都可以还原为

159 化学。依次下来，化学的几乎全部内容都可以还原为物理学。心理学可以还原为生物学，或者说，符合公认准则的心理学将可以还原为生物学，引申开来，社会学可以还原为心理学，或者说，符合公认准则的社会学将可以还原为心理学。但是，和大多数都市传奇一样，这种哲学还原论者的传奇，充其量是过度简化的，在最坏的情况下甚至是错误的。例如，作为化学最关键的特征，分子结构就不可以还原为物理学（Bishop，2005b）。无论是基因行为还是自然选择行为，在任何合理的意义上都不能还原为化学。结论就是，这种哲学还原论的都市传奇并没有支持社会科学可以还原为心理学这一论断。假如这种哲学的都市传奇对于自然科学而言在很大程度上是正确的。由此也不会得出还原适用于任何社会科学这一结论，除非我们已经证明了社会科学与自然科学是充分相似的。

在这一点上，原则上（上帝可以这样做）与实践上（我们不能这样做）之间的区分开始起作用。心理学的还原论者主张，仅仅因为我们不能实现把社会事实还原为心理事实，但这并不能构成反对这一本体论论点的证据，即社会科学在原则上可以还原为心理学。但是，如果没有这种哲学还原的都市传奇，如果没有充分保证社会科学可以以有些人认为的自然科学那样的方式可还原，那么心理学的还原论者依靠的只是一种直觉。直觉并不是还原论者的论点的充分证据，它缺少一些可靠的证据证明社会事实可以还原为心理事实。

另外，方法论个体主义并不必然包含着一种对个体的个体心理特征的详细情况的承诺。因此，在原则上，作为一种对解释的约束，它仍然接受人类心理可能具有一种不可还原的社会维度的可能性。方法论个体主义的拥护者大概也是这样认为的。如上文所说，虽然承认一种不可还原的社会维度会对约束造成一些问题，但是，突出本体论个体主义和方法论个体主义之间差异的一种可能

的方式是，注意到前者需要把社会学完全还原为心理学，而后者则不需要。

关于本体论个体主义和还原论，存在着各种问题。一个关键问题是，它们预先假定了个体所拥有的信念和动机实际上是由那些个体内在生成的（回忆一下霍布斯的能动主体概念，能动主体就像是完全阻隔了社会影响而充分形成的一样）。当个体的信念和动机至少在部分程度上（可能在很大程度上）是由社会力量所塑造出来的时候，个体的完整性和自主性看似被侵犯了，而这就会导致对支配和压制的担忧（见本书第四章，第二节）。但是，诸如支配和压制这样的特征被本体论个体主义排除了。然而，正如我们在前文中所看到的，个体"完全凭借自身"获得其信念和动机，这一理想可以说是对人的经验的一种不切实际的理想化或者夸大。我们的信念、动机和观察事物的方式，总是受到我们的家庭、朋友、同事、群体，我们读的书、看的电影等的深刻塑造。意愿、信念、动机及我们观察世界的方式，并不像本体论个体主义所要求的那样只在个体层面上才有效（但是这种情况也并不意味着人们就是被压迫或者被统治的）。

个体如何不能像本体论个体主义所描绘的那样非社会的形成，一个例证是，根据同伴压力来解释很多典型的青少年行为。至少对于青少年饮酒、抽烟、吸毒及性行为等的一些解释，并未受到那些在个体层面上形成的或者非社会地形成的意愿和信念的推动。相反，这些行为中有很多都受到同龄群体的期望和榜样的驱动，同龄群体在塑造个体青少年的意愿和信念的过程中发挥着关键作用，因为他们想要作为"群体"的一部分被接受，或者想要在朋友面前表现得很酷。很多社会科学家发现，这种对行为的同龄人解释貌似是合理的，他们甚至从各种类型的研究中提供了证据证明这些社会压力的实在性。方法论个体主义可能并不会致力于把同龄人压力还原为个体的心理要素，只有本体论个体主义才会这样，按照这种本体论观点，所研究的行为最终都必须从个体自我的心理中衍生出来，而不会受到同龄人的任何影响。

本体论个体主义是自由个人主义（见本书第五章，第二节）的一个构成部分。因此，如果人们的信念、意愿和目的并非以一种非社会的方式而完全自我形成，那么就会对人类的自主性和个体性受到威胁产生担忧，这些担忧直接来自自由个人主义的价值承诺和理想。就像它是一种本体论理想一样，本体论个体主义同样也是一种道德理想，认识到这一点的一种方式是，在前现代社会中，个体并不是社会实在的基本构成要素，本体论个体主义这个概念在这些社会中是没有任何意义的。本体论个体主义要变得可理解，变得看起来合理，就不得不形成一种实质性的伦理理想。它必须具有一种概念框架，在这个框架内，人们把他们自己首先确定为一个个体而非一个群体的成员。从社会特征到个体特征的还原论吸收了太多自由个人主义的思想。

第三节　方法论个体主义与自由个人主义

方法论个体主义的拥护者常常否认这一点，即对解释的约束是有道德动机的。方法论个体主义看似是对社会研究中解释的准确性或适当性的一种中立的约束。从这个意义上来说，这种解释框架的捍卫者主张，它并没有受到任何政治或意识形态承诺的推动；恰恰相反，这个框架受到一些动机和意向性的推动，而这些动机和意向性正是个体行动的来源。因此，这种辩护并不如它一开始所表现的那样令人信服。个体的动机和意向性的来源是什么？如果来源是涂尔干所指出的各种类型的社会力量和社会联系，而且如果这些社会力量最终是不可还原的，那么，方法论个体主义对个体的强调看似就放错位置了。因此，我们还需要方法论整体主义者的解释，来补充或阐明个体主义者的解释，这样，约束实际上并没有像其拥护者所指出的那样发挥作用。对于这些社会因素，采用还原论的一个替代选择是，把方法论个体主义者置于本体论个体主义因此还有自由个人主义的伦理理想中。

此外，如果个体的动机和意向性的来源被理想地视为来自个体，那么，自由个人主义和自主性等理想就在支持这种方法论的解释框架。对于推动这个解释框架的担忧，与那些在自由个人主义中发现的担忧一样，个体的整体性和自主性都处于危险之中。因此，方法论个体主义和自由个人主义是相互强化的（这类似于我们之前看到的工具主义的行动概念与自由个人主义是相互强化的那样）。

这个困境没有给方法论个体主义者留下任何出路。她可以承认，不可还原的社会特征在个体的动机中发挥着重要作用，进而承认，她的社会解释的标准并不是什么真正的标准。或者，她可以承认，她的解释标准在很大程度上是一个受道德驱动的标准。如果方法论个体主义真的是解释的一个重要标准的话，她就应该把握这个两难选择中的第二端，即承认其解释标准受到道德的驱动。

然而，把握这个两难选择的第二端是有代价的。尽管自由个人主义包含一些真正有价值的价值，但是，正如我们所看到的，这一理想趋向于破坏其自身最好的价值（见本书第五章，第二节，第五部分）。更尖锐地来说，这是一种朝向理想化的、超级个人主义的趋势，在这一趋势下，点状自我或者叫非社会的自我，选择它自己的价值而完全阻隔了周围的任何社会实在，强化了社会科学家和社会理论家在现代西方社会中所确定的那些最令人担忧的趋势。

个人主义与市场型人格

埃里希·弗洛姆（Erich Fromm）（Fromm，1969）用图表描绘了，伴随着现代社会中的一种超级个人主义的、工具主义的生活方式而来的个人方向的迷失。他指出，这种生活方式是日常生活中情绪问题的一个主要来源。他把这种生活方式的特征之一称之为"自由的歧义性"。弗洛姆指出，在现代，我们已经形成了一种"免于"专制权威和教条的或者不合理的自由障碍的意识，学会了实现对自然和自我的更多的控制。这非常像那种保护个人完整性的启蒙运动的理想，我们在自由个人主义和自主性等理想中都能看到这种理想。"免于什么的自由"强调了类似摆脱那些约束或障碍之类的东西，它们禁止我们做我们想做的事情。然而，弗洛姆继续说道，我们非常缺乏一种对"自由地去做"或者"去做什么的自由"的相应的意识，这是一种积极的解释，它可以为我们不断增强的自由和机会提供语境和方向，或者提供更深层次的目的，这是一种对我们的自由"益于"什么的认识。在约束或障碍被移除之后，与我们的自由有关的值得做的是什么？简单一点来说就是，我们想要的是什么？

因此，弗洛姆（Fromm，1969）指出，我们易于变成社会机器中那些可互换的齿轮（这多少有点类似于韦伯对于工具理性的担忧和涂尔干对于个体主义的担忧）。在他看来，按照一种超级个人主义的、工具主义的生活方式，人们易于变得没有方向和感到空虚，而且还容易被别人操纵，甚至可以说，他们变得容易被市场上的各种"推销"牵着鼻子走。在一个市场经济和消费者导向的社会中，超级个人主义对"免于什么的自由"的过度强调，导致人们越来越发现，他们的身份来自他们所拥有的财富。

163　　对弗洛姆而言，更令人担忧的是，这包括一种普遍的"市场型人格"，也就是说，即使是我们的个人品质，也必须被修正或操纵，以适应其他人的冲动或偏好。从本质上来说，作为个体，我们变得像商品一样可以与其他个体进行互换，而这仅仅取决于我们所呈现或者丢弃的品质（我们不仅在政治家或者演员"彻底改造"自身的过程中看到了这种行为的例证，还在我们尝试改造我们自身以使其他人喜欢或接纳我们的过程中看到了这种行为的例证）。在对《奥普拉脱口秀》的成功的评价中，李•西格尔（Lee Siegel）提出了自己对于弗洛姆所关注的互换性的理解：

> 奥普拉曾经说过，"如果我们做的每场秀都贯穿一个主线，那就是证明'你并不孤独'"……我们并不孤独，是因为我们可以在任何时刻模糊成另外一个人或者变成另外一个人。我们可以改变我们的外貌，实现我们"最疯狂的梦想"，或者，受到慈善机构的证据或者富有和文明是感觉的产物这样的启示录的鼓舞，这使得他们在交换性的范围内生活在宜居阶段。（Siegel，2006：21）

考虑到这种互换性，我们倾向于把其他人和我们自己都当作去个性化的客体，就像改变穿衣风格一样，去操纵这些我们可以"脱下和穿上"的品质（回忆一下第四章第二节讨论过的点状自我）。人们越来越觉得自己既是可以出售的商品又是销售者，这就导致了一种"摇摇欲坠的自尊心"，这种自尊心在很大程度上依赖于其他人的接受和肯定（Fromm，1975：76-80）。但是作为商品，人们发现他们自己变得越来越肤浅了。在弗洛姆看来，我们渴望本质但却找不到自己的内在本质，我们倾向于把自己的自由彻底地卖给法西斯主义和狂热分子，幻想着完全沉浸在浪漫的爱情中，不惜任何代价的渴求其他人的认同，奉行各种形式的逃避主义甚至只是去购物。我们倾向于让自己投身于这些事情，而不是把我们自己视为与其他人、我们的群体和传统有意义地联系起来（后者在很多方面违反了一种超级个人主义）。我们越来越把自己视为可以交换的，这的确为个人的改变和成长提供了可能性。但是，它也代表着一种使我们自己符合并适应我们周围的其他人的希望和期望的能力。我们在任何看似值得或肯定的方向上停止拉伸和塑造我们自己，不再受真理、一致性或性格的约束。

　　连同这种市场型人格的影响一起，超级个人主义还带来了一些心理问题和社会问题。如舒马赫所指出的，很多最新研究证明，那些在很大程度上集中于个体及其物质利益和满足的文化，倾向于发扬以自我为中心，缺乏对其他人的慷慨大度，贬低自尊的价值，而且会降低对"作为一个整体的生命"的幸福感和满足感（Schumaker，2001：37-39）。

164

　　在精神治疗理论和实践中，或者在各种社会组织理论及管理技术中，一种很有问题的超级个人主义也出现在它们的核心位置。那些受功利个人主义（见本书第五章，第二节，第二部分）影响的方法，显然突出了一种计算的、手段-目的的理性，这种手段-目的的理性在很多方面扩大了我们的控制（例如，减少强迫性思想或者训练自信心的新技术）。但是，正如批判理论家所指出的，这种*工具理性*控制逐渐破坏了我们的很多能力，例如，我们评价我们目的的价值的能力、我们在个体和社会生活中设定优先顺序和必要限制的能力、我们实现生活的完整性和掌控性的能力，等等。

　　表现型个人主义（见本书第五章，第二节，第三部分）在很大程度上倾向于把世界和其他人都视为我们的事业和自我实现的工具或者障碍。这显然处于与我们对道德承诺之类的东西的常识性认识的张力之中，我们通常认为道德承诺会在部分程度上对我们实现自由和我们追求的事业设定一种限制。那些可以促进这种自我实现的治疗方法或管理系统，其本身并不足以克服利己主义、解决冲突或者维系成年个体之间的社会联系，特别是当成熟度模型是超级个人主义的点状自我或者非社会的自我时。

　　存在主义个人主义（见本书第五章，第二节，第四部分）巧妙的在一个越来越非个人的、高度官僚化的社会中，包含着对一种更加实质性的真实性和完整性的需要。然而，按照弗洛姆的批判，相比存在主义思想家所支持的东西，他们看似更清楚他们所反对的东西。存在主义者反对专制权威和对人的责任的逃避，但他们在很大程度上并没有阐明一种生活方式相比另一种生活方式的优越性。对我们的终极价值的根本性选择，归根结底只不过是表达原始偏好，或者武断地选定一个选择而不是其他的选择（Guignon，1986）。按照存在主义者的观点，为什么我们应该选择一种真实性或者完整性的生活呢，或者说，为什么我们应该促进我们自己的或者其他人的存在主义自由呢？在缺少一种对为什么这些是有价值目标的正面解释的情况下，没有什么好的理由来回答这些问题。这种完全开放的选择容易破坏有意义的选择，而不是强化有意义的选择。从长远来看，在面对欲望的暴政时，这是一种削弱真正的自主性的诀窍。

165　　　幸运的是，在治疗专家的躺椅或者会议室通常会发生的事情是，常识缓和了这些处于理论框架的核心位置的内部矛盾，它才是我们的方法和技术的真实原因。所以，一切都坏得不可能再坏了，但是，这并不意味着，超级个人主义和工具主义以某种方法被缓和下来了，并且它们仍然是无害的。相反，这些趋势的影响使它们穿过了我们的理论化和解释，进入到了具体的生活事务中，并再次回到我们的理论化和解释中（这就是一种双重诠释！）。我们将在下一章中看到它的例证。

第四节　评　　论

　　　对于这章中所讨论的有关社会解释的争论，还有一个理论问题也与文化理想相关。在方法论个体主义与方法论整体主义的对抗方面，对这些争论的阐述易于形成一种二者择其一的选择局面，这个时候实际上根本就不存在这种选择。相反，我们面对的更像是一种二者都要的选择。要理解这一点，可以考虑一下，把解释根植于个体动机和行动的那种原理，预先假定了现代西方社会的自由个人主义和自主性等理想。仅仅根据个体主义解释是不能分析前现代社会的，对于理解个体行为和社会行为而言，群体认同、精神和道德传统、社会习俗等，要比假定的个体动机重要得多。换句话说，对现代个体动机的一个主要影响来自自由个人主义，而自由个人主义不能被还原为个体的动机和行动，因为理解个体动机需要文化理想。方法论个体主义者也不能鱼和熊掌兼得。

　　　因此，方法论个体主义与方法论整体主义之争，实际上并不像它表面上那样是价值中立的。从一个很有趣的意义上来讲，当它要求我们在最终根据个体动机和行动来解释，与涉及不可还原的文化和社会因素的解释之间，必须作出选择时，我们可以看出，这一争论实际上并不成熟。把解释根植于个体动机和行动，如果脱离开发挥作用的大量个人主义和自主性等文化理想，这一观念将没有任何意义。

我们真的需要那些把个体特征和社会特征结合起来，以掌握个体实在和社会实在的社会解释形式（例如，在本书第六章第三节所描绘的叙事概念）。但是，这种状况首先会导致一种看似奇怪的困境。要解释个体的动机和行动，我们需要借助于各种文化和历史特征；个人动机和行动主要是从这些更大的意义中获得其意义。另外，个体的动机和行动阐明了这些更大的文化意义，它们之间的细微差别，它们的可塑性程度，同时，作为对后面这些更大的意义的诠释，个体的动机和行动进一步澄清并修正了这些更大的意义。对我们而言，这些更大的意义和传统在生活中会发生改变，这些意义与我们一起演化。这看起来就像是先有鸡还是先有蛋的问题。

事实上，个体和社会之间的交互作用更像是既有鸡也有蛋的状况。个体和社会在部分程度上构成着彼此，同时也阐明着彼此。思考下面这个例子：单个的单词很大程度上从其存在的句子中获得其意义。但是，这些句子也从构成它们的单个的单词和词组中获得其意义。个体和社会同样如此。就这一点而言，我们实际上拥有一种诠释学的螺旋上升：[①] 我们的解释的整体主义特征阐明了个体主义特征，而个体主义特征又进一步启发了整体主义特征。

正如我们所看到的，诸如自由个人主义和自主性这样的文化理想，在解释个体实在和社会实在中发挥着重要作用。虽然是作为伪装意识形态，但它们在我们的分析模式及方法论个体主义的解释方法和方法论整体主义的解释方法中，都发挥着重要的作用。但是，作为伪装意识形态，这些理想会在我们的社会研究中保持并放大自身，这可能就解释了为什么社会科学结论并不总是能得到想要的结果。接下来我们将会看到一些例证。

······ 进一步的研究 ···

1. 对比和比较方法论个体主义和方法论整体主义。

2. 你认为社会-科学解释必须是方法论个体主义的或者方法论整体主义

---

① 典型做法是把这称之为一种诠释学循环，它表明了，当意义环绕在个体和社会之间（或者单词和句子之间）时，意义会得到提炼和修正。然而，这个循环还意味着，虽然意义没有方向或者发展，但是，意义的确在这个过程中逐渐形成了。因此，我用一种螺旋上升来表示这种发展。

的吗？还是它应该是二者的结合？为什么？

3. 本体论个体主义和方法论个体主义之间的区别是什么？自由个人主义如何与方法论个体主义关联起来？

4. 解释超级个人主义和市场型人格。你如何看待它们在日常生活中的出现？

167 ┄┄ **推荐阅读** ┄┄┄

E. Fromm, *Escape from Freedom* （New York: Avon, 1969）.

S. Lukes, "Methodological Individualism Reconsidered", *British Journal of Sociology* 19 （1968）: 119-129.

R. Miller, "Methodological Individualism and Social Explanation", *Philosophy of Science* 45 （1978）: 387-414.

第八章
无用输入-无用输出：以价值冒充科学研究

在第六章中，我们已经看到，把选举人的态度和选举人的行为关联起来的研究，或者把自尊和学生成绩关联起来的研究，其实都不是价值中立的。在这些研究中，所使用的问卷调查表中嵌入着自主性和自由个人主义等理想，而这些理想预设了一种重要的道德观。在第七章中我们还看到，方法论-个体主义者对解释的约束，最终强调了作为社会行动者的个体所具有的价值、理想和态度，同时，还强化了我们的自主性和自由个人主义等文化理想。

在现代的美好生活概念中，虽然发挥作用的很多价值本身并不必然就是坏的（如宽容、尊重、公平），但是，自然-科学式的社会科学模式和描述主义的社会科学模式，都以此为借口来发挥作用，即社会研究是价值中立的且客观的（外部人的视角）。这一借口并不是如我们所希望的那样无害，因为这些文化理想有其自身内部的不一致性，而且易于造成很多现代生活问题。如果社会研究仍然无视伪装意识形态的存在，那么我们的研究结论和建议，很可能就只是把这些问题传递下去，甚至进一步加剧了这些问题。我已经选择了社会研究的三个例子——坚韧性和健康，人口问题及好的婚姻，它们阐释了社会-科学"疗法"为何更可能使我们的问题一直存在下去，而不是可以提供帮助。

第一节　相关性与价值：坚韧性研究

169

坚韧性被标榜为一种人格建构或者叫个人立场，它"推动了有效地处理紧张情形，无论这些紧张情形是急性的还是慢性的，它通过接受它们作为生活的一个自然组成部分，并积极地去转换这些紧张情形，这样它们就会变得不那么紧张"（Maddi，1997：294）。作为一种人格特征，坚韧性被认为具有三个组成部分（Kobasa，1979；Maddi，1997）：[①]

（1）*控制*：坚强的人拥有一种信念，他们相信可以影响或者管理他们所经历的事件。

（2）*献身*：坚强的人深刻地感觉到自己与自己的生活活动存在着紧密的联系。

（3）*挑战*：坚强的人把变化视为进一步实现个人发展的一种令人兴奋的机会。

那些表现出一种极强的控制感的人，其特征是，他们相信通过努力，可以影响或者管理他们生活中所发生的那些事情的结果。这种人认为他们自己具有"自主地在各种行动路线之间进行选择的能力"，具有"把各种应激事件整合进一个不间断的生活计划中"的能力，同时，"通过在任何情况下实现一种特定的动机，可以形成一种适当的应激反应的更丰富的储备"（Kobasa，1979：3）。

那些表现出一种极强的献身感的人，其特征是，他们相信"通过让自己积极地投身于任何正在发生的事情，他们就可以获得找到那些对他们而言有趣或有价值的东西的最好机会"（Maddi，1997：294）。尽管他们与其他人的确存在联系，但是他们对他们的行动很感兴趣，从表面上来看，"在压力下保持健康，非常依赖于一种献身于自我的强烈意识"（Kobasa，1979：4）。

---

① 与之相比，一种不坚韧的人格表面看来严重缺乏这三个构成，但是，这就为很多个性变化敞开了大门，从表面上来看，这些个性变化在应对充满压力的生活事件时不太有效。

那些表现出一种极强的挑战感的人，其特征是，他们相信"最终最令人满意的是，通过他们从经验中学到的东西，而不断地增长才智"（Maddi，1997：294）。他们"重视一种充满了有趣经验的生活"和"一种对忍耐力的基本动力"。对这种人而言，"那些位于寻求新奇性和挑战的中心位置的，正是那些基本的生活目标，它们在成人阶段会被逐渐地整合进一种扩展了的情境多样性中"（Kobasa，1979：4）。

大部分有关坚韧性的研究，已经探讨过具有高度坚韧性的个体与健康之间 170 的相关性（如 Kobasa，1979；Maddi，1999）。在压力和疾病之间，看似存在着一种强相关性。很多个体因为生活中发生的一些个人事件、工作事件及其他类型的事件，而经受着较高的压力或者持续的压力，这些个体爆发严重疾病的发病率较高。但是，还有一些个体，虽然他们经受了相似的充满压力的生活事件，但是，他们并没有表现出任何对严重疾病的更强的敏感性迹象。坚韧性一直被假定为是一种重要的人格构成或者立场，它减轻了压力应该会带来的那些不健康的影响。

首先，简单谈谈相关性研究。揭示充满压力的生活事件与较高的疾病发生率这二者之间的相关性，尽管很有趣，但这并不能表明，在压力和健康之间存在着一种因果关系。这是因为，相关性从来都不能表明，哪一条路（如果有的话）有可能到达一个因果连接点。例如，我们所揭示的压力与健康之间的相关性，并未告诉我们，压力是否是不断增加的健康问题的一个起作用的原因，或者说，不断增加的健康问题是否是压力的一个起作用的原因，另外，是否存在第三个因素造成了压力和健康的问题。值得注意的是，对压力和健康的相关性研究，并不能控制伪装意识形态的影响。因而情况可能是这样的，现代社会的一些特征在压力和健康问题中都发挥着因果作用，从而形成了对压力和健康之间的持续存在的相关性测量。如果情况真是这样，那么这种相关性就是假的，因为它并未指出压力和健康之间的任何联系。

不能指出因果关系，是相关性研究的一个一般特征。因此，正如苏珊娜·科巴萨（Suzanne Kobasa）所指出的，"如果要在相关性和方法论都很薄弱的研究的基础上，呼吁快速得出压力和疾病之间的因果关系，我们常常会面临一些警告"。然而，她继续说道，"但是，这种警告经常被一种乐观主义和希望有所缓和，前者认为，有一些东西就是压力和疾病之间的联系，后者认为，我们可以进行一些在设计和分析方法上都更加复杂的研究"（Kobasa，1979：2）。到底这种乐观主义和希望如何可以克服相关性研究的特殊缺陷，我们还远远不清楚。

当充满压力的生活事件出现时，辨别坚韧性和健康之间的相关性的基本方法论是，使用问卷调查表。按照这种方式，有关他们过去有的疾病和正在忍受的疾病的信息，有关他们正在经历的充满压力的事件的信息，以及坚韧性人格的三个组成部分的信息，都可以从所研究的群体中收集起来。美国中西部公用事业公司的中高层管理者就可以来实施初始研究及很多纵向研究。对所收集到的信息进行统计分析，形成了两个亚群体：高压/低疾病群体和高压/高疾病群体。要检验的假设是，坚强的个体主要存在于前一个亚群体中。这样，我们就可以发现支持这一假设的各种相关性，尽管经过统计测量，其中一些相关性很弱。

171

对这些相关性研究的一个反对意见是，用于测量坚韧性和健康的问卷调查表，实际上是为不同的人格特征而设计的（Funk，Houston，1987）。对于坚韧性人格建构的构成而言，如果这个问卷调查表及评分量表不是专门经过检验的，那么，所揭示出来的相关性，严格来说就不能被理解为，它告诉了我们任何有关坚韧性的事情。

通过引入一个问卷调查表及相应的评分量表，即个人观点调查Ⅱ，看似就可以驳倒这个异议，这个问卷调查表被专门设计用来测量坚韧性的三个构成。构成这个问卷调查表的其中一些条目是：

> 控制："明天在我身上发生的事情依赖于今天我所做的事情。"
>
> "生活中发生的大多数事情只不过是注定会发生的事情。"
>
> 献身："我真的对我的工作抱有期待。"
>
> "日常工作太无聊了不值得去做。"
>
> 挑战："获得一些对自己的新的认识令人兴奋。"
>
> "经过检验被证明是好的方法就总是最好的方法。"

对这些条目的回应，可以通过在一个数字评价量表中打分来实现，这个数字评价量表涉及从"完全同意"到"完全不同意"这一整个范围，假定这个问卷调查表可以对一个人的个性的三个构成给出合理的测量。

诸如这样的相关性研究不能指明任何因果关系，除了这一问题外，还存在一些其他的问题，例如，如何理解有些管理者的相关性，那些管理者经受着较高的压力，但仍然保持比高压/高疾病群体更健康的状态。科巴萨和其他人把这些结果解释为，它们表明了，坚韧性人格减轻了压力的不健康影响。但是，可能高压/低疾病管理者运行良好只不过是因为奖励措施和/或应对压力的高能力。或者是，可能这些管理者以他们不属于高疾病群体的方式，来补偿其公司对他们的剥削。基于这些相关性研究，我们真的只能说，坚韧性诠释可能既不是唯一的也不是最好的诠释，因为坚韧性人格的三个组成部分并不总是都出现在这种研究中，但的确有一些迹象证明的确如此（Funk，Houston，1987；Hull，van Treuren，Virnelli，1987）。

我想要指出的是，坚韧性研究的更深层次的问题是，它把存在主义个人主义当作一种伪装意识形态偷带进来的方式。科巴萨明确地指出，坚强人格的建构产生于心理学研究的存在主义方法（Kobasa，1979：3），这些方法"强调了人们如何通过作出决策来在其生活中构建意义，以及人们承担他们对于他们所变成的样子的责任的重要性"（Maddi，1997：294-295）。坚韧性研究者没有认识到，自由个人主义的存在主义个人主义形式，在多大程度上遍布于其研究中。就这一点而言，他们着重强调了自我创造。控制、献身和挑战是我们作为我们自己和我们的世界的作者，而锻炼自己终极责任的方式。

坚韧性研究者的兴趣常常被表示成一种狭隘的工具主义兴趣。他们常常强调发展那些"可以有助于一种富有成效的、健康的生活"的个性特征（Kobasa，1979：10），或者说，他们把坚韧性视为某种可以"提高效能、行为、士气、活力及健康"的东西（Maddi，1999：83；参见 85）。但他们并没有指出，这些效能、效果、士气及其他的东西，是否是好的或者值得的目标，也没有谈及这些目标如何与有价值的美好生活概念相契合。他们没有提到生活中那些苦难的重要性或者价值；相反，将苦难最小化看似是这种研究路线的一个目标。毫无疑问，这些相当明显的遗漏，在部分程度上产生于政治-自由主义者的推动作用，政治-自由主义者不给任何特定的美好生活形式优于其他美好生活形式的特权，而事实是，这些研究者暗中支持着一种特定的美好概念，即一种有效的生活，（无论这种生活是什么）它是一种有意义的、有价值的生活。

在这种研究中，极其缺乏任何伦理敏感性的另一个原因无疑是，它过分强调了具有自由个人主义特征的个体。例如，考虑坚韧性的控制构成。这在西方文化中，看似是唯一被赋予特权的一种人格特征，但是，这种人格特征在其他文化中可能被视为不适当的、不合适的甚至是错误的。例如，把某人视为可以"自主地选择"行动路线，或者"在所有情况下都有动力去实现目标"，这些典型特征都直接来自自由-个人主义者的观念（这并不是说，实现自主性或意愿就一定是坏事情，事实上，这种判断依赖于环境而不是人的人格倾向）。如果我们集中于自主性和成就，就会忽略任何有关我们的社会参与和义务的讨论，例如，我们的社会参与和义务如何调和或者塑造我们对于自主选择意味着什么的理解，它们如何调和或者塑造我们对于哪些成就才有价值的理解。这种关注强化了工具主义的重点，几乎没有留给我们任何追索权，除了得出这样的结论：有效性、生产力和健康是个人幸福的重要构成。我们可能会相信健康是个人幸福的重要构成，但是有效性和生产力又是为什么呢？

或者思考坚韧性的献身构成。根据这一特征，坚强的人相信，他们参与他们身上或者周围正在发生的事情，会给予他们"发现对他们而言什么才是有趣和有价值的事情的最好机会"。就这一点而言，它强调的是自我和对自我而言有价值的东西。考虑到在坚韧性研究中对生产力和有效性的不断强调，似乎很难避开这一结论，即对这些个体而言，值得做的事情是生产力、有效性和健康，而不是值得的生活、他们的社会参与及对其他人的义务。事实上，正如塞尔瓦托·麦迪（Salvatore Maddi）所指出的，相比社会联系，"对坚韧性的意义的认识，更多的是个人倾向的一个功能"（Maddi，1999：92）。坚强的个体对他们的活动有极强的兴趣。同时，正如上文所提出的，在压力下保持健康，关键是要依赖一种"对献身于自我的强烈认识"。但是，为了保持健康而献身于自我，是以我们对家庭、朋友、群体的广泛义务为代价的吗？我们很容易得出这样的结论，因为坚强的人"在要求重新调整时，既有理由也有能力去向他人寻求帮助"（Kobasa，1979：4）。如果没有任何进一步的评价，为什么不能把这些理由和能力理解为在很大程度上是工具主义的，也就是说，为什么不能把其他人仅仅视为应对高压环境的手段？麦迪用转向家庭成员寻求"溺爱"来明确地反对这种观点（Maddi，1999：83-84）。但是这听起来像是，作为应对方法，求助于同事比求助于我们的家庭联系，似乎要更重要或者更值得做。

坚韧性的挑战构成，这个特征把个体描绘为，他们相信"最终最充实的是，通过他们从经验中学到的东西，来不断地增长才智"。这种对个人福利的过分强调，使得"最终实现"这一概念听起来与自我实现或者自我满足没有什么区别，这就与我们在我们与其他人的关系和社会参与中所体验到的深刻满足形成了鲜明对比，后者并不集中于我们自己。此外，坚强的人"重视一种充满了有趣经验的生活"，例如，他们重视那些给予他们新的成长机会的应激事件，而不是与其他人的有意义的关联。[1]（学生们常常评论道，这种描述提醒他们是青少年而不是一个成熟的人！）坚强的人展现出一种"基本的忍耐动机"，而不是参与到"家庭、朋友、宗教或其他群体"中的一种基本的动机。

在个人观点调查Ⅱ所使用的各种问题中，这些伪装理想和过分强调都显现了出来，这一点也不奇怪。例如，一个人，如果对其生活中的事件具有一种极强的控制感，那么他就会非常赞同这一陈述，即"明天在我身上发生的事情依赖于今天我所做的事情"，这听起来非常像是在存在主义个人主义中所发现的那种自我创造。但是，明天在我身上发生的事情，至少像依赖于其他人的决策一样依赖于我的社会参与和义务。一个具有极强挑战感的人，将非常赞同这一陈述，即"获得一些对自己的新的认识令人兴奋"。按照坚韧性概念来进行个人主义地分析，这听起来像是，一个人相比融入其生活中的人和传统而言，她对于她所能获得的对自己的认识更感兴趣。

这是另外一种方式，通过这种方式我们可以看到，在这样一种问卷调查表的陈述及其评分回应量表中，自由个人主义如何遍布其中。采用这种研究来想象一下中世纪的骑士。作为骑士，他们必定会表现出献身精神，但是，他们是在其集团中献身于彼此，而且献身于他们所服务的国王或王妃，而不是献身于他们自己。他们的骑士精神和荣誉等理想，与相互之间的集团义务和他们对其皇家领导人的忠诚存在着深刻的联系。同样的，控制和挑战概念也是以完全不

---

[1]　毫无疑问，有意义地加入其他人是很有趣的，但是，对个体和压力事件的强调，表明了这不是坚韧性的挑战构成的内容。

同的方式构想出来的。因此，他们可能不会被视为非常坚强的人，因为他们的评分完全不符合构成这些条目和评分量表的现代西方理想。或者说，假设在一个现代西方社会中发生了一次大规模的佛教徒转移。我们会再次看到，当这些条目和评分量表被束缚于普遍存在于现代西方文化中的自由个人主义时，它们便不再有效。

尽管现代西方文化的一些价值和理想是有价值的，但是，过分强调个人主义和工具主义推理，的确也产生了一些有害的影响（例如，弗洛姆提出的那种带来异化和隔离的市场型人格），一些社会科学家和评论家指出，它们给我们带来了充满压力的、过度扩张的生活及一些精神健康和身体健康的问题。研究者完全没有意识到位于坚韧性研究之下的伪装意识形态。它们试图提供处方来"减轻"人们的疾病，并通过促进特定的个性特征来增强人们的有效性和生产力。因此，所促成的这些特征真的有可能带来一些现代弊病，甚至会加剧这些现代弊病。如果能够更好地意识到，伪装意识形态如何在这种研究及其假定的价值中立的处方中发挥作用，那么这将使我们可以更好地理解，在这个研究中发生了什么，以及我们如何更好地应对现代性给我们的健康和幸福所带来的那些挑战。

第二节　理想，科学与公共政策：公共问题

1968 年，加勒特·哈丁（Garrett Hardin）写了一篇名为《公地悲剧》（*The Tragedy of the Commons*）的文章，这篇文章引发了一些公共-政策争论。[①] "*公地*"一词指的是那些在法律上属于所有人且对生存和繁荣而言必要的商品（如食物和住所）。哈丁的论点之一是，尽管这个观点并不是他独创的，他认为，人口持续且不加抑制的增长，使得公地处于危险之中，至少在为地球上的每个人提供适当食物的可用性方面，公地陷入危险之中。除非食品生产可以并驾齐驱，否则，人口的增长最终将达到一个点，当到达这个点时，一（大）部分人将不能获得继续生存下去所必要的卡路里，更不用说获得茁壮成长了。因此，

---

① 尽管并没有因为哈丁的论文而采取任何直接的政策，但是，他的框架和论证塑造了关于一些相关问题的很大一部分公共政策争论。

哈丁推论出，公地受到人口持续增长的威胁，如果你愿意，地球的承载能力最终将会超越这个极限而被耗尽。

　　哈丁沿着功利主义者的路线抛出这样一个问题：我们想要最大化的到底是什么？我们不想让人口最大化，因为这会导致很多人遭受严重的营养不良甚至死亡。如果我们想要每个人都有最大化的好处，那么我们必须定义什么是好处。假如我们决定个人自由是我们应该最大化的主要好处。与这种观点一致，假如我们进一步假定，沿着亚当·斯密（Adam Smith）的思路，一个"只想要获得其自身利益"的人，就好像"被一只无形的手指引着去推动……公共利益"（Smith，1937：423）。这就意味着这样一种态度，政府和社会允许个人作出他们自己的决策，特别是那些有关繁衍的决策。正如哈丁所指出的那样，这种态度被一种趋向证明是合理的，那就是，"假定个人作出的决策事实上对整个社会而言就是最好的决策"，这种趋向位于合理性和利己主义传统的核心，它可以越过斯密追溯到霍布斯（见第十章）。如果这真的是正确的，那么，"我们就可以假定，人们将控制他们的个人繁殖，以形成最适宜的人口数"（Hardin，1968：1244）。然而，如果个人层面上的利己主义决策不会导致公共利益，那么，我们将被迫重新考虑个人自由，以确定哪些个人自由才是正当的。正如哈丁所指出的那样，因为我们不能最大化所有个体的所有自由。

176

　　他是通过类比的方法来进行论证的。思考一个对所有牧民都开放的大型牧场，也就是公地，它在规模上是固定的（如地球）。与上述假定一致，在公地上每一个牧民都养殖尽可能多的牛。经过很长一段时间后，这种安排看似运行良好，因为部落战争、疾病、非法狩猎及诸如此类的事情，会使牧民和牛的数量维持在牧场的承载能力之内。经过几个世纪之后，假如牧民社会稳定下来（例如，不再有战争或者非法狩猎，疾病得到治疗，等等）。那么，与我们的假定一致，因为每一个牧民都是一个理性存在，他们都将试图通过评估为其牛群增加再多一个动物所获得的收益，来最大化其收入。增加再多一个动物的积极效益，来自牧民从出售一个额外的动物中所获得的额外收益。如果我们假定，这些收益都是可规范化的（这显然是一个有问题的假定），那么，牧民预期可以获得的积极效益就接近于+1。另一方面，与增加再多一个动物相关联的是，存在一些过度放牧的成本。这些成本将会波及所有的牧民，因此，任何一个特定的牧民预期可以获得的消极影响就只是-1 的几分之一。

理性的牧民将增加积极效益和消极影响，而且会发现，要追求的合理路线就是为牛群再增加一个动物。然后另一个牧民也增加动物，如此，等等。但是，每个牧民都共有牧场，按照我们的假定，每个牧民都是理性的，都会作出相同的决策。我们可以清晰地看到，这种情况将会导致牧场的过度放牧和公地的最终毁灭。因此，如果每个牧民都理性地追求利己主义，那么，灾难将会降临到这样一个相信公地自由的社会中。哈丁因而得出结论，"公地自由会毁灭所有人"（Hardin，1968：1244）。

类比下来，如果允许无拘无束的自由，其中一个自由就是生殖的自由，那么这将会导致灾难。例如，随着人口的增加，污染也会增加，因为自然的化学和生物循环过程会变得超载。这对于我们如何看待财产权，特别是每个人按照自己的意愿处理其财产的权利，都会产生影响。但是，这种状况也会消极地影响财产持有人按照自己的意愿享受其财产的权利（例如，享受一个农庄或者远离污染的湖滨）。相似的，如果允许无拘无束的生殖自由，那么将会导致食物供给的严重退化，导致地球承载能力的严重退化，使得人们不能去追求诸如艺

177 术、闲暇和哲学等其他自由。在这个过程中，我们不可能最大化我们的自由而不失去一些东西。哈丁的结论是，作为一个公共政策问题，政府必须约束人们的生育自由。

对于类似哈丁这样的分析，一个通常的回应是，对于这些问题而言，总是存在着一种技术解决方案。回忆一下孔德所想象的社会最终将达到一个发展阶段，在这个阶段内，科学将被应用于解决所有的社会问题（见本书第二章，第二节）。在哈丁看来，基于技术方案的政策与基于非技术方案的政策之间存在着一种差异。对哈丁来说，技术方案是这样一种解决方案，它"只要求自然科学技术的改变，而几乎不要求人类价值或道德理想的改变"（Hardin，1968：1243）。与之相比，非技术方案是主要要求人类价值或道德理想发生改变的一种解决方案。

对科学和技术进步的信念，看似强化了一种信念，即所有问题都有技术解决方案，特别是对于那些拥有技术起源的问题而言，如核武器的扩散更是如此。但是，如果这样，我们并不确定一定存在着任何技术的解决方案。假如我们开发出一个安全装置来防御洲际弹道导弹。仍然有无数方法可以把一个核弹头发

射到一个指定目标上，这只会受到邪恶思想的创造力的限制。考虑到我们的科学和技术现状，至少在短期内看似没有有效的技术方案。这种状况意味着，基于技术方案来追求国际和国内安全政策，可能会被证明是不适当的。

但是，对于那些没有技术起源的问题，例如，人口所带来的那些问题，如污染和人口过剩等，在哈丁看来，就更没有技术解决方案了。即使它们有技术解决方案，这些方案很可能非常遥远以致于不能及时地得到治疗。因此，他的建议是，基于禁令来设置政策，也就是说，限制人们追求特定目标的自由（例如，无限制的生育、原料和化工产品的无限制的倾泻），以此来强化或者保护其他被认为有价值的自由。

显然，对于一个社会仅仅在技术或科学的基础上来运行的可能性，哈丁表示怀疑（与孔德的观点恰好相反）。如果很多决策是针对那些没有技术解决方案的问题而作出的话，那么，那些政策必定是在伦理或者其他的非科学的基础上决定的。那些长期被忽视的道德、常识、正确判断甚至智慧传统，必须被用来作出政策决定。这种状况与下面这种趋向恰好背道而驰，即试图应用科学审查的理性框架如博弈论，来作为作出决策的范式（见本书第十章）。哈丁对于理解这一点作出了富有洞察力的贡献，即现代困境并不总是适当的技术或者有效的技巧就可以解决的问题。具有讽刺意味的是，他并没有意识到，他所使用的功利主义最大化框架，恰恰就是这种技术方法，他认为当涉及人口问题时这种分析和解决问题的技术方法起不到任何作用。

可能哈丁自己也没有意识到，他同样强调了，无论是理论上的还是实验上的科学发展在揭示、评价和构造问题中都发挥着重要作用。医疗护理上的惊人进步，如在产前、出生后及其他方面的进步，连同各种技术发展一起，在发达国家和很多发展中国家都延长了平均寿命并且降低了死亡率。此外，在评价由这些发展带来的人口增长所产生的影响及一些可能的解决方案上，科学论证也发挥着重要作用。

正是在后一点上，在塑造论证的条件、问题的构造及解决方案等方面，假定发挥着巨大的作用。值得注意的是，哈丁有关人口问题的分析和论证，以及他所认为的避免这些问题的失败尝试，恰恰都预先假定了一种理想化的工具主义的行动概念，而这种假定遍布主流社会研究的概念框架。也就是说，人们被假定为一种能动主体，他们试图最大化其个人福利而把其他有价值的事物和价值排除在外。它强调的是实现目的的手段而不是目的本身。如果有什么区别的话，我们只会看到，当我们发现我们所做的事情一团糟的时候，我们必须质疑我们的手段。但是，我们怎样去重新考虑我们的目的呢？当然不是在同样狭隘的最大化框架内，不是在个人福利和工具理性的框架内。正如批判理论家早就指出的，在我们评价我们的目的的价值上，这个框架并没有帮上什么忙。

哈丁的讨论还预先假定了自主性和自由个人主义等理想，特别是功利个人主义（见本书第五章，第二节，第二部分），这些理想把个人自由视为一个毫无争议的事物。他在自由是多方面的这点上是正确的，即人们并不拥有或者使用一种自由，而是很多自由。显然，情况是这样的，我们的所有自由并非都彼此一致。这点我们已经很了解了，但是，哈丁的分析让人印象深刻的是，特定的自由只能根据其结果而不是某种有价值的东西而被剥夺。同时，他还得出这样的结论，我们不能实现个体的自主性理想，例如，在生育方面，我们不能允许人们选择做任何他们想做的事情，他的分析工具主义/个人主义框架，妨碍了他彻底想清楚并评估我们所追求的目的的价值，以及我们如何解决作为这些问题基础的那些相互竞争的美好生活概念。

这就是哈丁构造公地悲剧问题的思路。有人可能会认为，提高觉悟可以避免因人口过剩而产生的公地悲剧。但是，哈丁指出，任何诉诸道德意识的努力都有一个致命的缺陷：那些因为道德意识而决定限制孩子的数量的家庭，如果大部分人都继续不减速地生育，那么他们将处于被淘汰的危险之中。毕竟，后一种家庭将生出比有道德意识的家庭更多的孩子，而这就会导致有道德意识的人不断减少，最终他们将会在人口中消失。但是，只有当进行生育的能动主体的主导理性像哈丁在对这种问题的分析中所假定的那样时，这个论证才是合理的。[①] 当然，批判理论家、后现代主义者和诠释学社会科学家都认为，按照这种方式来构造问题、分析问题并提出解决方案，很可能会歪曲问题、歪曲他们的分析及所提出的解决方案等的本质，也就是说会歪曲政策，按照这种方式，

179

---

① 事实上，对人口影响的自觉意识，已经导致几乎所有的工业化国家人口增长的锐减，在一些欧洲国家甚至出现了负增长。因此，经验证据与哈丁的淘汰论证的结论出现了不一致，这就对其潜在的假定提出了质疑。

我们不可能了解实际上到底发生了什么，不可能了解什么对于引起改变而言才是有益的或者有价值的。

　　还要注意到，哈丁展示出了他自己的一种精神分裂症。一方面，他指出，似乎理性经济人就是福利最大化者，进而得出结论，这种最大化者所寻求的特定自由必须受到限制。另一方面，他把这些限制的好处想象为，使我们可以拥有大量其他的自由和社会产品，但是，按照能动主体是纯粹的福利最大化者这种观点来看，这些其他的自由和社会产品要么是没有任何意义的，要么在最好的情况下，它们会受到利己主义最大化者的观点的严重破坏（回忆一下本书第四章和第五章所讨论的自由个人主义和工具主义的行动概念的不稳定性）。我们所看到的遍布主流社会研究的，正是这些未被认识到的文化理想的混合物，正是它们使得我们试图解决的很多问题一直存在。

第三节　个人主义与好的婚姻

　　在美国，婚姻和家庭心理学在很大程度上预先假定了两种自由个人主义者的家庭概念中的其中之一，社会本身也在越来越大的程度上假定了这种自由个人主义者的家庭概念。第一种是功利型个人主义（见本书第五章，第二节，第二部分）。回忆一下，这种个人主义形式假定了人类具有基本的欲望和恐惧，并把人类生活描绘为，一种通过策略行动来减少有害经验以实现某人意愿的努力。例如，这可以表示为，主要是以契约的形式来看待的一些关系，这些关系是基于利己主义而形成的。这就导致了这样一种趋向：把婚姻仅仅视为满足个人需要和意愿的另一种手段。第二种形式是表现型个人主义（见本书第五章，第二节，第三部分）。之前我们已经看到，这种个人主义形式主张遵循"自然的声音"，可以说，这种声音会在自然地出自我们内心的那些未受污染的感觉和自发的目的中显露出来。例如，这可以表示为，把关系特别是婚姻，看作是发挥着实现情感满足、归属感和目的等的基本场所的作用。这两种个人主义形式都倾向于把婚姻转变成实现个人的目标、需要和意愿的工具或者手段，把婚姻当作躲避外部世界的一种来源。这就与下面这种观点形成了鲜明的对比：把婚姻和家庭视为义务、献身、无私地给予及追求美德等的主要场所。

这种个人主义者的婚姻概念塑造了很多家庭和婚姻研究。很多研究被用来调查整体上的个人幸福与婚姻满意度之间的相关性。很多婚姻研究者把他们研究的一个关键结论看作是，相比友谊、工作或金钱，婚姻满意度是整体上的个人幸福和满足的一个最强有力的标志和来源（Lee，Seccombe，Sheehan，1991）。然而，值得注意的是，个人幸福无疑是一种个人主义者的价值。随着现在对精神性和感觉的强调，很容易看到婚姻被工具主义地看待，它被当作可以转化成实现或者最大化个人幸福的一个主要手段。当然，问题的关键并不是个人幸福从某种角度来看是一件坏事情；问题的关键是，相对于大量其他可能更有价值的价值和事物而言，如为了群体的更大利益而自我牺牲或者对其他人作出承诺和承担义务，这种特殊的价值是否应该被提升至这样一种主要的地位。

通常，对个人幸福与婚姻满意度之间的强相关性的诠释如下：①令人满意的婚姻关系与促进个人幸福是因果相关的；②令人满意的婚姻关系和个人幸福是强相关的，因为它们都是由某一组共同的原因所带来的。这是用寻找客观规则性的自然-科学式的婚姻研究方法所能想到的前两种诠释可能性。但是，正如柏林所指出的（见本书第六章，第三节，第二部分），一旦涉及自我诠释性的存在，仅限于经验相关性和形式相关性研究的层次，几乎不会告诉我们任何关于关联物的事情（就像在坚韧性研究中的相关性那样）。例如，情况可能是这样，当人们相信他们的生活正在实现一种最重要的文化理想时，他们就会感受到巨大的满足，在这种情况下，想要实现的文化理想就是对一种令人满意的婚姻的渴望。这种理想本身代表着一种社会层面上的诠释，如果它本身发生变化，那么令人满意的婚姻与个人幸福之间的相关性可能会一并消失。

个人主义者的婚姻概念的其他一些典型特征是（Bellah，et al.，1985）：

（1）婚姻被视为培育和表达爱的主要场所，但是，爱本身主要是根据个人感觉和意愿来观察的，这就与一种对某人或者比自己更大的事物的义务或承诺形成了鲜明的对比。

（2）婚姻被视为满足我们需要的主要场所，但是，如果配偶没有满足另一个人的需要，那么解除婚姻关系看似是非常令人满意的，因为这对他们而言可能是追求他们各自利益的唯一方式。

（3）婚姻中的承诺主要被当作个人自主性的一种表达，而不是被当作承担着一种义务。

在婚姻可以增强个人幸福这个意义上，婚姻才能被看作是一个*好的*婚姻。正如从自由个人主义视角所构想的那样，这代表着一种美好生活的形式，和好的婚姻在实现这种美好生活形式的过程中所发挥的作用。

从这个角度来理解，美国的离婚率属于世界上最高的，它具有一种令人担忧的意义。以离婚来结束的婚姻数量的期望值从 42%发展到了 64%！紧跟着离婚的是，很多人再婚了，粗略地算一下，这些人中有一半在他们离婚后的三年内再婚了（Cherlin，1992）。美国的结婚率是世界上最高的国家之一，他们寻求幸福婚姻和由此带来的个人满足。但是，如果这些需要得不到满足，美国人也非常愿意离开一个不尽人意的婚姻并且再婚。他们已经形成了对婚姻应该传递什么的非常高的期望值，因此，如果配偶感觉到婚姻正在兑现诺言满足这些期望时，他们就会倾向于表现出对他们的婚姻非常高的满意度（Fowers，Lyons，Montel，1996）。同时，美国人已经最大化了他们对于婚姻中的情感满足和自我满足的期望值，他们已经最小化了他们对配偶和孩子及作为一种制度的婚姻等的义务和承诺。因此，自相矛盾的是，婚姻变得对美国人越重要，婚姻就会变得更容易受到攻击，因为如果婚姻不能形成预期效果，人们就更可能会通过离婚来追求一种更令人满意的婚姻。

这种完全无建设性的矛盾状况是一种相对新的文化发展，因为直到最近才主要根据个人满足来看待婚姻（Hareven，1987；Mintz，Kellogg，1988；Shorter，1975）。在前现代文化（以及目前印度、亚洲和非洲文化的一些更传统的片段）中，婚姻常常是被安排好了的。没有为浪漫或其他形式的个人满足留有任何期望。体验在当代西方文化中被理想化的这种热烈的爱情，过去常被视为疯狂的事情或者不冷静。回忆一下，在前现代文化中，人们主要是根据，在一个有意义的宇宙秩序中充当一种角色或位置，来看待他们的价值。与之相比，我们现代倾向于更关注我们的内在需要和意愿的满足，来作为我们生活状况如何的主要标志。正如戴维·波普诺（David Popenoe）所说的那样：

> 传统上，婚姻一直被理解为一种社会义务，一种主要是为经济安全和
> 繁衍而设立的制度。现在，婚姻主要被理解为一种自我实现的路径。我们

（页边：182）

的自我发展被认为需要重要的另一半，所选择的婚姻伙伴基本上就是个人的同伴。换一种方式来说，婚姻失去了制度化特性。它不再包含一组通常是被强加上去的规范和社会义务，现在，婚姻成为一种个人可以随意形成或者破坏的自愿关系。（Popenoe，1993：533）

对婚姻的这种矛盾的重新评价，其中一个很重要的方面是，自主性和自由个人主义这些现代理想所发挥的作用。一旦个人自由和自主性被赋予特权，就像在美国那样，这种维持关系和相互义务所要求的无条件承诺，就会变得不可能实现，因为自主性和无条件承诺这二者彼此是不一致的。只要我们认为合适，我们就真的可以自由地过我们的生活，同样，只要我们认为合适，我们也必然可以自由地改变或者结束我们的承诺。然而，相互义务和无条件的承诺剥夺了个人自由和自主性等现代理想。但是，如果没有无条件的承诺和一种深刻的相互义务感（无论好坏，无论贫富，无论疾病还是健康……直到死亡把我们分开），婚姻几乎不可能成为一种持续性的关系。只要婚姻满足了配偶的个人需要和意愿，那么就认为它与追求他们的个人目的的自由和自主性一致。一旦婚姻不能满足配偶的个人需要和意愿，承诺和婚姻代表的就是实现我们自由的负担和障碍。因此，我们的文化理想易于破坏婚姻，并使婚姻容易受到攻击。例如，对自我实现的个人强调与为了配偶的利益而自我牺牲正好背道而驰。随着个人主义越来越受到重视（超级个人主义），婚姻的质量和稳定性，越来越被看作是相关个体的意愿、决策和技能等的结果。然而，这种对婚姻的概念化使我们不能去观察，当代婚姻的易碎性如何受到一种强有力的美好生活形式的影响，这种美好生活形式旨在实现个人满足和个人自由。

美国当代的婚姻观反映了普遍存在的自由个人主义等文化理想，这点不足为奇。个人主义者的婚姻概念隐藏着一些张力，这些张力易于破坏那些被认为对于婚姻而言重要的品质，这点也不足为奇。一旦支撑婚姻的唯一基础变成自我满足和利己主义，婚姻所提供的亲密性、陪伴、归属感及一些其他的东西，都易于遭到破坏。因此，婚姻内的很多当代问题及高离婚率所反映的不稳定性，与指导对于好的婚姻的当代认识的文化理想有很大关系。

更令人不安的是，对婚姻的当代研究，尽管表面上是以价值中立为目标，但实际上预先假定了塑造对婚姻的当代认识的那些文化理想。主流方法受到了发现普遍的、与语境无关的规律这一科学理想的影响，其目标是，把这些规律应用于治疗和教育，以有效地处理婚姻问题和不稳定性。婚姻被认为是一个在社会层面上非常重要的研究对象，相关性研究大概强调了婚姻满意度与个人幸福之间的表面联系。然而，尽管相关性研究并不表明任何因果关系，这是一个事实，但是，研究者仍然认为这些相关性很重要。这种相关性表明了研究婚姻不满意度与离婚的原因和对策的重要性，以及研究那些促成令人满意的、成功的婚姻的特征的重要性。其核心观点是，如果这些原因很容易被理解，或者说，如果可以形成一个可靠的婚姻理论，那么，提高婚姻满意度和稳定性或者导致婚姻解体和离婚的原因就可能得到预测。这种知识想必可以使我们确定并保护那些增强婚姻成功并减少离婚频率的条件。

184

　　大部分婚姻研究都集中于满意度或稳定性（Karney，Bradbury，1995）。对婚姻质量最广泛使用的测量是 ENRICH 婚姻满意度量表（Olson，Fournier，Druckman，1987）。这个工具给出一些陈述，人们可以对这些陈述给出从"强烈反对"到"强烈同意"的不同回应，这些陈述涉及婚姻的各种维度，如交流、宗教取向、两性关系、财务管理及平等角色等。一些样题包括，"我对于在我们婚姻中我们如何处理角色责任非常满意"，"我对于我们的财务状况及我们作出决策和解决争论的方式非常不满意"，"我对于我们如何表达感情和保持两性关系非常满意"。

　　显然，这里的关注点是个人对于婚姻方方面面的满意度。这反映了对婚姻中个人满意度的普遍强调。当然，按照这条研究路线，我们必须有一个对"好的婚姻"的定义或者模型，不然我们就没有要实现的目标了。婚姻研究一致同意根据个人满意度来定义好的婚姻，不加批判地接受了对什么对于婚姻有价值的普遍具有的个人主义视角。使用打分制的调查问卷表和数据分析的统计技术，看起来当然是经验主义的，但是这种方法很难保证价值中立。这种假定的经验测量看起来就像是个人主义者的婚姻概念这个当代文化理想。换句话说，形成经验测量的那种假定的价值中立的尝试，不加批判地使用了描述个人主义者的婚姻理想之特征的那些理想，而正是这些理想，被证明对于婚姻的健康而言是非常有问题的！

　　大部分婚姻研究都把注意力集中于交流模式上，希望设计出对策以改进配偶之间的交流。作为这种研究的结果，社会科学家常常提倡把训练特定的交流技能，作为保持婚姻满意度并减少对离婚的期望的关键所在（Gottman，1993；Markman，et al.，1993）。预防离婚、巩固和治疗婚姻的几乎所有方法，都教授这些技能（Gottman，1994；Markman，et al.，1993；Guerney，Brock，Coufal，1987）。其目标是，通过增加婚姻中的理解和个人满意度，来维护婚姻的稳定

185　性。我们再次看到，个人满意度作为牢固的、持久的婚姻关键特征而展示出来，而且，个人满意度被视为依赖于改善交流、增进亲密、培育平等关系并鼓励配偶致力于改善他们的婚姻（Fowers，1998）。

　　大部分这类型研究都假定了，个人对于婚姻的满意度是对婚姻质量的主要测量。另外，如果我们把发展一种令人满意的婚姻看作一个技术问题，如工具主义的行动概念所鼓励的那样，那么，获得好的交流技能看似是实现婚姻满意度这个目标的一个有效手段（Gottman，Silver，1994；Markman，Stanley，Blumberg，1994）。这是一种处理婚姻内的不满和婚姻解体的手段-目的方法。但是，婚姻中个人的满意度这一主要目标从未受到挑战。因为它本身就是这样假定的，因此，这些研究者实际上强化了这一流行的文化观念，即对于婚姻的感觉是一段长久的、可靠的关系的核心目标，这与承诺和相互义务完全相反。

　　这恰恰就是把人类生活的道德维度工具化的标志，批判理论家分析并警告我们，不要把这些道德维度转换为技术诀窍。[①] 当焦点几乎完全集中于实现这一目标的最佳手段时，婚姻中的个人满意度这一目标就被当作是既定的、不受质疑的。工具主义框架（*工具理性*）并没有为探索目标和评估目标的价值（*价值理性*）做好准备。因此，婚姻研究倾向于支持并强化一种特定的、对好的婚姻的认识，并阻止或者将其他认识排除在外。这并不是说，婚姻内的交流、满意度和稳定性之间的联系并不是真的存在。有一些交流模式会加剧婚姻问题，增加不满，甚至在有些情况下会导致身体伤害。将这些模式确定下来是一个重要的成就。但是，如果几乎全部集中于交流技能的手段，并对个人的婚姻满意

---

　　① 值得注意的是，约翰·戈特曼（John Gottman）作为最杰出的婚姻研究者之一，在其书的名字中透露出了这种技术导向：《什么预示着离婚：婚姻过程与婚姻结果之间的关系》（*What Predicts Divorce：The Relationship between Marital Processes and Marital Outcomes*）（Gottman，1994）。

度这一目标无条件地接受，就会削弱婚姻作为一种制度的重要性，同时，也会进一步危及这个易受攻击的制度。

因此，当代的婚姻研究方法并不是价值中立的。相反，它们把个人主义者的婚姻概念当作既定的，这就意味着，这些研究努力维持着这些当代文化理想，而不是去挑战这些理想或者探索替代性选择。①此外，如果事实上是这样的情况，目前塑造好的婚姻概念的那些理想实际上正在破坏着婚姻，造成了这一制度的现代压力和不稳定性（Bellah, et al., 1985; Furstenberg, Cherlin, 1991），那么，目前的研究方法就只是维持了这些具有破坏性的文化理想。这就意味着，这种研究所提供的对策只是维持、加剧或者传递了我们所关注的那些问题。

第四节　评　　论

现代西方文化越来越强调问题的技术解决方案，也就是一种*工具理性*的生活方式。例如，如果改进交流被当作一个令人满意的婚姻的一个关键构成，那么，很多婚姻问题都可以通过发现和教授好的交流技术以增强开放性和亲密性来得到处理。换句话说，好的婚姻的大部分问题都被视为正确的或者好的技术问题，这个技术问题已经得到了科学验证。同样，在坚韧性研究中，坚强人格的构成被视为改进应对压力、改善健康并提高生产效率的手段。

无论我们是否担心诸如婚姻这样的社会制度，或者其他的社会产品，如公正或者干净的空气，从这章的这些例子中我们显然可以看出，严格的自然-科学式方法无法处理位于这些问题之下的伪装意识形态。主流社会科学既不能适当地处理这些问题，在其尝试提出解决方案的过程中，作为这些问题的一部分，其自身的作用也不能解决这些问题。相反，通过把这些文化理想带入假定的价值中立的方法中，这些方法很可能只是强化或者具体化了目前的文化理想。此外，正如在哈丁对人口问题和自由的分析中那样，如果我们的那些超越了纯粹的经验方法和形式方法的道德范畴，同样受限于目前的文化理想，或者

---

①　这是一个双重诠释发挥作用的例证，其中，社会科学家假定的客观性受到了他们的社会文化理想的深刻影响。

受到目前的文化理想的影响，那么，在对社会问题和政治问题及政策的更广泛的分析中，我们的尝试很可能只是维持了那些我们试图克服的不公正和障碍。

这就是伪装意识形态的力量，它隐藏起来，但是却真的存在。主流社会科学不能把自己从卷入这些价值和理想中抽取出来，而这些价值和理想恰恰推动了主流社会科学试图处理的很多弊病。就像有瘾的人否认他们上瘾一样，意识到我们的伪装意识形态，是帮助社会科学家在问题和解决方案之间作出真正区分的重要的第一步。这是一个哲学家可以作出丰富的、在社会层面上有利的贡献的领域，通过使人们不断意识到，假定的价值中立的社会科学，未公开承认地支持那些迫切需要挑战和重新诠释的文化理想。

187 ——— **进一步的研究** ⸺⸺⸺⸺⸺⸺⸺⸺⸺⸺⸺⸺⸺⸺⸺⸺⸺⸺⸺⸺⸺⸺⸺⸺⸺⸺

1. 解释坚强人格的三个构成。这种人格构成如何受到伪装意识形态的影响？

2. 为什么相关性研究不可以决定任何因果关系？

3. 自由个人主义如何在哈丁对人口问题的分析中显露出来？

4. 当代婚姻概念和婚姻研究中表现出了哪些文化理想？这些理想在哪些方面危害着婚姻？

——— **推荐阅读** ⸺⸺⸺⸺⸺⸺⸺⸺⸺⸺⸺⸺⸺⸺⸺⸺⸺⸺⸺⸺⸺⸺⸺⸺⸺⸺⸺⸺⸺⸺⸺⸺

B. Fowers, "Psychology and the Good Marriage: Social Theory as Practice", *American Behavioral Scientist* 41 (1998): 516-541.

G. Hardin, "The Tragedy of the Commons", *Science* 162 (1968): 1243-1248.

B. Karney and T.Bradbury, "The Longitudinal Course of Marital Quality and Stability:A Review of Theory, Method, and Research" *Psychological Bulletin*, 18 (1993): 3-34.

S. Maddi, "The Personality Construct of Hardiness：Ⅰ. Effects on Experiencing, Coping, and Strain", *Consulting Psychology Journal:Practice and Research* 51 (1999): 83-94.

第 三 篇

第九章
心理学与行为科学

章节大纲

正如在第一章中所指出的，很多评论家都已经观察到，与自然科学相比，在行为科学中几乎没有什么得到广泛支持的系统性理论，这一点非常显著（例如，Taylor，1985b；Slife，Williams，1995；Richardson，Fowers，Guignon，

1999）。与这种系统性解释最接近的，可能就是我们所熟知的且颇具影响力的人格理论，如弗洛伊德的理论及其很多的后继者，特别是那些面向人类行为的广泛导向，如行为主义、存在主义和认知心理学。因此，我将把我的很多注意力集中于有限的几个这种理论或者导向，以澄清并系统地阐述各种问题。

192 　关注这些问题在心理学中如何产生非常有用，因为心理学困境是所有行为-科学学科（例如，社会心理学、管理科学、组织行为学、动物行为学）所面临的问题中最具代表性的。此外，心理学最为丰富地阐释了一个核心关注点，而这恰恰是很多评论家对 20 世纪社会科学的一个核心关注点：想要试图去理解并处理那些，我们与很多方法之间的私人的或个人的斗争，这些方法在很多人看来是完全孤立的、去个性化的。例如，虽然家人、朋友、群体、宗教及道德视角等，都为人们提供了应对悲伤的安慰和支持，但作为一门学科的心理学，却提供了……调节。

我将简单介绍一下人类行为的行为主义者概念、精神动力学概念、认知概念及人文概念，它们在 20 世纪心理学中都颇具影响力。这些方法尽管存在差异，但是，每一种方法都例证了行为-科学研究所面对的问题。

第一节　有关人类行为的理论和观点

一、行为主义

行为主义者的方法的一个基本假定是，行为以各种方式受到环境刺激和强化事件的严格决定。刺激和强化作为动力因影响着我们，我们在世界中的各种思维和行动模式是这些原因的合法结果。思考一下，碰触一个热火炉这种反射反应，其中，手在一种完全自动的反应中立即抽了回去（抽回手的这种神经冲动，一般不高于脊髓）。对行为主义者而言，所有的人类行为，甚至包括对行为的理论化，都是这种基本类型的行为。当然，人们是有意识的思维存在，但是，即使是意识和思维，也都应该被当作是那种可以以一种自动的方式学习到的行为，进而对它们进行理解和研究，这遵循的仅仅是这样一种刺激-反应-强化模式。例如，行为主义者会这样来解释一个慢跑者每天跑步的"意愿"，那就是，通过记录"跑步者的愉悦感"如何作为一种对跑步的正强化来发挥作用，而跳过会导致负强化的一天，这种负强化会使身体感觉到相对难受。

斯金纳（B. F. Skinner）强调，大多数行为都产生于条件作用，因为无论行为第一次为什么会出现，它们都总是遵循着正强化或者负强化。行为受到正强化或者负强化的影响的控制，因此，按照这种观点，所有的"学习"实际上都是条件作用（尽管是一种非常复杂的条件作用：Skinner，1965；1974）。因此，按照行为主义者的分析，人类行为是作用于我们之上的刺激和强化的因果关系的产物。特定的刺激和强化以合法的方式与特定的行为关联起来。我们的行为以一种似规律的方式受到环境事件而不是我们自己的"意志"的控制（"意志"只不过是另外一种条件反应）。按照这种方式，行为主义以其对规律和方法论概念的强调例证了普遍-规律概念，它强调方法论应集中于外部刺激和外显行为。

行为主义的目标是，通过研究可观察的环境的方方面面（如刺激、反应和强化），而不是不可观察的精神构造（如意向性、动机和意愿），来揭示支配人类行为的规律，这些规律可以形成对人类行为的准确预测和控制。这样，行为主义应该就可以可靠地引导行为改变的活动了。行为主义者的文献既充满了一些持续存在的陈述，如所有的行为都是严格决定的，同时也重复表达着一些奢望，如行为主义知识可以使对环境和行为的广泛掌握和控制成为可能。决定论信念与掌握和控制等理想之间的尖锐张力反映了自由-决定论困境，前者认为，所有的行为都受到有影响力的刺激和强化的支配，后者认为，掌握和控制等理想本身也是受到严格支配的行为，它们受到刺激和强化之间的决定论的交互作用的支配，这点我将在第十四章中更详细的进行考察。

作为一种对行为的严肃的心理学解释，行为主义在20世纪60年代后的终结多少有点复杂。一个很大的影响因素是认知观点（见下文）的出现，它承诺掌握了心灵的内部运行。同时，逻辑经验主义（见本书第一章，第二节，第一部分）的衰落也发挥了一定的作用。

二、弗洛伊德与精神动力学

有趣的是，行为主义者一般把弗洛伊德的精神分析学说看作是完全非科学的，但是，弗洛伊德的精神分析学说同样对人类领域中的决定论作出了一种非常相似的承诺。对弗洛伊德来说，心理事件和人类行为，都产生于一种心理"装置"或机制内的相互作用和反作用的"力"，这种心理机制具有特定的功能，在解释自然科学所研究的其他类型的机制中，一般会使用一些原理，通过使用这些相同的原理，就可以来理解这种心理机制了（Yankelovich，Barrett，1970；Wachtel，1997）。心灵的运行可以这样来理解，即通过描绘力或能量转移在系统中的"经济"特征，来理解心灵的运行。在他的三重结构中，自我，就是具有自我意识的意愿和意志；超我，大致上就是文化，如社会期望和规则，朋友和家人的同伴压力；本我，就是无意识的意愿和驱动力，自我、超我和本我都是这些力和能量的来源。弗洛伊德假定，心灵中没有什么事情是偶然发生的。因此，在他看来，关于古老的心理学研究方法中所发现的"观念的联想"的随意言谈，都应该被准确的动力因果解释所取代。①

弗洛伊德彻底背离了传统的笛卡儿式的心灵概念，这种心灵概念对于其本身而言是直接可理解的（例如，可以利用信念、意愿、观点等全部内容）。在他看来，无意识是真正的心理实在。我们不能直接认识它，而是必须建立在我们对这个装置的输入和输出的了解的基础上，推断出深刻的精神力量的行动。但是，决定论仍然盛行，因此，弗洛伊德把自我描绘为一个"可怜的人"，它在本我的作用力和超我对于我们基本的性冲动和攻击冲动的令人痛苦的实在约束之间奋勇前进（Freud，1964：40-56）。对于弗洛伊德来说，这些性冲动和攻击冲动是对我们行为的普遍影响，在解释行为的动力因或者作用力的任何列表中，它们都必须得到解释。例如，他指出，性本能是我们的几乎所有的行为的来源，这就意味着，我们与其他人之间关系的方方面面，都受到满足力比多这种需要的驱动。

*固恋*是弗洛伊德潜意识分类法中的另一个关键特征。弗洛伊德相信，随着人们变得成熟，他们经历了以满足需求为特征的不同阶段，而且，在不同的阶段中，这些满足的方法都各不相同。如果在一个特定的阶段中，我们接受的

① 约瑟夫·里克莱克（Joseph Rychlak）指出，应该沿着与动力因果关系相反的目的因果关系（目的论）的路线，来诠释弗洛伊德对于决定论和因果关系的认识（Rychlak，1979：43-49）。可能在理想上它们应该就是这样。但是，弗洛伊德坚持把决定论当作一条科学信念，而且，大部分弗洛伊德学派的人，还有很多修正其精神分析传统观点的其他人，都坚持这一信念（Greenberg，Mitchell，1983）。

那种相应的满足过多或者过少，我们就会产生固恋；也就是说，我们不自觉的会不断地产生对那种适当的满足的相同渴望，对这种满足的渴望本来应该出现在生命的早期阶段。按照弗洛伊德的观点，固恋永远都不会消失，它永远存在于我们的自觉意识之外，永远影响着我们的一举一动。

弗洛伊德虽然是一个严格的决定论者，但他并不是一个彻底的还原论者，这点也是正确的。"精神"力量同时也是"意义"或者感觉和动机。它们及其在灵魂中的很多复杂动力学，都可以用有意义的、日常的语言如"爱"和"恐惧"等来进行描述。不能为了支持一种纯粹的自然-科学式词汇表，而消除这些有意义的或者意向性的术语，它们可以而且应该被用于很多有效的理论目的和治疗目的。因此，尝试在科学层面上是严谨的，同时，又可以获得对有意义的经验和个人的能动性的某种认识，在这一过程中，就"力量"和"意义"来说，在决定论词汇与目的性词汇之间存在着一种混合。

但是，这里面存在着一种张力。对于弗洛伊德来说，理论家或者治疗师所阐述的对人类事件的准确且有用的解释，只有在这一假定的前提下才是可能的，即一种严格的决定论在精神领域中占据支配地位。正如里夫（1959；1966）所阐明的，决定论撤销了任何有意义的行动的可能性，而弗洛伊德应该对此事负责，里夫甚至认为，即使我们想要努力提供安慰，以减轻决定论对人的自我概念的影响，这也是非常不恰当的。里夫把弗洛伊德描绘成"一个道德主义者，他从生活的痛苦中得到了关于正确的生活之道的教训"，除了别的问题，他需要尽可能诚实地面对决定论真理（Rieff，1959：ix）。事实上，在一个缺乏更大的目的和传统意义的世界中，弗洛伊德所建议的观点的核心是，对于无论是损失还是采用一种严密的"成熟教条"的坚定的实在论，"这一教条承认无意义是分析智慧的最终产物"（Rieff，1966：43）。

诚然，如里夫所指出的（Rieff，1966：63），弗洛伊德自己从未完全放弃过把个体从过度的压抑中解放出来这个想法（例如，潜意识驱动力或者对家庭或其他人的过分依赖）。他也想要至少最低限度地提高个体的生活满意度。很难想象，如果没有这样一种有效的理念，精神分析或者任何其他形式的治疗会持续存在并得到利用。然而，这并不必然意味着，弗洛伊德应该彻底绝望或者治疗活动应该结束。它可能意味着一种几乎根深蒂固的认识，即生活对于人类的意义性，应该促使我们重新思考严格决定论所假定的真理（见本书第十四章）。

对于弗洛伊德理论，那些友好的批评者（如 Habermas，1971；Schafer，1980）指出了一种深刻的不连贯性：弗洛伊德理论的一个基本目标是，理解并培养各种形式的自省，在治疗甚至社会中，这些形式的自省会进行合理的自我转化。但是，弗洛伊德的机械论的故事情节，又使我们不清楚如何实现这种合理的自我转化。弗洛伊德的机械论图景将选择和责任排除在外了。

对于一系列被划分为*精神动力学*的人格理论而言，弗洛伊德的观点是基础性的，同时，在心理学的几乎所有现代进展中，他的思想也颇具影响力。即使是最近的各种精神动力学理论，同样也遭受着相似的困难。科胡特的自我心理学（Kohut，1977），尝试通过把自我看作是努力实现其内在潜能的观念、抱负和技能的一个动态统一体，来教化并充实精神动力学方法（表现型个人主义）（见本书第五章，第二节，第三部分）。按照这种观点，在自我的发展过程中，父母参与发挥着主要作用。如果在成长的各个阶段中，我们的父母（或者其他父辈人物）不能提供适当的培养，那么，我们将遭受各种类型的"结构缺陷"，而这些缺陷将伴随我们整个人生。但是，在心灵中发挥作用的深层动力超出了我们的意识和控制的范围，这种观念仍然存在。此外，科胡特把自我看作是基于某种预先给定的模板，以一种类似驱动力的方式演变；因此，在这种流行的且具有影响力的修正主义的精神动力学理论中，有一种强有力的决定论形式正在发挥作用。

三、认知方法

当代心理学和其他行为科学，都受到众所周知的 20 世纪 60 年代发生的"认知革命"的极大影响。这一运动所引起的视角和研究通常集中于信息和信息处理概念。根据杰罗姆·布鲁纳（Jerome Bruner）的观点，这些方法把可计算性作为一个好的理论模型的必要标准（Bruner，1990：4）。布鲁纳描述了，在行为主义的漫长寒冬之后，认知革命的很多发起人（包括他自己）如何想要把"心灵"归还给人文科学（Bruner，1990：1-4）。不幸的是，正如很多评论家所指出的，应运而生的"新的认知科学"之所以能获得技术成功，"是以将它力图重建的心灵概念去人性化为代价的"（Bruner，1990：1），它把形成和改造那些重要的人类意义和理想，还原为了一种更为狭隘的"信息处理"。

　　对于理解人类而言，认知方法的这些可能的局限性，与其坚持一种对人类行动的严格的决定论观点紧密相关。在心理学中，大部分认知方法都遵守一种研究认知功能的输入-处理-输出模型，实际上，这仍然是把人类行动描绘为一个受规律支配的动力因果流，只不过它是在认知或精神事件的层次上来构造的（Taylor，1985a；Bishop，2005a）。行为可能并不会被看作是，必然由环境刺激或强化所决定的，或者必然是由身体或大脑的基础性的物理或化学"硬件"所决定的。尽管如此，行为仍然被视为，主要是由输入和内在的或者后天习得的"软件"所决定的。作为结果而出现的那些表现，无论决定它们的信息处理多么复杂和微妙，这种处理都被描绘为，由先天的环境输入（如记忆）和先天的倾向或者能力所决定。认知科学整体上的有效性和有用性，都依赖于这一决定论前提（Bandura，1977；1986）。理解这种决定论承诺的一个简单方式如下。假如你在你的电脑上正在键入一篇论文。如果这台电脑不是决定论的，那么，不时的就会有单词、短语或者句子被加入你的论文中，或者从你的论文中被删去。当你想要返回去解决这些问题时，可能一些其他的单词、短语或者句子，又会被随机地加上或者删去，如此，等等。这种计算范式要求，对于输入、输出（如行为）的处理而言是决定论的，以在实现其目标时是有序且有效的。

　　按照这种观点，动机、意向性、意愿及思想等，就都被还原为了信息输入和认知处理单位（Sternberg，Ben-Zeev，2001）。考虑一下这种情况，一个从未表达过爱或者赞美的父亲，导致其儿子以一组完美主义者的行为模式长大，儿子总是努力想要赢得潜在的父亲或者权威人物的认同。这些早期的儿童动力学被视为"程序"或者"软件"，它们提供了一些指令，各种认知单位如记忆或者识别（"硬件"），按照这些指令去处理一些新的信息，这些信息产生于儿子与同伴和权威人物的社会互动，当然也包括存储在记忆中的那些信息。用这种方法，认知心理学试图使这些行为变得可理解、可量化、可测量。

　　一些认知主义者可能会指出，我们可以对进入我们信息处理装置中的信息产生巨大的影响。例如，我们可以把眼睛闭起来，这样就可以集中于隔离出一个我们想要听到的声音。然而，这种影响常常被认为依赖于注意过程，而对于这些过程，我们几乎不能进行任何有意识的控制（Williams，1987）。此外，从

197

一种长期的记忆存储（这是一个我们不能进行任何有意识的控制的过程）中回想起的信息，也会影响现在的刺激。信息（现在的刺激和记忆）及其属性决定了它如何得到认知系统的处理。因此，按照这种认知分析，我们看似几乎不能对输入-处理-输出结构施加任何的影响。

还有一些更加精确的理论，它们包含着那些在输入-处理-输出结构的所有阶段中都发挥作用的认知过程，因此，在中央处理发生之前，那些传输进来的信息就已经被这些认知过程调节和过滤过了。这些调节过程连同认知系统一起，常被视为先天的，因此，它们决定了我们处理什么信息、我们如何处理这些信息，以及最终我们的行为。按照这种认识，目前尚不清楚一个人如何可以"干预"认知装置，以影响或者缓和正在运行中的决定论过程。

198　　　**四、人本主义方法**

从历史的视角来看，人本主义方法是作为对行为主义者和精神动力学方法的一种回应而形成的。尽管在这个范畴内，存在着各种各样的理论，但是，贯穿人本主义方法的一个统一主题，是其对强硬决定论的明确拒斥，而强硬决定论恰恰是我们刚刚调查过的那些主流理论的特征（Slife, Williams, 1995: 32）。有一些人本主义理论，用每个人内在的独特潜能代替了决定论的作用力和影响力，这种独特潜能构成了一种先天的认同感、一种对于我们成为什么样的人的引导，以及我们决策方向的一种来源。按照这种内在的潜能来发展我们自身，用亚伯拉罕·马斯洛（Abraham Maslow）（Maslow, 1998）的话说就是变得"自我实现"，这清晰地表达了表现型个人主义。按照人本主义方法，要发展这种独特潜能，我们需要追求自己发展路径的自由，满足我们需要的能力，以及理解我们需要的能力。

然而，尽管拒斥决定论看似是其他各种各样的人本主义理论所共同具有的东西，但是，人本主义方法是否已经避开了决定论，目前尚不清楚。每个人内在的独特潜能都对我们的认同感、我们的行为、我们的需要及我们的心理健康产生了巨大的影响。如果这种内在潜能根植于生物学（Maslow, 1998），那么它就是一种我们不能施加任何控制的支配性要素。在我们的控制之外，这些影响力的存在，本质上与精神动力学或者行为主义并无实质性的差异。此外，理解我们需要的能力并没有被描绘成一种自觉的能力；而事实是，它是一种藏在表面之下的特定类型的本能知识或者感觉，它所发挥的作用多少有点像精神动力学中的潜意识所发挥的作用。相对于精神动力学和行为主义中发挥作用的那些决定论形式，尽管这些决定论形式可以用弱化它们的影响方式来得到理解，但是，在一个因果层次有序的世界中，对有效的行动所需要的能动性和自由的解释，在人本主义理论中仍然没有得到解决。

第二节　动力因果关系与工具主义

在这些理论视角中，几乎每一个都体现了自然-科学式的社会研究模式，也就是说，在大多数情况下，人本主义方法都会因为太模糊而不能作出任何明确的判断，但是，它们常常表现得像是采用了自然-科学式的社会研究模式或者描述主义的社会研究模式的形式。此外，尽管这些视角之间存在着显著的差异，但是，它们似乎都完全接受动力因果关系和工具主义的行动概念（见第四章）。① 在行为科学中同样也是如此。而且，就这一点而言，调查过的那些视角存在一个共同之处，这个共同之处也体现在很多其他的行为科学中，那就是，它们相信，过去在因果上可以充分地解释现在的行为，尽管对于过去如何在因果上是充分的，它们所作出的解释存在着差异。有两种不同的动力因果关系和决定论模型，行为科学中的很多理论的核心，都是按照这两种不同模型中的其中一种塑造出来的。

一、物理模型

第一种模型称之为*物理模型*。对适当的物理作用力的充分解释，可以使我们理解一些物理过程的动力学（图 9.1），与此相同，对相关的心灵和社会作用力的充分解释，可以使我们理解所研究的人类行为（图 9.2）。精神动力学和行为主义都例证了这一模型，它们都依靠作用力作为行为的动力因，在很大程度

————————

① 我们再一次看到了，诸如存在主义理论这样的人本主义观点，离开动力因果关系链条之后，在解释能动性时常常太模糊或者表现不足。坚韧性这个特征（第八章，第一节）建立在存在主义方法的基础之上，根据动力因果关系和工具主义术语来解释它，会明显地歪曲这一特征，这就意味着在这些问题上，这些观点与主流心理学方法不存在任何显著的差异。

上就像人本主义方法所做的那样。人类行为可以根据形成它们的作用力来得到解释（这类似于精神动力学中的内驱力等，见图 9.2；行为主义中的刺激和强化；人本主义方法中的内置倾向）。这种模型不是把人看作意义和价值的创造者，更像是把他们看作电子，以似规律的方式对作用力做出回应。

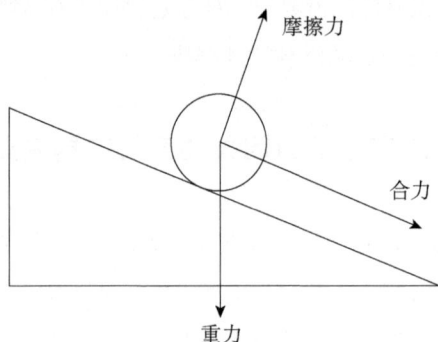

图 9.1　作用于一个滚动球上的物理作用力

作用于从一个斜面滚动下来的球上的合力是，使球下落的重力与斜面作用于球上的摩擦力，这两种作用力的总和

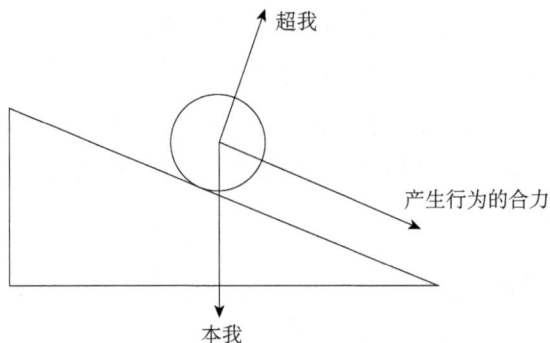

图 9.2　作用于自我上的心理作用力

想象一下，斜面上的球代表着自我。按照弗洛伊德的观点，本我和超我的作用力的总和，形成了一个人的行为

　　例如，行为主义理论把爱还原为一组由环境作用力所引起的行为。能动主体表现出爱的行为，是因为它们最终是由无意识的环境作用力和偶然性所形成的，或者是以这些环境作用力和偶然性为条件的。和电子一样，能动主体以似

规律的方式对这些外力作出了回应，并表现出由这些外力所决定的行为。因此，按照这种分析，婚姻中的每一个伴侣都会因为触动他们的那些刺激和强化所产生的影响，而被彼此吸引。两个人通过各种行为及其环境的其他要素（如家人和朋友，好莱坞电影等），不断地接收来自彼此的这种刺激和强化。对伴侣的兴趣的新认识，是这种刺激-反应-强化循环的一个例证。或者说，如果一个人表现出一种极其令人讨厌的习惯，那么，作为对接受这种频繁的消极刺激的一种反应，另一个人的愤怒可能会不断增强，冲突因此产生。如果这种负强化和作用力太多，就会导致其中一个人解除这种关系。

因此，爱似乎是由改变行为的那些刺激和强化所构成的，这看起来非常像是电子的行为，电子的行为通常被其环境中的电磁场和其他作用力所改变。按照这种观念，爱并不是我们通常所认为的那样，由它所具有的意义构成。在这个意义上，对婚姻关系的理论化，实际上改变了从我们的日常视角来看这种形式的承诺关系所具有的意义。因此，社会科学中的理论化，不是关于一个独立的领域，而是实际上会倾向于改变那些作为理论化主题的对象和实践，这就是一个例证（见本书第十章～第十三章）。

二、计算机模型

第二种模型是计算机模型。在这种模型中，因果作用体现为，支配输入-处理-输出这个认知图示的规则和结构，以及输入系统的信息所具有的本质。认知心理学例证了这种模型，它依赖于信息输入和处理在解释行为中所发挥的关键作用，依赖于各种记忆存储和恢复模式、多处理或者并行处理、各种处理层次之间的反馈回路及调解等，在每一个处理阶段，认知过程都选择并改变了信息。所有的人类行为，包括动机、意向性、意愿等，都被还原为了认知装置的信息输入和处理。这种模型把能动主体描述的像机器一样，根据逻辑的或理性的信息处理规则来运行。这种模型没有把人当作意义和价值的创造者，而是把所有行为都还原为认知系统的结构和那些输入系统的信息的本质。

例如，在计算机模型中，一个配偶的爱的行为，可以被还原为信息输入、表征和认知计算。婚姻中的每一个伴侣都拥有一种对另外一个人的心理表征，这种心理表征不仅包括物理形式，还有个性特征和意愿等。夫妻俩通过会话和

201

行动不断地从彼此那儿接收信息。认知单位处理这种输入并生成回应。可能表征会发生变化，如对伴侣的兴趣的新的认识。或者，作为对频繁的争论的一种回应，一个伴侣的怨恨可能会增加，冲突由此产生。在某种层次上，支持或者反对维持一段关系，是基于构成这一关系的所收到的信息、所完成的处理及所生成的输出等来进行衡量的。

因此，爱看似是由信息输入和处理构成的，呈现出一种类似机器的或者计算的特征，而不是如我们通常所认为的，由它所具有的意义构成。这种对于爱的信息-处理的特征描述，与我们对爱的体验和爱所具有的意义形成了强烈的对比。因此，我们再次看到了，我们对婚姻的理论化，改变了从我们的日常视角来看婚姻对于我们所具有的意义。更糟糕的是，如果我们改变我们的日常视角，以更符合这种"科学的"婚姻形象，我们就把婚姻转变成了一种工具主义关系，这实际上对于这种社会制度非常不利（见本书第八章，第三节）。

从这个角度来看，就很容易理解为什么一些思想家认为认知方法只不过是换汤不换药的行为主义了（如 Bruner, 1990）。认知方法不再借助刺激-反应-强化循环，而是借助信息输入、先天的软件/硬件和输出（行为）生成。唯一显著的差异可能是，认知方法允许心灵具有内在的机制和状态，但它与行为主义一样，强调了动力因果关系和决定论。

202　　　　三、动力因果关系与生活世界

在物理模型中，万事万物都被描绘成各种形式的动力因果关系。例如，行为主义依赖于刺激、反应和强化来解释行为，而精神分析学说依赖于内力和外力来解释行为。在计算机模型中，对连续的信息输入和信息处理的机械模型的无意识依赖，是对行为的动力因果解释。这些对人类行为的认识，与本书第六章所描述的日常生活的更整体论的、叙事性的特征，形成了鲜明对比。

在叙事图景中，人类活动总是发生在某一背景之下，这一背景由或明显或隐晦的假定、价值、承诺及实践所构成，而这些假定、价值、承诺及实践则产生于我们的文化-历史环境，也就是文化传统、家庭教养、过去的经验等，而我们的文化-历史环境经常不能得到明确地阐述，而且常常是不清晰的（Polanyi, 1962；Taylor, 1985a；1985b；1993）。这一背景有点像伪装意识形

态一样起作用，因为它们常常隐藏在我们自觉意识的表面之下。我们的行动总是一边受到这一背景的引导（形式因），一边受到我们对于自己未来的想象和理解的塑造（目的因）。回忆一下，这种叙事结构也是动态的：一旦我们参与到日常的生活活动中来，对于我们而言，这一背景及我们对未来的想象所具有的意义，就总是在不断发生变化，而这进一步揭示了我们目前对于自己及我们周围的世界的认识。

　　从这种整体论的视角来看，过去（记忆）和未来（如我们目前所预期的那样）与我们的现在，同时影响着我们对现在的解释，而现在也影响着我们对我们的过去和未来的解释。我们的生活故事就像一部未完成的小说一样，但是，它也会根据新的、常常是令人惊讶的实在，来得到重新诠释和适应。而且，虽然这些事件是顺序发生的（就像它们在小说中一样），但是，过去、现在和未来的同时存在所构成的叙事结构，就像一个语境（形式因）一样，影响着对这些新的事件的诠释和回应。

　　例如，一个学生对她的过去和未来的理解，从她进入大学到毕业，一般都会发生明显的变化，这部分程度上是因为在她学习期间遇到的朋友、选择的课程（包括那些不是她第一选择的课程！）及搬到的新社区。她以一组对她未来的期望（如成为一名护士）和对她过去的理解（如某人总是很快去帮助有需要的人）来开始大学生活。但是，经过大学生活不可预期的迂回曲折，她产生了新的期望（如成为一个市区学校的老师），并改变了对她过去的认识（如某人总是想要影响那些没有她那么幸运的人的生活）。在这种整体论的意义上，从动力因的视角来看，像过去改变现在一样，现在也改变着过去。①

　　很多人可能会指出，我们的生活经验在性质上是更加整体论的，与过去、现在和未来一致，在这种形式因的意义上，过去、现在和未来共同构成了一个当前语境（见本书第六章）。他们可能还会指出，严格依赖于动力因果关系会遗漏人类互动和行为的一些关键特征，例如，我们现在对于未来的想象，如何重塑着我们对于过去的诠释，事实上，我们的确想要理解更多关于这些关键特征的信息。

　　203

---

　　① 一些人可能会认为，相比标准的机械论解释而言，生活世界图景是一种理解弗洛伊德理论的更好的方式。对先前某一生命阶段的固态的揭示和处理，可以被视为从一种目前对自我的认识的视角对过去的改变。这可以被理解为过去和现在之间的一种相互的重塑。

然而，很多行为科学家，特别是认知主义者，可能会提出反对意见，因为根据图示和认知结构，他们的确把形式因考虑了进去，同时，根据目标和意愿，他们也把目的因考虑了进去。不幸的是，对图示和认知结构的认知主义理解，根据的是存储在记忆中的信息和处理单位的协调（Izawa，1989：第 10 章；Sternberg，Ben-Zeev，2001：第 3 章～第 4 章）。后一种协调产生于"软件"（以前受到的教育）和"硬件"（神经生理学）。因此，无论认知主义者想要代替形式因的是什么，都受到计算机隐喻的深刻影响，并且完全受到过去输入的动力因的影响的推动。换句话说，他们只是把动力因机制称为形式因，这是一种范畴错误。同样的，用目标和意愿来代替目的因，也被视为过去的信息输入和处理的产物。因此，从信息处理的视角来看，冒充形式因和目的因的实际上是动力因。在生活世界中所发现的形式因和目的因，正从心理学和其他行为科学的几乎所有的主流研究方法中消失。

四、工具主义的行动概念

正如我们在前面的例子（如本书第八章，第一节、第三节）中所看到的，心理学很大程度上预先假定了一种工具主义的人类行动概念。同时，它对动力因果关系和机制的依赖，从这种工具主义的行动概念和辅助性的伪装意识形态中获得了其大部分的合理性（见本书第四章～第五章）。

根据这种工具主义概念，能动主体完全沉浸在事件和过程的动力因果流中，同时，能动主体可以以某种方式改变这个因果流，并操纵它以满足其自身的偏好或者实现其自己的目标。根据物理模型，这些偏好是由刺激和强化所形成的，而根据计算机模型，这些偏好是由信息输入和处理所形成的，反过来，它们在这种处理过程中也发挥着重要的作用，它们形成了一个基础，在此基础上，我们可以通过执行"计算"来决定如何控制事件的进程。

这种工具主义的行动概念，看似非常适合一个由动力因果交互作用所构成的物理世界，这就在部分程度上解释了，为什么心理学家及大部分其他的行为科学家，对于他们的机械论的/决定论的世界和行动概念感到如此满意。事实上，他们对于这一概念如此满意，以至于他们甚至没有注意到，这一概念与我们的日常概念和行动之间存在着一定的张力。能动主体通过动力因果关系来发挥作用，而动力因果关系对世界发挥着作用，世界被构想为一个由动力因构成的互联网络，而能动主体显示出一种经得起科学研究检验的强有力的世界中的行动概念。然而，能动主体同时也操纵着他们周围世界的因果流，在上文中我们已经看到，能动主体同时服从一种强硬决定论，而这恰恰产生于流经能动主体的那些相同的动力因果关系渠道。换句话说，有一种对于某种形式的自由*和*能动主体概念的潜在假定，而正是这一假定，没有为这种自由留任何空间。这一张力随后将得到探讨（见本书第十四章）。

正如我们所看到的（见本书第四章，第三节），过分强调工具主义的行动、技术诀窍和控制，是以文化上有意义的活动和共享意义为代价的，这会导致，除了个人偏好或者纯粹意愿之外，我们在任何其他的基础上评估目的价值这种能力逐渐丧失（例如，只选择一种职业，因为它将为我赚很多钱，或者只是因为我想要帮助别人）。重新思考一下对婚姻中的爱的计算机模型的认识。夫妻双方可能都会收到积极和消极的刺激。把维持婚姻的好处与每个配偶的偏好和目标进行权衡。后者可以得到适当的满足吗？代价是什么？这本质上是一种把婚姻伴侣当作策略计算者的模型，它力图最大化婚姻伴侣的那些仅仅集中于个人的自我满足（见本书第八章，第三节）。从这个视角来看，意向性、思想、希望及意义等，就都被证明是信息输入、表征和认知计算的结果。每个伴侣都不断地处理各种信息输入，这些信息输入来自与这段关系的固定目标和目的相关的那些关系，同时，他们会权衡各种选择（维持现状、作出微小的调整还是巨大的调整抑或是离婚）的优劣。因此，婚姻变成了获得最大化满足或者自我实现的一种手段。然而，这种观点把婚姻变成了一种工具，它集中于那些对配偶而言最好或者最有利的东西，而不是关注爱或者牺牲的任何更深层次的意义。[①]

治疗专家和组织-管理顾问确实像他们的理论框架所描述的，以机械的、去个人化的方式对待他们的客户吗？通常不是这样的，因为在他们应对客户的过程中，他们常常在一个人性化的、个人的层面上来进行操作，但是他们并不违反他们所认为的那些客观性和中立性的义务。不幸的是，治疗专家和组

205

---

① 在这种认知图景中，我们可以讲述有关我们的关系的更深层次的意义，虽然这是正确的，但是，这些讲述也被证明是工具主义的，因为它们是我们自己信手虚构的，它们掩盖了一些潜在的、很大程度上是无意识的计算。

织-管理顾问并不总是能理解，这种理论承诺如何塑造着他们与客户之间的个人互动。

在这一点上，我们看到了理论和实践相分离的一个例证。一方面，在理论观点中对决定论、动力因果关系和工具主义能动性等的明确承诺，并不必然明确地构成很多从业者对待客户的实践的一部分。另一方面，他们所作出的这些承诺和所承受的这种张力，常常在那些从业者面对客户时潜在地显露出来。想象一下，一个具有坚韧性人格理念（见本书第八章，第二节）的存在主义治疗专家，她在与她的客户相处的过程中，并没有意识到一些潜在的伪装意识形态正在其理论概念中发挥作用。

第三节　原　子　论

影响心理学和其他行为科学的强个人主义概念，也支持着另一个关键假定：一种原子论的能动主体观。一般来说，原子论是这样一种观念，作为基本要素的原子尽管以复杂的方式被结合起来，但它们是彼此独立的。在心理学中，原子论的能动主体观采用的是 *社会原子论* 的形式，其观点是，社会由独立的个体构成，每一个个体都寻求其自身的目的（Taylor，1985a：第 8 章）。这种观点直接来自点状自我或者叫非社会自我及事实-价值分裂，而且受到对西方文化中流行的自主性、自由和个人主义的普遍强调的强化。它实际上是本体论个体主义承诺的一个直接影响。心理学之所以不倾向于把个人视为至少在部分程度上是由其所嵌入的社会-历史语境所构成的（就像在生活世界中那样），这种原子论形式可能就是一个原因。社会原子论假定，从根本上来说，人们都是在世界内交互作用的密闭的能动主体。这种能动主体概念非常契合诸如严格遵守动力因果关系、工具主义行动及自由个人主义等假定，而且它还影响着大部分主流心理学研究。

在心理学典型的能动主体概念中，原子论找到了一个非常合适的位置，但是这是极其可疑的。因为在社会层面上，它必然预先假定了一种个人主义的能动主体概念，如点状自我或者非社会自我，这与更加整体主义的生活世界形成了鲜明的对比，后者充满了意义、价值、希望、恐惧、相互依赖及斗争，在我们对于我们的过去和未来的认识这一背景下，它们慢慢体现出来。例如，如果没有形成这样一种背景的文化内的那些宗教团体、重要人物和其他社会经验，我们的学生可能不会形成使他成为一名教师的意愿和想象。此外，在我们生活、迁移和存留的社会-文化-历史矩阵中，这些特性也会显现出来。

如果认为心理主体以某种方式摆脱了这些基本的影响，如点状自我所暗含的那样，那么，从表面上来看，这就是在弱塑造世界的意义上把主体看作是分离的（见本书第一章，第四节）。毫无疑问，心理学家认为他们自己正在尝试把能动主体理解为在日常世界中行动，这样，把一种分离式的感觉归因为其方法，看似就是非常不公正的。但是，此处对于第一章所区分的两种意义上的塑造世界存在混淆。回忆一下，弱塑造世界的特征是，我们的环境，无论是物理环境还是社会环境，如何根据动力因果关系把外部与能动主体关联起来。与此相反，强塑造世界的特征是，考虑到我们的身体类型、生活方式和历史，对我们开放的那些可能性。心理学家并没有把主体当作完全是分离的，因此，他们提出反对意见可能是正确的，但是，不幸的是，主流的理论承诺只在弱塑造世界的意义上，为所构想的能动主体留有空间，这其实是一种受到动力因果关系渠道所支配的观念。例如，根据这种认知概念，历史实在和文化实在都必须在存储记忆中以某种方式被描述为，来自我们过去的动力因输入的结果。但是，以这种方式来看，理解构成诸如尊重这样的事物的历史和文化影响如何是有意义的，就变得很可疑。

然而，很多人可能会指出，只有强塑造世界才是人类所特有的，它把人类与其他事物如岩石、阿米巴和计算机等区分开来，这些事物都只能通过动力因果关系才能"参与到"人们的环境中来。心理学的主体概念，在很大程度上是一种分离式的主体概念，它仅限于探索那些被认为相关的动力因果关系渠道。与之相反，强烈的参与感要求形式因果关系概念和目的因果关系概念，以及对人类所居住的生活世界的一种更加整体主义的认识，以便在人类活动所涉及的方方面面来理解人类活动。

假定社会原子论的确允许心理学家以一种孤立的方式来研究主体，他们试图模仿那些作为自然科学标志的各种各样的可控的、可重复的实验。但是，一旦心理学家采用了这种狭隘的视角，他们实际上就会勉强接受研究一种受限主体，这种主体在我们所感兴趣的社会联系和人类能力的方方面面都是受限的。

社会原子论也对一些群体和社会互动的理论概念产生着影响，例如，那些发生在家庭、团体治疗、组织管理或者政党活动中的群体和社会互动。在社会-原子论者的观念中，群体仅仅是非社会自我的聚合，这些非社会自我通过动力-因果联系而不是有意义的参与、相互之间的义务和友情等来彼此交互作用。在我们的理论概念中，后面这些参与可以被转换为外部作用力（物理学模型）或者信息输入（计算机模型）。我们再次看到了，大多数心理学家和行为科学家都不可能把其生活中的人当作原子来对待，他们通过动力因果关系渠道来与这些原子进行交互作用。但是，作为其研究的核心，这种理论概念的确是这样对待人们的，这就强化了工具主义和自由个人主义，而工具主义和自由个人主义又推动了这种原子论概念。无论是物理模型还是计算机模型，都把能动主体描述为具有因果作用力的非社会中心，他们可以为其自身的目的而与其他自我进行交互作用，或者去操纵其他自我。这种理论建构易于破坏社会凝聚力和相互联系，它导致了一种不断增加的隔离和疏远的感觉，而这恰恰是我们通常想要培养的那些感觉的对立面。

第四节 意向性与可还原性

在很多时候，心理学哲学文献中所提出的问题实际上不能与心灵哲学中所提出的问题区分开来。心灵是什么？它如何与大脑关联起来？意识经验的本质是什么？意向性是什么？在心灵中存在对外部实在的表征吗？如果存在，这种表征是如何发生的？心理学可以还原为神经生物学吗？这些问题绝大多数都远远超出了本书的讨论范围。但是，心理学与神经生物学之间的关系，这一问题是一个可以简要地进行介绍的主题，它与还原论存在着一定的关联（见本书第七章，第二节，第一部分）。

心理学的大部分研究主题处理的是类似情绪、欲望、信念、动机及态度等的事物。我们可以把这类型的主题分类为*意向性*的主题。通常这个词的意义可以理解为"有目的的"，但是，哲学家为这个词规定了一种特定的意义，这种意义包含着我们的日常意义。哲学家会说，信念或者欲望是意向性的，因为它们具有命题内容，即它们以某种方式包含着关于事物的命题或者陈述：一个信念是关于一个我们所相信的命题的。按照这种观点，一个信念就是一个有知觉的人与某一陈述之间的一种关系：用哲学家的话来说就是，"X 相信 p"。"我相信在我的电冰箱里有比利时啤酒"，这一陈述就是一个例子。我是能动主体（X），我的信念是关于这一陈述的："在我的电冰箱里有比利时啤酒"（p）。后一个陈述代表着外部世界的事物的一个状态，即比利时啤酒在我的电冰箱里。我相信这个陈述中所描述的事物状态是真的或者假的。因此，如果我具有这个信念，那么，这一信念在某种意义上就包含着这个陈述，这个陈述构成了这一信念内容的一部分。我想要喝一杯比利时啤酒，这个愿望也是相似的："我希望我可以喝一杯比利时啤酒。"我的愿望的内容就是这一陈述"我可以喝一杯比利时啤酒"。如果我渴望得到它，那么这就是我想要实现的事情。按照这种方式，哲学家们谈论欲望、信念、希望及其他一些认知状态，认为它们是意向性的，因为它们具有命题内容或者是关于这一内容的。[①] 哲学家有时候会说，这些都是关于或者对于那些在陈述或者命题中所表达的内容的*心理态度*。

我们并非想要自称知道了我们大脑中的认知态度如何可以"包含"这些内容。可能"包含"和"内容"等观念最终是隐喻性的。这就提出了哲学中的一个核心问题：大脑（或者说心灵，如果心灵不同于大脑的话）如何表征世界的样子、如何表征我们对于世界的欲望，等等。因为大脑"包含着"陈述，这就意味着大脑必须以某种方式表征这些陈述的内容，这种方式不同于文字对中枢神经系统的灰质的表征。我们不仅不知道如何完成这一壮举，而且我们还面临一个关于表征本身的问题。

思考一本书，如《纽约证券交易所的历史》（*A History of the New York Stock Exchange*）。这本书有很多页，每一页都由句子构成，我们认为这些句子是表征这一历史的一个模式。但是，每一页上面的字本身并不表征任何事情。毕竟，一本书只是墨汁、纸浆和其他产品以一种特定的方式组合起来的某种组合物。想象一下，我们的历史书只是很偶然地被集合起来的一本书。这可能并不能表

209

---

① 这里包含着我们对目的性的日常认识，但是值得注意的是，虽然按照哲学家的认识，有目的的状态是意向性的，但是，按照这种观点，并非所有的意向性状态都是有目的的。就这一点而言，更深层次的哲学问题是，"心灵如何可以具有意向性状态？"

征任何事情，就像一个灌木恰好长成了迪士尼人物高飞的脸一样，但它显然并不能表征高飞。如果这本书或者这个灌木要想表征什么，就要求这本书的标记或者这个灌木的形状具有意义。这才是给予这本书或者这个灌木以表征属性的东西。

有人可能会这样来回应这种观点，他们指出，意义只是类似正确表征这样的东西。因此，一旦大脑正确地把灌木的形状表征为卡通人物高飞，那么我们就具有了创造意义所需要的所有东西。然而，实际困难是，意义并不是对一个外部客体或实在的正确表征的问题。诸如自由、平等、尊严等的概念，并不是给予我们的单词"自由""平等""尊严"等以实质内容的外部条件。准确地说，这些概念由一种特定社会的生活方式所构成，这种生活方式要求人们在思想和行动中理解、诠释和实践自由、平等和尊严。任何只集中于表征的意义理论，都将不适于获得这些概念的社会关联的/构成性的性质，不适于理解当它们在特定的社会中出现时，它们如何构成人们彼此之间的关系。诸如羞愧或尴尬这样的情绪，或者诸如尊重这样的社会立场，也都是如此。当我们在特定的社会中与其他人关联起来时，这些概念、情绪和社会立场，都是我们是其所是的不可或缺的一部分（例如，羞愧、尴尬和表示尊重在不同的社会中是不同的），而不是对一个外部实在的正确表征的问题。这样的情况大量存在，在这些情况下，不存在可以表征的任何外部实在。

此外，要尝试表征这些概念、情绪和社会立场，首先必须从其社会关联的/构成性的本质中来理解它们，否则，没有任何方式可以满足表征要表征的事物所需要的条件。这就是说，表征对于意义而言并不是最主要的。换一种方式来说，意义的表征方法，这一观念预先假定了一种处理意义的先验的诠释性的、日常的方法，来尝试确立标准以保证一种准确的表征，而这同样要求对这些关联的/构成性的特征及其阐释给出先验的理解。简单来说，获得一种处理意义的诠释性的、日常的方法，是获得一种可能的意义表征方法的必要条件或者基础。

210　　假如我正在读《纽约证券交易所的历史》这本书，而且这本书的内容被我大脑中的某一部分给表征出来了。那么，谁是诠释者，他可以通过诸如"读取"神经放电配置这样的方式来认识意义？谁可以掌握这个标准，通过这个标准来判断神经放电配置是否准确地表征了这本书所讲的历史？就这一点而言，我们想说，心灵具有达到这种目的所必要的意义和标准。但是，现在我们面临一个困境。如果心灵与大脑不同，我们就必须解决这样一个问题，不同于大脑的某物事实上如何与大脑交互作用。另外，如果我们说，心灵是大脑中某一个其他的部分，那么就会再次出现"读取"配置的问题。这很容易导致一步一步地后退，看不到任何最终的"阅读器"存在的可能性，换句话说，"读取"的尝试永远都不会结束。①

因为这些原因，一些心理学家和哲学家坚持认为，思想、意义和表征等人类力量，不能仅根据神经过程来得到解释。如果这是正确的，那么处理这些力量的心理学就不能简单地被还原为神经生物学。正如我们之前所看到的（见本书第七章，第二节，第一部分），因为关于还原论的哲学都市传奇是错误的，如果神经还原论者想要让还原论陈述可以通过检验，他就背负着形成一些好证据的重担，去证明心理状态可以还原为神经生物学。

第五节　评　　论

思考一下，心理学为我们提供了另一扇窗户或者另一种类比，来看待伪装意识形态在行为科学和其他社会科学中所发挥的作用。回忆一下弗洛伊德的概念：本我，也就是潜意识，隐藏着各种欲望和驱动力，而这些欲望和驱动力隐藏在意识觉知的表面之下。尽管如此，这些隐藏的欲望和驱动力还是影响并塑造着我们的每一个思维、感觉和行动。同样，伪装意识形态仍然隐藏在我们的行为研究和社会研究的表面之下，如果你愿意的话，可以说它们暗含在本我之中。尽管如此，这些伪装意识形态还是影响并塑造着人类研究的方方面面。像潜意识的驱动力和欲望一样，自由个人主义、自主性和工具主义的行动概念等的影响在社会研究和心理研究中很明显（见本书第八章）。而且，像弗洛伊德的驱动力和欲望一样，在我们可以揭露这些伪装意识形态的作用力并评估如何可以最好地处理它们之前，我们首先需要认识到它们的存在。

心理学和其他行为科学中所发现的那些伪装意识形态的作用，在行为-科

---

① 认为心灵等同于整个大脑，并没有任何作用，因为这只是重新叙述了这个问题的第一步。

学文献中，仍然是一个在很大程度上未得到解决的问题，就像在一般社会科学中一样。这就是我如此详细地讨论这个问题的一个原因。但是，伪装意识形态可能控制着在本书第一章中提到的一个问题的关键。回忆一下，在讨论各种科学概念时，我们注意到了，行为科学表现出大量的理论和方法论的不一致性。很多评论家也注意到，这与自然科学之间的反差非常突出。在行为科学中，几乎没有什么能得到普遍支持的系统性理论。以主流的人格理论和视角如认知主义为例，我们会看到，在这些各不相同的观点的追随者之间存在着巨大的不一致。有时候甚至在这些观点内部，也存在着很多的不一致。

　　如第一章所指出的，行为科学的另一个令人烦恼的特征，是其巨大的碎片化。主要的学科分支之间彼此独立，而且，在每一个学科分支内部，至少存在着成百上千个微小的理论和/或研究孤岛。这些孤岛内的研究是独立进行的，而且常常具有完全不同的方法论。在行为-科学学科内，缺乏一致性直接导致了另一个深层次的问题：在理论和实践之间存在着巨大的鸿沟（Bernstein，1976；Taylor，1985a；1985b；Slife，Williams，1995；Richardson，Fowers，Guignon，1999）。物理学家的实践受到其领域内的理论的深刻启发。然而，在心理学和其他行为科学中，人们到处寻找被研究者和治疗专家所普遍接受的理论的这样一种普遍影响。甚至发展到一种令人惊讶的程度，一旦开始选择，研究者和专业人员自己就开始设计或者应用人类活动的地图或模型了。

　　对于行为科学与自然科学之间的这种显著的对比的一个可能解释是：从社会科学创立之初，一直存在着一种把自然-科学方法应用于社会科学的强大推动力。当然，这些方法在社会研究中的成功预先假定了，社会研究与自然科学研究高度相似。尽管我们已经看到了很多关于支持和反对这两种研究类型之间的相似性的论证，但是，如果自然领域和社会领域事实上存在着根本性的差异，那么，我们应该期望大部分自然-科学方法应用于社会研究可能不仅不会取得任何进展，而且会导致我们所看到的那些碎片化。这样考虑的一个原因是，寻找作为经验理论基础的普遍规律（普遍-规律概念），与特定的解释形式联系在一起，这些解释形式有时候在自然科学中非常管用，但是一旦应用到社会科学中就会出现不一致。我们随后将探究解释（见本书第十五章），但是如果自然-科学式的解释模式被证明不适用于社会科学，那么就存在一个巨大的哲学问题需要重视：适合于心理学和其他社会科学的替代性解释是什么？

考虑到自由个人主义、自主性、工具主义的行动概念及政治自由主义，都支持自然-科学式的社会科学研究模式，那么有没有可能是，这些伪装意识形态实际上在很大程度上导致了行为科学中所出现的那些巨大的学科碎片化？

进一步的研究

1. 描述一下，文化理想如何在第一节中所描述的两种心理学理论和视角中表现出来。

2. 因果关系的物理模型和计算机模型分别是什么？在心理学理论和视角下它们是如何形成的？

3. 定义并阐释社会原子论。

推荐阅读

B. Slife and R. Williams，*What's Behind the Research? Discovering Hidden Assumptions in the Behavioral Sciences*（Thousand Oaks：SAGE，1995）.

C. Taylor，"Engaged Agency and Background in Heidegger"，in C. Guignon（ed.），*The Cambridge Companion to Heidegger*（Cambrige：Cambridge University Press，1993），pp.317-336.

第十章
理性选择理论

在社会科学中，有一个越来越有影响力的观点，它集中于能动主体的理性，把能动主体作为一种解释个体行为和社会行为的手段。*理性选择理论*和*博弈论*是这类型理论化的两个名称。这种观点采用了一种特殊的理性概念，使得理性信念成为解释行为的核心。其目标是，形成一些实践推理理论，这些理论在描述上是准确的、在预测上是成功的、在解释上是有力的。简单地说，理性选择理论是自然-科学式模式下经验理论的另一种形式（见本书第三章，第一节）。其支持者认为，理性选择理论的普遍性、简单性和解释力，使其对社会科学而言是一个理想的统一框架。

第一节　理性行动者概念史略

214

虽然理性选择的一些拥护者可以追溯到柏拉图和亚里士多德，但更有可能的是，这些哲学家自己都没有认识到他们自己是这种理性概念的提倡者。有些人甚至更明确地把理性选择概念追溯到霍布斯所主张的高度机械论的生活观（见本书第二章，第一节）。霍布斯指出，我们的行动受我们的欲望（如渴望食物或休息）和厌恶（如厌恶工作或痛苦）的驱动。一旦这些欲望和厌恶产生矛盾，我们就会被拉向相互排斥的行动方向。然后，理性或者审慎会通过某种计算，对于如何最好地满足一组特定的欲望作出判断（Hobbes，1994：第 V～VI 章）。对于霍布斯而言，理性并不评价在它之前就已经出现的那些欲望和厌恶，而只是权衡或者计算那些涉及满足欲望并摆脱厌恶的手段的要素。结果是，对于所有的能动主体而言，存在一些共同的、特定的行动规则，这些规则被公认为是满足欲望和摆脱厌恶的手段。这些欲望中有很多也是所有能动主体都共有的，如渴望维持自己的生命。因此，一个一般的行动规则可能也适用于每个人，如我们需要定时吃饭来活下去。这显然是以工具主义的视角来阐释理性和一些行动（第四章）。

对这一概念的另一个补充来自杰里米·边沁（Jeremy Bentham）（1748—1832）对功利主义伦理的发展。对于边沁而言，每一个行动都可以得到认可或者否定，这取决于它是否促进了能动主体的利益或者效用。在这里，效用被理解为任何事物都具有的一种属性，它倾向于形成利益、优势、快乐、善良、满足或者幸福，边沁认为这些属性对于能动主体而言，在很大程度上是同义的（Bentham，1970：第 1 章）。例如，一杯软饮料的令人享受的味道，或者慢跑对于跑步者所带来的快感等，都可以被视为效用。边沁还把关注点转移到了产生于行动的精神状态，在选择和行动中给予理性一种更加积极的作用。他指出，在一个能动主体的生命剩余的时间里，做那些可以最大化幸福（效用）的事情，是理性的，即使目前的欲望指向一个不同的方向。这是因为，每一个行动都具有某种效用，这一效用被假设为一种可测量的数量，这样，效用就可以增加和减少。因此，在理性选择中，每一个问题都变成了一个效用最大化的问题。由此，理性就不再如大卫·休谟（1711—1776）所指出的那样是感情的奴隶，而成为感情效用的计算器（更准确地说，是产生于感情的行动之效用的计算器）。最理性的选择就是最大化一个能动主体的效用的选择。或者更准确地说，能动主体试图最大化其期望效用，因为关于一个行动是否将导致期望效用，总是存在着一些不确定性。假如一个能动主体期望去当地商店并采购一些物品会最大化其幸福。在她去商店的路上，商店被闪电打到并且全部焚毁。那么，她就不会得到她之前所期望的幸福的增加。

如果与特定事物相关联起来的效用是可测量的，那么就需要某种可以描述这些单位的方式。经济学家和其他一些人常常假定，效用是与基数效用相对应的真实单位。^① 这就意味着，效用可以被测量为 0 单位效用，1 单位效用，2 单位效用等。按照这种方式，我们就可以说，一个能动主体倾向于一个事物比另一个事物是否有两倍之多，一半之多，百分之二十之多等。在理性行动者概念（见下文）内，一旦把各种效用单位分配给各种商品、服务和行动路线，这一假定就允许关于能动主体行为的各种定理得到证明。此外，它还会假定，可以作出人际间的效用比较，即便并不存在作出这些比较的程序。尽管如此，假定原则上可以作出能动主体之间的这种比较，这样，我们就可以描述不同能动主体之间的不同程度的欲望强度。

在 20 世纪，理性选择理论家在很大程度上放弃了幸福、快乐和渴望等享乐主义的语言，而更集中于能动主体的偏好。他们还倾向于更关注能动主体的偏好的排序。在这里，一个关键的假定是，能动主体可以始终如一地排列他们所面临的替代性选择。现在我们来清楚地解释这一假定，它包含两个基本特征：^②

（1）排序是完整的。也就是说，对于任何两个替代选择 x 和 y 而言，要么能动主体喜欢 x 超过 y，要么能动主体喜欢 y 超过 x，要么能动主体是中立的。^③

---

① 有时候这些单位也被称之为尤特尔（utils）。

② 把这一理论扩展为无穷替代选择集，并获得对博弈行为的理解，还需要一些技术条件，但是，在此我们将忽略这些问题。

③ 有些人质疑，对于能动主体而言，是否真的可能是中立的，但是，可能唯一需要做的就是，能动主体就像是在平等偏好的情况下保持中立一样行动。

（2）替代选择（偏好）的排序是可传递的。这就意味着，如果能动主体喜欢 x 超过 y，而且喜欢 y 超过 z，那么，能动主体喜欢 x 超过 z。

按照这种观点，一个理性能动主体就具有了完整且可传递的偏好，同时，他可以在可行的替代选择之间选择他最喜欢的无论什么东西。而且，他最喜欢的就是可以最大化一个能动主体的期望效用的选择。按照这种观点，一个非理性选择可能就是这样一种情况，在这种情况中，一个具有完整且可传递的偏好的能动主体，选择了一些并非是他最喜欢的可行的替代选择（例如，相比百事可乐更喜欢可口可乐，但一旦两个都可以得到的话，他选择百事可乐）。尽管这是一个一般的能动主体的理性概念，但是，通过相关能动主体的动机或者偏好等内容（如经济利润、政治原因），我们就可以把经济理性与政治理性及其他理性区分开来。

因此，能动主体就被定义为一个具有偏好的实体。以人为例，理性选择理论家通过参考一个人对自己的或明显或含蓄的判断，来评价他们的相对效用。假如一个人喜欢黑巧克力的味道，但不喜欢其他类型的巧克力的味道。那么就可以说，这个人把更高的效用与一种世界状态联系了起来，在这种世界中，其他所有的事物都是平等的，相比消费被颠倒过来的状态而言，她消费更多的黑巧克力和更少的其他类型的巧克力。很多理论家用效用来表示一种对主观心理满足的测量（到 20 世纪 30 年代，边沁和其他一些人就是这样对这一概念作出了一般的诠释）。

可能部分程度上是因为行为主义的影响力不断增加（见本书第九章，第一节，第一部分），一些人开始反对在理论上使用"不可观察"实体，如心理状态及其满足。经济学家保罗·萨缪尔森（Paul Samuelson）（Samuelson, 1938），通过把效用变成一个纯粹的技术概念，给效用赋予了一种替代性的定义。因此它不需要再直接诉诸心理状态。按照萨缪尔森的提议，一个能动主体的效用只不过就是，反映这个能动主体一贯欲望的行为，无论这种行为是什么。这是一种循环定义，但是，那些追随萨缪尔森的理论家，则想要把"能动主体采取行动，以最大化其期望效用"这一陈述当作一种同义反复。尽管同义反复本身没有用，但是，它在把研究语境固定下来这个过程中的确发挥着一定的作用。同义反复还发挥着另外一个重要功能。很多理性选择理论家认为，效用概念和一

216

般的理性选择理论，都应该适用于任何类型的能动主体：人、熊、蚂蚁、公司甚至国家。他们并不想要一个仅仅局限于具有人类心灵和心理状态的能动主体的理论。因此，当这些理论家指出，能动主体采取行动以最大化其期望效用时，这只是对什么可以称得上一个能动主体的定义的一部分，而不是关于可能的内部状态或动机的经验主张。

心理学家给这一概念增加了另一块内容。在 20 世纪 50 年代，心理学家采用了各种统计推断和数据分析工具。自从这些工具被确定下来，它们就被视为认知过程的模型，从那时起，行为主义开始放松了对认知过程的禁令（Gigerenzer，Murray，1987）。各种类型的统计方法变成了模型，这些模型被用于理解在各种刺激中，心灵如何进行归因，或者心灵如何被发现和识别出来。此外，这些具有统计学基础的认知机制开始与效用计算和期望效用的最大化关联起来。

第二节　理性行动者概念

我们现在能够更加充分地描述*理性行动者概念*的特征了。如上文提到的那样，根据这一概念，理性行动者具有一种完整的、可传递的偏好排序。另外，理性能动主体这一概念假定了偏好在很大程度上是策略性的，即偏好针对的是那些对能动主体而言重要的目标或者目的。这也是一种工具理性的推理概念，也就是说，理性能动主体集中于对实现这些目标而言最好或者最有效的手段（回忆一下在本书第八章第二节中讨论过的，哈丁所援引的那种导致人口问题的手段-目的推理）。此外，根据这一概念，理性能动主体拥有关于其偏好和所有可能的行动路线的完整信息，同时也拥有关于其他能动主体的偏好和行动路线的完整信息。推理总是遵循严格的逻辑形式或者其他一些似规律的形式或算法形式，而且能动主体完全没有认知局限性（例如，他们具有完美的记忆，可以无限快地思考，等等）。关键是，与对策略理性的强调一致，理性行动者概念假定了理性能动主体总是可以为最大化其期望效用而行动。换句话说，能动主体从根本上来说是利己主义的而不是利他主义的。最终，效用被假定具有基本的可测量性，也就是说，它们以离散单位的形式出现，而且，它们可以在人们之间进行比较。

考虑到所有这些假定，这种能动主体概念意在解释行为。这样推测起来，如果能动主体根据这一概念理性地行动，那么，我们就可以理解为什么他们会在一组给定的环境中像他们所做的那样表现。同样，即使从实践立场上来看，理性行动者概念没有那么重要，但是，在原则上理性行动者概念可以使能动主体对其选择和行动作出准确的预测。我们需要知道的就是，能动主体的偏好和效用。假定一个能动主体知道所有可以买到的可能的比萨饼组合。给定有关他最喜欢的比萨饼的信息和知识，那么，我们就可以准确地预测他将订购哪一个。这种预测力可以使经济学家对于诸如福利作出判断和建议，这样，政府就可以把商品和福利适当地分配给那些有需要的人。如果政府致力于将整体的期望效用最大化，同时认识到福利资源对穷人的影响要比对富人的影响更大，因此，把这些资源分配给前者就是理性的判断。而且，理性行动者概念也允许政治学家预测候选人和各种议题的选举结果。这种能力对于一个潜在的候选人决定是否要竞选公职而言至关重要，或者说，对于帮助一个政治集团决定是否要投资一场特定的公民投票而言，也都是至关重要的。

与对预测的强调相一致，理性选择理论的很大一部分集中于对理性的条件及其影响的形式化。除了假定能动主体的偏好是一个完整的、可传递的集合外，它还假定了能动主体的偏好满足连续性条件。因此，这些偏好可以用一个序数效用函数 U 来表示。这就意味着，可以这样来定义一个表征能动主体的偏好的函数：

　　当且仅当能动主体宁愿选择 X 而不选择 Y 时，U（X）＞U（Y）

且

　　当且仅当能动主体同等地喜欢 X 和 Y 时，U（X）＝U（Y）

因此，函数 U 形式化地表征了偏好顺序，但是除了这个排序之外，函数 U 并不包含任何其他的信息。[①]

[①]　从技术上来说，U 的任何保序转换同样也代表着能动主体的偏好保序转换，因此，对能动主体的偏好独特表征而言，存在着一个潜在的问题。

通过给能动主体的偏好增加一个额外的无关性条件，连同一些其他的技术条件一起，这些偏好就都可以用一个期望效用函数表征出来。一个无关性条件可能采用各种各样的形式，但是它们都大致主张，替代选择之间的偏好以某种方式独立于这些替代选择所共有的特征。假如让你在抛硬币所涉及的两个结果之间作出一个选择。在这两种情况下，如果硬币背面朝上你会失去一美元，但是，如果硬币正面朝上的话，你会赢得奖金。无关性条件说的就是，如果你是理性的，那么，你对一个结果而不是另一个结果的偏好，关键在于当硬币正面朝上时你对奖金的偏好，而不是当硬币背面朝上时所出现的结果。

进一步发展：萨维奇的理论

回到边沁那里，理性行动者概念假定了，能动主体的意愿、信念、希望和恐惧，也就是说他们的偏好，都是可以用同一单位进行度量的。每一个偏好的效用都可以按照同一个尺度进行测量，这样，就可以在偏好之间及能动主体之间进行比较。这一假定并不是从任何一个理性概念中推断出来的；相反，它是一个关于偏好的心理学假设。如果没有这种基本的可测量性假定，理性行动者概念就不会起任何作用，估量或者权衡效用也是没有任何道理的。

我们没有什么真凭实据去支持这种关于能动主体的偏好的基数假定。此外，如前文所指出的，很多人认为，一个理想的理性概念应该独立于这些心理学假定。维尔弗雷多·帕累托（Vilfredo Pareto）、萨缪尔森和伦纳德·萨维奇（Leonard Savage）的工作，都试图把理性建立在一个稳固的、非心理学的基础之上。萨维奇（Savage，1954）的理性理论仍然被很多人视为对理性选择的最令人满意的处理。

对于萨维奇而言，从根本上来说，可以根据决策彼此之间的一致性来理解理性。在他的理论中，包含三个基本的概念。第一个是世界状态的概念，世界的状态被视为类似这样的事件，例如，投掷硬币出现正面朝上，两个骰子都出现二点，或者，一个当地的面包师在上午十点售罄了百吉饼。第二个基本概念是行动，萨维奇借此意指一系列可能的结果。每个事件都有一个结果，能动主体在各种结果之间进行选择。行动就是对一个硬币掉落在地上正面朝上，或者如果面包师售罄了百吉饼的话不得不从他那儿买一些更贵的东西等的结算。第三个基本概念是偏好，能动主体的偏好常被视为可以通过她在行动之间作出的选择来得以揭示。按照这种方式，萨维奇并没有直接引用关于偏好是什么的假定；他只需要能动主体通过他们的行为来揭示其偏好。

给定这些基本的概念，萨维奇作出了一些假设（其中有一些是技术性的假设）。大致来说，主要有四个假设：①理性行动者对于所有可能的行动有一个完整的、可传递的偏好排序；②考虑到可以想象得到相应的事件会发生，行动者的偏好就可以在任何一对给定的行动之间被确定下来；③这些偏好只依赖于在那个事件中那些行动的结果，而独立于对事件本身的描述；④如果行动者更愿意把赌注压在第一个事件而不是第二个事件上，那么这个事件在主观上就比另一个事件更有可能实现。萨维奇从这些假设中推断出了一个定理，大意是，如果一个行动者的偏好满足所有这些假设条件，那么这个行动者将作出像她在最大化期望效用中所作出的那样的选择。此外，可以给每一个结果赋一个值或者权重，这样就可以通过数值或权重对这些结果进行排序，而这等同于行动者的排序。这些数值发挥的作用就是相对应的结果效用。而且，结果证明，对每一对行动也可以选择这些数值，这样，根据期望效用对行动的排序就相当于它们在行动者的偏好排序中的排序。 220

因此，根据萨维奇的理论，不能作出关于意愿或者信念的任何明确的心理学假定。能动主体被描述为就像他们正在进行功利主义计算一样，这种计算涉及，在能动主体的所有可能的选择之间，对实现每一个行动的期望效用的效用和概率的测量。效用和概率及它们的意义，都被认为可以通过能动主体作出的选择来揭示。因此，这个数学框架类似于之前描述的理性行动者概念中所使用的那种框架，但是，关于偏好和效用的心理学假定应该已经消失不见了。

萨维奇的理论有其优点，但也不是完全没有问题的。例如，它仍然假定了上文所提到的完美的或者理想化的理性假定（例如，以某种算法形式作出选择，人们拥有他们可获得的完整的信息，人们没有认知障碍）。此外，它常常被对人类行为的矛盾解释所困扰，如很多人之间的合作、承诺、自我牺牲、受难、内省及犹豫不决（Hollis，Sugden，1993；Jaeger，et al.，2001）。对于这个理论中的这些悖论，有一些尝试性的解决办法，但是，考虑到能动主体从根本上来说是利己主义的这个假定，这些尝试性的解决办法看起来都是非常反直觉的，而且，看似只能被构造出来以拯救这一理论，这与在理论内部被完全地激发出来形成了鲜明对照。

其次，行动的所有理由或者动机永远都是向前看的，绝不会向后看。换句话说，选择总是受到关于未来期望的战略原因的推动，而永远不会受到对过去行动的内疚、懊悔或者羞愧等感觉的推动。从表面上来看，这看似遗漏了一些促进人们行动的强有力的情绪原因，如向慈善机构捐款，以减轻对某人财富的内疚感或者摆脱对某人财富的羞耻感或不安。或者，对于两个政党之间的往来或者达成协议的历史，如果完全根据效用和向前看的理由来描述其影响，这一历史就会被彻底毁掉。萨维奇观点的捍卫者常常这样来回应这个问题，他们把这种向后看的动机重新诠释为那些表征一种未来被恢复的名声的效用值。但是，这一举措至少存在两个问题。一是，它删除了某人行动的理由的所有痕迹或者根据，把所有的动机都转换成数值或权重，也就是效用。二是，这一举措完全错误地描述了我们的日常动机和行为。我们作出的任何选择几乎是没有完全向前看的，反而经常受到我们的过去的影响。如果否认这一点，就是试图把真实的行为理论化为某种不同于它们实际所是的样子；这不是一种无害的、客观准确的描述，而是对人类行动的重新诠释！

萨维奇理论的第三个困境在于，偏好独立于对事件的描述这一假定。之所以需要这个假定是因为一些技术原因，但是，如果人们关于事物的意愿、信念和感觉等，并不是独立于对事件的描述，那么这个理论就行不通了，回忆一下我们在第六章第三节所看到的，事件允许多重描述，而且，这些不同的描述并不需要在意义上是同一的。事实上，不同的描述一般会赋予事件不同的意义或者对事件作出不同的诠释。那么，我们为什么应该期望一个人的偏好对于这些不同的描述完全不敏感呢？信念、意愿、感觉及人们观察事物的方式，对于不同的描述或意义的反应不同（例如，相比半满的玻璃杯而言，半空的玻璃杯是一种强调消极而非积极的描述）。因此，萨维奇的理论实际上不仅假定了对事件的多重描述在意义上是相同的，而且还假定了这种同等性对于人们而言是显而易见的，或者退一步说，对于人们而言它们不是不切实际的假定。或者说，关于多重描述之间的显而易见的、单义的意义，如果萨维奇的理论没有作出相应的假定，那么，它就是在作出一个关于人们观察事物的方式的同样不切实际

221

的假定，即人们观察事物的方式完全独立于对事物的描述。

一个最终的问题是，萨维奇的理论并非独立于任何心理学假定，恰恰相反，它实际上大量地掺杂着这些假定。不存在诸如信念、意愿、感觉等心理状态，这就是心理行为主义的一个假定（见本书第九章，第一节，第一部分）。而且，对选择和偏好的排序，必定是沿着类似于刺激-反应-强化循环这样的路线来作出的。对于这一理论中所描绘的能动主体而言，所存在的其他可能性是什么？这些可能都是有害的心理学假定。另外，把向前看的理由解释为动机，*就是*一种对动机的心理学分析，因此，萨维奇并没有给我们提供一种没有心理学假定的理论。此外，他的解释使得关于能动主体的大量形而上学的假定，就像是一般的理性行动者概念一样（见下文）。另外还有一些对自由个人主义等文化理想的严肃承诺，只不过是以本体论个体主义和功利型个人主义（见本书第五章）及工具主义的行动概念（见本书第四章）等形式出现的。因此，这种理性理论也隐藏着一些严重的道德承诺（见下文）。

222

第三节 方法论个体主义与理性行动者概念

在历史上，除了其他人之外，弗里德里希·冯·哈耶克和波普尔都曾有很强的动力去追求方法论个体主义（见本书第七章），以避免马克思式的宏大理论。这种动力更多地产生于，担心这种宏大的理论化会提升"集体主义""理性主义""历史主义"等。冯·哈耶克和波普尔都认为，心灵的这些特征有助于极权主义的形成。随着时间的推移，西方社会中极权主义蔓延的危险看似变得越来越遥远，而这种对集体主义的恐惧，也逐渐被削弱，对集体主义的恐惧曾经激发了对方法论个体主义的很多争论。

如果不是因为从20世纪80年代早期开始，社会科学家对于理性选择理论的兴趣突然激增，对方法论个体主义的严肃讨论可能已经完全消失了。产生这种兴趣的一个关键原因是，囚徒困境和博弈论的发展，或是对个体行动和集体行动的博弈论分析的发展。博弈论框架提供了一个简单但强有力的模型，这个模型可以被用来表征个体交互作用的结构，反过来给了方法论个体主义以新的生命。理论家可以更加准确地判断，当社会理论家忽视个体的动机和行动时，他们可能会（并且经常会）犯的错误。方法论个体主义变得很重要，它不是被作为一种避免在政治思想上犯"集体主义"错误的方式，而是被作为一种避免作出关于集体行动动力学的错误推断的形式。虽然对于解释能动主体的行动而言，共同利益的存在看似是一个充分的动机，但是，它似乎也形成了一种搭便车动机。个体可以从为促进共同利益而作出的行动中获益，但是，当群体中的其他成员为促进共同利益而行动时，如果他们袖手旁观，他们甚至会获益更多。这样，如果每一个个体都能从搭便车中获益更多，就没有人有动机去为促进共同利益而行动了。

囚徒困境采用了一种非常简单的形式，它阐释了一种存在于很多理性选择理论化中的博弈式结构。假如两个嫌疑犯被分开监禁。尽管有关当局相信这两个嫌疑犯犯了抢劫罪，但是，他们没有充分的证据在法庭上进行定罪。有关当局坐下来与每个囚犯单独进行会谈，并仔细思考了以下几种替代选择。如果两个囚犯都不认罪，他们将会被指控某种较轻的罪行，如非法持有枪支罪。结果，这两个囚犯都将受到较小的惩罚。如果他们都认罪，他们将会被起诉。但是，作为对认罪的交换，有关当局将建议给他们少于最高判决的罚款。但是，如果一个囚犯认罪而另一个囚犯不认罪，那么，认罪者将因为供出对同犯不利的证据而得到宽大处理，而不认罪者将受到最高刑罚。因此，对于每一个囚犯而言，问题就都是决定认罪还是不认罪。

按照下面这种方式，把这个决策转化为理性行动者概念。假如每一个决策的结果都可以用它们的投资回报来表征，在监狱的年限就可以被转化为期望效用（在表 10.1 中，基于他们各自的决策，有序对中的第一个数字指的是囚徒 1 会得到的宣判，第二个数字指的是囚徒 2 会得到的宣判）。

表 10.1　简单的囚徒困境

	认罪	不认罪
囚徒 1	3, 3	1, 5
囚徒 2	5, 1	2, 2

如果没有一个囚徒认罪，他们每个人可能都会得到 2 年的从轻处罚。如果他们都认罪，他们每个人会得到 3 年的处罚。最终，如果第一个囚徒认罪而第

二个囚徒不认罪，那么第一个囚徒会得到 1 年的处罚而第二个囚徒会得到 5 年的处罚。如果第二个囚徒认罪而第一个囚徒不认罪，那么第二个囚徒会得到 1 年的处罚而第一个囚徒会得到 5 年的处罚。因此，任务就是，利用理性行动者概念来决定，对每一个囚徒而言，当强调选择个人主义本质时，理性的选择是什么。

方法论个体主义和理性行动者概念之间的区别在 20 世纪后半叶逐渐模糊起来。例如，埃尔斯特（Elster，1989）假定了，对方法论个体主义的承诺会导致对理性选择理论的承诺。埃尔斯特的理性选择概念明确赞同工具主义的行动概念："行动不是因其自身而受到重视，也不是因其自身而被选择出来的，它们或多或少是一个深层次目的的有效手段。"（Elster，1989：22）他进一步指出，工具理性意味着，理性选择理论家可以把任何具有良好偏好排序的能动主体的理性行动，表示为一个效用函数的最大化（例如，通过萨维奇的定理）。并非每一个认可理性行动者概念的人，都赞成埃尔斯特关于这种工具主义联系的认识。尽管如此，在方法论个体主义被广泛地认为就等同于理性行动者概念的过程中，埃尔斯特的观点发挥了关键作用。① 然而，这种同化所存在的问题是，它意味着个人主义解释必定是根据理性行动者概念而作出的。尽管这种理性概念是规范性的，它规定了什么时候一个能动主体的行动才是理性的，但是，方法论个体主义可能独立于能动主体所参与的各种理性（包括以各种方式进行非理性的行动）。

第四节　对理性行动者概念的批判

理性行动者概念在很多方面都有其优点。而且，对于什么理性可以被广泛地应用于社会科学中，它看似给出了一个非常明确的标准（例子将在本书第十一章和第十二章中进行讨论）。但是另一方面，它又是一个非常有问题的关于人类理性和行动的概念。

理性行动者概念的一个简单困难在于，偏好或者选择的对象的个体化。思

---

① 纳什均衡概念提供了对博弈论的"解决方案"的标准定义，特别是排除了行动者之间所有的交流形式。这些解决方案在发生这种交流的情况下并不起作用（Heath，2001）。这显然代表着一种极端的个人主义要求。

考一下所谓的多阶段最后通牒博弈。史密斯提议在自己和琼斯之间分割 100 美元（第一个最后通牒）。琼斯可以接受或者拒绝史密斯的提议。如果琼斯拒绝这个提议，那么钱的数量会降低为 50 美元，同时，他开始提出一种对这 50 美元的分割，史密斯也可以接受或者拒绝这个提议（第二个最后通牒）。如果史密斯拒绝琼斯的提议，那么他们两个什么都不会得到。假如史密斯提议把这笔钱分给自己 70 美元，分给琼斯 30 美元。琼斯拒绝了，然后提出平分这 50 美元（每人 25 美元）。假如琼斯更愿意要更多的钱而不是较少的钱，那么这个选择看似就违反了偏好的可传递性条件。琼斯更愿意选择 30 美元而不是 25 美元，但是，他为了 25 美元的可能性而拒绝了确定的 30 美元（还存在一种极小的可能性，那就是，史密斯拒绝了琼斯的最后通牒，结果导致两个人什么都没得到）。

根据理性行动者概念，这种行为看似是非理性的，但是，事实上，这种行为普遍存在（Ochs，Roth，1989：362）。根据理性行动者概念，选择的对象是

225   钱的数量。实际上，在选择情境中存在着更多的东西，而不只是金钱或者对潜在的经济收益的偏好。琼斯拒绝了 30 美元，因为这是"一个不公平待遇"的一部分，是史密斯最初提出的对 100 美元的不公平的分割。因此，琼斯实际上更愿意获得 25 美元，因为这是公平分配的一部分，而不是得到那多余的 5 美元，不公平分配的一部分。只要选择的对象被界定为金钱，那么可传递性就失效了。然而，如果选择的对象包括公平性问题，那么就不存在可传递性失效的问题，因为在这场博弈中，琼斯更愿意选择公平性而不是他可以获得的任何可能的钱数。

这是一个似真的观察，但是，它产生了一个严重的问题。对于将选择的对象个体化，如果没有一些约束条件，那么，诸如可传递性这样的理性条件就是空洞的。公平性并不是像金钱一样类型的对象。如果"X 比替代选择 Y 更可取"并不是像"X 比替代选择 Z 更可取"一样的选择对象，那么，琼斯选择 X 而不是 Y，选择 Y 而不是 Z，选择 Z 而不是 X，就没有违反可传递性。至少对于如何使选择个体化而言，不得不施加一些附加的实质性条件。但是，诸如选择正义或者公平而不是得到更多的钱这样的选择，其本质是道德负载的，与人们如何看待他们的处境有很大的关系，而不是与对效用的某种量化有关。因此，不可能对选择的个体化施加某种客观的或者非利益相关的约束条件。

产生于这个基本观念的第二个问题是，能动主体最大化其期望效用，即预先假定了某种期望概念。然而，对于期望有一些可能的数学定义：算术平均（如一组数值的平均值）、几何平均（如一组数值的 n 次方根）、中位数（如数值分布的中间值）。如果我们想要把期望效用中的不确定性考虑进去，那么对于某一期望值的变化性，就存在着各种各样的测量。但是，我们关于世界的任何知识，或者我们对于推理的任何了解，都不能把这些定义或测量中的某一个当作唯一正确的而挑选出来。如果没有这种独特性，理性行动者概念的数学形式化就会存在模糊性。

理性行动者概念是一种规范性的理性概念，这就意味着，它为理性应该是什么设定了标准。如果一个能动主体满足这一概念中规定的所有条件，但是却作出与这一概念所界定的理性选择相反的选择，那么她就是在非理性地行动。或者说，如果一个能动主体并不能满足所有要求，那么她就会被断定为，在她达不到标准的那些方面是有欠缺的或者是有局限的。但是，这个理性标准是有问题的，因为它假定了很多不切实际的理想化，使得它不适合于作为人类理性的一种指导。理性行动者概念在实验室及日常环境中的解释和预测力的失败，证明了它的不适当性（Tversky，Kahneman，1981；Rayner，1986；Ochs，Roth，1989；Tversky，Thaler，1990；Hollis，Sugden，1993；Jaeger，et al.，2001）。这些困难中的其中一些将在本书第十一章和第十二章进行讨论。

一、理性行动者概念与似真性

考虑到理性行动者概念所存在的问题，还有它的一些相当难以置信的假定（例如，完整的偏好排序，对所有结果的完整知识，没有认知障碍，完美的算法推理），为什么它还被这么多人视为是似真的？其似真性部分程度上来自，它使用日常故事来装扮并隐藏这一概念的极端理想化，并且，提供了一种对这个框架内要素的诠释。否则，这些假定就只是为了证明定理提供了一个数学框架，与真实世界的现象没有任何的关联性。因此，如果没有日常故事来对这个框架的数学要素提供一种诠释，理性行动者概念可能就没有任何的经验内容，因此，也就不是可试验的。

思考一下上文所讲述的囚徒困境的故事。它描绘了一幅我们在书籍和电视里都很熟悉的场景，在这种场景中，战略决策显然被期望可以发挥作用。经过一种适当的诠释，这样一种场景就匹配了一种抽象的战略博弈结构。在这幅场景中，所有的行动者及所有的替代选择和结果，显然都是确定的。因此，这个故事发挥的作用就是对理性的理性行动者概念进行诠释，就像之前表 10.1 中所描述的"结果矩阵"那样。从技术上来说，我们所需要的只是关于理性行动者概念的一些假定，即行动者的偏好和结果矩阵，行动者所作出的理性决策，都是完全确定的。但是，这个故事允许我们把理性行动者概念和结果矩阵中的要素与具体的情景特征进行匹配。我们可以指出，只有当故事和诠释匹配是高度似真的时候，理性行动者概念才可能具有解释力和预测力（Grune-Yanoff，Schweinzer，2005）。

关于这些故事所完成的诠释工作，有一点需要注意，那就是，它们需要把决策情境转换成策略理性的种种情况。在描述可以作出战略决策的情境时，这可能是合适的。但是，如果日常情境中的每一个决策都被认为可以转换成理性行动者概念，那么这些故事就容易歪曲决策，而不只是把情境与理性行动者概念联系起来。假如你正试图决定是否要买一辆车，同时，主要考虑的是，买一辆混合动力、混合燃油的车，还是买一辆高燃油里程、普通燃料的车。这些显然是一个战略决策情境的构成要素，在这种情境下，关于汽车寿命的经济因素就是主要的因素。另外，假如你只对哪一种车可以给你带来更多的驾驶乐趣感兴趣，而不管经济因素，这就是另外一种情境了。在这种情境下，如果说你忙于策略理性，就更不是似真的了，因此，使用一个故事来把这个选择重新诠释为理性行动者概念中的一种策略理性情况，看似会把你的选择歪曲为不同于它本身的某种事物。①

还有一些其他方法来操作这个故事，以使理性行动者概念看起来更似真。如果我们规定，没有一个囚徒会因为供出对另一个囚徒不利的证据而感到良心不安，那么这种情况就更类似于一种策略理性。然而，如果我们规定，两个囚徒都觉得有责任受"罪犯的荣誉守则"的约束，而不告发同伴，那么，把策略理性视为这一情节的关键特征，这种观点看似就更不似真了。它使得这些情节

---

① 有人可能会否认有趣是一种策略考虑，这的确多少有点令人难以置信。在本书第十一章和第十二章中将讨论这种重新描述不可能实现的更多例证。

产生了两个额外的问题，这两个问题流入了理性行动者概念中。首先，每一个情节都可以得到无限的重新描述，而且每一个描述都可以被无限地改进。但是，这个特征严重影响了一个既定的情节在多大程度上"适应"理性行动者概念，因为随着描述得到改进或者情境得到重新描述，意义就发生变化了（见第六章，第三节）。除非有人故意描述一个情境或者改进一个特定描述，来尽可能严密地适合理性行动者概念，否则就不能保证新的描述或者更加精确的描述，将与理性行动者概念产生更多似真的关联。反过来，这也意味着，实际上不存在对于一个既定情境的客观描述，来证明这一情境的确是适合理性行动者概念的一种策略理性。

　　另一个例子是，思考一下适用于解释成瘾的理性行动者概念，即所谓的理性成瘾者理论（Becker，Murphy，1988；Elster，Skog，1999）。根据这些理论，成瘾者被描绘为，可以形成关于最优消费的理性计划，而且他们具有稳定的偏好。换句话说，效用最大化概念适用于追求快感的成瘾者。毫不夸张地说，把成瘾者看作理性行动者，也就是说，把他们当作可以应用工具推理来决定最大化效用且最有效手段的人，这绝对是一种滥用。一般来说，我们都把成瘾者当作人们非理性的行动来伤害自己的范例（但是，那是因为在这些判断中，我们采用的是一种不同的理性行动）。成瘾者可以没有任何认知障碍地行事，他们考虑到了自己的长期利益，而且，他们可以应用完美的逻辑或者某些其他的决策算法来进行选择，这种观点看似是荒诞的。但是，讲故事可以努力掩盖成瘾这种理性行动者概念的非似真性（Rogeberg，2004）。

　　各种事物都可能使一个人成瘾，如香烟、可卡因、慢跑、宗教、赌博等。按照理性成瘾理论，我们常常按照以下路线来讲述关于成瘾的故事。例如，一个成瘾者今天吸食或者注射某种东西越多，明天她的健康状况就会越糟。但是，她今天吸食或者注射的越多，她感受到的快感就越值得（也就是说，她对于成瘾的东西的边际效用①就越高）。此外，分享她的成瘾，也会给她带来在一个特定的社会人群中想要的地位和接纳，这就使得成瘾除了给她带来快感之外，还有益于她（也就是说，实现了她的其他偏好）。因此，那些感知到的好处和她的偏好，导致她继续成瘾，并通过成瘾来形成那些可以最大化其成本-收益的

228

———————————
① 边际效用概念将在本书第十二章第一节中得到定义和阐释。

理性计划。如果今天放弃她的成瘾，如突然完全停止使用毒品，今天就会给她带来更多的痛苦（也就是说，减少了她对成瘾的东西的边际效用）。但是，戒掉她的成瘾不仅可以使她的健康状况得到改善，还可以减轻成瘾所带来的对她银行存款的严重消耗（也就是说，增加她可能追求的其他商品的边际效用）。又或者，她可能遇到了梦想中的男人，而这个男人不吸毒。环境的变化，可能会使她的成瘾对现在的她而言不那么重要（也就是说，会减少成瘾的东西的边际效用）。把这些其他的偏好的效用合计起来，成瘾者可能会逐渐意识到，戒掉这个习惯才是她喜爱的生活方式。如果是这样，理性成瘾者理论指出，与其他效用相比，她成瘾的边际效用现在非常低。理性地来看，对她而言现在不可能继续成瘾，因为现在这些偏好比她对吸食或注射某种东西的偏好要更重要。

这种讲故事的方式把替代偏好与效用价值联系了起来，这样，理性行动者概念这个机器就可以被用来解释成瘾，并预测在何种条件下会戒掉成瘾（当成瘾的东西的边际效用比她的其他偏好的效用还要低的时候）。我们再次看到，这些情节能够在它们的描述和重新描述中得到无限的改进。而且，任何一个特定的改进或者重新描述，都不能保证可以保护理性行动者概念，除非讲故事的人明确的努力，坚持诠释和改进，以继续把这个情节与理性行动者概念框架中的要素关联起来。因此，不存在对于诸如成瘾这样的情境的客观描述，来证明成瘾的理性行动者概念从某种角度来看是正确的。但是，对于理性行动者概念的支持者而言，他们可能很容易骗自己去相信，像理性成瘾理论的支持者所做的那样，通过诠释和描述一个给定的情境，就可以使其适合他所偏爱的概念，这样，任何给定的情境都可以似真地使用理性行动者概念。

第二个相关问题是，作为自我诠释性的存在，人类对情境的认识受到驱动他们行动的意义和诠释的深刻影响。如前文所探讨的（见本书第一篇和第二篇），对于自我诠释性的存在而言，其行动和决策在很大程度上由其自我理解所构成。这就意味着，没有一种情境是具有策略理性的情境，除非其中所关涉的人就是这样看待它的。把一个涉及选择的情境描述为理性行动者概念所适用的一种情境，就是每当行动者实际所看到的情境不同于一种特定的理论描述时，武断地把这种特定的理论视角强加于行动者之上。这是理论描述如何实际上改变人的意义及人所参与其中的实践的另一个例证。对于给出一个适用于理性行动者概念的描述而言，除非存在一些非利益相关的、客观的证据或理由，然后描述以作出关于人类的实质性假定而告终，而这些假定迫切需要得到严肃的辩护；否则，这些假定就是完全武断的。

二、理性行动者概念与文化理想

许多人认为理性行动者概念似真的第二个理由，产生于这种认识：作为伪装意识形态的文化理想的作用（见本书第二篇）。理性行动者概念的假定的似真性，在很大程度上来自诸如工具主义的行动概念、自主性和自由个人主义等文化理想。

例如，理性行动者概念预先假定了社会原子论（见本书第九章，第三节），因为它假定所有社会行动都只是个体选择的聚合。它还假定了理性是个体的一个属性（例如，不存在诸如独立的大型社会或者集体理性这样的东西）。但是，正是这种本体论个体主义构成了自由个人主义的基础（见本书第五章，第二节，第一部分）。此外，理性行动者概念因其强调能动主体在很大程度上是期望效用的最大化者，而明确地例证了功利型个人主义（见本书第五章，第二节，第二部分）。即使当理性行动者概念适用于社会行动时，群体、制度甚至政府等也都被诠释为效用最大化的个体化能动主体，以使它们适合理性行动者这一概念。但是，从理解集体行动和形成社会政策与经济政策的立场来看，这是非常有问题的。例如，城市扩张带来了很多可持续性挑战：就业-住房失衡、集中贫困、财政收入差异、社会-经济两极分化、污染和健康风险、生境丧失及物种濒危，等等。理性行动者概念通过把单个的人类、家庭、企业和政府模拟为寻求最大化效用的单个能动主体，来解决这些困难。然而，城市扩张所带来的这些挑战要求协调的集体行动，理性行动者概念并不适用于应对这种行动（Jaeger，et al.，2001）。

此外，这一框架还明确地例证了工具主义的行动概念。它把所有的决策情境都转变成了作出战略决策的情境，同时，把所有的决策都转变成了最大化期望效用的问题。尽管我们在生活中有时会真的面临这种类型的情境，但并不是我们所面临的所有决策都具有这个本质，而且绝大多数决策都不具有这个本质。理性行动者概念并未区分这两种类型的选择，反而把它们视为最大化期望效用的工具主义问题，这恰恰阐明了批判理论家已经辨识出的那种对技术诀窍与道德诀窍的混淆（见本书第四章，第三节）。

诸如自由个人主义和工具主义的行动概念这样的文化理想，像伪装意识形态一样运行，对于掩盖理性行动者概念的不合理性发挥了很大作用。这些理想强化了对理性行动者概念作为一种可靠的人类理性观的认识，有些人甚至认为它是正确的人类理性观。毕竟，如果每个人都是一个功利个人主义者，那么，理性行动者概念对于描述个体选择的特征而言就是一个可以使用的正确概念。实际上，理性行动者概念代表着一种在本质上被赋予道德生命的行动概念，这一概念同时也倾向于强化那些推动其形成的文化理想。毕竟，如果理性行动者概念是正确的，那么每个人都应该是一个功利个人主义者。如果社会科学家、决策制定者等都把理性行动者概念吹嘘为一种对人类理性和行动的科学认识，那么，他们实际上在暗中认可并强化了很多文化理想，正是这些文化理想构成了现代西方生活方式诸多问题的基础。

有时候，这些文化理想的影响是非常具有破坏性的（例如，把所有的行动都转化成工具主义的行动）。把利己主义的个体极端地描绘成总是追求其自身的效用最大化，就是一个恰当的例子。如上文所指出的（见本章第二节，第一部分），理性行动者概念的这个特性，对于解释社会合作、自我牺牲和受难、对于几乎所有的宗教和道德观点的精神和伦理进步的高度评价等，都带来了严

231 重的问题。但是，坚持把所有的能动主体都看作是利己主义的，描绘出了一幅非常暗淡的人性图景，这会鼓励我们进一步追求超级个人主义以满足我们的所有需求。幸运的是，我们的精神和道德传统与理性行动者概念的利己主义特征完全相反。作为文化中的权威人物，科学家的态度具有非常重的分量，如果是科学家告诉我们，我们从根本上受到最大化我们的个人效用的驱动，那么，这将会瓦解很多利己主义行为的精神和道德壁垒。而恰恰是这些约束会控制我们所谓的最坏的行为，而不是那些从根本上来说科学的行为。因此，我们再一次看到了，假定的客观的、科学的概念，在这种情况下就是理性行动者概念，其实根本不是客观的或者价值中立的。无论理性行动者概念的支持者是否想要这样做，它实际上都强化了人类是利己主义的能动主体这样一种特定的伦理观念。

三、对显而易见之物的赘述

有些人通过上文阐述的那些思考，遮蔽了理性行动者概念的非似真性，他们常常称赞这一框架为各类社会现象提供了深刻的见解，如利己主义能动主体之间的合作行为的发生等。思考一下，理性行动者概念最近的工作总结，其中一部分内容集中于博弈论：

> 近期的模型已经证明，进化过程（遗传进化或者文化进化）如何可以维持大型群体中的合作或者那些没有重复交互作用的合作。昂贵的信号传递模型已经证明，如果"高性能个体"可以通过对公共产品作出实质性的合作贡献来准确地标记其性能，如何维持这些个体之间的合作（如像同盟国或伙伴这样潜在的令人满意的合作）……例如，伟大的猎人可能会为一场公共宴会提供所有的肉类，或者，百万富翁可能会为其社区捐赠一个娱乐中心。同样地，基于信誉的模型已经证明，如果个体不对公共产品做贡献的名声，通过在一定的二元社会互动中改变其他人对待他们的方式，降低了他们自己的收益（或者健康），合作如何得以维持……最后，有一些模型允许个体既可以有助于公共产品，同时又可以［惩罚］不做贡献的人，这些模型已经揭示出稳定的合作性解决方案，特别是当合作和惩罚策略受到社会学习的影响时……因此，对于大型群体中的合作难题或者没有重复交互作用的合作而言，一些可能的、稳定的解决方案现在已经出现。（Henrich，2006）。

值得注意的是，在使这些结论对于读者而言更加似真并强调战略和工具特征的基础上，故事发挥了一定的作用。然而，如果认为对于"合作难题"的深刻理解或者其解决方案"现在已经出现"，却是完全错误的。至少从古希腊时期（亚里士多德还是其他人？）开始，我们就了解了合作行为的内部工作原理。最近出现了一种模拟这类行为的数学框架，但是，它并未提供对合作行为的任何新见解。事实上，相比我们伟大的精神和道德传统而言，理性行动者概念所能传递的那些贫乏见解并没有那么深刻（相比四道菜的意大利晚宴而言那根本就是稀粥）。此外，理性行动者概念实际上掩盖了社会行为中所发生的事情，因为它的那些关于什么构成理性能动主体的非似真性假定，特别是它对于严格的利己主义行为的强调。

很多人可能会认为，我们的宗教和道德传统中所表现出来的那些文化和社会进步，实际上可以归因于生物学进化（这是亨里奇的引述中所暗示的观点）。但是这个回答预先假定了，文化和社会现象可以还原为生物学现象。而且，这个预先假定依赖于还原论是正确的这个哲学都市传奇，而这个都市传奇明显缺乏证据（见本书第七章，第二节，第一部分）。

四、理性行动者概念与可证伪性

正如上文所指出的，根据理性行动者概念相对于经验证据的预测，这一概念几乎没有成功过（Tversky，Kahneman，1981；Rayner，1986；Ochs，Roth，1989；Tversky，Thaler，1990；Hollis，Sugden，1993；Jaeger，et al.，2001）。有一些方法可以尝试并应对这个问题。一个方法是咬紧牙关，承认理性行动者概念在经验上有不足之处，并为一个更适合的框架而放弃这个框架（如Gigerenzer，Selten，2001）。另一个可能是，把理性行动者概念当作一种对用于决策的要素进行的分析重构。无论人们是否按照这一框架所描绘的方式作出选择，都与主题无关。决策过程的结果是否接近这一框架所预测的内容，才是最重要的。换句话说，把人们当作他们好像是理想化的理性行动者一样。在解决理性行动者概念明显失败的预测上，这个回答实际上并没有多大帮助。

另一个回答是，认识到这一框架严重的不适当性，并尝试修正这一框架，以满足证据。不幸的是，这些后来的尝试大部分要么是非常特定的、反直觉的，要么使得这一框架不可证伪。波普尔为他所谓的证伪主义方法论进行辩护，根据这种方法论，科学家应该系统地阐述"在逻辑上可证伪"的理论和假设。也就是说，理论或者假设必须可能与某些可能的观察不一致。逻辑上可证伪陈述的一个标准例子是，"所有的天鹅都是白的"。证明这一观点错误所需要的就是一个非白的天鹅的实例（如有一只黑天鹅）。波普尔认为，万一理论或者假设在测试中失效，假如有一些替代的理论或者假设尚未在任何测试中失效，那么，科学家应该想要拒绝这个理论或者假设（Popper，1992：87）。然而，对于波普尔来说，通过一个测试并不能证实一个理论或者假设，或者说，并不能为我们提供直接证据去相信这一理论或者假设。它只是证明了，继续使用它的科学家是正当的，因为它还没有被证伪。此外，科学家应该不断尝试证伪理论和假设，直到它们在这种测试中失效。

作为一种对科学方法的综合性分析，证伪主义有着严重的缺陷，但是，理论和假设必须冒着被证明为错误的风险，这个观点一般被视为科学的一个关键特征。事实上，一方面，如果一个理论或者假设是不可证伪的，那么，一般而言它就被认为是不科学的。[①] 因此，高度理想化的理性行动者概念表现不佳。它看似已经被证伪了，因为在面对经验证据时它失效了。另一方面，这个框架看似是不可证伪的。如果我们检验理性行动者概念的那些假定，我们会发现，它只有在完美的条件下才有效，而这些条件永远都不可能在我们的世界中实现。因此，严格来说，这个框架在我们的世界中是不可试验的，因为我们永远都不能符合试验这一框架所必要的条件。通常，理性行动者概念的支持者把其失败归结为我们的世界不完美，但这会使得这一框架不可证伪，因为错误永远处于这个理论之外。

即使支持者不会因为理性行动者概念的失败而怪罪处于一个不完美世界中的不完美人类，但这一框架仍然很容易变得不可证伪。对于之前关于文化理想与其他价值和意义所提出的反对意见，一个标准的回答是，指出这些只是在能动主体偏好的形成过程中发挥一定作用的影响。毕竟，理性概念并未预先假定任何关于人类的偏好如何形成的事情，因此，这一陈述继续发挥作用。然而，这一回答使得理性行动者概念变得不可证伪，因为对行为的任何表达都总是可以以这种方式得到重构。这就意味着，任何背离理性行动者概念的偏差，都可能因为对能动主体偏好的重新描述而得到拯救，这些重新描述恰恰沿着影响偏好的这些理想和价值的思路。因此，假如这种重新描述可能，就意味着，如果一个辩护者足够聪明，他就可以以这样一种方式来重铸能动主体的偏好，使得理性行动者概念的预测被证明是正确的。但是，这是伪科学的标志，而不是一种科学的人类行动研究方法的标志。[②]

越来越多的努力被集中于改变理性行动者概念中的一些假定。例如，通过

---

① 波普尔把证伪主义看作是区分科学与伪科学的一个标记。他曾公开指出，马克思的历史理论和弗洛伊德的精神分析学说都是不可证伪的伪科学（Popper，1963：33-38）。

② 假定的重新描述看似是不可能的（Taylor，1989；1995）。

放松能动主体具有完美的知识这一假定，允许能动主体随着其自身的发展不断学习，模拟变得越来越接近真实的人类行为。或者允许能动主体实际上可以反思和反省他们所做的事情，这看似也是有帮助的。尽管这些改进易于创造一个可以实现更好的预测成功的概念，但它们也易于使我们集中于讲清楚对显而易见之物的赘述，甚至是用这种能动主体概念来处理我们自己和其他人的日常生活场景。

第五节 评 论

还有另外一种方法，按照这种方法，理性行动者概念是价值负载的而不是价值中立的。特别是在西方社会中，我们会受到专家意见的强烈影响。所以，如果吹嘘理性行动者概念的经济学家、政治学家和其他社会科学家告诉我们，我们是效用最大化者或者通常是利己主义的，那么，我们就会倾向于相信他们，并相应的进行行动。这是双重诠释学在发挥作用，在双重诠释学中，社会科学家的理论化实际上改变了人们观察自身的方式，并且转而塑造着人们的行为（见本书第三章，第二节）。这也是福柯思想的一部分，他指出，社会科学范畴塑造并调整着人类的生活（见本书第三章，第四节，第二部分）。理性行动者概念把人类描述为效用最大化者和利己主义的，这两个道德品质一般被视为消极的道德品质。

我们可能会通过援引内格尔对评价性价值判断和描述性价值判断之间的区分来回应这一观点（见本书第六章，第一节）。理性行动者概念的支持者可能会指出，它所做的只是描述在何种程度上人类是效用最大化者和利己主义的。[①]这一框架及其支持者并未对它们在道德上是好的品质还是坏的品质作出评价。准确地说，社会科学家只是试图去搞清楚这些特征的影响。但是，如果社会科学家概念化的能动主体概念，改变了人们对于自己及其行为的道德认识，那么，她就是在认可这一概念化的概念所包含的道德品质就是美好生活的概念，无论她是否有意这样做。在这个意义上，理性行动者概念对于它所包含的道德属性并不是中立的；相反，它明显支持这些道德品质。毕竟，这是一种

235

---

① 有人错误地认为卡默勒（Camerer）和费尔（Fehr）（2006）就是在做这个工作。

*规范性*的理性概念！而且，理性行动者概念的支持者也明显支持这些道德品质，她认为这一框架准确地描述了人类。她自己可能会憎恨利己主义的人和行为，但是，她假装是价值中立的，并使这些评价离开了她的研究。具有讽刺意味的是，因为不明确地批判这一框架的道德品质，她对理性行动者概念的支持，强化了她个人所反感的利己主义的和功利主义的道德品质。

我们再一次看到，社会科学不可避免对每个人倡导某些价值和某种美好生活概念。社会科学家和哲学家越快认识到这一状况并开始认真对待这一状况，我们就能越快取得进展，去阐明价值和文化理想在社会科学中的有害影响。

——— 进一步的研究 ———

1. 选择理性行动者概念的三个假定并评价它们的似真性。
2. 描述你认为对理性行动者概念的最强烈的反对意见并指出为什么。
3. 伪装意识形态如何包含在理性行动者概念中？

——— 推荐阅读 ———

J. Henrich，"Cooperation，Punishment，and the Evolution of Human Institutions"，*Science* 312（2006）：60-61.

C. C. Jaeger，O. Renn，E. A. Rosa and T. Webler，*Risk，Uncertainty，and Rational Action*（London：Earthscan 2001）.

O. Rogeberg，"Taking Absurd Theories Seriously：Economics and the Case of Rational Addiction Theories"，*Philosophy of Science* 71（2004）：263-285.

第十一章
政 治 学

政治学产生于政治哲学这门学科，因此，它被认为遗留了在政治哲学中所发现的各种理论和价值偏见。顾名思义，政治学采用的是"科学方法"，即自然-科学式的调查模式，这进一步把它与政治哲学区分了开来。因此，政治学一般被视为对政治和政治体系的事实充满热情的科学研究，除此之外，政治学还摆脱了形而上学承诺和价值承诺，还伴随着自然科学转向了事实与价值之分。政治哲学至少可以追溯到柏拉图和亚里士多德，它是对政治结构和政治理论的规范性研究，在政治哲学中，人们可以评价并争论情况应该是怎样的。在理论上，政治学家独立于任何评价而力求揭示并检验政治事实。

谢尔登·瓦林（Sheldon Wolin）用以下这种方式阐释了政治学与更传统的政治哲学之间的区别，也可以叫作政治学与政治智慧之间的区别：

政治智慧与政治学之间的对比，基本上涉及两种不同的知识形式。科学形式代表的是寻求在逻辑上一致、在经验上可试验的严密的公式化表述。作为一种形式，它具有紧凑性、可操作性和相对的语境独立性等属性。政治智慧……［存在于］历史、制度知识和法律分析中……关于过去的政治理论的知识可能也包括在内。整体来看，这种复合型知识代表的是一种与科学型知识形成鲜明对照的知识形式。其行动模式与其说是探索的风格，不如说是反思的风格。它注意到了逻辑，但并不像关注经验的不连贯性和矛盾性一样。因为同样的原因，它也不信任精确。政治生活并没有赋予简洁的假设以重要性……恰恰就是在这种环境下，对行动和事件而言语境变得最为重要。因此，这种类型的知识倾向于是提示性的和启发性的，而不是明确的和固定的。（Wolin，1972：44-45）

237

例如，想象一下，一个政治学家正在回答"社会安全应该私有化吗？"这个问题。这是一个规范性问题，它要求我们回答我们应该做什么。理论上，政治学家的回答应该会沿着这一思路，即引证国会通过这项立法提案会获得多少支持，或者说，这个立法提案如何"对选民产生影响"。换句话说，她的回答是根据原因和结果作出的描述性回答，而不是对什么是处理社会保险规划的最佳方式的道德反思。然而，这种描述性的行为并不像看起来的那样无害，因为它把最初的道德问题转换成了政治问题。无论政治学家是否意识到，她都已经暗示了在规范性问题与政治问题之间不存在任何区分。但是，这并非无关紧要的举动，因为它为伪装意识形态开启了大门，它们伪装成政治事实存在于假定的客观描述之中。

另一个例子是，研究选举人的态度与选举之间的相关性。这被视为一种价值中立的方式，通过这种方式可以揭示有关选举行为的政治事实，其中，统计技术的使用使得政治学家可以作出关于更深层次的政治事实的推论和预测（例如，下次选举中可能的获胜者）。但是，正如我们在第二篇中所看到的那样，这种研究根本不是价值中立的或者客观的。政治学并不比任何其他的社会科学学科要更价值无涉，这也就不足为奇了：像其他学科一样，政治学从政治自由主义、自由个人主义和自主性等伪装意识形态中吸收了很多东西，而且倾向于利用工具主义的行动和主体-客体本体论与认识论等一揽子交易。

第一节　政治学概述

作为一门学术性学科，政治学出现于 19 世纪晚期。[①] 这门学科在很大程
238 度上表现出组织化的自然-科学式的研究形式和描述主义的研究形式，它在部
分程度上围绕着具有不同规模和特征的主题：

（1）公民、选民和领导人的态度/偏好的形成；例如，这些形形色色的行
动者如何思考政治结果，作出投票选择，以及形成他们对于政治世界的认识。

（2）社会组织、群体和阶级；例如，组织设计、改革、社区权力。

（3）取决于国家规模及其构成要素的制度；例如，行政部门和立法机关、
政党、利益集团。

（4）国家之间的国际关系；例如，州际合作、国家利益、贸易。

（5）社会组织和政治组织的历史。

政治学家使用的方法多种多样，从文本研究，无论是对历史文本还是当代
文本的研究，到对特定事件或政治人物和政治运动的深度个案研究，再到问卷
调查和测量工具。尽管研究方法多种多样，而且作为研究主题，政府和政治的
意义范围很广，但是，都强烈关注对"参与者或者观察者认为重要的结论"进
行研究（Polsby，2001：11698）。[②]

20 世纪早期，政治学受到一种被称为*制度现实主义*的方法的主导。顾名
思义，这种方法强调了对诸如政府的分支机构、政党和利益集团等制度的研究。
现实主义来自对这些制度之间的实际关系而不是其法律关系的研究的关注。其
目标是，揭示政治领域的事实，并在制度层面上给出解释或者描述，这与方法
论整体主义方法是一致的（见本书第七章）。

作为回应，一种被称为*政治行为主义*的非常有影响力的运动出现了，它支
持把自然科学的认识论和方法论应用于对政治现象进行研究。这种行为主义结

---

① 　与这一主题相关的、公认的最古老的学术讲座，是乌普萨拉大学雄辩术与政府的约翰斯凯特
讲座。

② 　有人可能会担心，这种"重要感"体现了什么价值，以及政治学家对于这些价值是否是完全描
述性的。

合了来自行为心理学（见本书第九章，第一节，第一部分）、经验社会学和经济学（见本书第十二章）的一些内容，把基于定量数据的对政治现象的描述、解释和预测作为其目标。这种数据可以通过借用社会-科学学科的随机抽样、问卷调查和统计分析等技术来进行收集和分析。这种方法把事实与价值二分奉为研究的一个关键特征，因此，它强调对政治领域的解释和预测，而不是评价或者改变这一领域，也就不足为奇了。

从行为主义者的立场来看，政治学的其余部分都被视为缺少解释力和预测力，而且充满了复杂性。例如，制度现实主义不能仅通过对制度及其关系的分析，来给出对欧洲法西斯主义出现的一种适当解释。行为主义者一般支持方法论个体主义作为一种适当的解释方法（见本书第七章），韦伯渴望对政治事实作出价值中立的判断，并形成逻辑实证主义的框架（见本书第一章，第二节，第一部分）。这被视为一种研究政治现象的严密的、科学的方法。

政治行为主义可能是20世纪六七十年代政治学的主导性方法。在那之后，行为主义一词开始失宠（就像心理学中的行为主义那样），但是，这一运动的经验和方法论重点仍然继续塑造着很多当代的政治学研究。在从现实主义向行为主义转移的过程中，对日常政治活动的分析开始失势，并逐渐被那些对诸如政治决策、政治角色、政治体系、政治权力及利益集团等的理论概念的分析所取代。

正是通过行为主义，政治学获得了强烈的经验理论导向（见本书第三章，第一节），并把经验理论作为其解释和预测政治现象的基础。伴随这一导向而来的，是对理解政治行为的原因的强调，无论这种原因是心理原因还是社会原因。

行为主义下的政治理论化主张，所有的理论术语和陈述都可以翻译成可观察的语言（这与逻辑实证主义类似）。也就是说，所有的理论陈述都必定可以以某种方式被归因于经验上可被证实或者验证的公共的、可观察的行为，甚至态度和信念也都一定是可以客观化的。因此，政治理论化就对把这些态度和信念表示为人们同意或不同意的命题的研究，产生了广泛的依赖性。在政治学中，对理论概念和经验数据的单义性的要求也普遍存在。这种理论化图景与古典政治学理论截然相反，后者在很大程度上建立在哲学规范或者伦理规范的基础上，因此，后者不是价值中立的，或者说具有马克思主义理论化的特征。

当代政治学中的理论化图景放松了行为主义的一些约束条件。经验要求不
再被视为需要把每一个理论陈述都翻译成某种关于可观察行为的陈述。相反，
240 与科学和科学哲学的很多其他内容一样，唯一的要求是，理论陈述至少可以间
接地被证实或者证伪。尽管如此，对客观化和单义性的强调仍然保留了下来。[1]

第二节   方法论问题

因此，传统的政治学研究方法追求的是经验理论，着眼于形成解释和预测
性假设，并检验这些假设（Geddes，2003）。描绘支配政治领域的似规律因果
关系，是主流政治学的主要目标之一（普遍-规律概念）。回忆一下发现语境与
辩护语境之间的区分（见本书第二章，第五节），我们可以使用一些方法来系
统地阐述政治学中的理论。例如，有人可能会采用来自政治理论和/或其他来
源的特定的形而上学承诺和价值承诺来形成理论。有人可能会从对政治行为中
的各种规则性的仔细观察开始，进而概括这些规则性以形成理论。或者，有人
可能会集中于特定的个案研究，如总统选举，使用这些个案研究作为形成理论
的基础。然而，我们在发现语境中提出理论，空谈不如实践，只有在辩护语境
中对理论的证实才能发现布丁的好坏。正是在后一种活动中，来自理论的解释
和预测性假设，才能得到政治领域的实在检验（Elman，Elman，2001）。

无论是强调统计方法还是更加定性的方法如个案研究，政治学家在很大程
度上都集中于因果推理，即推断出引起感兴趣的政治现象的原因（Thomas，
2005：855-858）。虽然对于揭示因果关系的适当方法论存在很多争论（方法论
概念），但是，主流政治学研究显然都采用了一种自然-科学式的模式，其描述
性模式是作为定性方法的替代选择或者补充而被提出来的。

使用选举人调查来揭示选举人的态度与选举人的行为之间的关系的例子，
阐释了一种典型的定量方法论（见本书第六章，第一节）。一种经常得到讨论
的定性方法是个案研究方法（Thomas，2005）。个案研究一般被视为，对来自
一组现象中的一个特定案例的详细考察（例如，从所有的总统选举中选择考察

---

[1]　在政治学中，最近的有影响力的运动是，理性选择模型和理性行动者概念（第十章）在政治研究中的应用（第十一章，第四节）。

2000 年的美国总统大选)。个案研究的一个传统用法是，把它当作某种更大的 **241** 研究项目的初步设计来使用（可能是用一种定量方法论来实现）。按照传统观点，单个的案例，无论多么详细，都不能形成关于整个群体的可靠信息，因此，个案研究不能被用来形成真正的经验理论所需要的概括。但是，单个案例对于形成假设而言非常有用，这些假设可以得到来自同一群体的其他案例的系统检验。因此，各种相关法和统计测量都可以被用来检验假设并形成真正的概括。

除了传统的用法，个案研究还有一些其他的用途。个案研究可以被用来精炼政治领域方面面所涉及的一些关键概念的定义。而且，单个案例之间的比较，有助于形成并精炼与政治理论化相关的分级和分类。人们逐渐认识到，个案研究和理论发展之间存在着某种联系。随着我们不断改进并深化我们的个案研究，我们也在不断地完善理论。基本思想是，随着对相关个案和概念的更好的理解，我们可以构造出更好的理论（Ragin，2004）。另外，对一个或一些个案的深入研究，可能会阐明在一组现象中起作用的潜在原因及这些原因的语境敏感性，即这些原因是如何共同发挥作用而形成其结果的（Thomas，2005：859-863）。这种详细的因果知识很难从数据集和统计方法中推测出来。而且，如果可以通过深入个案研究来获得对因果机制的理解，那么，基于这些研究就可能获得真正的概括，而且，个案也可以很好地服务于检验因果假设（Eckstein，1975）。

最近有一篇评论性文章，旨在证明定量方法具有定性基础，事实上，定性方法和定量方法在某种意义上是聚在一起的，乔治·托马斯（George Thomas）总结了定性方法和判断在政治学理论化中的一个重要作用：

> 在我们系统地阐述理论观点之前，我们需要将我们所谈论的东西概念化。这种概念化开始于我们对世界的理解，它本质上是一项定性工程。事实上，概念形成的第一步是，选用词汇来描述我们所谈论的东西。即使我们使用公认的定义，我们也仍然依赖于过去的定性判断。给我们的概念性定义分派个案也需要定性判断。当我们考察个案，并比较和对比它们时，我们就提炼了它们的边界，并获得了重要的概念性区分。这既可以给我们提供更加同质性的个案来进行适当的比较，又可以对我们所谈论的东西给

242　　出更加精炼的概念性理解……对于理论的定量检验或者统计检验而言，这种定性研究是基础性的。它要求我们规定具体的标准，并按照这种标准来测量概念，这样，我们的测量就允许基于操作化概念来把个案分派给特定的类别……对于实现其他研究者可以复制的严格的理论测试而言，这是至关重要的……即使当学者使用现成的指标来测量一个概念，或者把一个定义良好的概念应用于新的个案，这些判断也不可避免是定性的。事实上，依赖于现成的指标并把概念扩展至更多的个案，以使它们得到适当地检验，这种做法引起了对概念延展和测量有效性的关注。选择概念并把它们结合起来应用于新的经验环境，可能会导致无效的因果推论。（Thomas，2005：858）

　　关于这段话，有几个问题需要注意。第一，以我们"对世界的理解"开始，这就意味着以我们所构想的社会实在和政治实在开始。在西方民主国家中，这就意味着以政治自由主义、自由个人主义和自主性等文化理想开始，因为它们在很大程度上塑造了社会实在和政治实在（无论我们是否意识到它们的存在）。在政治学家没有意识到这些理想如何在他们所研究的社会中起作用的程度上，事实上他们的确在很大程度上没有意识到这点，那就是伪装意识形态在塑造着他们的理论化和研究。只使用内部人的视角的后果之一是，不存在对政治世界和社会世界的文化中立的理解。很多政治学家认识到了，问题选择和界定、方法论选择、概念形成等都涉及价值，但是他们也相信，如果适当关注合适的方法论，他们研究的结论就是价值中立的，韦伯是这样认为的。但是，这就遗漏了伪装意识形态的问题（见本书第二篇）。

　　显然，事实与价值二分在这里发挥着作用。自由派基督徒倾向于投票支持民主党，这要么被判断为令人鼓舞的要么被判断为令人遗憾的，但是，相对于这些判断而言，描述这一趋向的这个事实被视为中立的。仅仅是描述这些政治事实，并不那么具有启发性，没有一门科学仅仅是事实的集合。如果政治学要履行其对解释和见解的承诺，它就必须超越仅仅是事实的累积。当然，这正是经验理论对于政治学所应该做的事情，例如，使解释诸如上文那样的事实的政治实在和社会实在的特征变得清晰且系统，或者，现任副总统如果追求与其行政政策相关联的和平、繁荣和稳健经济，那么通常会获得压倒性胜利。根据自然-科学式的模型，描绘政治学的因果关系，可以以一种价值无涉的方式揭示所有我们想要知道的东西，给我们提供的"只是一些事实"（例如，澄清经济关系如何影响社会结构，以及政治过程如何影响经济关系）。

　　之前我们已经讨论过，使用这种朴素的社会研究观所存在的一些问题。像所有其他社会科学一样，政治研究深刻地汲取了价值中立的神话。自然-科学式的研究模式和描述主义的研究模式，都尝试避免价值判断，但是，这妨碍了政治学家对政治现象给出透彻的分析（见本书第三章，第三节）。更糟糕的是，假装价值中立和客观性，实际上代表着对政治自由主义的微妙支持，并把政治自由主义的中立性概念当作最好的（见本书第五章，第一节）。或者，如我们在讨论选举人的态度和选举人的行为之间的关联性（见本书第六章，第一节）时所注意到的那样，数据收集和分析的方法预先假定了自由个人主义和自主性等理想。此外，选择"现成的指标"并把"定义良好的概念"应用于新的情境，也意味着如果没有关注和意识到的话，会将伪装意识形态传递下去。像其社会-科学同类一样，政治学常常在其研究和结论中传递着某些伪装意识形态（见本书第八章）。

　　第二，值得注意的是，托马斯的总结澄清了描述主义作为一种定性方法在政治学中所发挥的作用。就这一点而言，描述主义被用于澄清概念和定义，已经为自然-科学式的研究模式的适当应用做好准备（在这一点上，托马斯看到了定量-自然科学方法与定性-描述主义方法之间的一种聚合或者合作）。人们认为，政治学家可以对描述性词汇和概念性定义作出合理的判断，这些判断可以以一种客观的方式搞清楚"事实上正在发生的事情"。考虑到自然-科学式的研究模式和描述主义的研究模式都使用了这种一揽子交易，它们被以一种合作的方式来使用，可能也就不足为奇了。弄清楚概念和分类，辨别出哪些个案可以被归入这些概念和分类，提炼这些分类和个案的边界及改进概念区分等，都是典型的描述主义的任务。

　　毫无疑问，这项工作将改进托马斯和其他人所提出的理论化，但是，这也预先假定了，从某种角度来看我们的概念和分类的定义与边界是客观的。这些概念和定义的例证有，阶级（中产阶级，政治阶级，社会-经济阶级），政府，

244　利益集团，社区及激进主义分子等。然而，社会现象或者政治现象的概念或分类并不是客观的，它们都是利益相关的（见本书第十三章）。也就是说，诸如选举行为这样的现象并非单义的，它们允许多重诠释的存在，并可以根据我们的目的来进行不确定地分类和提炼。以阶级这个概念为例，连同模糊的阶级边界一道，可以以各种各样的方式来进行描绘，这取决于我们的分析目标是什么。换句话说，我们出于分析的目的而对政治世界和社会世界进行分割的方式，与我们所拥有的价值承诺和我们的目的不可分割。离开了我们的概念和实践，政治阶级和社会阶级就不存在，就像原子粒子群一样。这是描述主义方法所忽视的一点。在政治学家参与这些类型的定性活动这个层面上，他们的分类和概念定义将反映那些激发其研究设计和目标的目的和理想，无论这些目的和理想是什么。① 例如，一个完全相信自由个人主义观点的人与一个坚定的马克思主义者，他们对政治行动和制度的分类肯定是截然不同的。

　　一个相关但更为微妙的问题是，托马斯的解释预先假定了所使用的词汇是完全描述性的，而且，至少在部分程度上，不是由被描述的实践和制度所构成的。在部分程度上是构成性的，意味着我们所使用的词汇部分地明确了实践和制度是什么。但是，正如我们在前文中所看到的（见本书第七章，第一节），脱离了我们用来描述或实施政治实践的语言，我们的政治实践就不能得到确立。这就是说，用来描述实践的词汇受到实践本身的影响，如果没有实践，词汇就不能得到巧妙地应用。而且，实践不能离开词汇而存在，反过来，词汇阐明并精炼了实践。

　　以选举为例，选举对于西方民主国家及其制度而言至关重要。为了作出这种选举实践，我们需要各种区分。因此，必定存在着一些裁定或者结论，如某人执政，或者某个法案要么得到通过要么被废除。而且，必定存在某种决定结果的标准，如在一场选举中实行简单多数选举制，或者在美国参议院百分之六十的选票才能叫停一个阻挠议事的战术。此外，在总统选举中，必定存在着对什么人才被允许投票的一些规定，如必须是公民才有权利在总统选举中投票，或者只有某一公司的股东才有权利在其年会上投票。这些区分赋予了我们称之为选举的各种行动以意义（例如，在一张纸上进行标注，在适当的时候举手），

---

　　① 或者不加批判地使用所研究的那些流行的社会秩序和政治秩序等范畴来反映现状。

同时，也赋予了统计选票、确定合格的选票、宣告某人当选或者一个法案通过等以意义。关键是，如果选举实践就像西方民主国家中我们的实践一样，那么，在自由选举和虚假选举、真实选择和强制选择之间，必定存在着区别。一旦根据其选票进行选择，公民必定可以以其自我诠释而在民主选择和强制选择之间作出区分。

在纸上进行标注、将结果制成表格并宣告获胜者等，如果要把这些活动解释为选举实践，那么它们都与意向性描述不可分割。就选举实践而言，这个词汇规定了一个范围，在这个范围内，我们可以对选举是什么、结论是什么等达成一致。也就是说，某一实践是选举而不是骚扰或者娱乐，在部分程度上是由一个社会所确立的词汇所决定的，这个词汇被认为适于参与或者描述选举这个实践（Taylor，1985b：35）。在西方民主国家中，选举这一实践包含着一种对人们及其与社会之间的关系等的含蓄的表达，在我们通过诸如"民主""强制选择""自由选择""多数原则"等术语来描述选举实践的过程中，这些含蓄的表达变得明确起来。同时，描述选举实践的词汇也明确地表达了定义适当的行动、公平的选举等的规范，而这些对于自由-民主传统而言是至关重要的。换句话说，改变了词汇就改变了自由-民主传统的规范。反过来，选举实践也会随着某些在西方民主国家中已被公认的事情所改变。

这就是说，在我们的选举词汇中所阐明的规范，在确立我们的选举实践中同样也发挥着某种作用。此外，这些实践在部分程度上确立了被用于描述选举和参与选举的词汇。因此，托马斯所依靠的那种被用于描述个案和进行理论化、系统地阐述概念、给出定义和分类的词汇，并不完全是描述性的，而是在部分程度上由那些活动和实践所构成的。事实上，主流政治学，无论是定性的还是定量的，都忽略了这一事实，即像所有社会-科学理论化一样，政治理论化影响着它们所关注的那些实践（见下文）。因为实践是这种理论化的对象，政治理论化倾向于以一种密切的、直接的方式改变诸如选举这样的实践。与之相比，自然-科学理论化并不会改变其研究对象（如电子）。因此，政治研究很难像托马斯所描绘的那样，具有价值中立的、客观主义的样子，而托马斯的认识恰恰是政治学家的典型代表。

第三节　理　论　问　题

　　作为政治行为主义的结果，政治学中的理论化以一种自然-科学式的模式得以开展。政治理论被视为关于一种独立的政治实在的概念化图景，就像诸如物理学和化学等自然科学中的理论被视为关于一种独立的物理实在的概念化图景一样。从这个意义上来说，政治学中所形成的理论就被视为，提供了一种对政治活动的潜在机制或原因的解释，这进而为更有效的社会计划和政治活动提供了基础。政治学受到一种工具主义概念的深刻影响，这就不足为奇了：考虑到结果是政治研究的一个核心关注点，有关政治活动和结果的因果决定因素的准确知识，将有利于发现实现想要结果（例如，提高投票率或者实现选举成功）的最有效的手段。

　　然而，正是在这个问题上，双重诠释学（见本书第三章，第二节）产生了一种非常有趣的影响，而这种影响在政治理论化中却常常被忽视。例如，在物理学中，关于原子和分子的理论化，既不会改变原子和分子本身，也不会改变构成原子和分子的行为要素。这是因为，理论化的对象——原子和分子，是独立于理论和理论家的。唯一重要的诠释性问题，看似涉及理论化框架本身，因为原子和分子不是自我诠释性的存在。自然-科学理论化只涉及单一诠释。与此相反，正如我们所看到的，人类是自我诠释性的，因此，政治学中的理论化不是一种独立于构成政治实在的能动主体和要素的活动。这就是说，政治理论化导致了我们对于政治活动中所发生的事情的认识发生变化，这也会影响理论化活动本身。

　　以选举为例，在选举中，我们用多数投票原则来决定政治办事处和公民复决（Taylor，1985b：93-104）。在西方民主政治中，要使一个投票合法，它必须不是强制性的；我们自由独立地进行投票。这些都是在西方社会中构成选举实践的一些特征。一旦我们进行投票，并因此对于是否存在违规行为或者操作作出判断，我们就会意识到这些特征。

　　关于这些实践和活动的理论化，旨在明确选举中"真实发生的事情"。但是，在将选举理论化的过程中，这些实践被从一个不同的立场上进行重新构想或重新诠释，因此，这些实践就发生变化了。换句话说，我们的实践在很大程度上是由我们对它们的理解或者诠释所确立或构成的。如果改变这些理解和诠释，这些实践必然也会发生变化。

思考一下马克思主义者对于选举的理论化。这类型理论家认为，资本主义经济体制严重限制了维护这些体制的国家的公民可以作出的选择。在这些社会中，那些可能会降低收益性的选择一般会被阻止，因为经济衰退和普遍失业是资本主义社会不能容忍的结果（或者说，至少是资本所有者不能容忍的结果）。因此，按照马克思主义者的分析，在资本主义社会中，提供给选民的选择会被严格限制在那些与经济的持续平稳运行相一致的选择内。按照这种方式，那些本应该是自由的选举，其很多结果实际上在结构上是确定的。根据马克思主义者的理论化，当我们参加选举投票时，我们认为我们所感受到的独立和自由，实际上被证明完全是一种错觉。选举实践最终被证明完全不同于我们所想象的样子。如果我们认为这些理论正确，那么，资本主义社会的公民对于他们在投票时所做的事情的自我理解及他们对选举的诠释等都是错误的。

或者思考一个得到更广泛支持的关于社会实在和政治实在的认识，即自由-个人主义者的认识，要是对这种认识的支持是含蓄的就好了，按照这种认识，社会原子论（见本书第九章，第三节）影响着政治理论化。因此，选举形成的是个体出于他们自己的利己主义目标而进行的投票的结果。单个能动主体在投票时的交互作用，作为这些利益聚合的结果，对社会形成了有利的影响。根据这种理论，那些去投票点投票的公民，他们认为自己是去支持他们所认为的代表他们的国家或社会的更高利益的候选人或者制度政策，但其实他们也弄错了。他们真正所做的，只是出于他们自己对于其自身最大利益的认识而作出的行动，虽然他们可能很大程度上并不了解这一点。在选举中，除了那些出于所有的个体私利而被汇聚起来的利益，没有别的更大或者更高的利益促使他们作出他们的行动。如果西方民主国家中的公民认为这些理论正确，我们就会把我们的选举看作是对我们的私利的表达，而不是我们的公民义务和权利的履行，或者我们对于更大利益的认识的表达。抽离掉选举的这些更大的意义，换之以狭隘的自我利益，可能对于解释 20 世纪后半叶美国选举中合格选民参与的下

248   降大有帮助。因为完全利己主义的动机看似并不足以维持自由民主所要求的那种选举实践。

这两个例子都证明了，对于选举的理论化如何在实际上成为对于一组实践的理论化，因为，对于选举的理论化，恰恰通过这些理论所强加的理论化概念重塑了选举实践。这样，选举实践就被转变成了某种不同于公民所认为的样子的东西。因为社会实践和政治实践至少在部分程度上由我们对它们的自我理解所构成，因此，对这些实践的理论化重塑着那些实践。换句话说，改变我们关于这些实践的理论，也就改变了我们对于那些实践的理解，反过来，我们对于那些实践的理解，也改变着那些实践本身。这是一种双向诠释在起作用，这一特征在自然科学的理论化中几乎是完全不存在的。如果几乎全部的投票人都开始相信一种或者另一种关于选举实践的理论，那么，他们对于那些实践的自我理解，以及当他们参与进那些实践时他们对自己所做的事情的自我理解，也将发生变化。这种结果产生于这样一个事实，即只有内部人的视角对于社会研究来说才有效，而且，这些视角所发生的变化会导致我们如何看待社会实在的运转也发生变化，而如何看待社会实在的运转会改变社会实在的运行本身。与此相反，物理学中理论的变化从来都不会以类似的方式改变原子和分子或者它们的属性。

政治学中的理论化或多或少会从根本上重塑我们对于政治实践的理解。同样，理论化既可以强化文化理想，也可以被文化理想所强化。如果政治学家不知不觉地呈现西方文化的自由-个人主义者的趋向，那么，他们的理论化将在各个方面受到这些理想的影响（双重诠释学的另一个例证）。因此，他们的理论化有助于强化这些理想。或者思考另一个例证。假设我们生活在一种文化中，这种文化充满了大量的社会和经济分层，这些分层是由某种关于存在的形而上学分层所驱动的。我们再进一步假设，政治理论化不知不觉地"吸收了"这种形而上学分层。那么，这种理论化通过对在这样一种社会中谁可以合法地投票选举制定明确的、似真的标准（至少借助于形而上学承诺），而强化这种层级（如必要的智力、财富、心理素质等层级）。这种理论化很容易证明，把选举权限制在受过良好教育的男性的范围内或者否决女性的投票权等是合理的。我们为实现价值中立所作的努力，会逐渐破坏我们发现并解决这些道德弊病及其形而上学基础的能力。

第四节　政治学中的理性选择

对于如何解释社会科学中的行为，一个常见的认识是，可以借助这种形式的命题（见本书第三章，第一节）：

> 如果一个能动主体想要 a，并且相信 b 是在这种情况下获得 a 的一种手段，那么这个能动主体将会尝试 b。

政治行为主义及政治学的很多领域中的解释都采用的这种形式，在这种解释形式中，政治行动者的信念、意愿或者其他驱动力等，都被视为其行为的关键决定因素。另外，根据我们对于方法论个体主义的认识（见本书第七章），解释可能还需要求助于组织规范或者其他的社会因素。

在政治学中，一种替代性的运动自 20 世纪 70 年代末就已经显示出其优越性了，它强调使用理性行动者概念（见本书第十章）来解释政治活动。理性行动者概念包括信念、意愿和社会规范。它强调，这些影响塑造着个体的战略倾向，同时，它还主张，个体在他们的知识、资源和语境允许的情况下，会尽可能理性地或者有策略地追求其倾向。[①] 合理性被视为独立于个体的偏好：输入一种策略偏好和手段-目的推理，将产生最适于实现想要结果的行动路线。因此，根据行为主义者的概念，我们可以通过诉诸政府成员及其构成要素所确立的规范和期望，来分析和解释国会议员的行为。根据理性行动者概念，有人可能会通过注意到国会议员的基本偏好是重新选举，进而来分析他们的行为。因此，他们会为了最大化那一结果的可能性，而有策略地进行行动。

另一个例证是，20 世纪 60 年代行为主义者对于总统大选的分析，他们得出结论，选民选择的主要决定因素是政党认同。反过来，政党认同通常又被视为与政治无关，是社会化的结果（例如，如果你父母投票支持民主党，你长大后也会遵循他们而投票支持民主党）。政党认同被视为几乎是不变的，就像一

---

① 就这一点而言，理性选择的"芝加哥学派"多少是个例外，因为他们的确低估了制度所发挥的作用，而强调政治行动者在其动机和目标上基本上是自我中心的。

些其他形式的社会化行为被视为人们为了生活坚持所做的一样。与此相反，理性行动者概念试图证明，选举行为也是有策略性的，它反映着工具主义推理。**250** 根据这一概念，像教育、经济、减税及政府绩效这样的问题，可能是很重要的，因为它们与选民的偏好相匹配。20 世纪 60 年代末和 70 年代初的社会动乱和抗议，其特点也是，那些长期支持民主党的选民转向了为另一个党派或者无党派地进行投票。根据理性选择分析，这种行为可以通过确定党派关系的政治因素来得到解释，这个因素与人们的策略偏好相匹配。

沿着本书第十章中讨论过的那些批判（例如，理性行动者概念很容易变得不可证伪，它常常不能理解实际行为，或者它代表着一种不适于人类的理想化的理性形式）的思路，有一些批判是在把理性行动者概念应用于政治学时所特有的。一个问题是，理性选择理论在其解释力上具有某些相当严格的限制。例如，它看似更适用于政治精英（如总统或者总统候选人），而不适用于普通公民。前者的决策一般非常重要，如会改变国家政策的路线，发动战争等。在这种情形下，精英行动者更有可能诉诸策略推理。与之相反，在总统选举中，普通公民的投票混合在数百万人中间。根据理性行动者概念，这些决策的结果很可能被视为微不足道的，或者不会对选举结果造成任何影响。因此，对于为什么数百万普通公民在总统选举中费心去投票，理性选择理论不能作出任何有信服力的解释。[①]

理性行动者概念的第二个问题是，它狭隘地关注策略偏好及实现这些策略偏好的手段。诸如公民义务、爱国主义精神或者行使权利等动机，都不是策略性的（价值理性 vs 工具理性），因此，在对选举行为的理性选择理论化中，这一概念并不占有突出的地位。影响政治制度、进程和实践运转的那种独特的文化-历史矩阵，在这种理论化中也不会发挥任何重要的作用。因此，很多人可能会认为，政治实践的关键构成性特征要么被政治实在的理性选择概念排除在外，要么这些特征被理性选择理论彻底地重新诠释了（见本章上文和本书第十章，第四节，第一部分）。

最后，理性行动者概念继承了与工具主义的行动概念相关联的伪装意识形态的所有问题。这是因为，理性选择理论基本上是选择的工具主义推理的复杂

---

① 有时被称为"选举人悖论"。最简单的说法是：一张选票对于选举结果而言毫无影响。因此，人们没有动力去投票，但是，事实上又有数百万人参与选举。

应用。此外，理性行动者概念在其关于是什么构成合理性的核心观念上，具有
明显的规范性（见本书第十章，第一节）。因此，它代表着对一种特定的美好
生活想象的支持，在这个例子中就是政治美好，即一种独特的合理性形式和手
段-目的推理，把它们作为完美的政治行动者的标志。同时，它并没有在其狭
隘界限内来维护这种美好的生活想象，也没有资源去扩散这些窘境："假使我
们发现，实现我们的策略目的的最好方式是，剥夺特定的少数群体或者那些具
有非常低的受教育层次的人的选举权，情况将会怎样？"当然，在这个问题上，
最好的那些自由主义价值都应该会有所帮助，但是，策略推理和自由主义价值
的这种混合是不稳定的（正如我们在第五章中所看到的那样）。没有什么可以
阻止那些追求严格策略理性的人，去决定实现他们的政治目标的最有效手段，
而这将会忽视自由主义价值。在特殊利益集团的统治下，美国民主政治所面临
的很多问题，实际上产生于那种对代表各种集团和行业的战略上的自我利益的
狭隘追求。因此，理性行动者概念及其伴随的伪装意识形态，实际上并不是客
观单纯的；相反，它们对于现代民主政治和社会产生了一些有害的影响。

第五节　评　　论

与心理学和经济学不同，目前并没有明确的政治学哲学文献或者子学科。就
这一点而言，我想要做的是，指出前面几章中的一些主题如何在政治学的理论和
方法论实践中逐渐消失。政治学的主流方法倾向于预先假定，对政治领域而言存
在着一种确定的结构（这种做法类似于在更一般的社会科学中处理社会实在的主
流方法）。这种方法与自然科学类似，如天文学认为银河系有一个确定的结构。此
外，政治领域在概念上被视为与作为观察者的政治学家完全不同（这种做法再一
次与自然科学类似）。换句话说，自然-科学式的和描述主义的政治研究模式，都
预先假定了一种工具主义的行动概念和一种主体-客体本体论和认识论。

但是，正如我们已经看到的，对政治实在的政治理论化，并非是对一个客
观上结构化的、独立的领域的探究。相反，这种理论化是关于实践的，而且当
它重新构想这些实践时会改变这些实践。指明这一问题的另一种方式是，政治
领域并非在客观上是确定的，而是像一般社会实在一样，是合作行动的一个舞

台。文化影响就像塑造着人们参与政治实践的方式一样，同时也塑造着这个行动舞台。这并不是否认在政治行动中存在着一些起作用的动力因果特征。相反，它强调了政治领域在很大程度上是被文化意义和个人意义所符号化、结构化的。对于理解为什么托马斯（Thomas，2005）在上文提到的概念和定义不可能是科学分析的普遍的或者客观的特征，这是另外一种方式。这些概念和定义将被注入意义，而这些意义迫切需要得到检验。只存在内部人的视角，并不意味着，我们不能对这些视角及其所传递的观点进行研究。

这种困境的结局之一是，像所有社会科学一样，政治学不能得出那种客观的、价值无涉的结论，我们可以期望把这些结论当作对公共政策或者社会政策的建构和分析的输入。如果公职人员和政策分析师把政治学家的声明当作来自外部人的视角的客观结论来处理，那么，伪装意识形态极有可能被珍藏于政府层面上的公共政策和社会政策中（这类似于本书第八章中的例子）。因此，政治自由主义不仅被当作一种美好生活概念而得到暗中提倡（见本书第五章），而且，诸如自由个人主义和工具主义的行动概念这样的其他文化理想，也很可能被作为公共政策和社会政策而得到提倡和传播。考虑到把政治学定向为公共政策和社会政策的兴趣在逐渐增加（例如，Portis，Levy，Landau，1988），那些隐藏的假定和伪装意识形态的作用变得日益凸显，因此，它们应该受到更多的关注。

进一步的研究

1. 制度现实主义、政治行为主义和理性行动者概念在应用于政治实在时有何不同？

2. 政治学中的理论化在哪些方面不同于自然科学中的理论化？

3. 伪装意识形态是如何牵涉进政治学中的？

253 ···· **推荐阅读**

C. Taylor, "Social Theory as Practice", in *Philosophical Papers'* Vol. 2: *Philosophy and the Human Sciences* (Cambridge: Cambridge University Press, 1985b), pp.91-115.

G. Thomas, "The Qualitative Foundations of Political Science Methodology", *Perspectives on Politics* 3 (2005): 855-866.

第十二章
经济学哲学

章节大纲

经济学哲学是一个拥有大量文献的非常活跃的研究领域。它集中于对经济产出的评估、制度和进程、理性选择、经济现象的本体论及获得关于这些现象的知识的可能性等问题。对经济学的哲学反思古已有之。例如，亚里士多德解决了一些我们认为至少在部分程度上可归入经济学的问题，如如何管理一个家庭。但是，经济这一概念作为一个独特的研究对象，只能追溯到 18 世纪。

然而，想要获得对于经济学是什么的准确认识，是很困难的，也容易引起争议。经济学是关于生产、交换、分配及商品消费等方方面面的问题，这点是显而易见的，但是，这些术语多少有点模糊不清。而且，经济学可能与更多的内容相关。例如，尽管经济学家也考虑到了不那么重要的动机，如对劳动的厌恶，但他们主要关注个体追求财富的结果。这些追求可能触及个人生活和社会生活的绝大部分领域。

根据个人对财富的追求和对劳动的厌恶进行思考，是否可以充分理解人们的经济行为，对于这一点很多人表示怀疑。有时候人们通过禁欲主义寻求快乐。在其他一些例子中，人们出于一种精神或者政治原因，而理性地选择满足其所有的身外之物。但是，经济学家在很大程度上假定了，这种偏好非常稀少且对经济学而言并不重要。相反，经济学家主要关注产生于理性的现象及对财富和消费的渴望。

大部分经济学分析都是基于关键性的简化假定。其中两个重要假定是：①就像在理性行动者概念（见本书第十章）中一样，个体是理性决策者；②个体完全出于利己主义动机而行动。然而，这些假定最终被以各种方式证明是存在问题的。

第一节　经济学的产生

在近代早期，随着贸易和民族国家的重要性逐渐增加，对国家的财政管理、贸易均衡和货币管理等的重要性和复杂性的认识也逐渐增加。人们越来越认识到，诸如制造业产品的数量、每年的收成及矿山产量等财富的来源，都依赖于有关自然、个体劳动者和企业及国家和社会调控等的事实。因此，虽然人们发现在各种经济要素之间存在着一些相互关联，但是，直到18世纪，具有规律性的经济可以得到研究，这种观念才开始凸显出来。例如，从理查德·坎蒂隆（Richard Cantillon）（大约1680—1734）的著作中可以看出，他被很多人特别是休谟和亚当·斯密，视为第一个主要的经济理论家。亚当·斯密因其对"看不见的手"的解释而闻名，其观点是，经济主体通过追求他们自己的私利，促成了对整个社会而言有利的结果，而这个结果并非他们所预期的。这是社会原子论（见本书第九章，第三节）的一个例证，亚当·斯密认为，个体的意向性和行动共同导致了一个社会结论，这个社会结论通常对于所有人而言都是有利的。这种不明显的规则性的存在，个体选择社会产品所产生的无意识的影响的存在，都代表着一种适于科学研究的对象。

256

在 19 世纪，诸如密尔之类的哲学家们都强调了，在追求财富和商品并逃避劳动的过程中，个体会理性的进行行动。尽管这是经济学发展过程中的一个进步，但是，他们并未形成任何明确的理性经济选择理论。它还要求另外的发展，如一种关于消费和边际效用的理论，这种理论可以把对某种消费对象的选择（和价格）与其边际效用联系起来，而不是与其整体效用联系起来。大致来说，某一产品或者服务的整体效用，就是与消费或者获得这一商品或者服务相关联的满足（见本书第十章，第一节）。而边际效用是一个主体从消费或者获得额外单位的某一产品或者服务中所得到的好处的数量。例如，如果你口渴，你将会从喝一杯水中得到极大的满足。如果你的口渴被缓解了，你从喝第二杯水中得到的满足就会相应地降低。同样，第三杯水可能会带来更少的满足，你可能甚至都不会喝完它。所谓的新古典理论认为，主体为了最大化其自身的幸福或者经济福利，而作出消费选择（对于大多数经济学家而言，幸福和经济福利是一回事）。假设只有为了其效用，主体才会花钱在水或者牛肉或者衣服上，所有可消费的商品对于他们的幸福的贡献是一样的，不管他们获得每种商品的单位是多少。价值一美元的每种可消费的商品，其效用都被视为相同的，这与边际效用概念形成了鲜明的对比。例如，水是有用的，但是，在世界上的大部分地方，水都非常丰富，以至于另一杯水对于一个主体而言都不算什么。因此，水是便宜的，它的边际效用很低，你不愿意为了水而花费太多的钱。与此相反，整体效用并不根据一个商品对于一个主体的价值而把其相对可获得性/不可获得性考虑进去。

一、古典经济学 vs 新古典经济学

坎蒂隆和斯密的理论化代表了所谓的古典经济学理论。古典经济理论家倾向于认为，政府不应该干预经济以促成经济增长或者治愈经济疾病。相反，古典理论家相信，如果留给自由贸易和自由市场的动力学，经济会更好（"自由放任主义"经济学）。例如，他们还认为，一蒲式耳的玉米的价值只取决于生

257 产这一蒲式耳玉米所花费的成本。因此，某一消费品的价值被视为这一商品所固有的一个属性，由其生产成本所表示出来。此外，一个经济的产量或者产品被视为分布在不同的社会群体中，这种分布与生产这一产量的那些群体所花费的成本相一致。

古典经济学理论的一个问题是，市场所设定的价格通常并不反映这一理论所定义的价值。人们被证实通常愿意为一个消费品花费比这一理论所决定的它的价值更多的费用。伴随着新的概念发展，这个问题及其他一些问题，导致*新古典*经济学理论的出现。按照新古典经济学观点，一个消费品的价值由这个消费品与消费者之间的关系来决定。因此，商品的价值还有价格，是生产成本和消费者的主观意愿的一个函数。生产成本和主观偏好的价格关系后来被称为"供给"和"需求"。这被称为经济学中的*边际革命*（它在工具主义推理的发展过程中发挥了重要作用）（见本书第四章，第一节）。

新古典经济学理论可以总结如下。消费者尝试从获得各类商品和服务中最大化其收益。一般来说，他们愿意获得更多的商品而不是更少的商品，而且，他们将增加他们对一个特定消费品的购买，直到他们来自一个额外单位的获得被他们为获得这一额外单位所花费的成本平衡掉时，他们才会停止购买这一消费品。消费者还被描绘成具有*递减的边际替代率*，其大致意思就是，一旦他们已经拥有了大量的某种商品，或者他们几乎没有这种商品时，他们将为单位数量的这种商品支付更少的费用。按照这种方式，他们最大化了单位商品的效用。同样，个体会为那些想要花钱雇佣他们的公司提供劳动。个体被描绘成是在提供边际单位的他们的服务所获得的收益（收到的报酬）与劳动本身的反效用（损失闲暇时间）之间进行平衡。

此外，雇员试图生产单位数量的某一商品或者服务，这样，生产增量单位或者边际单位的成本就刚好被它所产生的收益平衡掉了。公司在面对报酬递减时试图最大化其利润（例如，当某一商品对于消费者的可获得性增加时，增加这一商品的生产，就会造成它的价格下降，这是另一个边际效用的例证）。按照这种方式他们最大化了其收益。公司还会不断雇佣雇员，直到额外雇佣的成本刚好被额外雇员所生产的产品的价值平衡掉。因此，供给和需求可以根据消费者的无限欲望和需要来得到思考，因为生产限制条件，消费者的无限欲望和需要与商品和服务的稀缺性相冲突。市场是解决消费者和生产者面临的决策难题的工具，而消费者和生产者的价格信号反映了他们相冲突的意愿是否得到调和。 **258**

以汽车的价格为例。假设你想要买一辆新车，可能还有其他人也想以你考虑的价格买汽车。但是，汽车制造商不想生产太多每个人想要的那种汽车，因为他们面临着各种约束条件，或者说，因为这不是他们最可获利的策略。因此，你和其他消费者可能会对于你们想要购买的汽车的可获得性感到失望，而这会导致每个人都"哄抬"汽车的价格。提高后的汽车价格将会排除一些潜在的购买者，而鼓励一些边际的汽车制造商去生产更多的汽车。随着汽车价格的改变，买进和卖出之间的不平衡就会减少，进而朝向一种平衡发展。这就是经济学家所谓的*约束条件下的最优化*的一个例证，结果应该是，根据新古典经济图景，这种市场相互依赖性将会形成一种经济平衡。

新古典经济学可以被看作是一种*元理论*。也就是说，它是对定义令人满意的经济学理论的基本假定的一种理解。但是，它并未给予经济学理论化太多约束，否则就会使选择非常受限；事实是，有多少经济学家，就有多少种新古典经济学理论！因此，它是大量经济学家之间的一组共同的理解。其中一些基本假定是：

（1）主体在结果之间有理性偏好。

（2）主体为最大化效用而行动。

（3）主体在充分且相关的信息的基础上独立地进行行动（如社会原子论）。

经济主体可以是个体、家庭或者公司（例如，试图通过最大化盈利来最大化其效用的公司）。主体的偏好被视为在很大程度上是利己主义的。也就是说，个体被描绘成并不必然会关心其他个体的结果和行为，除非这些个体或积极或消极地影响了他们自己的经济利益。大部分经济学家都把这种利己主义立场诠释为主体对于其他主体在道德上是中立的：只要对主体自己的经济福利没有影响，主体既不会喜欢也不会讨厌其他人的结果或者行为。由这些假定所引导的理论被归入新古典理论。

新古典经济学把一个社会或国家的社会和经济复合体看作是一种经济系统，这种经济系统具有交互作用的构成要素、变量、参数及约束条件。然而，这是与 19 世纪中叶物理学的语言相同的语言。事实上，经典力学是新古典框 **259**

架的模型：主体像原子或者质点一样；效用类似于能量；效用最大化与势能最小化有相似之处（这点可以与心理学中的物理模型相比较：本书第九章，第二节，第一部分）。按照这种方式，经济学家在修辞上与成功科学联系起来了。这种联系的重要性在于，任何对于新古典经济学的挑战或者批判，看似都是对科学和进步的一种挑战或者批判。

二、微观经济学 vs 宏观经济学

即使是在新古典图景内，当代经济学也是相当多样化的。虽然大多数方法都只依赖于非常不成熟的理论，但是，经济学中的一些方法仍然是高度理论化的。无论在理论上多么复杂，经济学中几乎所有的方法都集中于具体的应用性问题。理论研究和应用研究的差别可以被划归为两个范畴：微观经济学或者宏观经济学。

*微观经济学*集中于单个主体之间的关系（单个主体也包括家庭和公司）。消费需求一般被当作个体需求的某种聚合来进行处理（这是社会原子论的一个例证）。单个主体被视为理性的，即他们具有支配他们选择的完整的且可传递的偏好（见本书第十章，第一节）。这是理性行动者概念，同时也是经济学家作出的一种常见的理想化。与理性行动者概念一致，对消费者选择的微观经济学解释，赋予了消费者关于可用的替代选择的完全信息和关于施加在消费者身上的约束条件的完全信息。这些假定连同上文的合理性条件一起，导致消费者的选择是唯一确定的，而且，大家希望他们的经济行动是可预测的。[①]如上文所提到的，经济学家认为，公司利润最大化的活动结果和消费者尽量满足其偏好的尝试，二者是一种平衡。在这种平衡中，理想上来说，在任何市场中都不存在对商品或者服务的超额需求。换句话说，任何想以现有的市场价格买任何东西的人，都可以这样做，因此，不存在超额需求（除非一些商品是免费的，而且也不存在超额供给）。

260 　　与此相反，*宏观经济学*集中于经济总量之间的关系，特别关注与经济周期及货币和财政政策对经济产出的影响等相关问题。宏观经济学处理的其他问题涉及增长、金融、就业、农业、自然资源及国际贸易等。虽然在微观经济学中，

---

① 值得注意的是，如果偏好形成的过程是确定的，那么，在这个概念中，个体的选择就是确定的。这是自由意志-决定论困境在经济学中的一个例证（第十四章）。

解释在很大程度上遵循着方法论个体主义，但是，宏观经济学的解释在方法论上是整体主义的（见本书第七章）。人们一直对于将宏观经济学与微观经济学统一起来有很大的兴趣，但是，几乎没有经济学家认为这样做的尝试是令人满意的。

除了微观经济学与宏观经济学之间的区分外，*计量经济学*代表着经济学的第三个分支。它致力于经验估计、经验阐释，在某种程度上还有对特定的微观经济模型和预测、宏观经济模型和预测等的检验。

第二节　方法论问题

考虑到经济学中方法的多样性，我们可能会预料到，大量的方法论问题正处于不断的争论之中。在这一节中，我将集中于一些方法论问题，这些问题已被证明在关于经济学的哲学反思中持续存在。

一、实证经济学 vs 规范经济学：事实与价值之分

在经济学中，事实与价值之分以不同的形式表现出来，但是，它关键性地出现在实证经济学方法与规范经济学方法之间的区分中。"实证科学"与自然-科学式的研究模式一致，它仅仅关注事实。另外，任何形式的规范研究都集中于情况应当或者应该是怎样的。大多数经济学家都相信，在事实与价值之间存在一种相当明显的区分，并且他们认为经济学是一门事实科学。在这一伪装之下，经济学被认为，为政策制定者和其他人提供了无偏见的信息和指导，这些信息和指导有助于为实现他们所选择的目的而选择适当的手段。因为经济学从表面上来看只处理事实，因此，它理想上不会对目的的选择施加任何影响。

对经济学方法论的第一次扩展反思出现在 19 世纪 30 年代，密尔关于政治经济和方法论的系列论文发表于 19 世纪 30 年代到 40 年代之间，这些论文产生了广泛的影响。密尔集中于研究归纳方法。他认识到，他的一些归纳方法论只有在几乎没有因果要素运行时或者实验控制可能的情况下才起作用。例如，他的*差分法*指的是，除了一个要素之外，固定其他每个因果要素，然后检查当这个要素被移除后，某一结果是否不再出现。这种方法类似于他那个时代在自然科学的可控实验中所使用的方法。

261

密尔在古典经济学框架中进行研究，而且其理论预测常常远离实际的经济结果。但是，古典理论仍然统治了半个多世纪。那些不利的数据通常被解释为产生于各种不可控的或者干扰性的原因。密尔指出，经济学理论只包括最重要的原因而必然忽略一些次要原因，借此来为理论与数据之间的这种不匹配进行辩护。像差分法这样的方法论可以被预料到会在这类情境中失效。密尔为经济学推荐了一种间接的归纳方法。一个人首先要确定，在他的那些直接方法适用的情况下，支配单个因果要素的规律（普遍-规律概念）。有了这些单个因果规律在手，他就可以用演绎法来研究它们的合成结果。通过推断出这些合成原因的结果，他就可以作出预测，而这些预测可以得到观察的证实或者否证。至少在这个意义上，密尔把经济学当成一个自然科学方法适用的舞台（方法论概念）。然而，因为一种经济状况包含了太多的原因，因此，相比之前提到的控制原因的直接方法而言，这种检验完全不重要。通常，使用间接方法，我们充其量能够发现，某人的理论忽略了一些原因或者干扰。通过这种间接方法，不可能获得直接证据来支持那些来自经济领域的现象的经济规律。

因此，这些理论的预测性陈述可以被预料到是不准确的，而且，有时候甚至是大错特错的。密尔的观点是，只有在没有未经解释的干预或者干扰的情况下，经济学的原理或者规律才有效。现在哲学家称这种观点为*其他条件不变*，意思就是，这些原理、规律或者理论只有在没有外部原因的情况下才有效。换句话说，*其他条件*不变规律告诉我们的是，在一种特定的情况下将会发生什么，这种特定的情况假定了只有这个规律所覆盖的那些影响才能发挥作用。对

262 于这些经济学原理如何在*其他条件*不变的情况下是正确的，即使它们常常在其预测中失效，密尔给出了自己的解释。

密尔的理论和方法论在新古典经济学革命中存活了下来，并继续在有关新古典经济学的重要方法论论述中发挥着影响，直到 20 世纪前三十年。后来，经济学家开始提出一些方法来代替或者超越密尔的理论和方法论观念，但是，最有影响力的提议是米尔顿·弗里德曼（Milton Friedman）1953 年的论文《实证经济学方法论》。如上文所描述的那样，弗里德曼以实证经济学与规范经济学的区分开始其研究。他推测政策争论实际上是关于替代选择的影响的争论；因此，这些争论应该可以通过实证经济学的进步来得到解决。弗里德曼认为，

所有实证科学的目标都是形成经验理论（见本书第三章，第一节），而经验理论可以形成对现象的正确预测。这显然代表着一种自然-科学式的经济学研究方法。这样，弗里德曼的理论概念是极其工具主义的，也就不足为奇了：理论是实现有效预测这一目的的手段，有效预测又可以当作实现其他目标的手段来发挥作用。有这种理论和预测在手，经济学就可以为政策制定者提供准确的、价值中立的指导。

对于弗里德曼和其他人所推崇的这种对实证科学/经验理论的强调，有一些问题被提了出来，以反对这种观点。其中一个最重要的问题是，经济学正在努力成为一门关于人类活动的实证科学，但是，所有的人类活动，包括经济活动在内，都充满着价值。正如我之前已经讨论过的那样，一种经济状况的几乎所有方面（如银行业、货币系统、市场），都建立在个体和社会所具有的价值和理想的基础上。如果这些价值和理想发生变化，那么，经济及其系统和制度也将随之发生改变。这就意味着，经验经济学理论所描述为规律或者原理的那些规则性，只有在一组特定的价值和理想群集有效时才有效（相比关于未知原因的*其他条件*不变前提，这种状况要更加不确定）。换句话说，像社会的大部分其他方面一样，经济在符号学上是由意义而不是与语境无关的规律而结构化的（见本书第三章，第一节和第四章，第四节）。这种情况把寻求一种价值中立的经济学模糊化为一门关于独立的经济事实领域的实证科学。事实和价值之间的区分在很多情况下消失不见了。

此外，影响经济学家活动的那些价值和理想，是否与那些引导政策制定者的价值和理想有着显著的区别，这仍然是有疑问的。如果经济学想要发挥其为政策制定者提供中立的引导这种假定的作用，相对于政策形成而言，经济信息和理论化的所谓的独立性，还需要进行严肃的澄清。如果政策制定者和经济学家受到诸如政治自由主义和自由个人主义（见本书第五章）这样的伪装意识形态的引导，那么，经济学家对政策制定者给出的建议就会强化那些文化理想。这种情况可能会形成一些恶化而不是缓解各种社会和经济问题的政策（请比较本书第八章）。

举另一个例子来看，经济学的很多内容都是围绕一种关于合理性的规范性理论而建构起来的，像理性行动者概念所描述的那样（见本书第十章）。诸如自由个人主义和工具主义的行动概念这样的伪装意识形态，是经济学家所使用的理性行动者概念所固有的。但是，这些理想嵌入在政策形成和政策评价的方法论中，因为政策制定者在其研究中越来越多地使用了上述的理性行动者概念。如果经济学和公共政策在很大程度上都受到一种最大化个体理性的观点（这点可以与功利型个人主义联系起来：本书第五章，第二节，第二部分）和社会原子论的影响，那么，社会政策将越来越可能把最大化增长、财富或者福利当作最大化自由、权利或者平等的手段。但是，这恰恰会以批判理论家所指出的那种方式（见本书第四章）把手段和目的相混淆。此外，正如我们在第二篇中所指出的，这种情形没有给我们提供任何基础，去辨别哪些自由、权利或者价值才是值得的。

　　实证经济学已经形成了真正成功的经验理论了吗？事实并非如此。那么它需要这样做吗？在弗里德曼看来，事实上也并不需要这样做。在他对这一结论的论证过程中，他以一种类似于密尔的观点开始其论述：很难或者几乎不可能开展可控实验，在经济学家的观察中有太多现象都未经解释。这种情况将会很难诠释和判断特定的经济学理论是否可以为预测提供好的基础。因此，弗里德曼指出，经济学家常常通过他们假定的现实性而不是他们预测的准确性来"测试"理论。弗里德曼认为，这是一种严重的误解，因为即使理论的假定极其不切实际，理论也可能具有强大的预测价值。他最终指出，一个理论所包含的假定的现实性，与其预测价值无关。例如，很多经济学理论假定了公司试图最大化其盈利这一原理。然而，从经验理论的立场来看，这一假定是否是现实的并不重要。重要的是这些理论的预测性成功。因此，应该完全根据理论的预测的准确性来评价理论。值得注意的是，这是一种规范性判断，它认为预测的准确

264 性的价值要优于价值无涉的实证经济学的代表人物所提供的那些假定的准确性或者现实性。

　　有些评论家（如 Brunner，1969）已经指出，弗里德曼对于"假定"的意义闪烁其词，也就是说，在其著作中的一些不同的地方，他为理论的假定赋予了一些不同的内涵。但是，弗里德曼把他的批判瞄准对公司是否真的尝试最大化盈利进行经验研究。因此，他必须考虑诸如"公司尝试最大化盈利"这样的主要的解释性概括，因为这是很多经济学理论作出的一个假定。说这种概括是

不切实际的，意味着什么？当然，弗里德曼的意思是，这种概括是错误的（或者至少或多或少是错误的）。因此，如果根据假定的现实性来判断理论，这种做法是错误的，那么，通过研究理论的主要的解释性概括是正确的还是错误的来判断理论，也是错误的。

此外，公司尝试最大化盈利这一原理的错误性似乎在于，它应该会对预先假定这一概括的经验理论的说服力产生直接的影响。因为这样一种概括发挥的作用是对理论进行预测，这样，有人可能就会本能地认为，这个预测的错误性足以把作出这一预测的任何理论判断为是在某些方面有缺陷的。但是，弗里德曼并不关注经济学理论的每一个预测。相反，他主张，经济学家只对经济学理论的某些含义感兴趣，即只对经济学理论被设计用来解释的那些含义感兴趣（Friedman，1953：8）。至于其他预测，如公司最大化其盈利，则与政策无关，因为那些预测并不是这些理论试图揭示的东西。换句话说，弗里德曼相信，应该根据经济学理论对于诸如市场交换的价格和数量这样的事情的预测，来判断经济学理论。因此，弗里德曼为之辩护的是一种相当狭隘的预测成功，而不是整体的预测适当性。

如果他是正确的，那么，经济学家很容易忽视有些观察，这些观察证明了公司并不总是试图最大化其盈利（Lester，1946；1947）。如果他们的理论构想不切实际的把主体理想化为，知道所有市场中的所有现有的和未来的商品的价格，那么，他们不需要感到困扰。对于弗里德曼而言，重要的是，关于市场现象的预测是否被证明是正确的。但是，对于任何人而言，如果沿着弗里德曼的狭隘的"只要预测成功"的路线，就都存在一个问题。那就是，任何从一个理论的预测中推演出的市场结果，都可以被解释为产生于许多不可控的因果要素。弗里德曼的部分论点是，在经济领域很难或者几乎不可能进行实验，因为有太多因果要素需要考虑在内。因此，按照弗里德曼的观点，永远不会有任何证据可以否证一个经济学家的理论。然而，这就使得经济学理论不可证伪，因此，也就是不科学的（见本书第十章，第四节，第四部分）。①

① 弗里德曼观点的另一个困难在于，他对预测性成功的强调。很多科学哲学家已经指出，只要求一个理论对于它旨在解释的现象作出成功的预测，会存在一个问题。判断一个理论成功的关键是，它提出了新的预测，这种预测超越了最初要解释的现象集。这种预测降低了理论或者模型是特定的这种可能性。根据弗里德曼的观点，创造一个理论来专门解释意在解释的现象，是非常容易的。有一些特定的方式去建构一个"使预测正确"的理论。但是，这既没有告诉我们关于理论的成功的任何事情，也没有告诉我们任何关于它没有想要预测的那些相关现象的任何事情。

我应该指出，在 20 世纪即将结束之际，经济学中的实验出现了某种增长。因此，弗里德曼的方法论观点尽管仍然非常有影响力，但是，在经济学共同体中已经失去了一些基础。然而，把经济学描述为价值中立的研究领域，这种实证主义观点仍然非常活跃。

二、理想化和文化理想

到目前为止，从我们所讨论的内容可以看出，经济学显然利用了一些严苛的理想化。例如，一旦经济学理论假定了理性行动者概念，那么，除了别的理想化之外，它们还规定了经济行动者是完全理性的，具有完全信息，且没有任何认知缺陷。在经济学理论化中，常作出的另一个这类型的理想化是，商品是无限可分的。显然，这些假定是错误的，但是有时候，为了使一种情况足够容易进行模拟或者计算，理想化又是必需的。在其他一些时候，这种理想化之所以会出现是因为，对一种概念上的合理性理想作出了承诺。或者说，如第二篇所讨论的，像工具主义的行动概念一样，有时候理想化反映了隐藏的文化理想。这些理想化大大有助于解释，在经过几十年的不懈努力和成百上千万美元的研究投入之后，作为一门学科的经济学为什么在成功的经验理论这条道路上甚少突破。

这种理想化的出现也在部分程度上反映了，弗里德曼把预测当作理论评价的唯一标准，这种做法所体现的实用主义残余。如果有人以贬低解释的价值来支持预测成功，那么，他就担负得起对任何进入经济学理论和模型的东西的一种"怎么都行"的态度，只要它们会形成正确的预测。这种态度也反映了一种工具主义的理论化方法：理论和模型都被视为实现获得准确的预测这一目标的手段。真理问题或者"回答正确"，易于为了实现有用性而误入歧途。不幸的是，这种对工具主义有用性的追求，反映了工具合理性这种伪装意识形态，同时，它也强化了那种文化理想。

理想化的另一个方面，在上文简单描述的经济学理论化的*其他条件不变*本质中显露出来。因为经济学家只能研究一些有限的原因，每一个理论陈述和预测都必须被当成是*其他条件不变*，也就是说，它们只有在没有其他原因或者其他要素存在时才有效。但是，如前文所解释的，这种对理论及其预测的*其他*

*条件*不变理解，给了理论不可证伪的机会，因此，理论也就变得不科学。因此，在一门科学学科中，这种方法什么时候才能被证明是合理的？这在科学哲学中是一个非常开放的问题。

三、因果关系

经济学试图揭示在经济领域起作用的原因，就像其他社会科学试图在其领域内揭示起作用的原因一样。像其他受到自然科学影响的社会科学家一样，经济学家采用了相同的理论化构想：研究和理论化与一个独立的领域有关，这个领域由经济事实和原理构成（就像物理学研究物质及其规律一样）。考虑到在前两节中所描述的那些情形，发现因果规律和原理这一任务至少可以说是困难的。例如，需求规律指出，价格的增长会降低需求的数量。就这一点而言，在消费者的意愿（需求）和价格之间应该存在一种因果关系，但是，这种因果关系只有在*其他条件*不变时才有效。如果我们不知道在经济领域中起作用的所有相关原因，我们该如何确定和研究经济行为的关键原因？

在 20 世纪 30 年代和 40 年代逻辑实证主义（见本书第一章，第二节，第一部分）的全盛期到来之前，经济学家通常明确地使用因果概念和语言。在实证主义的反形而上学的影响之下，同时，在尽可能地模仿自然科学的推动力下，经济学家倾向于避免使用因果概念或者语言。[①] 因此，很多人不再使用因果术语（需求、价格变化的影响）来阐述需求规律，而是试图集中于把价格和需求量关联起来的可能的数学函数。这种改变的影响之一是，结束了对因果概念的仔细分析，虽然这些概念还是被默认可以使用（Hausman，1983）。谈论一个把价格变化与需求量关联起来的数学函数，恰恰潜在地利用了被避开的那些因果概念（例如，作为主体欲望的需求）。这种改变的另一个影响是，避免因果概念和语言为各种价值和伪装意识形态等未被注意到的存在开启大门。假设经济学家只集中于美国低薪劳动力市场与移民和外来劳动力的供给之间的函数关系。这样一种关注既反映着一种对外来劳动力的工具主义的认识，同时也易于强化这种认识，这就隐藏了一些围绕非法移民所产生的潜在的价值负载问题，而这些问题需要严肃冷静地反思。

267

---

① 具有讽刺意味的是，自然科学家并不一定会努力去避免因果概念和语言。

在 20 世纪的最后二十年，经济学家对于在他们的理论化中明确地借用和反思因果关系产生了极大的兴趣。对因果分析重新产生的大部分兴趣都受到计量经济学研究的启发（Cartwright，1989；Hoover，2001）。

四、方法论个体主义

微观经济学中的理论化一般预先假定了方法论个体主义（第七章），其观点是，经济行为可以在单个主体的偏好和行动中找到其最终解释。但是，如上文所指出的，在 20 世纪前半叶，为了支持经济变量之间的函数关系和统计相关性，很多经济学家都避免诉诸像信念和意愿这样的个体心理因素，避免把这些因素当作原因（这类似于心理学中避免把信念和意愿当作原因的行为主义革命：本书第九章，第一节，第一部分）。作为对这种趋势的一种批判，冯•哈耶克指出，这种关注使得经济现象无法理解。假如在对价格变化的研究中，我们注意到了初霜的日期与小麦价格的波动之间恒定的相关性。这种相关性并没有解释太多内容，特别是它们没有解释单个主体的行为。如果我们认为方法论个体主义是对解释的一个重要约束，那么，只有在单个主体的理性行动中才能找到经济学理解。例如，早期受冻与减产之间的相关性，会导致个体供应商之间的价格竞争不那么激烈，但是，也会导致个体消费者之间为了一种稀缺商品而形成更多的价格竞争。冯•哈耶克指出，按照这种方式，如果没有在微观经济学中发现的个体动力学，对这样一种情形的宏观经济学分析可能是不完整的。

冯•哈耶克还认为，强调一种微观经济学的视角有助于阐明一些方式，按照这些方式，经济现象作为个体行动者的理性行动的意想不到的后果出现了（回想一下亚当•斯密的观点）。人们实现的结果可能与他们想要的结果毫无相似之处。但是，冯•哈耶克指出，知道人们如何看待他们所做的事情仍然很重要。一个原因是，知道人们为什么当某些行动路线不能产生想要的结果时还坚持这些行动路线，这点是很重要的。

268　　冯•哈耶克之所以会赞成方法论个体主义，其动机部分程度上来自，他相信个体行动者的视角对于理论化和经济学理解提供了必要的限制。以一个宏观经济学变量为例，如通货膨胀率。尽管通货膨胀率在经济中发挥着一定的作用，但是，个体行动者一般并不直接回应关于这些变量的信息。（你最后一次因为听说通货膨胀会增加而放弃买计算机是什么时候？）消费者在很大程度上只看到了，他们必须为产品成本或者消耗品所支付的直接价格发生了变化，因此，这种直接价格的变化才是更直接地影响他们购买的因素。作为对价格变化的回应，消费者所作出的选择通常会产生大规模的影响，而这些大规模的影响在很大程度上是预想不到的；也就是说，他们并不会有意去回应通货膨胀率，或者试图去影响通货膨胀率。因此，这些影响中的任何一种规则性，都构成了一种基于消费者的认识的自发秩序。这种秩序被主体的意义结构化，而且不是某种独立的经济实在，这种经济实在受到与语境无关的规律的支配。冯·哈耶克在很大程度上忽视了人类自我诠释性的本质。但是，他认为只有当我们通过个体的眼睛来看经济的运行时，我们才能理解诸如分散市场及其自我协调所具有的那些优势。

通过树林中一条路的形成过程这个例子，冯·哈耶克阐明了个体视角的重要性。假设某人选择一条具有最少局部阻力的路去上班。他穿过树林的这个行为，会减少下一个经过这个树林的人所遇到的阻力，即使作用微乎其微。这样，相比其他人而言，下一个人更有可能选择沿着相同的道路行走。但是，这又会增加下一个人这样做的可能性，如此类推。穿过树林的一条路是所有穿过这个树林的人的一种合成影响，即使没有人本来想去创造出这样一条特殊的道路。很多人的有意识的决定会自发地形成秩序。正如冯·哈耶克所描述的，"人类的跨区域移动符合一定的模式，尽管这是很多人审慎的决定的结果，但是，这个模式并非是某个人有意设计出来的"（von Hayek，1942：289）。

冯·哈耶克指出，如果忽视主体的视角，我们就很容易被误导进而高估我们的理性计划和控制的能力。因此，方法论个体主义对于帮助我们认识我们自己的推理的局限性而言是有用的。从一种纯粹的宏观经济学的视角来看，我们很容易被误导，而去相信我们可以成功地操纵利率、失业率、通胀压力或者其他干扰经济的变量。冯·哈耶克指出，这些概念是我们创造出来的抽象。这些抽象并不是被用来引导个体行动的，而是我们对成百上千万个体的决定的合成影响的描述（如社会原子论）。因此，冯·哈耶克指出，方法论个体主义鼓励我们在社会和经济计划等方面保持更多的谦逊。

20 世纪 50 年代之后，冯·哈耶克停止了对方法论个体主义的关注。他看似得出了这样一个结论，那就是，要令人满意地解释经济现象和社会现象，不只需要个体行动者的视角。事实上，他后来的著作强调了进化解释，而进化解释违反了方法论个体主义的约束。同样，对于为什么一种完全个体主义的解释形式不可能形成对社会实在和经济实在令人满意的解释，我们讨论了一些其他的原因（例如，有人提出，大规模的社会事实和经济事实不能还原为个体的观点和行动：本书第七章）。

第三节　经济学中的理性选择理论

尽管如此，很多经济学家仍然认为，对经济及很多其他社会现象的适当解释，应该根据个体选择来作出（如微观经济学）。而这些个体选择又通常根据理由来得到解释（例如，她买一台新计算机是因为她想要或者需要它），因此，经济学把主体描述成在某种程度上是理性的。对大多数经济学家而言，这就意味着要利用理性行动者概念（见本书第十章）作为理解经济主体的一个框架。然而，这种主体概念是否遵从方法论个体主义的约束，取决于单个主体如何形成其偏好的具体细节。①

回忆一下，理性行动者概念假定主体具有一种对其偏好的完整排序，而且这种排序是可传递的，主体具有完全信息，且没有认知缺陷，等等。如上文所阐述的，这种理性概念是不完整的，因为它并未指出，当主体对与其选择相关的知识不确定时，怎样做才算是理性的。毕竟，在大多数情况下，人们都不具备对其所有可能选择的完全信息。很多经济学分析需要处理这种存在着不确定性的情况（如包含未知风险的那些情况）。此外，有人可能会认为，上文所阐述的理性行动者概念可能太强了。在包含不确定性的那些情况中，具有不完整
270 的偏好并没有什么特别的不理性（Levi，1986）。很多时候我们认为，某人在一些或者所有的替代选择还未得到很好地理解的情况下，推迟判断才是理性的。但是，理性行动者概念看似意味着，这种主体是在非理性地行动，这一判断违反了在这种情形下我们认为是理性的做法的一些强直觉。

---

① 如果他们的偏好依赖于不可还原的社会现象，那么，理性行动者概念将违反方法论个体主义（第七章）。

　　对于这些担忧的一个回应是，指出偏好的可传递性是理性的一个似真条件（可传递性意味着，一个主体知道他的所有可能的选择）。特别是，*钱泵观点证*明了，除非偏好是可传递的，否则主体就会受到无限的剥削。假如史密斯宁愿选择苹果而不是橘子，宁愿选择橘子而不是香蕉，宁愿选择香蕉而不是苹果。那么他的偏好就是不可传递的。进一步假设，史密斯愿意花少量的钱 x 来把橘子换成苹果，把香蕉换成橘子，把苹果换成香蕉。这可能意味着，史密斯被市场上的某个穷凶极恶的小贩剥削了：从香蕉开始，史密斯为橘子支付了 x，然后为了苹果再次支付了 x，然后为了香蕉又再次支付了 x，如此类推。史密斯的偏好的不可传递性，没有为他与不法商贩的经济交换提供理性的停止点。

　　显然在通常情况下，人们并不是这样的傻瓜。因此，要么人们可以调整其偏好以消除这种不可传递性，要么理性行动者概念并非是分析人类行为的好框架。一方面，有一些实验证据证明，人们的偏好是不可传递的（Tversky，Thaler，1990）。如果某人坚持理性行动者概念，那么，他作出这一判断就是不可避免的，即人们在很大程度上都会作出非理性的选择。另一方面，把这一证据当作不利于理性行动者概念，看似是非常合理的。

　　如在本书第十章中所讨论的，理性行动者概念存在着一些其他的问题（例如，理性行动者概念很容易变得不可证伪，它常常不能理解实际行为，它代表着不适用于人类的理想化的理性形式）。但是，理性行动者概念在经济学中的适用性，受到了特别的质疑。个体是完美的策略-理性计算器，一方面，当这一概念被应用于预算很紧张的人时，看似比应用于那些具有很多财富或者巨大财富的人要更加似真。毕竟，如果你"精打细算"，那么，你的几乎所有的经济决策，都必须以在你的预算之内为目标来作出决定，同时，还要满足你的购买目标。每一个经济决策都会对预算紧张产生重要的影响。另一方面，对于那些具有很多财富或者巨大财富的人而言，很多经济决策根本就不会产生任何的影响（例如，一时兴起买的东西，仅仅是为了好玩而投资的钱）。在这些情况下，理性选择理论会失去其似真性，因为其中很多决策在直觉上认为它们在这种情况下看似非常合理时，在策略上都被判断为是非理性的。

　　此外，如在这章的引言中所提到的，很多人给出各种各样的理由来回避财富，或者通过向慈善机构捐赠来作出牺牲等。而且，一些穷人并不会作出策略选择来省钱或者是只在必需品上花钱，他们反而会在娱乐和其他欲望上花钱，这些都不利于他们的家庭财务健康，更不必说实现财富积累了（Banfield，1990；Mayer，1998）。这些并非经济学家所认为的作为经济实在的主要来源的财富最大化选择，但是，它们也并非不重要。所谓的*经济人*（*homo economicus*），也就是理性的财富最大化者，可能并不会作出这些决策，因为他的偏好和手段在策略上都是与经济相关的。就最乐观的一面来看，理性行动者概念需要重大补充来似真地处理这些情况。在最坏的情况下，这一框架就是完全不适用于分析人类的日常行为。

最终，理性行动者概念继承了与工具主义的行动概念相关联的伪装意识形态的所有问题。因为理性行动者概念在其关于什么构成理性的核心观念上明显是规范性的，它代表着对一种特定的美好生活形式的提倡。在这个例子中，它代表着经济的（有些人可能称之为社会的）美好生活，即一种特定的理性形式和手段-目的推理，把它们作为完美的经济主体和实践的标志。此外，在这一点上，可以明显看到双重诠释学（见本书第三章，第二节）在发挥作用。如果一个社会的成员开始像经济学家（和政策制定者）所描绘的那样来构想自己，也就是说，当他们成为对财富进行严格的策略推理的个体主义效用计算器时，那么，他们显然会改变他们的行为以符合这一概念的各种要素。事实上，人们对于何为对、何为错的认识，受到其关于如何可以做到行为得体的那些信念的影响。而且有证据证明，学习把个体描绘成利己主义的那些理论，会导致人们更善意地尊重利己主义行为，并变得更加利己主义（Marwell，Ames，1981；Frank，Gilovich，Regan，1993）。

第四节 评 论

尽管理性行动者概念存在很多缺点，但是，经济学家有时会为其对理性行动者概念的承诺作出以下辩护：虽然对于单个经济主体而言，它可能是不对的，但是，作为一个整体的经济运行，*就像*单个主体是这种理想化的理性行动者一样。换句话说，即使解释人们表现出各种各样的推理、动机和选择，但是，他们的行动也会以某种方式被聚合起来，通过这种方式，大规模的结果就像经

272

济主体都是完全理想化的理性行动者所带来的结果一样。这种辩护显然预先假定了以社会原子论形式出现的本体论个体主义（见本书第五章，第二节，第一部分），其中，任何社会现象都只是很多个体行为的总和。但是，它也倾向于允许经济学家养成这样的习惯，即把人们构想为就好像他们事实上就是这些理想化的行动者一样。而且，这种辩护也没有回答上文所讨论的困扰经济学理论的任何问题。

使用理性行动者概念来重构经济和市场是非常有问题的。事实上，如耶格尔（Jaeger）等阐明的那样，这种行动具有严重的后果（Jaeger，2001：254）：

> 在一个世界中，实在应该会被修正，以使其按照完美市场的分析模式来行动，对于这样一种世界的规范性偏见，具有巨大的政治影响力和社会影响力，而且还具有相当大的危险。国家和国际层面上的经济咨询委员会，通常支持那些能够促进结构和政策的社会和经济测量，在这些结构和政策中，基于 RAP［理性行动者概念］的行为要么得到假定要么被强制执行。RAP 分析师倾向于按照 RAP 模型来认识和结构化世界，而不是处理真实的世界，包括规范性导向与实际行为之间的张力。他们还倾向于给出规范性建议，这种建议既与不完美的世界不相匹配，也不利于使不完美的世界变成一个可以更好地生活的地方。

尽管经济学家把利己主义主体构想为在道德上对于其他人是中立的，但是，这显然不是一种非道德性的立场：只要对主体自己的经济福利没有任何影响，他们就既不会喜欢也不会讨厌其他人的结果或者行为。这种利己主义的主体概念与工具主义的主体概念没有区别。此外，经济学家明显是沿着功利型个人主义（见本书第五章，第二节，第二部分）的路线来看待主体的。因此，工具主义的行动概念（见本书第四章）和自由个人主义（见本书第五章）的伪装意识形态显然都包含在了作为一门学科的经济学中。[①] 无论经济学如何努力通过自然-科学式的研究模式而变得价值中立和客观，这一领域都远非一门价值中立的学科，连同第二篇所讨论的工具主义的行动和主体-客体本体论与认识

---

① 另外，适量的政治自由主义（见本书第五章，第一节）在经济学和公共政策之间的交互作用中起作用。因此，这种美好生活概念也得到了常规的经济学研究路线的支持。

论一起，经济学家在很大程度上采用了一种特定的道德负载立场。

　　此外，人们实际上并不按照*经济人* 这一概念来行动（Jaeger，et al，2001）。很多人的确想要被公平地对待并抵抗不公平的结果，即使这样做会使他们遭受经济损失。自由–个体主义者的概念中的一些价值，加上其他的诸如宽容、同情和善良等价值，总是在人们的选择和行动中发挥作用，但是，这些价值常常被主流经济学分析所忽视。此外，我们的确关心我们的行动如何影响其他人。人们通常并不会采用这样一种态度，即只要他们自己的经济福利不受损害，他们周围的其他人发生的任何事情对他们而言都不重要。我们常常会关心我们的朋友、邻居和合作者，即使这不是经济上最能理解的事情。而且，我们常常会担心我们的名声。我们不想让其他人把我们看成是愚蠢、冷漠、自私自利的个体，但是，如果我们真的像经济主体概念那样行动的话，别人就会这样看待我们！

　　因此，要么经济主体的理性行动者概念需要巨大的修正，要么它需要被完全地丢弃。经济学家常常反对这些结论，但他们指责的是人类而不是其理论化。事实证明，人类并不具有完全信息，并不总是理性地思考，他们常常作出不太理想的决策等。但是，这种反应表明，比起形成经济现象的日常人类，经济学家对于其概念化的经济主体概念更感兴趣。即使大多数经济学家已经改变了其在理性选择方向上的经验理论化，但是，实证经济学的普遍态度仍然占据着支配地位，即经济学不需要实在论，而只需要预测性。而且，考虑到在经济学中几乎没有任何预测性成功，可能是时候重新考察这一框架的基础了。有一些经济学家正在探究不同的理性概念，在这些概念中，主体并不总是根据理性行动者概念来进行选择的，或者说，主体具有一些认知缺陷（例如，不完全信息，有限记忆）。但是，这仍然与生活在世界中的日常人类相差甚远（见本书第六章）。

⋯⋯ 进一步的研究 ⋯⋯

　　1. 古典经济学理论与新古典经济学理论之间的关键差异是什么？有没有哪些方面你认为新古典理论是对古典理论的明显改进？

　　2. 密尔和弗里德曼所支持的*其他条件不变*的理论观与自然–科学式的对

经验理论的强调（第三章，第一节）一致吗？为什么一致？又为什么不一致？

    3. 文化理想如何影响经济学和公共政策？你认为经济学真的可以为政策制定者提供独立的建议吗？为什么可以？又为什么不可以？

⸺ 推荐阅读 ⸺

M. Friedman，"The Methodology of Positive Economics"，in *Essays in Positive Economics*（Chicago：University of Chicago Press，1953）pp.3-43.

F. A. von Hayek，"Scientism and the Study of Man I"，*Economica* 9（1942）：267-291.

第 四 篇

第十三章
数 据 处 理

章节大纲

回忆一下第一章介绍过的相关者。相关者的显著特征之一是，它们集中于单义数据或者原始数据，即那些只有一个意义的未经诠释的数据，同时还关注收集和处理那种数据的单义方法。在第三篇中，我们已经考察了社会科学内的各个领域中所存在着的一些方法论问题和理论问题。所有这些讨论都预先假定了，这些领域具有大量的数据，但是，对于这些数据及其收集和分析，我们通常闭口不言。

社会科学家使用一些标准化技术来获得数据：观察、田野调查、访谈、问卷调查、文献研究及考古挖掘等。这些技术及通过这些技术所得到的数据，都被认为是价值中立的，它们可以形成一系列事实，这些事实能够服务于理论化这一目标及对理论的证实等。然而，我们在第二篇已经看到，问卷调查表不是价值中立的，通过问卷调查表得到的数据也不是价值中立的或者未经诠释的。收集数据的其他类型的标准化技术是价值无涉的吗？用于分析这些数据的技术是价值无涉的吗？事实证明，价值和文化理想也深刻地影响着我们的数据收集协议和技术。

278

第一节　数据处理协议

在社会科学中，收集数据的各种标准方法都有用于其技术的正确应用的协议。协议是科学家正确操作和应用方法的指导方针。例如，协议规定了构造和实施问卷调查的正确方式，或者观察一个部落的正确方式，或者寻找和处理档案记录的正确方式。另外，一旦收集到数据，还有一些协议用于如何对数据进行分类。例如，从问卷调查和访谈中收集到的数据，将根据年龄、婚姻状况、性别、种族、受教育程度、薪水、政治立场等进行分类，而这些分类取决于进行研究的类型。要把研究主题分为各种不同的范畴或者类型，就要在公认的指导方针的基础上作出决策。例如，研究者决定按照性别而不是种族，或者按照阶层而不是性别来对主题进行分类。要完成这种分类，还必须确定种族、阶层、性别等的定义。

从理想上来看，这些协议确保了价值无涉的数据收集，并且消除了科学家如何观察、采访或者描述其主题之间所存在的差异。除非研究者遵守这些指导方针，否则，他们收集到的数据就会被视为可疑的（例如，数据可能不是适当的价值无涉的，或者不被当作可靠的事实）。此外，这些指导方针理想上确保了科学家以标准化的方式来处理和分类其数据。通过阻止武断的或者价值负载的判断去影响数据的分类和分析，这种做法应该可以保护数据的完整性。

此外，协议的目的是，确保获得的数据的可重复性和一致性。要用公式来表示并检验经验理论，数据必须是可靠的，至少在任何遵循协议的科学家都可以获得相同或者高度相似的数据这个意义上，数据是可靠的。只有当数据在这个意义上稳定时，也就是说，只有当结果可再现时，才有可能发现持久的规则性或者模式，并对所研究的现象进行概括，进而形成包含潜在的普遍规律的理论。毕竟，在自然科学中，如果其他科学家不能再现某一研究者的实验结论，那么就会判断她的结论一定是出错了［如冷核聚变实验，斯坦利·庞斯（Stanley Ponds）和马丁·弗莱西曼（Martin Fleischman）声称他们已经通过化学反应而不是核反应形成了核聚变，但是没有科学家可以再现这一实验］。这种一致性部分程度上是不同研究者对于数据是什么、数据的意义是什么等达成一致。换句话说，在科学家关于什么可以被看作是数据及其意义时，应该存在主体间的一致性。因此，标准协议理想上应该可以形成所有观察者都同意的事实。所以，如果协议不能够被严格地遵守，道德、政治或其他偏见影响数据收集和处理的可能性就会增加。或者说，如果协议内含着这些偏见，价值负载数据就可能被当作关于社会领域的价值中立的事实。

最后，协议在理想上可以保证，社会科学数据是有效的。数据有效性包含着两个方面。要获得*内部有效性*，数据就必须符合那些从中收集到它们的主题。因此，问卷调查或者人类学观察应该记录研究主题事实上是怎样的，它们真正认为或者相信的是什么，而不是观察者认为研究主题应该是怎样的。要获得*外部有效性*，数据不仅应该符合所检验、调查或者观察的主题，还必须符合所有其他相关的未被检验、调查或者观察的相似主题。如果收集到的数据只符合参考样本中的主题，即只符合那些得到检验、调查或者观察的主题，那么，社会科学家就不能得出关于整个人口的一般性结论。出于某种原因，假定出口处民意调查只对抽样获得的离开投票站的一小部分人而言是准确的。那么，我们就不太可能基于那些小样本来推测选举的获胜者，也不太可能从那些调查中概括出，为什么整体上的投票人口会那样进行投票。作为另一个例证，吉迪恩·肖伯格（Gideon Sjoberg）和特德·沃恩（Ted Vaughan）（Sjoberg，Vaughan，1993：74-75，90）指明了，为什么威廉·苏维尔（William Sewell）和威斯康星社会学学派的研究预先假定了一种美国中产阶级协议。就其本身而言，无论这些数据和研究有多少内部的有效性，它们都缺乏外部的有效性，因为它们不能作出对整个美国社会的概括。

收集和处理数据的各种指导方针显然都体现着价值，但是，这些价值通常被视为只代表着诸如数据的完整性、纯粹性和一致性等的科学价值。这些价值对于适当的数据收集和分析活动而言至关重要，而且，它们有助于抵消因欺骗、保密和被当作科学事实的胡思乱想而产生的歪曲。这些价值有时候代表着所谓的科学的最佳实践。但是，道德价值和社会价值，以及诸如工具主义的行动概念、政治自由主义和自由个人主义等的文化理想，又会怎么样？从理想上来看，协议也应该抵消这些影响所带来的歪曲。但是，它们真的这样做了吗？

280   一、标准与价值中立

社会科学数据的收集和处理协议，并不意味着就是对研究者实际上所做的事情的描述性陈述。相反，协议为社会科学家*应该做什么*提供了一些标准。换句话说，这些协议正是决定研究者如何进行数据收集和处理的规定性指导方针或者规则。协议是规范性的：如果社会科学家在其研究中忽视这些协议，那么，他们的研究方法和结论就会被视为受到污染的和不科学的。这些标准被用于判断什么是好科学、什么是坏科学。

但是要注意，这些是关于科学实践及它们是否符合适当标准的判断。这些不是关于科学活动的道德属性或者价值属性的判断。关于科学活动是否合乎伦理标准或者在道德上是否值得做的那些判断，被认为是一些完全不同于确保好的科学实践的标准的问题。科学价值与伦理价值之间的区分至少可以追溯到韦伯：

> 现在没有一个人可以科学地证明，一个学术教师的职责是什么。我们只能要求教师具有知识的完备性以理解，陈述事实，决定数学或逻辑关系，或者决定文化价值的内部结构，这是一回事；而回答文化价值及其个性化内容的问题，以及回答我们应该如何在文化共同体和政治团体中行动的问题，则是另外一回事。这些是非常异质的问题（引自 Root, 1993：131）。

值得注意的是，在这段话中，道德关注被放在了一边（例如，大学教师的责任、思考文化的价值、一个人应该如何行动），而科学关注被放在了另一边（例如，知识的完备性、集中于事实、数学关系和结构）。韦伯认为，这两组关

注点是异质的，也就是说，它们在类型上彼此不同。科学的最佳实践涉及后者，而不是前者的关注点。换句话说，有效数据不是一种道德上的善，而是一种科学上的善。

这是在社会-科学的实践标准中所表现出来的事实与价值之分。这种分裂的影响之一是，社会科学数据的有效性或者完备性，完全独立于用于获得这一数据的方法本身的道德正确或者错误。因此，只要遵循科学协议，数据就是有效的，而不管所获得的数据有没有得到知情同意。

在社会科学研究中，为什么事实与价值之间总是没有清晰的区分，之前在第二篇中，我们看到了一些原因。因此，作为数据收集和分析标准的基础，一个重要的预先假定是有问题的。另外，我们还看到了，在社会科学中，努力追求价值中立实际上是一种深刻的道德目标。这一目标代表着一种对道德的善的特定认识，那就是，不会赋予任何特定的目的或者美好生活概念以特权（如政治自由主义：本书第五章，第一节）。因此，处理数据的标准旨在促进价值中立，从这个意义上来说，这些标准实际上促进了一种特定的道德中的善，即中立性。

更糟糕的是，因为完全集中于旨在实现数据完备性和有效性的科学价值，这些标准没有为检测和处理文化理想做好准备，而这些文化理想通过研究过程被偷偷带了进来。例如，专门用于出口处民意调查的研究类型符合它们的严格的结构和管理标准。然而，这些标准中没有一个将渗透进这些问题中的自由个人主义理想表现出来。另一个例子是，坚韧性研究（见本书第八章，第一节）中涉及的调查和数据收集方法符合它们的设计和管理的适当标准。尽管如此，存在主义个人主义理想（见本书第五章，第二节，第四部分）和工具主义的行动概念（见本书第四章）仍然渗透进整个坚韧性研究程序中。有明确的数据收集和处理标准，实际上对于把社会科学研究从价值和文化理想的影响中解放出来，没有任何意义。

二、标准与伦理学

奇怪的是，伦理学与最佳科学实践的分离，体现在某些专业的科学"伦理准则"中，为了推动科学的发展，这些伦理准则冠冕堂皇地允许违背伦理道德。

思考一下美国心理学协会①和美国社会学协会②所采用的那些准则。在某些情况下，如果对于研究结论的预期重大利益而言，对对象的危害或者危害的风险被判断为居于次要地位，这些准则就会允许欺骗和隐瞒，而且可能会忽视知情同意。③ 这是一种研究伦理学的完全功利主义和工具主义的方法，在这种方法中，某种成本-收益分析是*可能*不违背被试主体的权利和自主性的唯一理由。一旦将道德上的善和最佳科学实践分离开，它们就会分道扬镳，这就是一个例证。当然，对主体的危害或者危害的风险是否是次要的，这种判断并不是由被试主体作出的。相反，这一判断是由科学家作出的，他们为了项目结论的科学利益或者教育利益而设计研究项目。④ 假设主体遭受的任何危害可以被实验、访谈或者其他获得数据的手段之后的事后情况说明所减轻。那么，在这种事后情况说明之后，违背自主性和权利就被解释为揭露了研究真正所做的事情。但是，这种事后情况说明并没有取消把研究对象仅仅当作实现研究者的目的的手段这种粗鲁的工具主义态度。此外，还有证据证明，这种事后情况说明并不能减轻隐瞒和欺骗所带来的危害（Ross，Lepper，Hubbard，1975），正如在下文中所讨论的米尔格拉姆的实验中那样。

282

这样，得到这种专业守则认可的研究伦理学的方法，实际上并没有为受试主体提供任何保护。潜在的危害或者危害的风险，将总是依据研究者的目的和利益来得到判断。当社会科学家的科学利益和研究经费的压力、声望的吸引力、任期的压力及晋升决定悬而未决时，他们不能作出冷静的判断，这些都会影响他们对潜在的危害的评估（伦理审查委员会应该帮助去找出这些偏见）。

令人惊讶的是，这些专业社会团体所提出的保护标准，比支配得到许可的医学实验的纽伦堡法案还要更低。这点得到了社会心理学家斯坦利·米尔格拉

---

① 美国心理学协会制定的《心理学家的道德准则和行为规范》中第 8 条"研究和出版"中，8.07"研究中的欺骗"指出：心理学工作者在研究中一般不采用欺骗的手段，除非他们认为欺骗技术对于开展该项研究具有重要的科学、教育以及应用方面的价值，在这种情况下，如果不采用欺骗的技术反而可能达不到研究的目的。——译者注

② 美国社会学协会制定的《伦理准则》中第 12 条"告知同意"中，12.05"研究中欺骗的使用"指出：社会学家不能使用欺骗技术，除非：欺骗的运用不会伤害研究参与者；欺骗的价值被可能的科学的、教育的、应用的价值所证明；如果不用欺骗的方法，就没有可行的被选择程序。——译者注

③ 大学和其他机构的机构审查委员会，可能会增加一些额外的要求（例如，无论什么都要求知情同意）。而且，它们还拒绝那些被判断为违反了伦理或者其他指导方针的实验设计。通常，大学和机构对于研究施加相比专业守则更严格的限制，以免受到可能的法律诉讼。

④ 机构审查委员会可能会对伤害作出额外的评价，或者只是简单接受科学家的评价。

姆（Stanley Milgram）（Milgram，1974）的很多讨论过的实验的阐释。他设计了一个实验，用于揭示人们在何种程度上会服从权威，即使当他们服从权威的行动会对其他人带来接近死亡的痛苦。这个实验设计包含着明显的欺骗和隐瞒。被试主体受到误导，他们相信自己是一个关于疼痛刺激对于学习任务影响的实验的辅助研究人员。被试主体控制一个与假设的学习主体相连接的装置。研究人员错误地告诉被试主体，这个装置可以操纵以不同的电压电击学习者。被试主体不知道的是，学习者是一些假装不能完成学习任务的行动者。一旦学习失败，实验人员将命令被试主体使用这个装置给学习者一次电击。然后学习者假装受到电击，显示出与受到的电击水平相一致的不适反应（如抽搐、大声呼喊）。随着实验人员命令增加电压，学习失败会不断出现，进而导致更强烈的不适反应出现。

米尔格拉姆发现，大部分人都愿意去操纵电流，他们被引导着去相信这些　**283**电击是近乎致命的。他们并不管伪装的学习者所表现出来的痛苦或者甚至是明显的意识丧失。只要被试主体被一个声称愿意为此负责的实验人员鼓励着或者命令着去这样做，他们一般都会操纵电流。

这些实验阐释了，科学价值如何以科学的最佳实践之名战胜了道德价值或者精神价值。要使米尔格拉姆对权威和服从的实验成功地生成那些满足科学标准的数据，被试主体就被实际上发生的事情有计划、有步骤地误导了。如果被试主体被提前告知，除了他们对实验人员的权威的反应之外，其他的都是假的，那么，他们可能会作出不同的反应。因此，如果研究人员想要获得他们寻找的数据，欺骗和隐瞒是必需的：人们在何种程度上会表现出对权威的顺从？专业的"伦理守则"允许这些对人们的权利和自主性的实验性侵犯。这些准则还允许，打着收集某些符合标准的关于人类行为的数据的旗号，这些数据被假定是纯粹客观的，通过迫使被试主体去有意伤害另一个人来伤害这些被试主体。①这种许可显然把人类的价值和重要性置于数据的科学价值之下。换句话说，这些"伦理守则"鼓励把研究对象工具主义的当作实现科学目标这些目的的手段。知情同意应该可以保护研究对象免于这种工具主义情境及与之相关的对权利

---

① 2002年，美国心理学协会的指导方针仍然允许像米尔格拉姆这样的实验，尽管对那些标准的诠释已经发生了变化，导致机构审查委员会一般不会赞成这种实验。然而，没有什么可以阻止对这些标准的诠释在未来发生改变，这样的话，这些实验就会再次变得无可非议（例如，对于国家安全或者反恐怖主义研究）。

和自主性的侵犯。就这一点而言，有两点很重要。第一，一旦知情同意被忽略，或者被系统性的欺骗和隐瞒削弱了其重要性，打着"更高的"科学价值和目标的旗号，那么，伦理保护就不复存在了。

第二，使科学价值优于人们的权利和自主性，这种选择是一种道德选择，而不是一种价值中立的选择。考虑一个来自伦理学的经典案例：假设政府抓获了一名恐怖分子，他是唯一一个知道如何拆除一个隐藏在大城市（如纽约或者伦敦）市中心某个地方的核弹的人。通过严刑拷问到这个信息而对这名恐怖分子造成的任何伤害，相比避免放射性沉降物分散的附近区域的成千上万人死亡、数十万人受伤、几百万人辐射中毒和癌症、对国家经济不可估量的破坏等好处而言，看起来就非常次要了。

284　　我提出这个案例并不是说，在恐怖分子这个案例中完全的功利主义和工具主义考量是错误的。相反，我的观点是，当社会科学家权衡对其研究对象的潜在伤害与其科学利益和个人利益时，这些考量*不足以*引导社会科学家的行为。在这样一种粗糙的工具主义框架内，没有什么可以给她一个立足点，去评估对研究对象的侵害是否是值得的（请比较本书第八章，第二节）。这些专业守则的制定有其明确的目的，即把获得有效的、有用的数据置于作为研究对象的伦理价值之上。但是，这就相当于把人们当作科学实践的一种工具理性框架内的手段一样。

三、有效性与价值中立

保证数据的内部有效性和外部有效性的协议或者标准，并不能保证价值中立。它们集中于诸如问卷调查的有效性这样的事情，以准确地测量被调查对象的态度或者信念，或者评价被调查对象的代表性。换句话说，这些技术保证了在数据和数据有效性上达成主体间一致，但是，它们并未告诉我们，哪些价值或者文化理想可能隐藏在测量工具本身。出口处民意调查受到自由个人主义或者工具主义的行动概念的影响，因此，这些文化理想永远不会被有效性测试检测出来。或者思考另一个案例，回忆一下在第五章第一节中简要讨论过的发展理论。有效性协议将确保，从对不同年龄阶段的儿童行为的观察中所获得的数据，符合相似的观测数据。但是，这种有效性完全忽视了研究者在建构不同生命阶段的行为特征和成熟特征时所含的价值和理想，同时也忽视了最高阶段所代表的那种美好生活概念。基于观察和生命阶段范畴，而不是其他的方式，把儿童和青年挑选出来。这样，发展心理学家的观察可能是有效的，但同时也可能被归入价值负载的范畴。有效性并不等同于价值中立。

如鲁特（Root，1993：128-129）所指出的，尽管社会科学家在其研究中一般都会努力避免价值承诺，但是，有效性还是会产生意想不到的影响，从而导致价值偏向。简单地说，这个问题是这样的：虽然社会科学家通常会清除诸如种族主义这样的明显的偏见，但是，其数据的有效性这一目标还是会要求他们，不得不"吸收"并传递某种制度性的或者更大类型的理想。因此，在发展心理学中，心理学家必然会对于把儿童和成年人区分开来的完美和成熟等文化概念发挥作用。通过观察成年人，并不会形成有关生命的儿童阶段的有效数据。但是，诸如儿童时期和生命阶段这样的概念，并不是类似电子的质量或者一个碳核中质子的数量这样的自然事实。相反，这些概念代表着人类生活的社会和制度观念或者范畴（见下文）。[①] 这些范畴和概念不是价值中立的。因此，在利用这些范畴时，发展心理学家"不能获得他们自己理想的价值中立的数据"（Root，1993：129）。因此，如果发展心理学家想要得到有效数据，他们就必须在其研究中使用并传递这些完美的范畴和观念，追求有效性要求采纳特定的偏见。所有社会科学家在获得有效数据方面都面临着相同的情况。例如，政治学家在研究西方社会中的选民时，在构建其研究的过程中，必然会预先假设某种形式的个人主义，以确保有效性。同时，个人主义根本不是社会实在的一个价值中立的特征。

有时候，内部有效性和外部有效性也是不一致的。假设一组面试官在采访人们的时候都保持冷漠和黑面，假设被访者对于不同面试官的反应都是一样的。这种情况就可以保证，一个冷漠的、黑面的面试官收集到的数据是内部有效的，因此也是可靠的。如果所有的面试官都是冷漠的、黑面的，那么，这种面试只能揭示人们是如何回应这些面试官的。被访者实际上不会这样进行回

---

① 根据社会历史学家菲利普·阿雷兹（Philippe Aries）（Aries，1962）的观点，在中世纪（一个由历史学家建构出来的社会类）不存在童年这个概念。4 到 12 岁不被看作是生命阶段，从断奶到穿衣服不存在任何过渡，而成年人的责任和作用如我们现在所构想的一样。在中世纪末，随着成年生活的作用和需求发生改变，4 到 12 岁逐渐被视为还没有为成年生活做好准备的阶段。这样，他们开始被挑选出来进行特殊的照顾，到了 15 世纪，人们对于教育这个年龄群体中的人产生了极高的兴趣，进而创造出了另一个独特的生活阶段。

285

应，因为人们并不常以这种冷漠的、黑面的方式彼此交流。因此，访问的结果只有在人们对这种冷漠的、黑面的面试官作出回应时才有效，这样，数据就不是外部有效的，也就是说，对大部分的日常环境而言，数据不是正确的（Root，1993：147 注释 29）。

第二节　数据的分类和排序

　　根据标准协议，一旦数据被收集起来，它们就必须根据各种范畴如年龄、性别、职业、教育史、性取向及婚姻状况等，来进行分类或者组织。如果社会科学家真的在收集一个独立的、似规律领域中的数据（类似于自然科学），那么，他们的范畴就应该也类似于具有独立存在性的自然类。此外，可以说，把数据分类为这些范畴，应该就是把事实放进他们适当的盒子里的问题。不幸的是，对这种自然-科学式的理想而言，社会领域根本就不是这样的。

一、自然类和社会类

　　有一种广泛的信念认为，自然科学处理的是一些被发现就存在于自然界"那儿"的范畴或者类。这些诸如电子、分子、火山、飓风、星星、银河系等的类，被认为是被发现的而不是被建构出来的。[①] 因此，它们是适合于自然-科学调查的自然对象。在社会科学中，与自然-科学式的方法（和一些描述主义的方法）并列的是，把诸如青少年、同性恋者、西班牙裔、离异者、富人及穷人等社会类，当作被发现的而不是被创造出来的。换句话说，就像在分子、水和病毒被发现之前它们就存在一样，在青少年、中上阶层和高加索人被发现之前，他们也存在。社会类被描绘成独立于社会科学理论化，就像自然类独立于自然科学理论化一样。

　　对于科学的普遍-规律概念而言，自然类很重要。只有当自然界中存在这种独立于我们的调查的类时，才可能存在诸如普遍规律这样的东西。这些规律

---

　　① 我们的自然类概念也会随时间发生变化（见本书第十六章，第二节），它们见证了从古希腊到当代物理学这个过程中原子的不同概念。按理说，在早期宇宙开始存在时，原子就作为一个类并未发生任何改变。而且，作为一个类，行星表面上看起来很复杂，随着天文学家最近重新定义这个类，冥王星不再符合条件（Schilling，2006）。

286

应该独立于语境，如果自然-科学研究中的所有类都只是由我们建构出来，那么，它们就可能是语境依赖的。特别是，它们可能依赖于我们观察世界的目的和方式。这种建构出来的、依赖性的对象，对于普遍规律而言可能不是适当的目标。因此，自然科学的典型任务之一就是，确定存在着哪些自然类，并把这些类与人工的或者建构出来的类区分开来。

然而，自然类和人工类之间的区分在社会科学中看似不那么有用。之所以会这样，有两个主要原因。第一，社会科学家使用的很多类或者范畴，即使不是全部，在它们是由人类群体所构造出来的这个意义上，也是人工的类或者范畴，人类群体选择它们，根据特定的方式去组织其日常生活。其中的很多类或者分类，如职业、婚姻状况、童年时期、政治立场、教育等，与设计它们的群体的实际利益和社会习俗紧密地联系在一起。换句话说，很多社会类不是独立的，不是等待被社会科学家发现的已经存在的范畴或者对象。它们产生于人类的需要和观察事物的方式，同时，它们会随着我们的需要和观察事物的方式的改变而改变。因此，社会类不是那种受普遍的、与语境无关的规律支配的事物。毕竟，如果没有任何社会、政治和法律秩序，也就不存在任何婚姻状况、刑法身份、阶级地位或者政治立场等。或者说，以上文提到的社会类"儿童"为例。中世纪之后，那些在 4 岁到 12 岁之间的年龄群，被与其他年龄群区分开来，并得到区别对待。在被区分开来并得到区别对待之后，他们使他们的行为符合这些期望。因此，通过把儿童当作那些需要特殊照顾和保护的人，就有可能使儿童变成那些需要特殊照顾和保护的人。

第二，社会科学家还构造出一些其他的范畴或者类，来对其研究对象和数据进行排序。种族、各种性别、社会-经济阶层等，在社会研究中可能并非按照它们本身的样子得到描述，它们甚至可能根本就不存在，这样，社会科学家就可以收集、记录、比较、组织及分析那些并不存在的心理、经济、人类学和其他形式的数据。我们并不需要必须遵循福柯对社会科学的所有后现代主义批判（见本书第三章，第四节，第二部分），以发现一些社会范畴或者类是社会科学家建构出来的，社会科学家之所以建构出这些社会范畴或者类，是为了根据各种规范和目的来分类、追踪和管理人类活动。因此，为了社会研究和管理的目的而建构出来的社会类，也不会受普遍的、与语境无关的规律的支配。

城市扩张就是一个人工类的例证，这个人工类是为我们的社会目的而建构

287

出来的。如果它像自然类一样，那么城市扩张就会结束，而且会把城市的出现当作"自然"存在的事物［事实上，这是布吕格曼（Bruegmann）2005年的观点］。但是，推动中世纪城市越过其围墙的扩张的因素，不同于推动第二次世界大战后美国郊区化现象出现的因素。在这两个阶段中，城市在结构上是不同的，而且具有完全不同的规模。增长的原因是不同的：如外部威胁、科技、经济和社会结构、治理制度、土地利用格局、资源的接近程度，更不用说完全不同的个人主义、自主性、自由等理想。此外，美国的很多现代城市不再围绕单一市中心而被组织起来，而是由多个子中心所构成。因此，作为一个建构类，无论城市扩张成什么，它都必然不是一个永恒不变的范畴或者类。

288   对于为什么社会领域不是一个独立的、似规律的领域，社会类的目的或者利益相关本质是一个原因，这种独立的、似规律的社会领域是社会-科学理论化的目标，这点与自然-科学理论化如何对待自然世界是类似的。在第三篇中，我们看到了社会-科学理论化如何不能独立于社会领域的一些例证（见本书第十一章~第十二章）。社会-科学理论化有能力改变或者重新诠释其理论化的目标；而且，社会领域也有能力影响并改变社会-科学理论化（回忆本书第三章第二节中的双向诠释通道）。

对于这种情况的一个回应是，按照下面这种方式来重新调整社会科学中的自然类概念。如果在社会科学关注社会类之前，社会类就已经被人类群体、宗教秩序、法律体系或者其他的社会和政治制度构建了出来，那么，在某种程度上就可以说，这些社会类是被社会科学家发现的。假设宗教秩序在信仰者和非信仰者之间作出区分，或者，法律体系在单身、已婚、离异和寡妇之间作出区分。那么，社会学家和其他社会科学家就可以发现这些已经存在于社会秩序中的社会类。这些类并不依赖于社会科学而存在，因为它们的存在是被其他社会制度或者法律制度创造出来并得以维持的。

通过社会类是被社会科学所创造出来的还是被社会科学所发现的，来区分社会类，并不能改变这一事实，即后者仍然不是与语境无关的自然规律的适当目标。同时也不能改变这一事实，因为这些社会类反映了价值、理想和目的，并得到价值、理想和目的的维持。此外，这种区分也不能破坏这一事实，即社会科学对其发现的社会类的理论化，倾向于重塑或者改变那些社会类。这样做仅仅意味着，这些是社会科学家可以发现而不是创造的类。因此，这种区分实际上并不能恢复社会类与自然科学中自然类的类比。它也不能缓和关于社会类和社会理论化的一个紧要问题。那就是，自然-科学式的研究模式和描述主义的研究模式，都倾向于把任何"已被发现的"社会类从现存的社会秩序中提取出来，以分析同一秩序。因此，那些方法倾向于接受，把支配性的权力结构对于现存社会实在的定义当作客观实在。这就意味着，社会科学家将把这种支配性的权力结构的认识，放入其研究中并暗中赞同这种观点。

此外，如果福柯（Foucault，1979；1980a）是正确的，那么，几乎不存在 289 社会科学家在创造或者塑造的过程中不对其发挥作用的社会类。在 19 世纪，精神病学家对各种异常的性行为的创造和描述，就是被社会科学家所建构出来的社会类的例证，然后这些社会类被法律体系和文化注意到，并开始得到应用。同样，福柯主张，在法律条款中发现的很多关于不正常行为的范畴，即使不是绝大多数，在其嵌入法律体系之前，首先是被社会科学家建构和塑造出来的。

二、排序和判断

福柯关于社会科学对社会类的普遍影响的主张是有争议性的。尽管如此，社会类是社会科学家、政策制定者和其他人基于其利益、目的和需求的建构物。对于为什么把研究对象和数据排序为不同范畴，并不仅仅是把事实放入适当的盒子中而进行重排这样的问题，这只是一个原因。这些盒子，也就是这些类，是由价值、理想和目的所创造出来并得以维持的。

排序并不只是重排和组织事实的另一个原因是，这种排序要求判断研究对象是谁、是什么，以及应该如何表征它们。如上文所提到的，社会科学家必须作出决策来根据性别而不是种族或者根据阶层而不是性别等来将对象进行分类。但是，通过性别而不是种族或者通过阶层而不是性别来观察一个人，这种选择是对应该如何观察这个人的一种判断。换句话说，为了研究目的，社会科学家必须对研究对象是什么作出判断，如为作为研究对象的人赋予性别、种族、阶层等特征。

诸如少年犯、同性恋者、虐童者、吸毒者、中上阶层、受过高等教育、高智商等的社会类，不只是将研究对象组织起来的盒子。用伊恩·哈金（Ian Hacking）的话来说（Hacking，1991），它们是*规范化概念*：它们是这样一种概念，这种概念规定了对于所研究的范畴或者类而言，应该怎样、什么才是规范性的。要成为中上阶层，我们必须达到一定的富裕程度，这个程度处于一个特定的范围。要成为受过高等教育的人，我们必须完成特定的教育水平。要是同性恋者，我们必须具有特定的性取向。通过一个黑种人女性对象的种族而不是性别或者通过其性取向来对她进行排序，使其规范化，以具有那个社会类的本质特征。因此，这种分类就固定了或者界定了什么与研究对象相关，给她贴上了标签，这样其他社会科学家就可以收集和诠释符合这一标签的数据，然后基于这一标签的本质特征来创造并保持一些刻板印象。这种社会类的作用力的一个例证是，政治学家、舆论研究者及其他人之间存在的普遍信念，共和党成员中几乎没有黑种人和保守派。一般来说，根据这种社会类的规范特征，黑种人在政治上是自由主义的，他们与民主党联系紧密。而那些例外则被视为超出了这种规范，也就是说，他们是反常的，或者在一些政治圈中，它们被视为其种族的叛徒。如果根据一种不同的社会类，如保守的共和党成员，他们则被当作英雄和模范！对于这些分类和判断而言，根本不存在什么价值中立。

290

社会类的"规范化作用"或者影响力，在其他方面也很明显。如鲁特所指出的：

> 房屋、衣服、娱乐、职业、教育、社会工作、法律实施、出版、广播、艺术、医疗保健、宗教及政治，作为对［社会］科学研究对象的回应，而被修改、排序、塑造、适应或者形成，就好像它们被科学的理想化语言［社会类］完全准确地描述为虐童者、精神病患者、相互依存者、性工作者、理性经济人、同性恋者、酗酒者、后进生、优秀生或者残疾人一样。（Root，1993：165）

把政治运动、对福利计划的态度、好莱坞电影的趋势及广告等，看作是这些类型的排序和调整的例证。社会科学把人类分类为无数的社会类，这种做法通常只是复制了在社会中所发现的那些标签（例如，由政府、商业或者媒体所创造出来的那些标签）。但是，宗教、法律和商业创造出来的那些社会类显然不是价值中立的，因为它们是为了神职人员、法院、商业高管、市场人员等少数几个相关利益团体的目的和需求而被创造出来的。这些社会类具有定义这些规范的所有道德属性。因此，一旦社会科学家在其研究中使用这些范畴，他们本质上就是在使用定义和支撑这些范畴的那些价值。而且，一旦他们对于使用哪些范畴及哪些对象可以归入这些范畴作出判断，那么，上述价值就会进入社会科学研究，并在假定的价值中立的结论中得到传递和强化。

思考一个经常得到讨论的例子，如作为一个社会类的婚姻。这是美国法律认可的唯一一种同居伴侣关系（尽管这点在某种程度上慢慢地发生了一些改变）。共用房屋的成年人被美国各个层次的政府归入两个范畴——已婚和未婚。但是，这些社会类不是价值中立的。相反，它们代表着道德和政治上的价值或者偏好。相比所有其他形式的同居伴侣关系，美国公共政策更支持婚姻，因为已婚夫妇具有未婚夫妇没有的一些好处。只要法律禁止同性婚姻，那些终生的同性恋伴侣就将被划归为未婚范畴，因此，他们将不能获得只有已婚伴侣才能得到的好处。一旦社会科学家使用了这些社会类，创造和维持这些类的政治和道德价值就会进入其研究。即使他们没有认识到这些价值，或者对这些价值保持沉默，一旦社会科学家使用了这些范畴，他们就会不知不觉地帮着维持这种区分，同时还维持着造成这些区分的价值。①

此外，社会科学对社会类的使用，为社会类的存在提供了科学的空气，因此，强化了这些社会类及其在社会中的位置。这是一种双向诠释通道在起作用（见本书第三章，第二节）。社会科学家在使用社会类和对数据进行排序时，常常不加批判地吸收他们所研究的群体的价值和理想（就像在婚姻研究中那样：本书第八章，第三节）。同样，社会科学家通过使用这些建构出来的范畴来研究人类，就会通过其研究的普及、使用这些范畴的新闻报道、担任专家证人和评论员甚至把研究对象归入这些范畴等形式，把价值和理想传递回这个群体中。②

在这个意义上，社会类具有一种双重身份。它们引导着社会科学家如何对待或者观察其研究对象，如适应或者符合构成这个社会类的规范。例如：

> 直到最近，精神病学都把同性恋界定为一种精神疾病，同时，考虑到

---

① 如果社会科学家不赞同这些价值，她可以选择替代性范畴。她可能选择在所有类型的同居伴侣关系与单身家庭之间作出区分。但是，正如鲁特所指出的（Root，1993：169-170），对于社会科学家的需求而言，这个范畴很可能是无效的，除非社会也接受和使用了这个范畴。例如，机构不太可能根据同居伴侣关系和单身人士来保存记录，而可能根据已婚和未婚来保存记录，这就很难适当地解释所有形式的同居伴侣关系。要采用新范畴，就要求社会科学家明确地提倡使用新范畴，而这就意味着，她可能被卷入了所提倡的价值和偏好的改变。然而，社会科学家不可避免会支持一组或另一组价值：她要么暗中支持现在的价值，要么明确支持替代价值。

② 思考一下，在 20 世纪 90 年代中期到末期，对美国选举的政治分析和评论中，出现了一种非常流行的社会类——足球妈妈。

精神病学的目标，即治疗精神疾病并调适心理失衡，因此，精神病诊所判断一个病人是同性恋者，这本身就是一种治疗建议。对精神病学家而言，同性恋者不只是一类人，他们还是一类生病或者失调的人，也就是说，他们是一类需要治疗的人。（Root，1993：166）

社会类还可以发挥引导研究对象及其他一般人的作用，如引导着他们应该如何描述他们自己。社会类可以对规范进行编码，借助规范，人们可以理解他们应该把自己的行为评价为是正常的还是反常的，除了引导他们应该如何描述他们自身，还引导他们应该如何理解和评价他人。因此，只要同性恋被视为一种精神反常，很多同性恋者就会相信他们自己一定是出问题了。同样，北美洲社会中的绝大部分人也把同性恋视为一种疾病，常常把他们当作二等公民来对待。同性恋者这种社会类不仅对一种心理状态进行了分类，还包括一种对正常/反常的认可及一种可能的诊断和治疗。

最终，如本书第一篇和第二篇所指出的，社会科学家所使用的一些最为基本的社会类或者范畴，如个体和群体，只有以个体主义者的理想为前提时，才是有效的。如果没有这些理想，脱离群体的个体也就没有任何意义。事实上，关于数据收集和排序的所有社会-科学协议，都使用了这些基本的社会类。同样的，把人类看作个体或者把人类看作群体的成员，或者把群体仅仅当作个体的聚合等，这样的判断都预先假定或者使用了诸如自由个人主义等的文化理想。因此，收集和排序社会-科学数据的那些标准，同样反映了伪装意识形态。

第三节　数　据　分　析

如果价值和文化理想已经完全隐蔽在我们的社会-科学数据中，那么，数据分析的统计学方法或者其他方法，对于发现并消除这些影响而言，也就没有任何作用。相反，它们就只是确保了这些价值和理想在传递过程中不被注意到而已。例如，在选民调查的建构中所充斥着的价值和理想，将从实施研究所收集到的数据中体现出来。这个数据将基于研究者所选择的范畴来得到分类，但是，相关的范畴和判断不会消除甚至也不会必然发现研究和数据中所反映出来的价值和理想。因此，对于分析数据所使用的统计学方法或者其他方法而言，它们的目的是发现数据之间的相关性或者其他可能的关系，所以，它们在"捣弄数字"的过程中，既不会发现也不会消除数据中的这些价值或者理想。因此，即使数据分析方法本身是价值中立的这点是正确的，它们对于社会科学家避开价值和文化理想而言，也是毫无帮助的。

第四节　评　论

在自然科学中，我们的理论化看似是关于一个独立领域的理论化。与此相反，社会科学对于社会建构的理论化，是由社会科学家或者其他的社会行动者为其目的和需求而设计出来的。不存在像自然类一样独立的社会类。然而，这并不意味着社会类不具有任何实在性。相反，它们非常真实，而且对于我们具有或好或坏的潜在影响。

社会类的建构本质对于社会研究产生了一些影响。任何把诸如阶级这样的概念和范畴当作业已存在的对象的方法，如马克思的阶级斗争分析，最终不会再把社会建构出来的那些类当作稳定的、永恒存在的自然类来看待了。事实上，"阶级"是一个社会地建构出来的概念，其定义和边界都是由我们为了自身的目的而规定和描绘出来的。阶级并非一直存在，但是，马克思主义者的分析预先假定了，把阶级当作独立于我们的分类和管理的目的而且永远有效的范畴。在我们对社会的分析或者对历史的解读中，如果按照这种方式来认识阶级，就会把诸如阶级这样的现代概念，不合时宜地应用于没有这些范畴的更早的时期和社会。我们必须非常小心的注意到，因为隐藏在我们建构这些范畴背后的那些现代目的和理想，给这些范畴和概念带来了各种形式的歪曲。

社会类所具有的受社会条件制约的本质，还意味着在社会科学中建构预测性理论存在着一些问题。预测预先假定了存在一个稳定的现象领域，这个现象领域可以得到可靠的复制。但是，任何把社会类和模式当作像自然类一样确定和固定的理论，都将不会形成可靠的预测。社会类和模式会随着我们改变我们的目的和价值进而发生改变。社会领域缺少作为自然领域特征的稳定性，这就使得预测在社会研究中变得很可疑（见本书第十六章）。

设置数据收集和处理的标准，区分科学价值与伦理价值和其他价值，把社会类当作像自然类一样，都是社会科学家尝试平行于自然科学的一些方式。然而，社会科学不能避开其研究实践和数据标准所产生的伦理问题，因为我们人类，包括社会科学家在内，是社会科学研究的对象。在自然科学中不存在类似的状况，因为我们不可能改变虐待或者伤害电子和分子的研究实践和数据标准。① 在自然科学中，伦理问题可能会因为诸如发现核能或者修改 DNA 方法的改进等研究进展而产生。但是，这些伦理关注是外在于科学实践的，它们处理的是这些进步的影响或者应用。与此相反，社会科学直接涉及人类，而人类是道德性的存在，值得尊重，是自我诠释性的存在，具有对自身及其世界的认识。社会-科学实践以自然科学实践在很大程度上不能做到的很多方式直接涉及人性的方方面面。② 例如，物理学并不对于我们如何使用核能提供任何指导，生物学也不会告诉我们 DNA 修饰的真正价值是什么。此外，因为社会科学遍布着像伪装意识形态一样发挥作用的文化理想，因此，它们总是提倡我们做那些应该做和值得做的事情。

进一步的研究

1. 什么是内部有效性？什么是外部有效性？解释一下确保有效数据的协议实际上如何迫使社会科学家成为价值偏向的。

2. 描述自然类和社会类之间的差异。这种差异对于自然-科学式的研究模式的影响是什么？

3. 从报纸或者杂志里找三个社会类或者范畴的例子。分析它们中所包含的理想和价值，以及这些故事是如何承认这些价值的。

推荐阅读

M. Root, "Collecting Data in the Social Sciences," and "Sorting Data into Kinds", in *Philosophy of Social Science*（Oxford：Blackwell，1933），chs 6，7.

---

① 在生物学、生理学、神经病学和药理学中，根据所研究的更高级的动物的类型，可能会因为研究方法论和数据标准而存在着造成伤害的可能性。这些伤害可能会出现在更高级的动物经历生理性疼痛或者其他不适的情况中。（更有争议性的是，如果一些更高级的动物有权利，它们可能会遭受与侵犯这些权利相关联的其他伤害。）但是，这些可能是自然科学更接近社会科学的一些例证，而不是相反。一般而言，自然科学没有这种类似情况。

② 作为一种哲学观点，科学主义认为，所有一切都与人类相关，世界就是物理学、生物学和其他科学告诉我们的样子，因此，它必然会涉及人类的方方面面。理查德·道金斯（Richard Dawkins）和丹尼尔·丹尼特（Daniel Dennett）是科学主义巧妙的实践者，但是他们没有看到，这是一种完全成熟的哲学观点，它没有从实际科学中得到任何支持。

第十四章
决定论和自由意志

社会科学内部和外部的很多评论者都想知道，这些科学实际上是否只是某种令人恐惧的操纵性的行为技术。对于很多人来说，追求一种与语境无关的人类行为科学，这一理想看似是完全去个性化的，而且与我们对于什么可以促成有意义的生活的日常观念产生了严重的冲突。表达这些担忧的一种方式是，从自由意志-决定论困境的角度来看待这一问题。例如，目前行为科学中的很多理论和视角，把决定论作为其关键理论假定之一合并了进来（Rychlak，1988；Slife，Williams，1995）。就这一点而言，对于人类行动、精神生活、情绪动力学或者社会领域等范围内的所有由人类无力控制的原因所造成的事件，决定论是一种严格决定。因此，主流心理学家对于决定论和自由面临着一种严重的困境。一方面，他们致力于寻找关于人类行为的与语境无关的规律，以允许拥有这些知识的人可以自由地在物理领域或者社会领域中设计想要的结果。另一方面，自相矛盾的是，心理学家预先假定了严格的社会领域观念，这一观念实际上恰恰否认了他们自己所使用的那种自由和独创性，但是，在设计实验并系统阐述人类行为的规律和理论的过程中，他们的确需要这种自由和独创性。

其他社会科学也面临着各种形式的自由意志-决定论困境。例如，如果个体的偏好及其决策由他们无力控制的经济因素决定，这可能会导致一种经济决定论的形式。同时，假设我们还拥有一种消费者选择理论，这一理论把经济主体描绘成，他们在某种程度上有能力去形成自身的偏好和选择。这就是一种自由意志-决定论困境：主体被描绘成可以形成其自身的偏好，并且可以基于这些偏好形成决策，同时，他们又被描绘成完全由不受他们控制的力量所决定。[1]相似的，对于政治学或者其他任何社会科学而言，它们既预先假定了关于所有个体思想和行动的某种形式的社会决定论，同时又假定了个体具有思想和行动的自由。[2]

在这章中，我将主要集中于心理学中的自由意志-决定论困境，因为它们可以说是最清晰的例证，而且最接近家庭。我们将看到，文化理想在创造和维持这些困境的过程中发挥着重要的作用。

第一节　心理学中的决定论和自由

这是一种非常基本的困境形式，它适用于所有的社会研究。一方面，如果

---

[1]　在经济学中存在一种更深层次的可能的张力。经济学理论包含理性行动者概念（见本书第十章），从这个意义上来说，合理性和决定论之间存在一种潜在的冲突。

[2]　把这些困境与后现代主义者的完全由历史的文化流决定的个体概念进行比较，虽然这些个体同时被假定为具有一种彻底的自由去远离或者操纵同样的决定论力量（见本书第三章，第四节）。

没有某种形式的决定论或者有序的因果领域，在其中我们可以进行行动并发挥作用，看似也就没有什么可行的自由观念。毕竟，如果对于世界而言不存在这种秩序，你如何可以为实现你的目标而行动？另一方面，自由必须是真实的、有意义的，不能只是利用人类能动主体的那些原因的另一个结果（Richardson，Bishop，2002）。

主流心理学对世界的描述是，世界是一个决定论领域，由动力因果链构成，它既为科学研究提供了目标，又为有效行动提供了舞台（见本书第九章）。心理学家努力的根据支配人类行为的与语境无关的普遍规律来设计各种解释。这些解释证明了，目前的态度和行动如何成为基因组成、文化、个体的生活史、当下的处境或者这些因素的某种组合的必然产物。同时，心理学家把他们自己看作是确定人类行为的决定因素，从而为把个体从那些不利影响中解放出来打下基础。按照这种方式，个体可以过更自由的生活，或者可以积极地培养出更充实和更具有创造性的社会生活形式。然而，通过假定这样一种状况，心理学家使自己投身于一种决定论教条，这一教条逐渐破坏了他们自己所珍视的很多目标，如把人们从无效的、没有成就感的生活中解放出来。这种威胁产生于一种扭曲的观点，即把人类看作是完全陷入在一个决定论的世界中，同时，人们又可以以某种方式有能力超越并自由地操纵动力因，以形成想要的结果，在工具主义的行动概念中可以发现同样的基本结构（图 4.1）。

决定论与自由之间的这种明显的张力，几乎没有被人们注意到，它们很少得到分析，而且几乎从未被看作是对心理学的支配性概念提出怀疑的某种东西。这本身是一个严重的、有趣的且令人迷惑的问题。在 20 世纪的心理学中，似乎有两个主要的传统去尝试应对这一张力。到目前为止，主导性的方法仍然假定或者支持一种相当严格的决定论视角，而忽视或者回避了这一点，这种方法实际上在很多方面预先假定了某种潜在的自由教条，这就逐渐破坏了心理学自身的一些重要目标，而且，这种做法看似与心理学家自己的自由的、可靠的、创造性的活动不符。在心理学中，一个由人本主义者、存在主义者和现象学思想家构成的较小的、多样化的、相对边缘的群体，已经明确的为选择和自我实现等自由理想进行了辩护。但是，他们通常没有注意到，这些理想的实现依赖于人类经验事件之间的某种可靠的联系。这部分程度上因为，他们很少能形成

297

对这种联系的任何似真的替代性解释，因此，他们仍然必须依靠他们所拒斥的这种动力因果决定论观点，而且常常受到其困扰。

在本书第九章第一节中，我简单介绍了在心理学中，行为主义、精神动力学、认知方法及人本主义方法对于人类行动领域的描述。在心理学中，动力因果关系的物理模型和计算机模型也在本书第九章第二节第一部分和第二部分中介绍过了。在此，我只想要简单回忆一下自由意志-决定论困境是如何出现在每一种理论视角中的。

一、行为主义

行为主义的目标是，通过研究环境的可观察的一些方面（如刺激、反应和强化）而不是不可观察的心智结构（如意向性、动机和意愿），来揭示支配人类行为的规律。实现这一目标可能会形成对人类行为的准确预测和控制，因此，也就可以形成对行为-变化活动的可靠指导。行为主义心理学家声称，所有的行为都是严格确定的，而且，对环境和行为的广泛支配和控制是可能的。就这一点而言，在决定论信念与对行为的个人或者社会控制之间，存在着一种明显的张力。所有的行为都受到有影响的刺激和强化的支配，这样，我们就可以以某种方式实现支配和控制的理想（这些理想本身也是受刺激和强化的决定论交互作用的严格支配的行为）。

二、精神动力学

按照精神动力学的观点，严格决定论支配着精神领域。但是，所有这些理论的一个基本目标是，理解和培育某种自我反思，这种自我反思可以导致在治疗甚至是一般意义上的社会中实现理性的自我转化。作为精神动力学的基础，机械图景并没有说清楚如何实现这种理性的自我转化。严格决定论主要是在潜意识层面上起支配作用，潜意识层面超出了我们的注意范围，因此，严格决定论取消了选择和可靠性。

三、认知方法

心灵的认知主义图景建立在决定论的计算机操作的基础之上。同时，个体被假定为可以介入或者调解这些计算过程，以改变思维模式，改变那些违背自己利益的行为及其他的心理失调形式。但是，即使大脑的"计算结构"和"软件"加上输入这一系统的信息，可以共同决定我们的所有行为，我们仍然不清楚，一个人如何可以通过"介入"，来影响或者缓和那些正在发挥作用的决定论过程。

四、人本主义方法

299

如果人本主义方法在任何时候都是一致的，那么，它一定是对在人类行为中占据统治地位的决定论的拒斥。否则，自我实现或者追求我们天生的认同感就是不可能的。然而，很难看到人本主义方法已经避开了决定论。例如，如果每个人内在的独特潜能对于我们的认同感、行为和需求及心理健康等，都产生着非常强烈的影响，那么，看似每件事情都由某种我们不能控制的东西所决定。如果这种内在潜能根植于生物学（Maslow，1968），那么，它就成为一种我们不能控制的主导性因素。这些超出我们控制范围的影响的存在，可能并非完全不同于精神动力学或者行为主义。尽管相比在精神动力学和行为主义中发挥作用的那些决定论形式而言，我们可以通过一些弱化其影响的方式来理解这些决定论形式，但是，在一个因果有序的世界中，对有效的行动所需要的自主性和自由的解释，在人本主义理论中仍未得到解决。如果没有一种对这种自主性的明确解释，人本主义方法就不能获得令人信服的例证，去证明它们已经避开了决定论的限制。

第二节　决　定　论

心理学中的决定论以动力因果关系的语言得到描述，这种做法在很大程度上模仿的是物理学。然而，与物理学相比，心理学中的决定论概念并不是非常成熟的。物理学中所构建的决定论对于心理学而言是有问题的，要理解这一点，我将首先简单介绍一下物理学的决定论概念。

一、作为唯一演化的决定论

假设一个系统的物理状态可以用一些关键属性来描述，例如，在某一时刻 t 构成这一系统的所有粒子的位置和动量的值。物理决定论的一个关键特征是：给定一个系统的初始状态和支配这个系统的状态的规律，那么，这个系统的整个历史就是完全固定的。思考一个钟摆。每次钟摆都上升到相同的高度然后降落，它完成的是相同的振幅。我们可以用以下这种方式来把这种状况形式化：

唯一演化：一个给定的状态总是跟随着（且其前面是）同一状态转换的历史。

300　　大体上来说，其观点就是，每当我们把系统回归到同一初始状态（或者状态转换为历史中的任何一个状态）时，这个系统将经历从一个状态到另一个状态的相同的转换历史。

如果决定论要被有意义地应用于物理系统，那么，唯一演化是一个强大但很重要的要求。把一个典型的物理系统 s 想象为一个电影。满足唯一演化意味着，如果从同一个画面开始，一遍又一遍地播放这个电影（使系统回到同一初始状态），那么，s 将一遍又一遍地重复其整个历史的每一个细节，而且，这个电影的相同副本会形成相同的画面序列。因此，如果一个人总是从一开始的画面来播放《侏罗纪公园》，那么，它将播放相同的东西。作为反英雄式主角的霸王龙永远会挽救局面，这个电影不会再增加任何新的画面。此外，如果我们从一个不同的画面来开始播放，如从电影中间的一个画面来开始播放，那么，紧接着的画面序列仍将是唯一的"播放"。

通过对比，假设经过几番运行之后，把 s 回归到同一初始状态但却形成了一个不同的状态转换序列。把系统 s 想象成像一个装置，当从同一初始画面开始时，它在有些情况下会自然而然地生成一个不同的画面序列。有时候只需要选择从这个序列中通常出现的任何一个画面开始，被选择的画面之后就不会跟着通常的画面序列。或者有时候，一些画面并不常出现在这个序列中，或者随着时间的推移增加了一些新的画面。这样一个系统将不能满足唯一演化，同时也就不能被称为决定论。

尽管有人会认为，唯一演化是对物理系统的科学研究的一个要求，但是，如果有可利用的、足够准确的非决定论形式，情况就不是这样了。此外，还有一些原因使我们相信，唯一演化并非像我们通常所认为的那样广泛适用于物理系统。

二、心理学中的"唯一演化"

心理学缺少像物理学的决定论概念一样准确的东西。尽管如此，在心理学中，仍然可以系统地提出类似这个概念的东西。从把物理决定论的唯一演化作为模式开始，我们可以尝试为心理学中的物理模型和计算机模型的类似属性形成一个"故事情节"（见本书第九章，第二节，第一部分和第二部分）。在物理模型中，如果给定同一心理作用力和社会作用力，连同同一生物-神经系统（以"同一初始条件"来"多次运行"），那么，一个人可能会在其生活史中不断地重复相同的行为。也就是说，如果我们把同一个人以同一种情况嵌入在同一个世界中，那么，他们将过同一种生活。在计算机模型中，给定同一个认知处理装置和同一个信息输入，一个人也将在其生活史中不断地重复相同的行为。

在生活史方面来进行阐述，我们不得不担心稳健性。例如，经过"多次运行"之后，要对一个个体生成同一生活史，就要求世界在物理上是整体相同的吗？在为（物理模型中的）物理作用力或社会作用力，或者（计算机模型中的）信息输入和处理引入一些相关差异之前，这些差异可能会带来一个给定的控制或基准世界中一个人行为的行为变化，一个给定的世界中的物理差异在多大程度上是容许的？或者说，假设两个世界在每一个细节上都是相同的，除了一个世界中女孩生来是红头发，而另一个世界中女孩生来是金发之外。那么，哪些变化可以引起其行为差异的社会力量或者信息输入？

对于整个生命史而言，回答这些稳健性问题非常困难（几乎是不可能的），因此，可能我们应该集中于一个较弱的需求。毕竟，要求在过去找到对现在的行为的心理学解释，并不必然要求在同一生命史的意义上存在一种决定论。心理学决定因素的稳健性，如在一个典型的临床表现中，可以这样来理解，那就是，找到充当某人行为的原因的重要历史/相关事件或者模式。思考一个跟不认可自己的父亲长大的儿子。童年时期他与不认可自己的父亲的互动，形成了在所有其他环境下决定其行为的那些关键事件。假设这些关键事件导致了完美主义的行为模式和对认可的不懈追求。那么，按照物理模型，这是一组具有稳健性的心理作用力/社会作用力，因为其他环境或者其他心理作用力/社会作用力的配置的变化，对于这个儿子的行为模式不会产生任何影响。当他离开家后（如 18 岁），一旦他面临一组相同的心理作用力/社会作用力，那么就可以想象到，他将表现出相同的行为生活史，尽管这种要求并不是必要的。一种决定论的心理学描述的所有要求是，他与他父亲过去的互动的作用力足够强大，以至于控制着所有其他决定其后续行为的心理作用力/社会作用力。

302   心理决定论的这个属性可以按照下面这个"原则"来理解：

> *心理决定论原则*（PPD）：一个人过去的某一组固定的、（至少在部分程度上是）可识别的关键因素，支配着他们对于现在的事件的回应。

对于治疗实践及其他目的而言，如果心理学家想要帮助或者引导客户，决定因素至少应该在部分程度上是可识别的。正如上文所阐述的，心理决定论原则留下了一种可能性，即在同一情况下，人们将会相同地或者非常近似地来行动。我认为，对于充分明确在何种意义上，一组过去的决定因素支配着反应，反应的相似性是一个足够强大的要求。其作用是，把行为反应的范围限制在少量相似的反应之内。所以，每次儿子寻求认可遭到拒绝之后，他就会变得易怒，但是，对于他如何处理他的愤怒，可能存在着些许变化。

尽管心理决定论原则具有启发性，但是，在与物理学中的唯一演化相比较的过程中，我们已经发现了一个问题。严格来说，来自儿子过去的一组固定的关键要素，决定了在目前相同的环境下，儿子唯一的行为反应。否则，这听起来并不像是我们真的具有决定论形式。儿子的可能反应听起来更像是某种非决定论装置，像前文所提到的，它有时候会播放不同的画面序列。因此，作为对其愤怒的反应，有时候儿子躲在一旁生闷气，有时候他会去健身房"发泄"，有时候他会一怒之下把火发在不给他认可的人身上，等等。怎样解释这些行为差异呢？

要求这组过去的关键因素是固定的，还引起了另外一个担忧。尽管我们只能够松散地定义这个集合的边界，但是，它应该由某些特定的因素构成，这些因素是到目前为止一个人的行为最强大的决定因素。如果情况真的是这样，那么将会怎样，这个集合会不断地扩张和收缩吗？如果这个集合的成员不断改变，那么，就不存在决定或者塑造儿子的行为的一致因素了。这就会引起对按照唯一性来模仿决定论原则的观点的质疑，如心理决定论原则。但是，仅仅因为这组决定因素会发生改变，这并不意味着一个人的行为就不受来自过去的*某一组*因素的支配。这些考虑提示我们可以尝试一种较弱的"原则"：

心理决定论原则*（PPD*）：一个人过去的某一组（可能是固定的），（至少在部分程度上）可识别的关键因素，支配着他们对于现在的事件的回应。　303

现在，对决定论的主要质疑被归结到，心理决定论原则*中"支配"这个概念上了。"支配"一词的意义包含着这样一种观念，即限制某物的范围。思考一下，如汽化器的调速器限制着一辆汽车的速度。我已经指出，较弱的相似反应概念，对于心理学而言更现实。但是，这会导致一个问题，在一个反应被判断为"不相似的"之前，到底要求多大程度的相似性。我们发现自己正处于令人烦恼的自由意志问题之中（见下文），也就不足为奇了。显然，如果可能反应的范围足够大，那么，思考在何种意义上任何过去的因素"支配着"对现在的事件的反应，就会变得无关紧要。同样，理解这些反应如何产生，也就会变得非常困难。

假设这组过去的决定因素中的一些要素，通过我们而促成了这组决定因素。可能这些贡献并不会被历史中较早出现的一些先前因素而固定下来。因此，心理决定论原则*中的"支配"一词的意义，看起来越来越不像决定论，而更像是不相容论自由意志（见下文）。我们是指导我们现在行动中一些过去某一点上的价值和目的的起因，从这个意义上来讲，这种自由意志将会被视为与决定论相矛盾。既然这样，我们过去的历史与这一起因相一致，但是却证据不足地说明了这一起因（Kane，1996）。因此，心理学中一些有思想的评论家（如Slife，Williams，1995；Richardson，Fowers，Guignon，1999）认为，心理学需要超越某些常见争论，这些争论围绕我们是否完全服从于来自过去的动力因果影响，也就不足为奇了。根据我们在第一篇和第二篇中所进行的那些讨论，可能目的因和形式因等概念，可以更好地理解意义和价值而不是决定论如何引导着人类领域中我们的行动和计划。

第三节　对自由意志的哲学解释

指导的另一个可能的来源可以在哲学中找到，因为在心理学中，关于决定论和自由意志的问题，都与相似的哲学争论直接相关。但是，对自由意志的哲学解释也存在着一些问题。只有一小部分哲学家坚持一种严格的决定论观点，他们会得出自由意志是错觉的结论。考虑到在物理学中坚持决定论所存在的困难性，有一些人可能感觉这种观点并不是那么似真（如 Bishop，2006a）。

大部分哲学家都不是严格的决定论者，他们被划分为不相容论者和相容论者。*不相容论者*主张，自由意志与支配人类思想和行动的决定论完全不相容（如 Kane，1996）。不相容论者的核心直觉之一是，我们必须对我们的目的、决策和行动最终负责。否则，像称赞、责备、放弃、创造力及个性这样的概念，就没有任何意义。从这种视角来看，如果该由我们负责的我们的目的和理想没有意义，那么，我们就不能对尊严或者道德责任作出任何合法的陈述。有人可能会指出，即便我们可以作出这些陈述和判断，也并不能令人满意，因为我们看似不能在日常生活中，以认真审慎的方式作出这些陈述和判断。

与此相反，*相容论者*认为，有意义的自由意志与人类领域中的决定论是相容的。相容论者的关键直觉是，我们想要和经历的所有的日常自由，如免于强迫、强制、镇压和身体约束等，不仅与决定论相容，而且事实上它们本身就需要决定论。阻止我们做我们想做的事情的那种约束，可能是令人讨厌的，但是，它并不是因果关系或者决定论的唯一类型。相容论者认为，存在一种没有约束的决定，事实上，它是一种自我决定，这种决定不仅不会妨碍反而有助于实现我们的意志。只要我们可以自由地做我们想做的事情，也就是说，在没有任何人或者任何事物约束、抑制或者强迫我们的情况下进行行动，我们的意志就不会受到妨碍。决定论并没有阻止我们成为我们深思熟虑的来源，或者破坏我们的因果效力，相反，它只是威胁我们的因果效力的障碍和约束。相容论哲学家认为，我们想要自由地做我们想做的事情，这与决定论是相容的。

不相容论者回应道，尽管免于约束、强迫和抑制很重要，但是，这些并不足以保证一个人是其价值和目的的最终来源。毕竟，如果我们的意愿和希望都由一些我们不能控制的因素决定，那么，我们到底是在何种意义上说我们可以自由地选择我们的价值和意愿。此外，不相容论者还指出，按照相容论者的观点，我们的选择甚至都是严格决定论的产物，那么自由在哪里？相容论者发现，这些担忧是令人困惑的，并且相信，在这些"普通的日常自由"之上，寻找任何深层次的自由都是误导性的或者是一种神秘化的形式。

这一争论的大部分内容都是根据物理决定论（见上文）架构出来的。但是，心理决定论这一概念与自主性的内部条件直接相关，它也发挥着重要作用。心理决定论常常被理解为，先前的性格和动机决定着我们的决策和行动，反过来，先前的性格和动机又由可以追溯到我们出生甚至更远的时候的一系列事件所决定。当然，这种决定论看似破坏了自由意志。通过阐明在这样一个决定论的世界中，能动主体如何具有一种免于强制、约束和抑制的稳健性的自由，相容论者尝试将这一威胁消散开来。他们尝试根据他们所理解的自我决定，来阐释责任、值得称赞、应受责备等有意义的概念。不相容论者并不信服这些论证，他们要么试图证明，人类主体可以抵抗其历史和先前形成的心理素质的影响，要么试图证明，这些决定因素并非如此严格。

相容论者批判不相容论者的自由充其量是一种不可能实现的梦想，在最坏的情况下甚至是不合逻辑的。不相容论者指出，相容论者的自由是一种错觉，并不能获得我们最想要的那种自由概念。常识提示我们，在这个争论的两边可能都存在着重要的真理。一方面，如果没有某种形式的决定或者有序因果领域，看似就不存在可行的自由的意义，因为正是在前者中我们作出行动并产生影响。另一方面，有意义的自由并不只是相当于在我们之间逐渐减弱的另一个因果链条。尽管这是一种常识，但是事实证明，很难把这些观点融合进一个一致的人类自由概念中。

第四节　自由意志，决定论和文化理想

哲学家之间的这些自由意志争论，代表着两种想象之间的一种张力，这两

种想象对于我们在一个有序原因构成的世界中的位置和可能性的认识是完全相反的。撇开相容论理论家和不相容论理论家之间的差异，他们具有一个共同的信念，那就是，动力因果关系在解释现在的行为过程中发挥着关键作用（这点与心理学没有什么不同），尽管他们的解释完全不同。这些有关自由意志的相互矛盾的观点，都把个体描述为可以超越并自由地操纵自然和社会领域中的动力因及其影响。换句话说，他们都有一种对工具主义的行动概念（见本书第四章）的承诺。同样，自由意志争论的两边都阐释了相似的自主性概念（见本书第四章）。此外，这两边都拥有自由个人主义的理想（见本书第五章）。因此，虽然转向哲学去帮着将心理学和其他社会科学中的自由意志-决定论困境进行分门别类看似是合理的，但是，我们也看到，在这些哲学争论中，有相同的文化理想像伪装意识形态一样在发挥作用。

一、对自由意志-决定论困境的心理学调和

除了人本主义方法[①]以外，此处所研究的心理学视角都有一种相当强硬的心理决定论形式。位于能动主体的有意识的控制之外的过程和作用力，决定着他们的选择和行动。我们可以把这些视角中预先假定的决定论归结为

（D）人类思想和行动完全是由动力因果序构成的。

例如，在认知视角下，确定性计算预先假定了 D，它带来了学习和记忆等领域的很多科学进步。在这个意义上，很多认知学家相信，为获得人类自由的某些能力而对这种确定性概念的任何否定，都意味着走出了科学领域之外（如Bandura，1977；1986）。另一方面，这些方法同样还预先假定了，当能动主体受到适当的治疗性干预时，他们具有作出改善其生活的可靠选择的自由。然而，像 D 这样的决定论的世界图景，没有为那些可以归于能动主体的预设自由和责任留有任何空间。因此，我们的心理学理论化，看似恰恰破坏了能动主体所需要的那些预先假定的能力，有了这些能力，他们才能根据他们可能接受的生活指导或视角来可靠地行动。

---

① 在大多数情况下，它们都太过模糊，而且不能对它们是否克服了自由意志-决定论困境作出清晰的判断。

心理学和其他行为科学如何调和自由意志-决定论困境？通过对工具主义的人类行动概念作出承诺，看似只得到了一种细微的调和：能动主体以某种方式无视有影响的因果流，使用这种因果链的相关知识来干预并改变事件的未来进程，以满足其自己的目的。

我们可以把这种能动性概念归结为

（A）人类有能力超越动力因果序并操纵它。

然而，D 和 A 显然是不一致的，那么，在何种意义上我们可以说调和了自由意志和决定论呢？这两种能动主体概念被当作是似真地相互协调的，主要是因为两个原因，这两个原因都与第二篇讨论过的那些理想有关。

第一，科学理想：工具主义的行动概念看似非常适合于动力因果交互作用所构成的物理世界。因此，它满足于心理学家关于世界和行动的机械论/决定论认识。能动主体被描绘成通过动力因果关系来对一个世界发挥作用，这个世界被想象为由动力因和结果构成的一个互联网络。这代表着一种经得起科学研究检验的非常令人信服的行动概念。根据这一概念，能动主体以某种方式成为自然世界和社会世界中的决定论因果流的一部分，而且，他们通过某种方式可以为了其自身的目的而操纵这一因果流。自我和世界之间的分裂（见本书第四章）看似允许心理学家在对决定论和动力因果关系作出深刻但常常含蓄的承诺的过程中，坚持一种对能动性和自主性的稳健性的人本主义认识。作为动力因及其影响的序列，事件流看似与人类能动性这个概念非常吻合，人类能动性主要与个体操纵一些原因以生成想要的结果有关。这样，抽象的自由意志-决定论困境，看似被世界运行的方式与成功的工具主义行动所需的条件之间的具体契合解决掉了（例如，弱塑造世界：本书第一章，第四节）。

至少在一些实践生活领域中，工具主义概念为我们提供了我们的行动和世界之间的一种似真的契合景象（例如，决定一次旅行的最有效的路线）。这种事物景象还有一个优势是，它与对世界的现代的科学认识相协调，包括其对人类问题的技术解决方案的强调在内。工具主义的行动概念看似符合我们的最佳科学，并且看似为物理模型和计算机模型提供了工具，以使这些模型以一种不成问题的方式应用于人类行为。然而，正如我们在第四章中所看到的，一旦对这一概念进行概括，以使其覆盖整个人类活动领域，这一概念就完全不是似真的，而是有严重的问题的。

308   在自然科学中，工具主义的行动和动力因果关系之间的一致，并不是科学家为什么在其关于人类行为的模型和理论中使用这样一种行动概念的唯一原因。还有一种强有力的伦理理想在起作用：对自由个人主义所体现的个体性的深刻渴望（见本书第五章）。这种文化理想也推动了这一信念的形成，即工具主义的行动概念最终调和了 D 和 A。回忆一下，个体的自我决定和个人选择对于这一理想而言是至关重要的，并且，它们强化了工具主义的行动概念，同时，工具主义的行动概念也强化了自由个人主义。然而，我们在第二篇还看到，与工具主义概念结合起来的这一理想是不稳定的，因为它容易破坏其自身最好的价值，而且它在其他方面是有问题的。

我想要指出的是，因为这些理想的存在，心理学家满足于自由意志-决定论困境。在他们的理论概念中，存在着对某种自由和能动主体概念的一种潜在假定，但是，这一假定恰恰又没有为这种自由留有任何空间。同时，动力因果关系、工具主义的行动概念和自由个人主义等文化理想的结合，常常会掩盖这种内部张力。因此，考虑到工具主义的行动概念，能动主体看似只是因果链中的另一个联系，但是他们却又可以操纵这个因果链。拥有这种假定的可以操纵原因的能力之后，心理学家（就这一点而言，也可以说是相容论哲学家）为什么会觉得决定论给自由意志带来了威胁呢？

在心理学中，这些相当明显但又令人烦恼的自由意志-决定论困境，一直被当成是可以容忍的，甚至是可以通过工具主义的人类行动概念来得到似真地调和的。它所提供的事件流和人类能动性之间的一致景象，使得决定论是受欢迎的，甚至对于很多人来说决定论是有吸引力的。这是为什么呢？因为我们觉得，我们可以理解动力因是如何形成其结果的，而且通过理解动力因果链条，能动主体的选择可以得到充分地解释。然而，这种感觉是以工具主义概念所保持的对人类活动非常有限的认识为代价的。而且，这种决定论必需包括这样一个事实，即能动主体是由动力因链条所构成的并受到动力因链条的支配，因为没有考虑到这个事实，因此，这种决定论最终会破坏它自身的人类自由概念。如果只存在动力因果链，而不存在能动主体，那么就只有原因和结果，而能动主体和能动性只是动力因众多结果中的其中一些结果。这就是为什么偷偷预先假定一种可以无视并操纵这些因果链的能力，可以在缓和决定论和自由意志之间的明显张力中发挥如此关键的作用。此外，正如我们所看到的那样，这种工具主义的行动概念之所以具有吸引力，是因为它支持一些我们更为珍视的文化理想和道德理想，并得到这些理想的支持。这些理想给予工具主义概念的支持和光辉，强烈地激发着心理学家（和哲学家）把其有限的似真性集中在特定的活动范围之内。此外，这些理想使得，忽视工具主义概念的更深层次的哲学不适当性和对有意义的人类活动的扭曲，变得更加容易。

虽然在心理学中，大部分方法都或明或暗地通过这些理想调和了自由意志-决定论困境，但是，这看起来根本不像是一种调和。只集中于能动主体的工具主义威力，一般不会对决定论产生任何不利的影响；因此，决定论仍然会把这种预先假定的自由从这一概念中抽离出来。有人可能想要通过把相容论的自由意志观纳入这一概念，通过把人类自由当作与决定论一致的东西兑现出来，来纠正这一问题。但是，对自由的相容论解释（和对自由的大部分的不相容论解释），也预先假定了动力因果关系和工具主义的行动概念，以及自主性和自由个人主义。试图用处理自由意志的相容论哲学方法来丰富主流心理学，这种做法本质上并没有获得任何新的明确性。

二、超越困境

在哲学和心理学中解决自由意志和决定论问题，只可能通过重新思考这些被珍视的现代理想得以实现。把人类活动想象为在很大程度上是工具主义的，对于自主性这一现代理想而言至关重要，而这种做法又自相矛盾地要求一种决定论，以停止对自主性这一理想的破坏。

对于自由和一个由原因构成的有序领域，这二者如何在人类领域中相互交织，是否存在一些可靠的替代性认识，使得可以借由这种认识，自由就既不会因其语境而被宣布无效，也不会被剥夺一种语境？就这一点而言，我在生活世界概念（见本书第五章～第六章）的基础上，简单描述了一种替代性的认识。泰勒（Taylor, 1975）提倡发展一种"情境自由"概念。他认为，对自由的现代理解集中于"消极自由"。这在很大程度上是弗洛姆的"免于什么的自由"

（见本书第七章，第三节，第一部分），这种自由完全集中于免于约束、免于约束的强制等（例如，相容论的自由意志概念）。但是，正如我们所看到的，单方面的强调使我们摆脱障碍，会导致一种"去做任何感觉良好的事情"的消极的、"怎么都行"的态度。相反，泰勒（像弗洛姆一样）建议，发展一种类似于弗洛姆的"去做什么的自由"的"积极自由"概念：这是一种对于自由的积极的认识，即自由地去做那些对某人的群体和自身而言值得的事情。按照这种自由概念，人们总是处于一种文化语境和历史语境之中。这种语境提供了有意义的目标和指导方针，根据这些目标和指导方针，我们就可以有意义地仔细思考可能的行动路线。在泰勒看来，如果现代个人主义所珍视的尊重人的权利和尊严等的价值，被嵌入一个更深刻且更积极的人类自由概念中，这些价值最好（也只能）可以得到保护。

　　正如我们之前所看到的那样（见本书第五章，第三节，第一部分），当代自然科学的巨大成功，在很大程度上依赖于忽视或者不考虑"与主体相关的性质"。这种客观化立场是主体-客体本体论和认识论的一部分，它把自我与世界分离开来，就好像自我独立于可能对于人类所具有的任何意义一样。但是，我们还看到了，这种分离式的理论立场预先假定了一种更加根本性的、实践性的立场，那就是，我们参与进了生活世界中（见本书第五章，第三节，第三部分）。这种理论立场的一个影响是，它倾向于忽视或者不考虑创造性的人类能动性，而正是这种创造性的人类能动性能够实现理论立场的知识成就。更重要的是，它倾向于减少或者剥夺所有的人类能动性，直到实现一种工具主义的概念。考虑到这一理论立场，如果我们所拥有的可供我们使用的都是动力因果关系、工具主义的行动、社会原子论和决定论，那么，对于自由意志-决定论困境及其温和的调和而言，我们不可能再做得更好，这也就不足为奇了。

　　在生活世界中，人类存在和理解具有一种根本性的叙事特征，所以，它们不只是动力因果关系的问题。我们的实践形象和经验特性，产生于我们对于过去、现在和未来，对于我们生活中的其他人和事件，我们读过的书、看过的电影、听过的音乐等的理解之间的相互作用和相互影响（见本书第六章，第三节）。这个过程会受到不诚实、防御或者强制力的扭曲，但是，无论做得或好或坏，在本体论意义上，它对于日常实在而言仍然是根本性的（例如，强塑造世界：本书第一章，第四节）。

各种动力因果关系在生活世界中发挥着次要作用。自然世界中的那些受规律支配的过程，包括人类的身体和大脑，显然不能被一种意志行动所撤销或者因为一种意志行动而被直接侵犯。它们对人类活动施加着不可改变的约束或者限制（Vogel，1998；Williams，2001）。可以说，在某种程度上，我们可以与这些过程合作，并以某种期望的方式来工具主义地操纵事物的状态。但是，指导手段-目的推理和其他在文化上有意义的追求的那些目的，都是通过主体间生活世界中的参与者之间的相互影响和对话而被设计出来的。因此，作为心理学（和哲学）中自由意志争论的焦点，动力因果关系和决定论并不必然是支配人类行动最重要的那些方面。

在生活世界中，"决定论"可以被理解为，它指的是塑造人类个性和活动的各种形式的影响和约束。相比理论立场的动力因果作用力，这些塑造要更加深刻。例如，从出生开始，我们就发现自己处于一种历史文化中，对外，这种历史文化规定了我们要生存和繁荣所必须遵照的一些实践和制度。对内，这种文化还为我们塑造了很多最为重要的信念和感觉，事实上这些信念和感觉正是我们作为一个人所具有的特定身份。我们可以根据对这些实践和规范的一种持续的、创造性的重新诠释，来理解生活世界中的"自由"。这种重新诠释的方向，包括对我们的规范和伦理信念的不断塑造，之所以不能由我们的过去所充分决定，部分程度上是因为，它是作为对那些不曾预料到的失败或者挑战的回应而出现的，同时，部分程度上还因为，它必须与其他人的观点和价值紧密协调才得以实现。我们发现，我们需要其他人去适当地理解我们自己的困境和选择，即使他们的影响可能会改变我们自我定义的生活目标。在这样一个世界中，受到历史和文化的"决定"或者塑造，与获得"自由"或者能够具有个体创造性和责任感，二者之间并不是互相排斥或者否定的。历史和文化嵌入性是这种创造性的一个条件。而且，一种高度的创造性和责任感，对于维持一种适当的、有活力的文化事业而言，也是至关重要的。事实上，从这里所描述的观点来看，"自主性"不再受到重视，对自由和责任感的更多要求和更充分的锻炼被放在了核心位置。

按照这种描述，一个人总是处于与其家人、朋友、同事、集体，以及文化关于价值、意义、传统等的对话中。为了寻求真正的理解和道德见解，在日常生活中，他还以一种非常具有实践性的方式，根据与其他人的冲突或者合作所内含的价值和目的，处于与自身的对话中。这种"对话本身"的大致的、不断变化的统一体，存在于一种对各种不同的意义和观点，而不是某种单一立场的表态或者开放的立场之中。

312　　例如，大多数个性理论都集中于，个性如何通过把其他人的观点或者评价内在化来作为自身的一部分，而得以形成。因此，这种理论面临的问题是，理解一个核心的"我"是如何与这些被融合的要素关联起来的。然而，这个核心的"我"通常是现代的点状自我或者非社会自我，它只能与这些内化了的表征或者评价关联起来，而关联的具体方式是，要么通过武断地服从它们的影响，要么通过仅仅是工具主义地对待它们。与之相比，在一开始，对话自我从来都没有脱离开自然环境和文化环境而存在。人们在一开始就变成这样一种自我，或者要求通过逐渐在更大的群体和文化对话中占有一席之地来获得一个身份。发生的唯一"内化"不是一种采用这个信念或价值或者那个信念或价值的内化，而是一种将所有的对话进行内化，进而成为这些对话中的一部分而获得的内化。后一种观点开启了一种替代选择的可能性，这种选择代替了在内心生活事务中处于支配地位或者被支配地位这两个选择之间的绝对二分。这种在文化上完全嵌入的自我由历史和文化所深刻地"决定"。但是同时，它也总是参与诠释和重新诠释历史和文化及它在这些对话中的位置等过程中。当我们参与一个对话时，这个对话出现在我们在自然世界和社会世界中所占据的某一个特定的地方，我们绝不是被削弱了自由和责任感，相反，我们必定被锻炼出了一种更加强烈的自由和责任感。相比为确立个体的需求和偏好而摆脱世界而言，这是一种对创造性和责任的更高要求的锻炼（强塑造世界），前者是社会科学中的主流观点，在确立个体的需求和偏好之后，然后又为工具主义地追求这些需求而回到世界中（弱塑造世界）。

第五节　评　　论

自然-科学式的研究模式主导着心理学和其他社会科学。同时，作为杰出的自然科学，物理学常被作为心理学和其他社会科学应该如何进行研究的模板。但是，在思考自由意志-决定论困境的过程中，我们可以看到，物理学模式乃至更一般的自然-科学模式，几乎没有给我们多少关于世界中的人类行动问题的理解。这种见解的缺乏可以被诊断为，它是理论立场及其整套的主体-客体本体论和认识论、工具主义的行动概念等所产生的一个结果。因为理论立场预先假定了动力因果链对于实在而言是详尽的，所以没有太多资源去努力应对或者理解自由意志和决定论。

就这一点而言，生活世界的实践立场具有明显的优势。尽管这里只给出了简单的描述，但是可能也足以证明这一点，因为通过把自然-科学式的研究模式定位在一种更广阔的诠释学研究视角下，社会研究脱离这样一种对自然-科学式的研究模式的严格遵守，社会研究进而得到了丰富（见本书第三章，第五节和第六章，第三节）。社会科学家不需要完全放弃自然-科学式的模式。相反，明智的方法是，遵循一种更诠释学的路径，以识别如何聪明地使用这些研究方法及其局限性。

因此，重新思考社会科学中的自由意志-决定论困境绝不是一种狭隘的智力活动。决定论教条的实质和我们接受或者拒绝决定论的动机，都与我们的生活方式，我们对美好或者令人满意的生活的认识，我们对于把自己定位为有价值的人的认识，或者对一个公正的社会的根本认识等基本理想密切相关。因此，从某种程度上来说，彻底地想清楚社会科学中的这些困境，与重新思考和修正我们的一些最为珍视的文化理想不可分离。换句话说，研究这些问题在某种程度上是对实际存在的伦理理论和社会理论的研究。毫无疑问，很多社会科学家在进行其研究时都想要疏远这些敏感的、理念负载的问题。但是，正如我们在第二篇和第三篇中所看到的那样，这是不可能的，而且，也并不必然就是令人满意的，因为这种分离式的、客观化的方法仅仅是把文化理想当作伪装意识形态来进行了传递。

进一步的研究

1. 描述心理学中的一个自由意志-决定论困境的案例。工具主义的行动概

313

念如何使得这个困境在表面上消失？

　2. 解释决定论的、相容论的和不相容论的自由意志理论。它们在哪些方面类似于心理学中的自由意志观？

⸺ 推荐阅读

R. C. Bishop，"Deterministic and Indeterministic Descriptions"，in H. Atmanspacher and R. Bishop（eds.），*Between Chance and Choice：Interdisciplinary Perspectives on Determinism*（Thorverton：Academic Imprint，2002），pp.5-31.

—Determinism and Indeterminism'，in D. Borchert（ed.），*The Encyclopedia of Philosophy*（Vol. 3；Farmington Hills，MI：Thomson Gale，2nd edn，2006a），pp.29-35.

F. C. Richardson and R. Bishop，"Rethinking Determinism in Social Science"，in H. Atmanspacher and R. Bishop（eds.），*Between Chance and Choice：Interdisciplinary Perspectives on Determinism*（Thorverton：Imprint Academic，2002），pp.425-445.

B. Slife and R. Williams，"Determinism"，in *What's Behind the Research？Discovering Hidden Assumptions in the Behavioral Sciences*（Thousand Oaks：SAGE，1995），pp.94-126.

314

第十五章
社会科学解释

章节大纲

　　科学活动的目标之一是，对于为什么事物会发生或者为什么事物是它们所展现的那个样子给出解释（Steuer，2002）。然而，给出解释并不是科学所特有的，而是一种日常活动。对于为什么一个房间的色调搭配不能获得预期效果，为什么我们会选择黑巧克力而不是牛奶巧克力，或者为什么我们昨天晚上会那样做事等，我们都给出了解释。对于为什么我们在昨天的考试中没有发挥好，或者为什么我们结束了我们现在的工作等，我们也给出了解释。在法庭上，对于一个罪犯如何及为什么实施其犯罪行为，或者被告为什么被认为无罪等，我们也都给出了解释。

尽管给出解释这种实践并没有把科学与很多其他的人类活动区分开来，但是，关于什么使得科学解释与其他类型的解释区分开来，争论一直存在。我将316 简单描述几个明确的科学解释形式的主要候选，但是，在这里不会尝试解决关于解释的哲学争论。相反，考虑到关于科学解释的大部分讨论都集中于自然科学，我想要探究社会科学的一些主要候选的相关性。

特别是，我想要考察社会科学中解释的价值中立。这种解释若要被视为价值中立的，一种方式是，只描述作为要解释的社会现象之典型特征的规律、原因或者其他关键属性。假设经济学家要根据社会行动者的利己主义（见本书第十二章）来解释一个社会的商品和服务的分配。这些解释要求，即使解释从不引用公正和公平等道德概念，这些概念的条件也都是不存在的。此外，对于一个社会中的商品和服务的分配是公正的还是不公正的，经济学家的解释也不会给予判断。这些解释强调了税收、就业政策、福利分配等的作用，但是，对于税收、就业政策和福利分配的公正性，它们却保持完全中立。不过，这些解释并不像它们所表现的那样是价值中立的：它们显然认为，这些社会特征根本不是公正的问题，而这本质上是一个价值负载的见解。而且，当人们指出，自由市场将最有效地在整个社会中分配商品时，它们同样反映了对公正性关注的缺乏。

那么，在何种程度上，社会科学中的解释可能实现真正的价值中立呢？

第一节　科　学　解　释

要想更加具体地谈论科学中的解释的本质，就会很快地陷入争论和争议中。但是，我们首先可以谈论一些关于科学解释不是什么的问题，然后讨论一些关于科学解释是什么的一般的问题。

首先，解释应该与证实区分开来。在大多数人看来，科学解释应该由一系列陈述或者推理构成，这些陈述或者推理形成了对某一事件出现的一种分析或者解释（例如，为什么会下雨，或者什么导致了失眠）。*证实*是用证据支持那些陈述或者推理的过程，这样，我们就会相信那些陈述或者推理。如果有好的证据支持一个给定的陈述，那么，我们就会说，这一陈述得到了很好的证实（相比说这一陈述得到了决定性地确证，或者说这一陈述是完全正确的，这种说法要弱一些）。如果存在这一陈述的反证，那么，我们就会说它得到了否证。

其次，科学解释应该区别于其他形式的解释，对于各种不同的目的而言，这些解释形式都是合理的：如如何跳桑巴舞，去哪儿找主街道，一个房间的色调搭配哪里出现了问题。我们可能想要解释一个单词或者一首诗的意义，或者解释为什么电影会以那种方式结尾。但是，对这些事物的解释不能被视为科学解释。

引用韦斯利·萨尔蒙（Wesley Salmon）的话来说，科学解释的一个基本特征是，"通过诉诸从经验科学的一个或多个分支中得到的其他特定的和/或一般的事实，尝试使某一特定的事件（例如，切尔诺贝利核设施 1986 年的事故）或者某个一般的事实（例如，在月全食期间月球的铜黄色）变得可理解或者清楚明了"（Salmon et al.，1992：8）。尽管这种特征描述远不是一个精确的定义，但是，它的确表明了科学解释想要实现的事情，而且，这个解释明显利用了科学。

要解释的事件或者一般事实，常被称为*待解释项*，而对这个事件或者一般事实的解释，被称为*解释项*。科学解释并不想要理解或者解释*待解释项*的每一个特征；相反，科学解释集中于那些被认为与要解释的事件或者一般事实最相关或对后者而言最关键的一些要素。因此，*解释项*并不倾向于穷尽与*待解释项*可能相关的所有要素。

也可以把科学解释等同于科学理论。如果某一特定理论的目标就是在其领域内解释现象，那么，这种关联性就相当明显。然而，如果某一特定理论的目标是总结和组织数据，那么，如果说这一理论将是解释性的，就不是那么明确了。[有人会把这种区分扩展至一个更为一般的争论，即科学到底是解释现象还是只是总结和组织现象。很多逻辑实证主义者追随欧内斯特·马赫（Ernst Mach）而采取后一种观点，相比之下，其他一些人如卡尔·亨普尔（Carl

317

Hempel），则持解释的观点。]

第二节　解释的种类

当代科学哲学家已经提出并讨论了几种不同的科学解释方法。在此，我将简单探究其中一些讨论最多的模型。要记住的是，这些解释模型主要是以来自自然科学的例证作为其基本背景而形成的。

一、覆盖律模型

最早的科学解释形式之一是，由亨普尔首次阐释的覆盖律模型。按照这种解释模型，如果一个事件或者一般事实被归入或者包括在一个普遍规律之下，那么，这个事件或者一般事实就将得到解释（普遍-规律概念）。亨普尔理解的普遍规律就是，"可以通过适当的经验发现来得到证实或者否证的普遍条件句陈述"（Hempel，1965：231）。这就意味着，尽管解释和证实应该被区分开来，但是，它们必定是彼此关联的，只有得到充分证实的规律才是真正解释性的。

覆盖律模型具有一种逻辑形式，它是在本书第一章第二节第一部分中描述过的关于理论的普遍看法中的一部分（它被称之为解释的普遍看法）。覆盖律模型实际上是一个模型家族，最常被讨论的形式是演绎-律则（D-N）解释模型。根据这一模型，解释就是具有如下形式的演绎论证。

$$普遍规律：所有的\ Ps\ 都是\ Q$$
$$先行条件：f\ 是\ P$$
$$（因此）结论：f\ 是\ Q$$

换一种方式来说就是：

$$[普遍规律]+[先行条件]\ 引起\ [结论]$$

思考一个花样滑冰运动员增加其转速的例子：

任何身体的角动量（某人的转速不会因为外部作用力而增加或者减少）保持不变。（普遍规律）

　　滑冰运动员不会以这样一种方式与任何外部物体交互作用以改变其角速度。（先行条件1）

　　滑冰运动员正在旋转（她的角动量不是0）。（先行条件2）

　　滑冰运动员通过使她的胳膊紧贴着其身体来减少其转动惯量。（先行条件3）

（因此）滑冰运动员的转速增加了。（结论）

　　转速的增加（*待解释项*）是论证的结论，而前提中包含着*解释项*。第一个前提是一个普遍的自然规律（角动量守恒），其他三个前提陈述了先行条件。因此，结论从这些前提中演绎地得了出来。 319

　　显然，覆盖律解释模型作出了一个特别强的假定，那就是，科学范围内的万事万物都必定是受规律支配的，也就是说，科学领域是似规律领域。按照这种观点，如果所研究的领域不是似规律，那么，解释就成了一个问题（例如，有些人已经指出，历史或者进化生物学就不是似规律的）。在这些情况下，我们充其量只能拥有伪解释，而且，从普遍看法的视角来看，这些领域充其量被判断为伪科学。

　　覆盖律解释模型的一个可能的问题是，有时候很难区分规律和偶然概括。规律陈述采用的是诸如"所有Ps都是Q"或者"所有Ps都不是Q"这样的普遍陈述形式。似规律陈述"任何信号都不可能传递的比光还快"就采取的是这种形式。"任何金球的质量都不可能大于100 000千克"这一陈述也是这种形式。但是，后者看似是一个偶然概括，因为它只是宇宙的一个偶然特征，没有足够量的金去做这样大的一个球而已。但是，解释为什么这是一种偶然概括，而不是一个普遍规律，则远不是那么简单的事情。

　　覆盖律模型的一个更加严重的困难是，它允许满足解释形式的反例存在，也就是说，这些反例援引了普遍规律和偶然概括，但是，它们并非有效解释。假设我们想要解释一个旗杆投影的长度。若旗杆12英尺高且立在水平地面上，太阳的照射角度是53.13°，那么，旗杆将投射出一个9英尺长的阴影。按照演绎-律则解释模型，对于光的传播及太阳的仰角和旗杆的高度，一定要援引普遍的光学规律（先行条件）。这满足了演绎性的解释形式的要求，而且看似是没有任何问题的。然而，事实证明，给定光的传播（普遍规律）及太阳的仰角和投影的长度（先行条件），我们也可以给出对旗杆高度的演绎–律则解释。作为一种选择，我们可以从光的传播（普遍规律）及旗杆的高度和投影的长度（先行条件），来解释太阳的仰角。后两个"解释"看似是荒谬的，因此，覆盖律框架可能存在一些错误，因为它不能区分真正的解释和荒谬的解释。

320

二、因果–机械模型

韦斯利·萨尔蒙（Salmon，1984）提出了一种对解释的解释，这种解释完全忽略了规律，而集中于作为过程的因果机制。一个因果过程以两个基本概念为特征：生成和传播。母球撞击八号球会生成或者带来八号球的运动，因为一些属于母球的能量和动量被传递到了八号球上，八号球传播或者携带这一动量。对于萨尔蒙来说，过程而不是事件才是基本实体。诸如棒球碰撞窗户这样的事件，在时空上都是局部的，而诸如棒球从球棒到窗户的移动这样的过程，则是有时距的。

但是，我们需要使用一种方式，去把因果过程从伪过程中挑选出来，以获得因果解释。因果过程是那些可以以一种连续的方式传输信号的过程，这些信号也就是它自身的结构的特征，通常是能量和动量，而伪过程则不能。萨尔蒙使用传递符号这一标准，也就是对结构的局部修正，来区分因果过程和伪过程这两种过程。思考一个指向墙的聚光灯。把聚光灯打开，光就会投射在墙上，这是因果过程的一个例证，因为当聚光灯照射时，它传递了自身的一些结构特征到墙上。如果聚光灯是旋转的，那么，光的路线也会因为旋转而沿着墙不断转移，这是一个伪过程，它没有传递任何东西。如果我们在聚光灯和墙之间插入一个红色的滤光器，就会非常明显。光脉冲本来是白色的，通过在聚光灯和墙之间的任何位置上插入滤光器，光脉冲就会变成红色，直到它到达墙上。因此，通过局部干预，我们就可以生成一种变化，并且这种变化会被传递到墙上。朝向墙移动的光脉冲可以传递一种信号。在旋转的情况下，移动的光点将不能传递一种信号。假设我们通过插入一个红色的滤光器，在聚光灯和墙之间某一个给定的位置上进行干预。随着聚光灯的旋转，只要光束与滤光器存在交叉，沿着墙移动的白色光点很快就会变成红色。超出光束与滤光器在墙上交叉的那个位置，滤光器的信号就不能得到传递。

因此，因果过程可以传递其自身的结构特征或者传递那些结构特征中发生的变化，从这个意义上来讲，因果过程是自我决定的。此外，因果过程呈现与其结构直接相关的规则性，从这个意义上来讲，因果过程是统一的过程。与之相比，伪过程寄生于外部因果过程的规则性（例如，沿着墙移动的光点依赖于从聚光灯中发散出来的光束），可以用传递信号的能力来在这两种类型的过程之间作出区分。然而，这一标准是一种经验标准，因为它要求用实验来决定干预和信号什么时候可以得到传递。

思考另外一个例子。桌球杆施加于母球上的作用力导致母球开始运动，而运动的母球紧接着会撞击静止的八号球。然后，八号球开始运动，母球改变了方向。桌球杆的撞击力通过在母球上留下了一点儿蓝色粉印，而在母球上做了标记。反过来，母球在撞击时把这点儿蓝色粉印传递到了八号球上。桌球杆、母球和八号球都是可以传递信号的因果过程。球杆和球之间的各种撞击，是包含能量和动量传输的因果交互作用。通过引用这些关于过程和解释的事实，我们可以解释母球和八号球的运动。与此相反，当桌球杆和母球处于运动中时，它们投射的阴影在因果性上和解释性上是不相关的，因为它们都是伪过程。

总之，因果过程是自我决定的，且不寄生于其他的因果影响，可以传递能量、信息和因果影响。而且，这两个特征都具有传递信号的能力，而伪过程则没有这种能力。对于萨尔蒙来说，"在一个因果过程中，信号从点 A 到相同过程中的点 B 的传输，实际上如果没有进一步的交互作用，它看似会出现在 A 和 B 之间的任何一个点上"（Salmon，1984：148）。当某一点上的单一局部交互作用被引入这个过程中时，因果过程就可以传输或修正其结构特征，或者传输或修正那些结构特征所发生的变化。因果过程就是被称为"原因"的事件与被称为"结果"的事件之间的联系。

普遍看法的辩护者最初可能会反对萨尔蒙的解释，因为因果-机械解释并没有援引任何规律。然而，按照萨尔蒙的观点，因果交互作用受到基本的自然规律的支配。例如，被母球撞击的八号球的运动，受到牛顿运动规律的支配。一旦我们援引因果过程的所有背景条件，原因和结果之间的规律关系就确定了。

但是，萨尔蒙的因果解释还有一些问题需要注意。一个反对意见是，萨尔

蒙的信号标准预先假定了，经过一个时间周期后，因果过程会显示出一定程度
的不一致性。但是，这可能会排除掉一些非常短暂的原因，如短暂的亚原子粒
322 子，但是，亚原子粒子可能在物理系统中发挥着关键的作用。更严重的是，在
那些存在持续交互作用的情况中，我们并不清楚如何应用这个信号标准。这个
标准可以根据一个局部的时空范围内的某一交互作用来得到系统的阐述，但
是，实际过程常常处于与其他过程的持续交互作用中。

另一个问题是，可以通过一种单一交互作用来修正伪过程，而信号标准应
该要排除在外的正是这种单一交互作用。假如有一辆静止的汽车（因果过程）
在一个栅栏上投下它的阴影（伪过程）。突然栅栏倒了，这就会导致阴影发生
永久的改变（改变了阴影的形状）。阴影以单一局部交互作用为标志，即倒落
的栅栏，这实际上看似符合因果交互作用的要求。萨尔蒙的确提出了一种反事
实要求，那就是，初始过程可能是不统一的（假如没有标志性的交互作用，所
有其他的事情都是一样的）。这种要求应该有助于把因果过程从伪过程中分离
出来。但是，在这种情况下，这种要求不会起任何作用，因为即使栅栏不倒，
阴影可能仍然是不一致的。但是，阴影确定无疑是一个伪过程。

三、统一模型

另一种解释方法把解释所传递的这种理解看作是表现出统一性。这种思路
至少可以追溯到威廉姆·休厄尔（William Whewell）（1794—1866；Whewell，
1858）。这种解释模型最近的倡导者包括迈克尔·弗里德曼（Michael Friedman）
（Friedman，1974）和菲利普·凯切尔（Philip Kitcher）（Kitcher，1981）。尽管
他们的细节存在不同，但是，解释的统一模型的大致思想如下文所述。对于那
些被当作既定的或者天然的独立现象而言，科学解释应该通过减少这些现象的
总的数量，来试图增加我们对世界的理解。这样做之所以可行，是因为其中一
种方法可以通过少数几个规律就可以解释大量的独立现象。按照这种观点，牛
顿力学定律是解释性的，因为它允许我们得出这一事实，即行星遵循开普勒定
律，靠近地球的下落物体遵循伽利略定律；它允许我们推断出气体的行为；它
允许我们形成对海洋和潮汐运动的认识。牛顿力学定律统一了一些以前被看作
是独立的互不相干的现象。

实现解释统一的另一种方法是，科学提供了一大批解释论证模式。此处的核心观点是，相对少的这种模式可以被用来解释大量各种各样的现象。例如，一旦一个理论提供了最小数量的一般论证模式，用这些一般论证模式，推演出 323 了我们所接受的最大数量的信念，那么，这一理论就统一了我们关于一系列现象的信念。作为一个例证，思考一下达尔文的进化论，它提供了一个一般的论证模式，这个论证模式有可能统一大量的各种各样的生物现象。达尔文的说法是，通过严密完整地推导得出一个特定物种的某一特性，这个模式就可以被具体化。这种推导的关键是，使用了自然选择原理和对祖先型及其环境的本质的描述（可能还包括变异和遗传原理，这些对那时的他而言很陌生）。从本质上讲，这种论证模式证明了，某一特性如何有利于一个特定的物种，因此也就解释了这个特性的出现。

统一模型有其缺陷。例如，如果我们的解释库存充满了因果机制，那么，我们有什么理由相信，这个库存对于要解释的现象的范围而言特别小呢？如果我们的解释库存充满了规律，那么，这些规律与我们正在解释的科学信念之间的关系就会存在一些问题。"外在于"一组论证的规律，是被用来生成公认的信念的吗？如果是，规律在这些论证中到底发挥着什么样的作用？规律本身是生成信念的一组论证的其中一部分吗？如果是，那么，可能有几组论证在实现统一的能力和获得严密性上是一样的，在这种情况下，我们就不能挑选出正确的解释库存了（如果真的存在一个"正确的"解释库存的话）。

四、功能模型

隐藏在解释的功能模型背后的基本观念是，根据某一实践或者模式所发挥的效益、功能或者作用，来解释这一实践或者模式在一个个体或者群体中的持续存在。个体实践和社会实践都被认为，在形成想要的结果中发挥着一定的功能。只要所研究的实践实现了想要的或者有利的结果，它就实现了一种需要的或者想要的功能，并且被维持了下来。按照这种方式，布罗尼斯拉夫·马林诺（Bronislaw Malinowski）夫斯基（Malinowski，1948）通过证明劳动分工如何有助于个体成员获得幸福，解释了群体中劳动分工的出现和持续存在。然而，提倡解释的功能模型的社会科学家则不相信，个体或者群体会有目的地设计自

己的实践和制度。相反，实践和制度是因为它们所实现的功能而偶然出现并得
324 到演化的。因此，一般来说，对行为的功能解释并不涉及相关行动者的意向或
者态度，因为这些心理学特征并未发挥一种真正的因果作用。

正如前文所提到的，功能模型既可以在个体行动者的层面上，也可以在群
体或者整个社会的层面上，来给出功能解释。功能模型被视为在这些层次上同
等适用。因此，它们可以被方法论整体主义者所利用，但是不能被方法论个体
主义者所利用。回忆本书第七章，方法论个体主义是一种约束，它要求根据能
动主体的意向和观点及他们的个体行动来进行解释。但是，功能解释根本没有
提及能动主体的意向和观点。因此，使用功能解释的个体主义者可能不得不做
到：①明确的把能动主体的意向和观点当作行为的真正的决定要素，削弱功能
解释的形式的作用；②只集中于行为所实现的功能对于一个个体而言的好处，
而这就违背了方法论个体主义的约束。

解释的功能模型面临的一个困难是，解释过多对于能动主体而言不适应的
或者有害的行为和实践的持续存在。根据功能模型，对行为、实践、制度等的
持续存在的解释是，它们发挥着一些对于社会行动者而言有利的或者有益的功
能。不适应的或者有害的行为、实践和制度，并不发挥这些作用，但是，它们
仍然被证明适应性很强（如犯罪）。对于这些情况，我们可以转向理性选择理
论来补充功能解释。然而，这一举动使得解释的功能模型具有一定的缺陷这点
更加明显了。而且，考虑到理性行动者概念所面临的问题（见本书第十章），
这一举动看似没有任何帮助。

解释的功能模型面临的另一个问题是，解释为什么特定的实践或者制度会
出现。有一些不同的实践或者制度可能实现着相同的功能（例如，葬礼、物物
交换实践或者政府和管理的形式）。如果现存的实践和制度是无意中产生的，
那么，除了其他社会科学家之外，如功能主义社会学家和人类学家所指出的那
样，我们想要知道它们到底是如何产生的。这些实践和制度通过实现它们的功
能而被保存下来，但是，这一事实本身不能解释这些实践和制度的起源。换一
种方式来说，根据解释的功能模型，每一种实践或者制度都有一个目的或者目
325 标，那就是，实现一种特定的功能。但是，这些目标导向的行为并没有出现，
因为人们已经考虑到那些目标或者功能。支持功能解释的社会科学家需要提出

某一机制或者原因，这一机制或者原因导致其所研究的实践或者制度出现。一个功能解释不能仅仅假定实践或者制度是为满足特定的需要而出现的，因为这恰恰假定了需要解释的那个特征（而且，说它完全是偶然出现的，根本不算一种解释）。如果有一些可能在功能上等效的实践和制度，个体或者群体可以用它们来满足相同的目的，那么，解释起源的这个问题可能会被进一步恶化。

对于满足了特定的个体或者群体需要的某一特定的实践或者制度而言，假如社会科学家可以对这一实践或者制度的起源提供一个机制或者原因。如果提出的机制或者原因，的确解释了这个实践或者制度为什么会出现，那么，我们就不再具有一种功能解释；相反，我们拥有的是一种因果解释，这种解释可能沿着因果-机械模型的思路。因此，功能解释的支持者面临着一个困境：如果他们对于为什么一个特定的实践或者制度会出现不能提供任何解释，那么，功能解释就没有解释太多的东西。另一方面，如果他们提供了一种机制或者原因，来作为对特定的实践或者制度的起源的解释，那么，他们就已经把功能模型转换为了某种形式的因果解释了。

五、为什么会出现模型的多样性？

考察关于科学解释争论的一种方法是让整个主题都处于混乱之中。有些人强烈支持把科学解释当作是因果的，或者统一的，或者是援引覆盖律的，或者是功能的，又或者是我在这里所没有研究过的其他的形式。此外，看似在任何地方都不会即将出现，对解释的毫无问题的解释。导致这种相当混乱的状况的原因之一是，有非常多对于科学解释的强烈的直觉，其中很多都彼此处于一定的张力之中。例如，科学解释应该是客观的，应该等同于逻辑论证形式，它们应该参照规律（因为所有事件都是受规律支配的），应该参照因果要素（因为所有结果都有其原因），它们应该通过呈现一个现象与规律的关系来传递理解，应该基于所提问的特定问题来传递理解，通过从最小数量的原理中推导出最大数量的现象，来将不同的现象统一起来，通过把它们与最小数量的核心因果要素关联起来，来将不同的现象统一起来，它们应该呈现出某一特征所实现的功能，等等。

对于这种状况，有两个原则性的态度：①提出科学解释观是一个没有希望完成的任务。在这个领域中，哲学讨论是徒劳的。我们有足够的证据证明，尽管已经被证明对于其他哲学领域而言有用的哲学进步和精炼，可能会得到一些回报，但是，这一事业终将不会发挥任何作用。②没有一种科学解释观是合理的。相反，就像科学在其探究世界的过程中追求各种各样的方法一样，我们也应该寻求科学解释方法的多样性。让环境去决定，哪种解释形式最适合于这一任务。毕竟，科学家倾向于实用主义，他们会追求各种各样的解释模型来满足其需求。

第三节 社会科学中的解释

上面提到的其中一些解释模型已经被应用于社会科学中了。例如，涂尔干遵循的是覆盖律解释模型。他认为，像自杀或者结婚这样的行为，只有当它们以一种似规律的方式与社会事实联系起来时，才能得到适当地解释（见本书第二章，第三节）。其他一些人则指出，在社会研究中，功能模型是适当的解释形式（如 Kincaid，1996）。

一、社会研究中的规律和解释

如果某人认为，诸如覆盖律模型这样的形式最适合于社会科学中的解释，那么，他就承诺了，真正的解释总是会援引至少一个普遍规律。找到人类行为的普遍规律的真正候选是非常困难的（有些人甚至认为这是不可能实现的）。思考这样一个似规律陈述："当感到饥饿时，能动主体就会去吃东西。"对于行为的规律而言，它恰好具有一般的形式，但是，我们从来不会用诸如覆盖律模型这样的形式，来解释寻找食物和吃东西这种行为。为什么不会？因为不存在对于食物的普遍定义。必须根据能动主体认为什么是可以吃的来定义食物，但是，这种定义不仅会因为不同的文化而不同，而且，会因为不同的个体而有所不同。例如，某物在一个语境中是食物，在另一个语境中可能就是令人反感的。这不能帮助我们去把食物定义为，能动主体所吃的无论什么东西，作为对饥饿的回应，因为这会导致，被公认的定义是循环的且缺乏内容的（例如，如果某人很饿，他吃了木屑，那么，按照所提出的定义，我们可能不得不说木屑就是

327

食物）。

　　个体和群体的行动都是社会科学家试图解释的东西，但是，一个行动是根据它旨在实现的目标来得到界定的。受助于我们的语境知识，特别是个人对于状况的认识，我们从外化行为中读取了这些目标。回忆一下巧克力盒子那个例子：如果你递出一盒巧克力，那么，我伸出手来选择一块巧克力与我伸出手来试图阻止这盒巧克力掉在地上，这两个行动是完全不同的。

　　如果这个人可信地告诉我们一种不同的意向，而且这个意向不同于我们所归属的那个意向，那么，这一行动可能会得到重新描述。情况常常是，我们不得不理解这个人对于事物的感觉或者认识，以了解她正在做的事情。假如我走进一个房间，而我的朋友皱着眉头看着我。那么，她的行动意味着什么？那是一种对失落的表示吗？还是一种对生气的表示？或者是对困惑的表示？如果行动的特征在部分程度上就是像人们看待他们的状况那样，那么，个人诠释，也就是自我理解，就会进入对于行动是什么的定义或者构想之中。这可能意味着，诠释是社会研究的一个关键构成，而且，即使规律适用，它们也是较为次要的。

　　那些在解释中提倡方法论整体主义的社会科学家（见本书第七章），或者那些认为大规模的社会特征在个体行动中占有突出地位的人，并不必然会摒弃在个体层次上对人类行动进行分析。相反，这些社会科学家可能会说，只采用一种个体分析，对于解释他们所感兴趣的行为特征而言，并不充分。这些"更大"类型的解释，与把一个人的行动理解为根据其目的或者目标来界定，并没有什么不一致。事实上，个人的行动目的常常能得到更大的文化因素和社会力量的强烈塑造。因此，对这些文化因素和社会力量特征的理解，将不得不被考虑进来，以获得对个人行为及集体或者社会行为的更充分的解释。

　　对于这种观点的一个回应是，虽然一个人对于事物的认识就是对一个行动的定义，但是，这个人的认识并不是行动的原因（涂尔干也持有这种观点）。对于定义能动主体所参与的行动而言，能动主体的意向可能是非常相关的，但是，这一行动的真正原因是支配能动主体行为的那些规律。但是，这个回应使我们后退到社会研究中的似规律解释的问题上了。在社会科学中，大部分对规律的提议都以太抽象而几乎缺乏任何实质性内容或者不可证伪而告终。如果一

328　个假定的普遍规律要求诉诸能动主体的信念和意愿来解释行为。对于社会科学家来说，要利用规律来解释行动，就必须首先使用规律来确定原因，即信念和意愿，事实上社会科学家的确已经获得了原因。然而，这会导致两个问题。第一个问题是没有一个信念或者意愿本身是孤立于其他的信念和意愿的，即信念和意愿共同构成或者共同决定了其他的信念和意愿。这就意味着，假定的规律将不得不参考大量的其他不相关的信念和意愿。它将不得不利用能动主体观察事物的方式，但是，这会把关注的重点从规律本身转移到能动主体的自我理解上。这就使得意义和诠释在解释行为的过程中发挥关键作用。第二个问题是关于技术本质的问题。如果我们不得不首先使用假定的规律来确定信念和意愿，那么我们就没有独立的方法，来证实或者否证假定的规律具有一种规律的身份。这就意味着，假定的规律是不可证伪的，但是，科学规律的一个典型特征是，它们在原则上可以被证实或者否证。①

　　此外，覆盖律模型的支持者明显假定了，普遍规律处于任何科学领域的核心位置（普遍-规律概念）。这显然代表着一种自然-科学式的社会研究模式。但是，如果这些支持者还是相信，覆盖律模型是社会科学中的适当的解释形式的话，那么，他们也就承诺了这一观点，即每一门社会科学学科最终都必然符合科学的普遍-规律概念。然而，这个推测回避了问题的实质，因为它只是假定了所有科学都必定以普遍规律为目标，否则它们就不是真正的科学事业。普遍规律是任何科学的一个显著特征（如孔德和他的追随者），这一观点必然存在一些偏见，因为没有证据证明情况一定是这样的，而且有一些考虑对于科学中的规律产生了不利影响（Miller，1987：第 1 章；van Fraassen，1990；Giere，1999：第 5 章）。而且，社会学家和人类学家可能关注概括和持续存在的模式，这无论如何都不意味着他们最终寻求的是普遍规律。科学家所寻求的概括和持续存在的模式，其本质依赖于所研究领域的主题和秩序来源，而不是一些关于普遍规律的先入之见。② 对于那些超出物理学中的个案之外的范围，如果说覆盖律模型是适用的，那么这点现在还远不清晰。

---

　　① 回忆一下，只承认有效证实规律才适用于科学解释的覆盖律模型。
　　② 普遍-规律概念应该适用于所有的科学，这一观念很可能来自把物理学当作真正的科学的原型所形成的偏见。但是，物理学并不意味着，任何其他科学如生物学、生态学、心理学或政治科学等，都应该以某种方式与普遍规律关联起来。

社会科学显然还没有形成任何类似于我们在物理学中习惯的那种普遍规 329
律。例如，格根观察到：

> 自然科学家和与之截然相反的社会行为科学家，所关注的大部分现象
> 之间存在着根本的不同。人们有充分的理由相信，［相比］前者感兴趣的
> 那些现象，后者关注的焦点现象远不是稳定的（持久的，可靠的，或者可
> 复制的）……如果客观地看待这一问题，就会发现，以各种方式模仿自然
> 科学研究可能是很冒险的，过去一个世纪的社会行为研究和理论，并没有
> 形成一个像阿基米德的流体静力学定律或者伽利略的匀加速运动定律一
> 样可靠的定理。（Gergen，1982：12）

真正的科学寻求的是普遍规律，那些持有这一偏见的人，以及那些认为社
会科学不能发现普遍规律的人，如当前社会科学所表现的那样，他们都倾向于
把社会科学判断为不符合科学的标准（例如，Gergen，1982；Rosenberg，1995）。
但是，抛开这一偏见不谈，没有理由认为社会科学从某种角度上来说是不合标
准的。毕竟，采用适合于在所研究的现象中发现的那种持续存在的模式之本质
的概括范围，而不是根据所有真正的模式最终都必须可追溯到普遍规律这一偏
见来运作（因为这从根本上来说是一个形而上学假定），才是好的科学实践。

把覆盖律模型应用于社会科学，会导致第二个问题。我们在个体行为和社
会行为中发现的那些类型的规则性和持续存在的模式，也就是我们在社会领域
中发现的那些秩序形式，是由人们的价值、偏见、理想、意愿等所构成的，而
不是由普遍规律所构成的。作为自我诠释性的存在，我们的自我理解和对于我
们的环境及其我们在这些环境中所处位置的诠释，对于引导我们的活动而言至
关重要。以统一为例，无论它是事业成功的特定标准还是穿着破烂的夹克，在
尊重社会的可能性和约束的情况下，它在很大程度上是我们如何看待我们自己
的一个功能。而且，随着人们对于自己的认识和人们的环境发生改变，持续存
在的模式和规则性也会发生改变甚至完全消失。这种诠释的可变性才是我们应
该从一个主要由意义所构成的领域中所期待发现的。这样一种领域不太适合使
用覆盖律解释。

最终，这些思考与本书第十三章第二节第一部分中对于自然类和社会类的

讨论关联了起来。普遍规律的概念恰恰依赖于存在着稳定的类，而且，这些类之间存在着稳定的、持久的关系。物理学的自然类（如电子、电磁场等）恰恰具有这种不变性，这样我们就可以发现包含在普遍规律中的关系了。但是，社会类（如性别，中上阶层等）是由我们所建构出来的，它们会随着我们的价值、目的及观察事物的方式的改变而发生变化。这种可变性不适用于阐释或者发现普遍规律，因为这些类本身及它们彼此关联起来的方式都会发生变化。

二、社会研究中的原因和解释

如果解释的一种因果-机械模型预先假定了，因果关系从根本上来说是根植于普遍规律的，那么，它将面临与覆盖律模型相同的问题。人们有足够的理由认为，即使没有普遍规律，因果解释也可以运转良好（Miller，1987；Cartwright，1989），但是问题来了：只依赖于动力因果关系，解释的因果-机械模型在社会研究中就可以取得成功吗？

正如在第二篇和第三篇中所描述的，如果社会科学集中于因果关系，那么从这个意义上来说，社会科学一般只依赖于动力因果关系。如果我们把规律抛在一边不谈，那么应用解释的因果-机械模型的一种方式就是，把经济、政治领域或者任何其他的社会现象和制度，都当作各种各样的因果机器来对待。这些机器包含大量交互作用的部分，这些部分以类似汽车发动机一样的特定方式被组装了起来。然而，社会领域在很大程度上是由意义所构成的，而意义存在于自我诠释性的存在的自我理解及他们的社会实践和制度之中，因此，社会领域不能像因果机器一样运转（D. Andrade，1986）。我们再次看到，无论是像买衣服这样的经济导向行动，还是像团结一致支持一种新的政府规划这样的政治导向行动，从根本上来说，我们的行动不是某一社会机器的动力因作用于我们的结果。相反，随着我们对自身及我们对环境的认识发生改变，经济学家和社会学家极力追求的那些像机器一样的模式和规则性，也会被改变或者完全消失。在面对新的经验时，如果机器的部分改变了它们观察事物的方式，那么，像汽车发动机这样的机器没有一个可以正常运转，因为它们的行为也将会改变。因果机器这个概念恰恰依赖于其构成部分的因果行动的稳定性，因此，只有动力因果解释形式不适用于理解社会领域。

在社会研究中，动力因果关系可能具有某种有限的适用性，但是，完全依 **331**
赖于这种因果关系形式，将不适用于我们试图理解的现象，而且，它还隐藏着
一些伪装意识形态（见本书第一篇～第三篇）。因此，我们至少需要把社会领
域中的所有影响扩展至包含形式因和目的因的范围，并且，更认真地对待叙事
性的生活结构（见本书第六章，第三节）。① 因此，如果解释的因果-机械模型
不只依赖于动力因果关系，那么它们可能在社会科学中有一些作用。这就意味
着，放弃社会行动和制度都具有似机器的特征这种观点。此外，这种扩展了的
解释模型可能需要进入与其他的理解模式的对话中，或者得到其他的理解模式
的进一步丰富（见本书第六章，第三节）。②

三、社会研究中的统一，功能主义和解释

把解释的统一模型应用于社会现象，看似也存在着严重的问题。无论是根
据最小数量的规律还是根据最小数量的动力因来解释最大数量的个体行为和
社会现象，这一观点都将面临上述所有问题。有人可能会想着尝试根据形式因
和目的因来把大量的社会现象统一起来，但是，这种观点看似也具有有限的适
用性。每一个自我诠释性的存在都有其自身的一组目的因，也就是他们自己的
目标、目的、梦想、对未来的自我和作用的各种认识等。在诸如事业、道德关
注等的广义范畴下，对这些目的因进行分类，看似没有什么太大的作用，因为
这些范畴没有提供太多的解释力。

有人可能会认为，就这一点而言，诉诸解释的功能模型可能是有用的。毕
竟，功能解释的确具有一种统一的特性。根据个体行为和社会行为所实现的功
能，来解释个体行为和社会行为，就像是根据一组较少的功能或者好处，来解
释更多数量的社会现象一样。但是，如上文所指出的那样，功能解释有严重的
困难。此外，应该存在少量的功能或者好处，使得我们可以根据它们来解释更
多的社会现象，这点现在还远不清楚。

---

① 有一些迹象表明，因果概念需要被扩展至包含诸如物理学这样的自然科学中的形式因果关系
（Bishop，2006b）。

② 可以沿着这里所提出的路线来理解，泰勒的相关者和诠释者的概念一起发挥作用（见本书第一
章，第四节）。我应该要指出，泰勒并不像某些人所指责的那样，支持废除社会研究中的因果关系（如
Martin，1994：263-265）。相反，他试图通过鼓励我们摆脱只集中于动力因果关系的自然-科学式的和描
述主义的研究模式的束缚，来丰富我们对社会领域的理解。

第四节　解释和文化理想

332　我详细讨论过的各种解释模型的大多数支持者都认为，这些模型是价值中立的。无论是诉诸规律，原因还是功能，因为对社会现象的科学解释所包含的最终要素，不会以各种价值而使这些解释存在偏见。相反，社会科学家试图通过使我们的解释符合可接受的模型，而被认为更可能避免作出价值判断，也就是说，避免把情况和要素鉴定为好的或者坏的。例如，解释的功能模型的支持者指出，判断一种特定的行为或者制度是适应性的或者实现了一定的社会功能，这只是一种描述性判断。[①] 可以根据某一行为或者制度在社会中所发挥的作用，来解释这一行为或者制度的存在，而且，这种特征描述没有使用任何正确或者错误的评价。此外，支持者可能会说，这种解释并不提倡任何特定的美好生活形式或者任何特定的价值。

正如我们贯穿整本书所看到的那样，这些呼吁根本就不是价值中立的。像自然-科学式的社会研究模式和描述主义的社会研究模式一样，完全集中于规律或者动力因，是受到了一些伪装意识形态的驱动，并且其本身就带有这些伪装意识形态，如政治自由主义、自由个人主义、自主性及工具主义的行动概念。

思考生物学中的一种典型的功能解释。根据适应主义者的观点，诸如人类这样的生物有机体的行为，可以根据在特定的环境中，哪些特性最有助于基因传递和生存来得到解释。按照这种解释模型，生物学家可能会把相对于女人而言男人在照顾孩子上投入较少的时间解释为，是适于最大化男性基因的传递和生存的那些特性的结果。这些特性适合于特定的环境，而且这些行为仍旧会被传递给后代，从而最大化男性的适合性。这种功能解释模型忽视了这样一种可能性，男性可能会改变其环境，以投入更多的时间在照顾孩子上，而不损害其适合性。考虑到有机体的基因影响，环境被视为有机体必须使自己适应的一个固定特征。[②]

现在，思考社会科学中一种类似的功能解释，一个群体中单个成员的行为

---

①　回忆一下，本书第六章第一节中内格尔作出的区分。
②　这是进化生物学中的解释，这种解释倾向于提倡基因决定论的观点。

适合于满足他们自己的需要或者偏好，而且把某一组群体或者社会结构当作他们的环境。按照这种方式，有人可以尝试解释，为什么仪式和其他的实践在特定的群体或者社会中是根深蒂固的，后者形成了一种固定的环境，在这种环境中，个体行动者使自己的行为变得适应，以增加满足其需要或者利益的可能性。但是，在描述人类行为这点上，这几乎不是一种价值中立的尝试。它把自由个人主义（特别是功利型个人主义：本书第五章，第二节，第二部分）和工具主义的行动概念（见本书第四章），奉为这个功能解释框架的关键预设。换句话说，这种解释采用了特定的文化理想，并且，考虑到这些文化理想是关于人类何以能存在的明确的道德认识，所以说，这种解释将这些文化理想提升到了世界中事物的自然秩序的基本要素这个位置上。提倡这种功能解释的社会科学家可能并不认为，他们自己是在支持这些文化理想，也就是说，把它们鉴定为好的或者坏的。尽管如此，他们还是通过将这些理想"自然化"为社会秩序这个客观实在的一部分，来支持这些理想。

333

这恰恰就是一种对人类生活的特定的道德观的无意偏袒，但是，它假装自己是中立的。然而，它不只是一种仅存在于学术象牙塔中的现象。公共政策制定者越来越转向社会科学家，去寻求可能无偏见的理论和指导，以创建并维持社会和经济政策。因此，这些在社会-科学理论和解释中被珍视的文化理想，也可能被传递给公共政策，进而强化了这些文化理想。这就意味着，公共政策将不可能是价值中立的。更重要的是，诸如自由个人主义、自主性和工具主义的行动概念等单向的理想，是当代西方社会所面临的很多问题的部分原因。因而，那些只是传递并强化了这些理想的社会和经济政策，很难被期望可以真正地解决这些问题。相反，这些政策很可能会使这些问题继续存在下去，甚至使它们变得更糟。

回忆一下我在上文引言中所给出的例子：古典经济学对一个社会的商品和服务的分配的解释是，根据社会行动者的利己主义而作出的。正是通过对社会行动者的利己主义的建构，这些解释没有给公平和公正的条件留有任何空间。因此，这就暗示着，税收、就业政策、福利分配等的作用根本不是与公正有关的事情。它们实际上不是价值中立的解释。它们本身隐藏着大量的伪装意识形态，如政治自由主义、自由个人主义和工具主义的行动概念（见本书第十二章）。

现在，假设这些理论被传递给公共政策制定者，以发挥其引导经济政策制定的作用。政策制定者已经被灌输了那些代表经济学家智慧的工具主义知识，这些知识是关于在一个社会中分配商品的最有效的方法。但是，政策制定者没有得到进一步的引导，例如，对于一个社会中任何商品的特定分配是否比另一种分配更有价值或者更公平。他们也没有被给予任何的指导，例如，关于一种公正的或者有价值的商品分配意味着什么，或者经济学家的理论化主体和市场概念是否是公正的或有价值的。这就是韦伯的*工具理性*的合理化过程的逻辑结论（见本书第二章，第四节），生活方方面面的工具化：公平、正义和美好生活概念，变成了关于在一个社会中分配商品和服务的最有效方式的技术问题。但是，这正是对公平、正义和美好生活是什么所采取的一种伦理立场！

334

第五节　评　　论

　　这一章中所研究的对解释的各种阐释，都有一个奇怪的特征，那就是，它们倾向于不考虑人们对其自身的行动的认识。行动关键性地依赖于人们对于事物的认识：在进行行动时她是如何看待自己的。但是，所谓的科学解释倾向于通过诉诸普遍规律或者动力因或功能，来代替她对于事物的认识，而这根本不是这个人看待她的世界及其在世界中的活动的方式。这是社会科学-理论化如何重构或者重新诠释人们行为的一个例证，而不是按照人们自己的方式去理解人们行为的进一步例证。换句话说，社会科学家倾向于用社会科学家喜欢的解释和理解人们行为的方式，来替代人们自己对其行为的解释和理解。这是专家偏见，而专家被认为处于争论之上，以一种清晰的视角观察事物。正如我们在这本书的研究路线中所看到的那样，只可惜，根本不存在这样的外部人的视角，因此，对于社会科学家来说，没有什么客观的原因可以让他们去选择他们的解释模式。

　　人们用他们的方式看待世界，并以他们所理解的方式来在世界中进行行动（价值理性），这其中所涉及的道德的、精神的和其他类型的原因，被社会科学家口中的规律、动力因、功能等（*工具理性*）代替了。这样做的后果是，我们都在很大程度上误解了我们行动的来源，事实上，也误解了我们的行动！思考一下基督徒的行为，他们认为，他们是为了环境保护而参加十字军，而这种行动来自深刻的宗教信仰。社会科学家则把这些信念解释为社会领域中的一些动力因的产物，或者，根据对社会环境的适应来解释这些信念。激进分子对她的信念及其对于环境政策的意义感兴趣，并参与其中。社会科学家感兴趣的是，信念是如何产生的，或者，它是如何实现某一功能并满足她自身或者社会的需要的。显然，社会科学家在"科学"解释中把自己的利益置于她的利益之上；但是，这种做法建立在何种基础上？他的解释在某种程度上是更真实的解释吗？实际上并不是，因为他的解释作为竞争对手代替了她的解释，完全重新描述了，而且很可能是错误地描述了她的行动来源。在社会科学家的解释中，他们作出了一种明确的价值判断，那就是，激进分子对于其信念的真理和这些信念对于环境的意义的兴趣，根本是不重要的或者没有任何价值的。真正重要或者有价值的是，她的信念的原因或者这些信念在满足自身利益或者社会的利益过程中所发挥的作用。

335

这些有偏袒性的判断把自己隐藏在了社会科学家所认为的科学的特定解释框架背后，因此，社会科学家并不能避开这些有偏袒性的判断。

⸺ 进一步的研究

1. 在第二节中所描述的解释模型中选择一种。解释这一模型，并把它应用于来自社会科学的一个案例。你认为该模型的这种应用存在着哪些问题？

2. 把社会世界当作一种因果机器来看待，与叙事性的生活世界结构，解释这二者之间的差异。对于社会研究中的解释而言，这些差异的影响是什么？

3. 给出社会–科学解释不是价值中立的一些例证。你如何看待这些不足对于有关社会科学与自然科学有何相似之处的争论的影响？

⸺ 推荐阅读

M. Root，"Functional Theories in Sociology and Biology"，in *Philosophy of Social Science*（Oxford：Blackwell，1993），pp. 78-99.

W. Salmon，"Scientific Explanation"，in M. H. Salmon et al. *Introduction to the Philosophy of Science*（Indianapolis：Hackett，1992），pp. 7-41.

第十六章
自然科学与社会科学

章节大纲

第一章提出的一个关键问题是："自然科学与社会科学彼此相似吗？"无论是思考科学的概念（见本书第一章，第一节），还是思考库恩对科学的范式分析（见本书第一章，第四节），我们看到了积极和消极地回答这一问题的原因可能是什么。相关者和诠释者之间的差异（见本书第一章，第五节）意味着，在自然科学与社会科学之间，可能至少存在一个根本性的差异。这一差异与两个科学分支中的研究对象的本质有关。社会科学研究人类的行动、交互作用、制度等。但是，与自然科学形成了鲜明的对照，人们是自我诠释性的存在，他们是一种以特定的方式来观察世界的存在，他们受到价值、理想、希望和梦想等的驱动。离开了我们的态度和目的，我们的行动将不能得到充分的理解，因为正是这些态度和目的确立或界定了我们的行动是什么。换句话说，离开了行动的意义，也就不存在人类行动了。显然，在自然科学中，不存在类似于这种自我诠释性的主体的东西。电子、原子、酶、火山、飓风等，都不是自我诠释性的，它们不是意义的承载者或者制造者。因此，即使不诉诸它们对其正在做的事情的认识，它们的行为看似也是完全可理解和可描述的。

对于自然-科学研究与社会-科学研究之间的相似性这一问题而言，主体的差异有多重要？还存在着其他相关的差异吗？这些差异是性质的问题还是只是程度的问题？

第一节　自然科学与社会科学之间的一些差异

纵观本书，我们已经探究了社会科学中的一些问题。在整个研究的过程中，一些看似是自然科学研究与社会科学研究之间差异的例子已经显露出来。在这节中，我想要总结其中的一些差异。

一、非诠释性对象 vs 自我诠释性的存在

正如上文多次指出的那样，自然-科学研究的对象不是由意义和价值构成的。原子、树木和龙卷风没有信念、感觉、态度、愿望或者恐惧。它们对于自身和世界没有任何看法。它们既不参与传统和实践，也不参与对那些传统和实践的诠释和塑造。另一方面，人类对于自身和世界有其自己的认识。对于事物

是怎样的或者应该是怎样的，我们的确有自己的认识。我们根据诠释和意义而得以生活下去，我们参与实践和对实践的重新诠释，等等。离开了这种深刻的见解，我们的行动就不能得到理解，而这就意味着，严格来说人类行动不算是动力因果关系的问题。

338

二、弱塑造世界 vs 强塑造世界

弱塑造世界与强塑造世界之间的区别在第一章第四节中已经介绍过了。弱塑造世界的特征是，完全依赖于动力因果关系，并把动力因果关系当作自然世界和社会世界中唯一的交互作用形式或者途径。与之相比，强塑造世界还利用了：①我们特定的具身形式，也就是说，我们的行动只有在我们所拥有的特定的身体类型这一背景下才有意义；②我们特定的生活形式，也就是说，我们的行动与日常实践和信念是相关联的；③我们特定的历史，也就是说，我们的行动受到了家庭教育、群体习惯和传统等的强烈地塑造。除了动力因果关系之外，强塑造世界还包含着形式因果关系和目的因果关系等影响形式。弱塑造世界是自然科学所特有的，而强塑造世界看起来更适合于社会科学。

三、自然类 vs 建构类

在第十三章中，我们已经看到，自然-科学研究依赖于自然类的存在。这些自然类独立于任何人类观察或者诠释，而存在于世界中的现象或者物体。分子、矿物和山脉是自然出现的现象，无论人类存在与否，它们都是现在这个样子。此外，自然类的特点是主体间性，这就意味着，每个人都可以对这些现象是什么达成一致。与此相反，像家庭、中下阶层、政党及性取向等社会类，则是由人类创造出来的。离开了我们的需要和目的，这些类型或者范畴就不会存在。这些范畴的定义和边界是不精确的，不像自然类那样具有同等程度上的主体间性。换句话说，这些类型的意义正是社会科学家和其他思想家之间无休止的争论的来源。

四、独立实在的理论化 vs 从属实在的理论化

与自然类和社会类的区分紧密相关的是，理论化在科学研究中所发挥的作

用。一方面，自然世界被视为像一个独立于人类思想和行动的客体一样存在。在这个意义上，自然科学中的理论化描述并解释了一个独立领域。因此，我们关于自然世界的理论，不会重塑自然世界，或者造成自然世界的要素去重新想象它们是谁或者它们是什么。与之相比，我们对自然的数学描述是人类建构物，因此，它们既不是完全固定的，也不是完全任意的。

另一方面，社会理论化没有这种独立于人类思想和行动的实在。正如我们在本书第十一章到第十三章中所看到的，对于人类实践和制度的理论化会重塑那些实践，不同的是，这种重塑有时候是较大程度上的，有时候是较小程度上的，有时候是好的，有时候是不好的。换句话说，在自然科学中，只有一种单向的诠释在起作用，但是，在社会科学中，存在着双重诠释，即双向诠释通道（见本书第三章，第二节）。

五、伦理学

在思考自然科学与社会科学的过程中，还出现了另外一个差异，那就是，在每一种科学中出现的伦理问题本质。我们已经在第十三章中看到，在社会研究中，伦理问题实际上不能与收集和处理数据的标准相分离。这就意味着，伦理学实际上是社会-科学实践内部的一个问题。与之相比，因为自然-科学研究而产生的伦理问题，在很大程度上外在于这些实践和结果（见本书第十三章，第四节）。但是，就研究实践而言，自然科学和社会科学都共同面对着一些伦理问题，如不伪造数据、不剽窃结果、给予结论适当的肯定及诸如此类的其他科学行为等问题。

六、伪装成意识形态的文化理想

诸如政治自由主义、自由个人主义、自主性及工具主义的行动概念这样的文化理想，可能描绘了自然科学家如何看待他们自己。然而，这些理想并不会影响他们的研究对象（如分子、蛋白质、阿米巴、海洋），也不塑造他们的研究方法论或者结论。换句话说，尽管文化理想的确塑造了对于自然-科学研究的判断和应用，但它们并不塑造自然-科学研究和实践本身。这与社会研究形成了鲜明的对比，在社会研究中，我们已经看到，这些理想像伪装意识形态一样发挥作用，它们塑造着社会-科学研究和实践的方方面面。

七、可预测性

340 自然科学与社会科学之间的另一个差异是可预测性，这个差异只能得到间接地解决。诸如物理学和化学这样的自然科学，其标志性特征之一是它们的预测力。获得这种预测力的关键之一是，这些科学可以根据变量来构造出理论和模型，而这些理论和模型对于所研究的系统而言永远有效——无论是过去、现在还是未来。例如，在牛顿力学中，可以根据诸如位置和速度这样的变量来刻画加农炮的射程或者钟摆的运动。尽管这些变量的值一般会随时间发生变化，但是，它们的本质不会随时间发生变化。然而，具有诸如变量和力这样的一组词汇，这个特征并不足以保证系统的可预测性，它仅仅意味着，对于一个给定系统而言，这些术语的本质和意义不会随时间发生变化；因此，它只是一个必要条件（Bishop，2003）。与之相比，社会实在、社会、政治制度及人的行为等，不能根据这样一组词汇来进行描述，在这组词汇中，被用来描述它们的术语或者变量的本质不会随时间发生变化。这是因为人们是自我诠释性的存在。我们是我们自己，这是因为，我们是由我们的自我定义和自我理解所构成的，而且，这些自我定义和自我理解的本质，会随时间而发生变化。正是因为这些变化，我们改变了我们是谁，我们如何看待自己、其他人和社会，以及我们如何行动等，而它们的变化直接源自这些自我定义和自我理解。正如柏林（Berlin，1962）所指出的那样，这就是为什么只依赖于经验的和形式的词汇或者方法的科学或描述，不适用于真正意义上的人类实在。今天，人类的自我定义和自我理解，既与中世纪人类的自我定义和自我理解不同，也与遥远未来的人类自我定义和自我理解不同。可预测性成为社会研究的一个标志，这一希望因为这种状况而变得前途渺茫。①

---

① 在自然科学中，很多人把预测当作科学理论有效性的一个主要标志。但是，如果社会科学家采用相同的态度，那么，社会科学中的那些严重缺乏成功预测的地方，看似会破坏社会科学的正当性。

第二节　库恩，自然科学与社会科学

回忆一下，泰勒认为，主要差异是自然科学的研究对象是原始的，也就是说，自然类不是自我诠释性的。因此，诠释不会作为自然科学实践必不可少的一部分或者构成而进入自然科学实践中。自然科学研究的对象，如分子、地震和恒星，并不决定它们自己的意义，也不会随时间改变它们的意义。这些对象是什么，可以由主体间的科学研究而得以揭示。作为自然类，它们是其所是，它们独立于任何有关它们的人类发现。另外，诠释处于社会科学的核心，因为社会科学的研究对象是自我诠释性的存在。我们是意义的制造者，而且，随着时间的推移，我们的确改变了我们的意义，也就是说，改变了我们观察自我和世界的方式。这种对自然科学与社会科学之间的诠释性差异的认识，在泰勒对相关者和诠释者的描述中逐渐清晰起来（见本书第一章，第四节）。对他来说，这是自然科学与社会科学之间性质上的一个差异。

人们常常把泰勒理解为，他宣称自然科学在本质上是实证主义的，而且，他对这些科学的描述进一步强化了对他观点的这种特征描述。泰勒在很大程度上以实证主义的方式描述了自然科学（见本书第一章，第二节，第一部分），并强调了自然科学旨在获得经验理论这一目标（见本书第三章，第一节）。无论他是否认为自然科学实际上在很大程度上是实证主义的，他的很多著作的确给读者留下了这样的印象。对泰勒的讨论的一个更加似真的解读是，他实际上描述的是很多社会科学家和哲学家所渴望的一种科学理想。这一理想在很大程度上是实证主义的，即使在库恩的有影响力的著作之后，激发这一理想的自然科学模型几乎被完全丢弃了。换句话说，泰勒不需要为了批判社会科学着迷于实证主义理想，而去相信自然科学符合这一理想。

库恩在讨论自然科学与社会科学的差异时，其出发点是，他不同意泰勒提出差异的方式（Kuhn，2000）。库恩认为，诠释在自然科学研究中同样发挥着关键作用。他给出的例证是，古希腊天文学与当代天文学的比较。古希腊把太阳和月球放在和木星、火星、水星等一样的范畴内。换句话说，这些都是行星，

341

它们都有适当的相似性，因此被分为一类。而且，这些天体被认为与古希腊的"恒星"和"流星"等范畴存在着显著的差异。此外，他们把银河系放在与彩虹和流星一样的范畴内。当然，我们现在认识到了太阳是一颗恒星，月球处于不同于恒星或者行星的一个范畴内，而银河系由恒星构成。因此，古希腊对天空的解释和我们的当代解释之间显然存在着显著差异。

对这一困境的明显反应是，把解释上的差异看作是对有关存在于天空中的物体信念上的差异。无论我们是否认为月球和太阳是行星，对于我们是否能把望远镜指向这些物体并观察它们而言，都毫无影响。但是，库恩认为，关于自然世界和社会世界的概念是人类群体所具有的（如科学家）。他认为，这两类概念在不同的群体和不同的时间中，都遭遇了很多的诠释性的困难。例如，要**342**识别并再次识别一颗行星，就要求我们理解行星的概念。否则，我们就不能成功地把行星与流星区分开来，也不能一次又一次成功地指出行星的位置。要识别并理解行星这一概念，就要求一个群体可以指出这一概念的特定实例，并把这一概念传递给其他人（例如，传递给下一代科学家）。① 如果群体中的每一个人都把一个不同的对象当作是行星，那么，我们可能就会说，没有人真正理解"行星"这个概念。

按照库恩的观点，古希腊的天空和我们的天空之间的差异，根植于我们的概念词汇之间的差异。自然科学中的这种情况，被认为类似于，古希腊民主实践与当代美国民主实践之间的差异如何根植于概念词汇上的差异。此外，从古希腊的理解到我们的理解，关于行星的概念上的差异，不能通过基于原始数据的描述来进行桥接，因为这种数据只允许唯一的一种诠释。这种差异也不能通过只诉诸行为描述就可以得到桥接（例如，当被要求给出一个行星的例证时，描述古希腊人为何指向一些不同于我们所指向的物体）。此外，如果我们要以我们自己的概念词汇来描述古希腊天文学的实践和概念，那么，我们就会扭曲他们的观点和实践，甚至可能会使其面目全非。

在自然科学中和在人文科学中一样，都不存在某种中立的、文化独立的范畴集合，在这个集合内，无论是全部对象还是全部行动，都可以得到

---

① 从库恩的视角来看，最近关于"行星"的定义和冥王星身份的争论（Schilling，2006），是值得思考的一个有趣案例。

描述。(Kuhn, 2000: 220)

要得到古希腊的概念词汇和我们的概念词汇之间的一种联系，就要求一种在社会科学中得到很多人支持的诠释性的解释和理解。换句话说，按照库恩的说法，在这种自然-科学概念和诠释中起作用的诠释，被要求可以理解这种概念的文化理解之间的差异。

如果库恩的特征描述是似真的，那么，自然科学的结局是什么？首先，像任何时期的自然科学一样，我们当代的自然科学建立在科学家从他们的前辈那里继承而来的一组概念的基础之上。这些概念是历史的产物，因此，它们是诠释和理解的问题，也就是说，它们既不是永远单义的，也不是永远固定的。其次，自然科学家在库恩所谓的常规科学进程（见本书第一章，第三节）中使用了这些继承下来的共同理解，这种解决问题的活动推进并且深化了一种特定的科学领域（这与改革这些科学领域的那种活动截然相反）。因此，这些研究者不可能认识到，他们正把其大部分研究建立在诠释而不是单义事实的基础之上。在后来的这种研究中，库恩之前所称之为的科学革命（见本书第一章，第三节），现在被叫作对自然的重新诠释（Kuhn, 2000: 222）。

根据库恩的说法，在自然科学与社会科学之间，既存在着相似性也存在着差异性。相似性是，离开了那些表征在历史上形成的意义和词汇的概念，这两类科学家都不能进行其研究工作。也就是说，这两类科学家都假定了一些共同的意义和诠释，正是这些意义和诠释使得他们的活动可以理解。对于库恩来说，差异则是，社会科学家不断地参与进诠释和重新诠释中，在一个固定的意义框架内进行稳定的问题求解，这种情况根本不可能存在。与之相比，自然科学家在很大程度上没有意识到他们的意义框架的诠释性本质，因为，在任何给定的领域内，他们共同具有的意义如此之多，以至于他们不用明确地参与进诠释中，就可以参与进问题解决的过程中。第二个差异由此产生。根据泰勒和其他人的说法，更深刻的诠释（而不是诸如规律这样的东西）应该成为社会科学的目标。按照库恩的观点，自然科学并不会有意识地找出新的诠释；相反，这些诠释就像是解决问题这项事业的副产品一样，是碰巧出现的。事实上，这些改革或者重新诠释常常被下一代科学家在事后认识到。库恩这样来总结这两类科学：

343

　　尽管自然科学可能要求一种我所谓的诠释学基础，但它们本身并非诠释学事业。另一方面，人文科学通常是诠释学事业，而且它们可能别无选择。（Kuhn，2000：222）

　　根据库恩对他自己研究的重新诠释，即使社会科学明显是诠释性的，这也并不意味着它们就必须永远是这样。因为他认为，可能一些社会科学会随时间的推移而突然发现相对固定的意义框架。这些框架会充当这些领域的范式，并支持这种作为自然科学典型特征的问题-解决研究。在这个意义上，库恩仍然把社会科学判断为相较于自然科学而言是前范式的。

344　　尽管库恩推测，原则上不存在什么可以阻止一些社会科学达到这种范式地位，但是我们有理由认为，其他社会科学可能永远都达不到这种地位。在自然科学中，自然类保持固定。因此，在从古希腊对天空的理解到更现代的观点的转移这个案例中（例如，从托勒密到开普勒的太阳系），天空中的物体保持稳定。太阳、月球、恒星、流星、行星等，作为"在那里"的物体，在我们对它们的理解的转变过程中，它们不会消失或者改变它们自己。相反，在解决问题的过程中，古希腊的诠释框架不断地遭遇各种困难，为开普勒重新诠释这些物体奠定了基础。然而，对于这种重新诠释而言，最为关键的是，存在于天空中的这些自然类的固定的、不变的本质。

　　考虑到社会实在的本质，我们不能期望社会实在也具有相同的稳定性。社会实在由意义和诠释所构成，而意义和诠释会随时间而发生变化。换句话说，社会实在不是"在那里"的固定不变的物体或者范畴；相反，它们是流动的，与我们的目的、利益和需要一起演化（见本书第十三章）。没有一个永远不变的基础，在这个基础上，可以建立一个持久的意义框架并确立问题的解决。重新诠释的前景可能正是这种社会科学所期待的。库恩并没有明确地指出，哪些社会科学可能处于这种不稳定的环境中，但是，可能所有的社会科学都是这样的。

　　因此，按照这种说法，自然科学可能比通常所描绘的那样更加富有诠释性。这看似缓和了自然科学与社会科学之间的差异，因为前者更像是后者，而不是相反！构造这一问题的方式也意味着，考虑到这两类科学都被描绘为在根本上是诠释性的，因此，它们之间的差异更多的是程度上的问题，而不是性质上的问题。但是，泰勒及其他一些人则坚持认为，这种对自然科学与社会科学的解读，遗漏了社会科学的一个重要特征。那就是，虽然库恩已经指出了，在何种程度上单向诠释通道存在于自然科学中，但是，这些科学缺少一种双向诠释通道（见上文）。这种差异看起来像是性质上的差异，而不只是程度上的问题。而且，可能库恩认识到社会实在和政治实在的不稳定本质指明了这一方向，即双重诠释学和不稳定性是社会研究主题的自我诠释性的本质的必然结果。

第三节　自然主义的社会科学

345

那些支持自然科学与社会科学具有相似性的人通常被称为自然主义者，他们认为，自然-科学式的模式是唯一适用于社会研究的框架。他们一般持有两个观点（见 Kincaid，1996）：

（1）社会科学受到与自然-科学一样的那些标准的支配，而且社会科学可以满足这些标准。

（2）只有满足自然-科学标准，社会科学才能成为好的科学。

自然主义者可能会拒斥库恩和泰勒的思考路线。他们可能不会斥责这种把自然科学和社会科学描绘为从根本上包含着相同的意义框架这种做法。但是，他们可能会否认，社会科学在其实践和解释中必须明确地参考意义和诠释。

一、社会科学不需要诉诸意义来具有解释性

支持这种否定的一个依据是，正如目前所实践的那样，社会科学通常并不涉及意义，它们也不必然需要对社会现象作出科学解释（见 Kincaid，1996：193-194）。例如，宏观经济学通常根据通货膨胀率、利率、失业率、生产力及其他大规模的经济因素和社会因素来给出解释。这些解释利用了各种因素之间的因果机制和关系，但是，它们独立于关于单个人的信念、态度或者感觉的特定假定。但是，按照自然-科学标准，它们是完全值得尊敬的解释。事实上，这些解释看起来与有关人的驱动力和动机的各种假定是兼容的，或者说，这些解释中根本不存在这样的假定。因此，社会科学不需要通过考虑意义和解释而具有解释力。

这种论证思路背后的一个假定是，社会-科学实践和解释的一种明确的诠释性的研究方法，在方法论上必定是个体主义的。值得注意的是，这就是在主张，社会层面或者政治层面上的解释都具有某种独立于个体层面的独立性。但是，正是在个体行动者的层面上，意义和诠释才变得相关，这样，这种思考路线才行得通。只要不用诉诸个体的信念和行动，就可以给出对社会现象的适当解释，那么，社会科学就不需要明确地诉诸意义和诠释。然而，正如我们在第七章中所看到的那样，社会层面和个体层面彼此并不是完全隔离的。文化理想、社会规范、群体实践及其他的社会因素等，都塑造着个体的信念和态度。同样地，个体的诠释和重新诠释反过来也塑造着这些社会因素。因此，诸如通货膨胀和生产力这样的社会特征，并不具有以某种方式独立于个体的意义和诠释的存在性。相反，这些特征和范畴都是由我们所创造出来的。宏观经济学解释暗中假定了，如在西方的个体和社会中存在着一组固定的价值和意义。如果这些价值和意义改变了，那么，按照这种论证路线而被假定摆脱了诠释和意义的那些社会特征，如银行系统、通货膨胀和生产力等，也将发生改变。因此，这种反对社会科学从根本上是诠释性的论证路线，是否合乎逻辑就不太清楚了。

还需要注意的是，这一论证完全忽视了自由个人主义、自主性、工具主义的行动概念及政治自由主义等文化理想所发挥的神秘作用。这些伪装意识形态塑造了宏观经济学及其他社会科学的理论和实践，这些科学在它们的解释中处理大规模的社会特征和政治特征。因此，相比其他社会和其他时候而言，无论是个体层面还是社会层面上的社会类，在现代西方社会中看起来完全不同。而且，其中很多社会类只有在这种文化理想的背景下才可能存在。假定社会层面上的解释总是以某种方式独立于意义和诠释，这种做法就不是似真的了。

二、社会科学中意义的存在没有任何影响

自然主义者可能会承认，实在的个体层面和社会层面都充满了意义和诠释，但是，他们却指出，这对于自然-科学方法的应用没有任何真正的影响（Kincaid，1996：205-215）。如果我们认真对待库恩的自然科学概念，那么，诠释和意义在这些科学中发挥着一种更为深刻的作用。换句话说，在自然科学中同样不存在原始的、单义的数据。相关数据是什么，它们意味着什么，它们

为什么重要，它们应该如何得到描述，它们必然包含什么等，都是只有在共同
意义构成的某种稳定的框架内才可理解和可回答的问题。此外，如果自然科学
家拥有处理相同数据的不同的意义框架，那么，他们将以不同方式来回答这些
问题。这样，对争议的裁决就会发生在框架本身这个层面上，其中会出现某种
形式的公平比较，这种比较既有概念上的也有实验性的（见 Miller，1987：第
4 章）。根据自然主义辩护者的认识，就这一点而言，在自然科学与社会科学
之间不存在显著的差异。

　　按照现在这种情况，对于这种论证路线产生了一些回应。一个值得注意的
回应是，自然主义者越来越倾向于诠释主义者的方向，从这个意义上来说，自
然主义者放弃了太多领地，也就是说，自然科学看起来越来越像社会科学。但
是，自然主义者回应道，即便如此，自然科学仍然以自然-科学式的研究模式
继续前行。因此，诠释和意义的普遍存在并不意味着，明确的诠释性的方法在
任何科学中都是必要的。

　　对于这种论证路线的另一个回应是，指出在自然科学中和在社会科学中，
在意义框架之间作出裁决是完全不同的。考虑一下，自然主义者声称，这些裁
决通过"公平测试"来得以进行（Kincaid，1996：206），也就是说，这些测试
是独立于所研究框架之间的任何差异的经验测试。如果这些测试只预先假定了
不同框架的支持者的共同之处是什么，那么，这些测试的结果就可以被用来对
相互竞争的框架的可行性作出判断。但是，这个回应不能解释自然科学与社会
科学之间的一个关键差异；那就是，在社会科学中，研究的主体是自我诠释性
的存在。与自然科学中的研究对象不同，在自然科学中，这种公平实验是可能
的，而来自社会科学中的任何类型的实验或者观察的数据，其意义在部分程度
上依赖于自我诠释性的存在观察事物的方式，当然，这种自我诠释性的存在包
括社会科学家本身在内。这就是说，在构成社会-科学数据是什么的过程中，
永远包含着人类的意义和诠释。对于社会科学中的意义框架的裁决，将总是涉
及利用额外的意义和诠释。因此，如果自然主义者的观点是，存在一些不涉及
意义的方式，利用这些方式可以在自然科学与社会科学中的不同框架之间作出
决定，那么，她显然错误地描述了社会科学的特征。如果她承认，不存在一些
不涉及意义的方式，利用这些方式可以在自然科学中的不同框架之间作出决

定，那么，她的"公平测试"也会涉及意义和诠释，即使这种测试是经验上的测试。但是，这就意味着，自然科学不像自然主义者所声称的那样是价值中立的或者客观的。

348　　　对于自然主义者的"公平测试"回应，还存在另外一个问题。它还预先假定了，意义框架生成了关于某种实在的理论，这种实在独立于这些理论或者框架。换句话说，对对象或者现象的理论化，并不会改变或者重塑那些现象。这是对自然-科学对其对象的理论化的一种典型的理解。但是，正如我们所看到的，在社会科学中，这种理论化不太可能，因为社会研究中的理论化常常会改变或者重构它所理论化的那些实践（见本书第三篇）。这就意味着，在社会科学中不存在"公平测试"，因为对这些测试而言，构成数据的"社会事实"本身会依据不同的理论和意义框架而得到不同的描述。换句话说，在社会科学中，不同框架中的社会类不同，而在自然科学中，不同框架中的自然类一般是相同的。在社会科学中，意义和诠释的存在看似的确导致了与自然科学中状况的显著差异。

三、因果解释

有时候自然主义者认为，即使意义和诠释是社会领域不可或缺的一部分，社会科学中的科学解释也像自然科学中的解释一样援引原因。因此，真正的解释工作是由因果性归因来完成的，而不是由对意义和诠释的思考来完成的。因此，在上文的宏观经济学案例中，根据通货膨胀率、利率和生产力作出的解释，被视为某种形式的因果解释。但是，意义和诠释不是原因，因此，按照这种观点，它们的存在并不会形成自然-科学解释和社会-科学解释之间的显著差异。

而在上一章我们对不同的科学解释概念的研究中我们看到，科学家在理解不同的现象时，可能会利用不同类型的解释。这种基于因果解释的反对意见预先假定了，在有关自然科学与社会科学之间的相似性和差异性的争论中，存在着一个关键性的争论焦点，那就是，动力因果关系是社会领域中唯一一种交互作用形式或者影响形式。但是，在整本书中我们看到了，有大量的理由去质疑动力因果关系是社会世界中唯一一种交互作用模式或者影响模式（例如，形式因果关系和目的因果关系等形式在社会现象中也发挥着作用）。因此，这两类科学之间的这种假定的相似性不是令人信服的。①

四、把社会科学塞入自然科学的模具

哈罗德·金凯德（Kincaid，1996）最近为自然主义提供了一种令人启发的辩护，其观点是，社会科学与自然科学相似，来自自然科学的方法适用于社会科学。他利用在这节中已经研究过的那些论证及其他论证，试图证明这两种类型的科学事业之间在很大程度上存在方法论的统一。同时，他的核心观点之一是上文的论点二，即只有当社会科学符合自然科学标准，并且暗中使用了自然-科学方法时，它们才是好的科学。②

根据金凯德的说法，"好的科学"的标准是以下的经验美德（Kincaid，1996：50-51）。

（1）**可证伪性**：假设和理论必须可以经受经验的裁定，并且可以被证明是错误的。

（2）**预测性成功**：经验上适当的理论既表现出高的预测数量，也表现出高的预测质量，而这些预测都得到了经验和试验的证实。

（3）**范围**：理论应该预测和解释各种各样的现象。

（4）**连贯性**：好的理论表现出逻辑连贯性，并且与可以从其他科学中获得的最佳信息一致。

（5）**丰富性**：除了其他结果之外，理论应该形成新的见解和发展，提出新的研究路径，并指导试验研究。

（6）**客观性**：我们最好的理论应该反映世界真实的样子，而不是我们想要世界成为的那种样子。

这个列表看起来非常像之前草拟好的经验理论的那些标准（见本书第三章，第一节）。对于这些经验美德，当然还有很多需要说的。但是，很重要的一点是要注意，一旦把这些标准应用到社会科学中，这些标准就无力发现并处

---

① 另一方面，如果诸如物理学这样的自然科学也需要重视其他形式的因果关系如形式因果关系（Bishop，2006b），那么，这就会使它们变得更像社会科学。

② 亚历山大·罗森伯格（Alexander Rosenberg）（Rosenberg，1995）和金凯德在论点二上达成了一致，但是，他们对当前社会科学是否是好的科学的判断不同。罗森伯格认为，社会科学目前不能满足这些标准，因此是伪科学。金凯德则为社会科学满足这些标准进行了辩护。

理那些在社会研究中像伪装意识形态一样发挥作用的文化理想。例如，我们的经济理论和政治理论在很大程度上暗中充满了自由个人主义和工具主义的行动概念等理想。假设这些理论中的其中一个表现出高度的预测性成功，也就是说，这个理论的预测在很多时候看起来都是非常恰当的。那么显然，这些经验成功并不会向我们揭示影响这一理论的那些伪装意识形态。这一理论的预测性

350 成功也没有以某种方式告诉我们，自由个人主义和工具主义的行动概念"符合"社会世界。例如，如果美国打算要发起一场向佛教的巨大转移，那么，这些文化理想就会消失不见，而且，这一理论会丧失它的很多预测力，即使不是全部的预测力。我们的理论在想象中的预测性成功，很可能只是告诉我们，创造这一理论的社会科学家不知不觉地"吸收了"他们所研究的社会世界的那些文化理想，并通过他们研究的"科学"结论传递了这些文化理想。也就是说，想象中的理论可能是双向诠释通道的一个成功案例，但是，只要这些文化理想保持相对固定，这一理论就是工具主义的有效的，除此之外，我们还能从这一理论中推断出任何其他的东西吗？①在面对伪装意识形态时，范围、连贯性和丰富性都同样是无力的。

关于金凯德的列表，另一个需要注意的是客观性要求。正如我们所看到的，与这一要求相关联的外部人的观点，其本身是一种价值负载的视角。在自然科学中，这种观点在绝大程度上可能是无害的（尽管就自然科学的根本性诠释基础而言，它可能不是那么的无害）。另外，在社会科学中，这种对客观性的追求，常被理解为价值无涉，其实是政治自由主义的一种表现，而政治自由主义与其他文化理想如自由个人主义和自主性等是相互关联的。因此，要求社会科学采用这一标准，就是公然要求它们偏向这些文化理想。但是，这恰恰是我们认为我们用自然科学中的客观性所意指的东西的对立面。②

因此，在金凯德试图证明自然-科学式的研究是社会科学的适当模式的方式中，至少存在两个问题。一个是上文已经评论过的，他列出的论据要么没有证明这些论据所宣称的那些东西，要么导致自然科学从根本上比他所想象的要

---

① 没有一个社会-科学理论表现出了金凯德所期望的这种经验成功，因此，按照这些标准，社会科学事实上应该被判断为伪科学。

② 回忆一下，我们在本书第六章中看到的，社会科学的客观性应该进行对话式地重构。如果自然科学如库恩所指出的那样更掺杂意义，那么，它们可能也需要使用这种客观性概念。

更富诠释性。另一个问题是，金凯德硬塞进自然科学模具的社会科学图景，将会使伪装意识形态的问题保留下来。这很可能意味着，只按照自然-科学式的模式进行研究的社会科学，将保留甚至加剧它试图理解并纠正的那些紧要的社会问题（见本书第八章）。

第四节　作为诠释性科学的自然科学

回忆一下泰勒关于诠释性的社会科学所具有的三个特征（见本书第六章，第三节，第一部分）：

（1）"意指"或"连贯性"范畴，也就是说意义，必须适用于研究对象。 351

（2）所讨论的"意指"必须至少可以相对地区别于其表达或者具体表现，即同一个意义通常可以有替代性的表达。

（3）"意指"必须是相对于一个主体而言的或者说是由一个主体所作出的。

第一个特征显然适用于自然-科学研究，因为围绕研究对象如基因和火山的问题域，恰恰给了我们说某一事物"有意义"或者"无意义"、相关还是不相关的能力。如果没有人类认识者参与到理解活动中，对自然对象的知识和理解就不会存在。

回忆一下，特征二的一个重要特征是，"科学真理"永远可以得到重新表达。这一特征并不局限于社会科学中，在自然科学中也发现了这一特征。例如，只有当我们采用某一特定的观点而不是任何其他的观点时，数据中的模式才能被视为有意义的。在 20 世纪 50 年代，粒子物理学家困惑于介子衰变过程中，也就是那些在核力中发挥一定作用的亚原子粒子的衰变过程中，所出现的一些奇怪的巧合。对于尝试理解这一行为而言，主导思想是提出，存在两类介子，它们除了在空间反射上不同以外，在所有其他方面都是一样的。然而，追求这种观点的那些尝试没有一个给出了回答。后来李政道（Tsung Dao Lee）和杨振宁（Chen Ning Yang）提出了他们简单但却具有诺贝尔奖价值的建议，那就是，在这种反射下，介子不会表现出独一无二的行为。单粒子模型为理解所研究的行为提供了所需要的视角，但是，这种情况只有通过采用一种不同的数据观才能实现。这个问题有时候被总结为这样一句口号："理论常被数据欠定。"正如库恩（Kuhn，1996）所指出的，对于如何看待数据及理解在我们获得数据的过程中哪些方面可能会产生困难（例如，错误信号或者干扰的来源），不得不应用判断。物理学理论并不总是为我们提供如何看待这些问题的观念。

很多年来，对于很多实验者而言，最终证实李政道和杨振宁的观点的那些实验，的确具有实际可能性，但是，直到提出正确的问题，都没有人认为这些实验是有趣的。一旦进行这些实验，很多人不得不放弃他们对于介子行为的解释，因为自然已经以一个响亮的"No！"回应了他们的观点。就这一点而言，社会态度和信念影响着物理学的实践，但是，它们并未构造物理学的结论。然而，尽管这是一种人类活动，尽管自然常常看似难以对付，而且否定我们的最好的观点，但是，我们在自然科学中对世界的有限映射正得到扩展和丰富，而且处于变得更加准确的过程之中。

这种重新表达的一个不同的例证来自流体力学。拉格朗日的观点把流体流动描绘为就像是一个观察者正在与流体一起前行一样。欧拉的观点则把一定量的流体的属性描述成它流经一个静止的观察者。在所有情况下，这两种描述在概念上和经验上都是一致的。在这个重新表达的案例中，替代性描述带来了一些不同的重点和不同的视角，这些重点和视角有助于阐明所研究的现象。另一个例子来自电磁学。尽管有些人怀疑电和磁之间必定存在着某种关联，但是，直到19世纪中期，电和磁都被视为独立的现象。后来，一个非常精炼而且有力的电磁理论证明了，电和磁可以被重新诠释为同一基本现象的表现形式。这种重新诠释为分离电和磁的子领域提供了明晰性和统一性。在量子力学中发现了重新表达的另一个有趣例证，那就是，各种相互竞争的量子理论（例如，冯·诺依曼，量子推测学，退相干，玻姆力学）。在这个例子中，对于这一现象的基础本体论而言，这些重新描述是不一致的（例如，一些描述支持经典的粒子轨道而一些描述并不支持，一些描述是决定论的而另一些描述则不是），而且，除了别的之外，这些差异还会导致对量子世界的相互竞争的诠释，这就使得其仍有待进行更多的澄清（这里根本就不存在单义性！）。

特征三对于自然科学而言显然是正确的，因为正是人类研究者，也就是科学家，才会在其学科内，基于个人的价值和目的及共识价值的目的，选择要研究哪些现象，要提出哪些问题，要使用哪些研究方法，如何应用所获得的知识，以及在每一种选择中什么才可以被看作是重要的，等等。从一种更为一般的层次上来说，作为一种实践的整体自然科学观念，指向了这一事实，即它是一种我们认为有意义的活动；否则，我们就不会为它感到烦恼。更具体地来说，刚刚提到的不同的量子理论这个例子，就是这样一种情况，在这种情况中，科学家彼此都参与到讨论和争论中去，以尝试由他们自己澄清某一现象到底是什么样子的。与社会科学家相似，自然科学家也是这样的主体，他们在自己之间寻求关于他们所研究的对象的明晰性、意指和连贯性。①

因此，无论人们是否遵循上文概述的库恩对自然科学的分析，这些科学都被适当地看作是一种诠释性的实践形式，也就是说，它们是一种理解我们的世界中的事物的方式。通常，它们集中于我之前所称之为的一种机械的理解模式，这种机械的理解模式集中于动力因果关系（见本书第六章，第三节，第一部分）。但是，主要集中于这种理解模式，并不会使自然科学少一些诠释性。

第五节　评　　论

对于构想自然科学与社会科学之间的关系而言，其中一些可用的选择如下。第一，社会科学与自然科学并无不同。经验标准，如那些得到金凯德支持的经验标准，同样适用于这两类科学，而且，自然-科学式的研究模式适用于所有科学，也就是所有阶段。②第二，自然科学与社会科学并无不同。自然科学不可避免是诠释性的，因此，经验科学的标准并非像我们过去所认为的那样适用于自然科学。这貌似是上文所描述的库恩对科学的重构的结果。至少可以说，除非某一门科学已经获得了一组相对固定的、持久的意义和诠释，这些意义和诠释为常规科学的问题解决提供了一种适当的框架，否则，我们不会期望这些经验标准适用于任何这样的科学。第三，自然科学在一定程度上不同于社会科学。库恩指出，这种差异可能就是这样一个事实，即自然科学在很大程度上获得了这些长期存在的意义框架，而社会科学尚有待获得任何一个长期存在

---

① 有人可能反对自然科学集中于因果解释而不是诠释性解释；但是，因果解释是诠释性解释的特定形式。诠释不可避免会把特定的原因作为对持久模式的解释。此外，在相互竞争的因果解释的支持者之间的争论中也涉及诠释（Miller，1987）。

② 从第二章可以看到，这正是孔德和密尔的态度。

的意义框架。这正是社会科学在很大程度上仍然是前范式的这一观点的一种修正后的版本。第四，自然科学和社会科学在性质上彼此不同。这种差异最终根植于它们所研究的现象的类型。差别就是，社会科学研究自我诠释性的存在，而自然科学并不研究自我诠释性的存在。

假设按照第四种选择所提出的方式，自然科学和社会科学是完全不同的。这是否意味着，自然-科学式的方法在社会研究中不起任何作用？当然不是。生活世界（见本书第六章）允许自然主义者的研究模式和诠释学的研究模式之间的一种对话，即允许自然-科学式的方法和描述主义方法、批判方法和诠释学方法之间的一种对话。这些不同的社会研究模式之间的合作，相比努力把社会科学塞进自然-科学模具，或者一并忽视自然-科学式的方法而言，可能是一种更富有成效的路径。但是，降低自然-科学式的模式的地位，会直接引起社会研究中相对主义的幽灵，我们现在将转向这一问题。

───── 进一步的研究 ─────────────────────────────

1. 除了在这本书中出现过的自然科学与社会科学之间的那些差异以外，你能想到其他在这章中未得到讨论的候选吗，它们为什么是可能的差异？

2. 你认为自然科学与社会科学之间的哪一个可能的差异是最强的差异，为什么？

3. 在把自然科学与社会科学关联起来的四个选择中，你喜欢哪一个，为什么？

───── 推荐阅读 ─────────────────────────────

H. Kincaid，*Philosophical Foundations of the Social Sciences: Analyzing Controversies in Social Research*（Cambridge: Cambridge University Press，1996）.

T. Kuhn，"The Natural and the Human Sciences"，in *The Road Since Structure*（Chicago: University of Chicago Press，2000），pp.216-223.

C. Taylor，"Interpretation and the Sciences of Man"，in *Philosophical Papers*，Vol. 2: *Philosophy and the Human Sciences*（Cambridge: Cambridge University Press，1985b），pp.15-57.

第十七章
超越客观主义与相对主义

在阅读了前面几章后，你可能已经形成了这样一种印象，那就是，正如目前所实践的那样，社会研究深陷困境，但是却不能认识到它自己的困境。首先，你可能已经形成了这样一种认识，社会科学只比完全没有价值要稍微好一点。考虑到我们已经研究过的各种问题，社会研究如何可能与人类生活相关，或者说社会研究如何可能真正对人类生活重要？看似社会科学影响我们的生活的唯一方式是，如福柯所指出的：社会科学是权力政体的主要实施者和支持者之一，它创造了一些关于社会实在的范畴和诠释，这些范畴和诠释可以操纵和管理社会行为。尽管福柯的批判太过极端，但是，社会科学家建构社会实在，而不是单纯地描述一个独立的社会领域的运行，除此之外，他们几乎没有做任何事情，对于这一点，仍然存在着很大的担忧。

令人困扰的是，我们已经看到，即使社会科学家努力引导其研究远离一些圈套，但是，社会科学家在很大程度上仍然被困在理想和价值的沼泽中。对于很多人来说，追求客观性，也就是追求一种外部人的视角，看似是社会科学应该采取的正确路径。然而，正如我在这本书的整个写作过程中指出的，根本不存在诸如免于所有的伦理承诺的外部人的视角这样的东西。

356　　　但是，这种认识让我们感到非常不安。如果我们不能拥有科学家认为他们正在追求的这种客观视角，那么，替代选择是什么？是一种彻底的相对主义吗，这样，任何事情都有可能发生？当然，这就意味着科学作为一种对真理和理解追求的终结。众所周知，这代表着把孩子和洗澡水一起倒掉了，因为，放弃我们传统的客观性概念，看似使我们永远陷入了每个人自身的主观性局部理解中。

　　　这些担忧和不安与主体-客体分离有很大的关系，而主体-客体分离一直是本书的一个主题（见本书第三章）。就这一点而言，理解这种张力的一种有效方式是，采取第一眼看上去是客观主义与相对主义之间的彻底二分这种形式。一方面，客观主义就是确信存在着或者必定存在某种永久的、与历史无关的框架，在决定理性、知识、真理、实在、善或者公正等的本质时，我们最终可以诉诸这一框架。哲学家或者科学家的主要任务就是，发现这一标准或者框架，形成有效的方法，并把这些方法应用于生成真正的、普遍的知识（普遍-规律概念）。如果没有这样一种框架和被证实的方法，哲学、知识或者语言就不能以一种严格的方式得到确立，而这看似会打开极端怀疑主义和相对主义的大门。但是，正如我们已经看到的，自然-科学方法应用于社会科学，就是以永远关闭这扇大门为目标。

　　　另一方面，相对主义就是确信，理性、真理、实在、正义、善或者规范等的所有概念，永远是相对于一个特定的理论框架、概念图式、生活形式、社会或者文化而言的，不存在真正统领一切的框架使得通过这个框架，我们可以理性地评价相互竞争的观点或者替代性的范式。相反，只存在局部的理解，也就是说，只存在一个特定的社会、特定的群体、特定的家庭、特定的个体等的理解和一致，科学家所寻找的那种普遍的知识和理解并不存在。

　　　无论是客观主义还是相对主义，看似都不能完全令人信服或者令人满意。客观主义看似被诠释的不断变化的本质逐渐破坏了，并且倾向于发展成教条主义（这是现代我们应该禁止的启蒙运动的妖怪之一）。相对主义否定了我们一些深刻的感受，例如，有些信念和价值比其他的信念和价值要更好，超越局部

理解的真理存在等，而且，它还破坏了一种个人诚信和道德信念意识。难道就
不存在某种"第三条道路"吗？通过这条道路，我们可以追求一种有意义的、　357
有深刻见解的社会科学。

第一节　社会科学中的客观主义与相对主义

客观主义的吸引力之一是，它捕捉到了理性与传统、理性与意见、理性与
权威之间的启蒙对比。[①] 因此，客观主义观点看似正是把人们从迷信、传统和
错误的权威束缚中解放出来所必需的解药。但是，相对主义也因为相似的原因
而非常吸引人（这不足为奇，因为它和客观主义有很多相同的承诺）。相对主
义视角看似也是传统和不合理的权威的一副解药，它削弱了我们效忠这些传统
和不合理的权威的任何基础。

客观主义和相对主义也因为它们与自由个人主义和自主性的关联而获得
了某些吸引力。相对主义具有一种直接的关联性，因为它的含义之一就是，如
果我摆脱了对迷信、传统和权威的忠诚，那么，我就可以用自己的方式生活，
并选择我想成为什么样的人。客观主义则多少具有一种更为间接的关联性，因
为正如我们在第二篇中所看到的，外部人的视角服务于自由个人主义和自主性
等文化理想，而且受到了这些文化理想的强化。作为迷信、意见和传统的一副
解药，客观主义再一次和相对主义一样，给予我们同样摆脱障碍的自由。[②]

但是，无论是客观主义还是相对主义，都不是站得住脚的或者令人满意的。

主流社会科学，也就是自然-科学式的社会研究模式和描述主义的社会研
究模式，受到一种对正确方法论的关注的驱动，这种正确的方法论可以生成普
遍且持久的知识，而这恰恰满足了客观主义者的期望。相关者的这种方法（见
本书第一章，第四节）是主流社会科学的典型特征。回忆一下相关者的三个关
键特征：①"原始"数据；②不需要诠释的数据操作；③物理主义。假设这三

---

① 这些启蒙对比在很大程度上是因为对这两种假定之间的对立的夸大和误解（Gadamer，1975）。
例如，即使是在自然科学中，科学推理也依赖于传统，而不是与传统对立（Kuhn，1996）。

② 不幸的是，正如我们所看到的，这两种观点中所兜售的这种"自由"导致了分离，并破坏了相
互之间的责任和承诺。对一个由自主性个体所构成的群体而言，真正参与合作是不可能的，团结和友谊
是包含在自主性和极端个体性所反对的相互责任和承诺中的生活形式。

个特征可以保证所有的数据和研究结论都是单义的，也就是说，只承认一种诠释，那么，所有的数据和研究结论就都是客观的（没有任何诠释或者偏见）。合理的社会科学基础和方法在理想上应该符合这三个特征。

358　　　通过以下特征可以看出，主流社会科学家倾向于追求的知识图景具有明显的笛卡儿根源：

（1）主观和客观之间的严格二分（主体-客体本体论）。

（2）真正的知识是对外部客体或者实在的准确表征（主体-客体认识论）。

（3）确信理性可以把它自己从偏见和传统中解放出来。

（4）相信自我反思可以超越历史语境和文化语境，以弄清楚事物的本来面目（外部人的视角）。

（5）普遍方法可以为知识确立一个稳固的基础，然后依赖这一基础。

我们现在对正确的基础和方法的重视，可以追溯到笛卡儿，但是，通过这本书，我们已经看到，这种关注在很大程度上导致歪曲和模糊化理解人类活动的真实过程。在社会科学追求一种完全客观的、不存在的外部人的视角的过程中，它们非常屈服于一种方法的暴政。我们已经看到，追求社会科学中的正确基础和方法，如何隐藏着伪装意识形态，而这又会以深刻地影响社会科学家如何看待社会世界而告终。

此外，作为客观主义的核心，主体-客体二分导致了社会科学家把他们所研究的社会行动者看作是这样一种客体，他们的行为受到普遍规律、函数关系、社会结构等的支配。同时，社会科学家执行其研究活动在某种程度上不受这些社会因素的约束，或者说，他们可以通过工具主义力量反过来操纵这些因素为其自身的研究目的服务。然而，这种观点忽视了双重诠释学（见本书第三章，第二节），即社会科学家是他们的研究主体，同样，他们也是其研究的实在的一部分。例如，我们已经看到一些例证，证明了社会科学如何要么强加、要么服从人类创造出来的那些范畴和对社会领域的理解，而不是发现自然类（见本书第十三章）。而且，我们还看到一些例证，证明了社会科学中的理论化如何重新诠释或者重构社会实在，而不是简单地描述一个独立的实在（见本书第三篇）。我们对人类活动的科学解释不是对一个独立的实在的中立描述。对人类实在的那些阐释定义并塑造了那个实在，而且有助于构成那个实在。因此，社会科学中的理论不只是反射了一个独立于它们的实在，而且还定义和形成了那个实在，而这就可能或好或坏地改变人们如何阐释并开展其实践。

因为我们的阐释，无论是理论上的阐释还是其他类型的阐释，都至少在部分程度上构成了社会科学家想要研究的实在，这样，在自然科学中运行良好的主体-客体区分看似在社会研究中出现了问题。乔治亚·沃恩克（Georgia Warnke）（1987：18-19，27）叙述了一个关于第一次世界大战的历史解释的很好例证。1940 年之前，第一次世界大战通常被称作"伟大的战争"或者"终结所有战争的战争"，而且，通过这种诠释的镜头来看待这场战争。然而，当第二次世界大战爆发时，这种观察之前那场战争的方式就变得不再有意义，而且，它开始被看作是第一次世界大战。因为新一轮事件的出现，导致之前这场战争的事件的重要性发生了变化。同样，导致第二次世界大战发生的、那些发生在 20 世界后半叶的事件，也被称为"最后一场好的战争"。然而，未来的事件也将必然会导致对那场战争的新的诠释。

沃恩克的观点并不是说，这些战争只存在于历史和文化的诠释中。相反，其观点是，过去会根据现在的事件而得到重构，而且，在一个特定的时期内，诠释者所构成的一个特定的共同体，其利益和参考框架决定着过去的事件的重要性或者意义。此外，那些事件所具有的意义反过来也决定着这些事件如何在诠释者的研究中对他们呈现出来。正如我们所看到的，这种状况对于社会研究而言是根本性的，因此，不存在什么清晰的方法，可以用来区分问题的"事实"和问题被诠释的方式。调查者的诠释决定了什么可以被看作一个"事实"，而这种事实与我们通常和自然科学关联起来的那种事实形成了鲜明的对比（见本书第十三章）。因此，客观主义在认识主体和被认识的客体之间的明显区分，在人文科学中行不通。①

最终，这个讨论暗含了这一事实，那就是，社会科学中的客观主义观点预先假定了一种客观的社会实在的存在。这种实在被认为独立于我们对它的构想，而且受到普遍的心理、社会和经济规律的支配。然而，我们的所有经验证据表明，社会实在不只由自我诠释性的存在（包括社会科学家在内）构成，而且随着我们改变对事物的诠释和理解，社会实在也得到我们的重构。

----

① 　如果库恩是正确的，那么，这种区分在自然科学中同样也是有问题的（见本书第十六章，第二节）。

359

面对这些问题及其他一些问题，很多人看似倾向于把相对主义作为唯一的替代选择（例如，后现代主义者和社会建构论者：本书第三章，第四节）。人们会情不自禁地接受这一观点，即关于社会实在根本不存在什么事实真相，基本上是怎样都行，而且，不存在普遍真理，社会科学并不比任何人的意见要更

360 加可靠。客观主义假定，社会世界像自然世界一样，由独立存在的客体所构成，作为主体的我们可以认识这些客体。但是，一旦我们没有这种独立的客体，我们就只是骗自己说，我们可以以某种方式使自己超越有限的历史语境和偏见，来清晰地按照社会领域本身的样子来认识它们。这样，考虑到我们永远被困在内部人的位置这一角色中，采用各种各样的相对主义看似就是很自然的事情（因此，这就是很多后现代主义者和建构论者是相对主义者的原因：本书第三章，第四节）。

相对主义还留给我们一种对社会科学的失落感。我们一旦开始寻找社会实在，就只能发现一些视角，根本不存在什么固定的或者持续存在的东西。而且，相对主义还引起了犬儒主义，使得人们对于社会研究无力提供真正的知识或者解决真正的问题的认识不断强化。

此外，很多人遵循库恩有关范式的不可通约性及范式和理论选择中的非理性等激进论断（见本书第一章，第二节，第三部分和第三节）。这些激进论断中的意义是，科学中的研究框架和理论，最终只能以某种循环的方式得到判断，也就是说，最终只能凭借自身得到判断，而不能诉诸任何独立的标准。此外，考虑到这种循环支持，也就不存在一个独立的标准，可以用来判断一个范式或者理论比另一个范式或者理论更好或者更真实。因此，从某种意义上来说，对框架和理论的选择更像是一个复杂的口味问题，而不是一个关于真理和证据的问题。虽然很多人在自然科学中可能会抵触这些含义，但是，一旦进入社会研究，有些人就会认为这些含义正中要害了。只要考察社会科学中的后现代主义者和社会–建构论思想家，我们就可以看到这些态度（见本书第三章，第四节）。

很多人认为，在客观主义和相对主义之间作出选择面临着一种危险，理解这种感受的一种方式是，借助伯恩斯坦所谓的*笛卡儿式的焦虑*。[①] "*要么对我*

---

① 伯恩斯坦并不是说，这种焦虑是从笛卡儿那里开始的（Bernstein, 1983: 16），但是，笛卡儿以一种强有力的方式阐释了这一焦虑。事实上，我们可以在柏拉图和奥古斯丁的讨论中找到这种焦虑。

们的存在给予某种支持，给我们的知识一个固定的基础，*要么我们就不能避开黑暗力量，这些黑暗力量会用疯狂、智力和道德的混沌包围着我们。*"（Bernstein，1983：18）要么是确定性，要么是彻底的绝望，这看似是我们的唯一选择。他进而说道：

> 在客观主义者认识的核心，之所以可以理解他或者她的喜好，正是这一信念，即存在着或者必定存在某种固定的、持久的约束，我们可以诉诸这些约束，它们是安全且稳定的。从相对主义者最深刻的层次上来说，相对主义者的信息是，除了那些我们发明出来的和暂时接受的约束之外，根本不存在这样基本的约束。（Bernstein，1983：19）

361

特别是对于社会研究来说，任何外部人的视角的缺失，以及我们的方法都不能成为真正价值中立的，对于社会领域我们应该去相信什么而言，这些看起来都为一种不受约束的相对主义敞开了大门——"全部都是在社会中建构起来的！"

对于很多后现代主义者和社会建构论者（及其他人）而言，为什么相对主义如此具有吸引力，或者说，为什么相对主义看似如此不可避免？吉尼翁以这样一种方式解释了相对主义的吸引力。一旦我们越来越清晰地认识到，我们不能直接进入与我们的诠释不同的"自然本身"，可能就会体会到一种"失落感"，而这看似就决定了我们只能"卷入各种视角中"，或者"根本不存在什么外在于文本的东西"（Guignon，1991：96-98）。正如吉尼翁所指出的，这种后现代主义的"把我们的困境描述为与实在隔绝开来的认识，之所以讲得通，仅仅是因为它与它应该代替的那种自我与世界之间的二元对立形成了鲜明的对比，因此，这本身是自相矛盾的"（Guignon，1991：98）。换句话说，这种相对主义方法恰恰糊里糊涂地延续了它试图代替的主体-客体二分！

相对主义者坚持内部和外部、完全主观和完全客观之间的鲜明对比。这种世界图景实际上与客观主义者的世界图景别无二致！二者都把万事万物划分为同样两个非重叠的领域，只是因为强调的是这幅图景的对立面而有所不同。相对主义者仅仅通过与某种真正客观的事物的对比来定义相对性或者主观性，即使这种客观的事物根本就不存在。或者我们可以说，相对主义类似于这种对权威或者现状的终极反抗，如果现状真的崩塌了，它就不知道该做什么了。无论如何，强相对主义者的观点看似不能有效地修正客观主义，并用某种真正更为似真的东西来替代客观主义。相反，相对主义实际上对于知识事实上是怎样的或者可能是怎样的，假定了一种客观主义者的或者功能主义者的认识（Williams，2001：第 19 章），只是因为根本就不存在这样的事物，如它的提倡者所不断重复的那样。

362   相对主义的基本问题以不同的方式表现了出来。这就好像是相对主义者被深深地撕裂开来，他们一方面坚持认为所有的信念、真理、价值及规范都是完全相对的，另一方面又坚持相对主义自己的、教条的、原始的、几乎永恒的真理。这种分裂在很多相对主义者的教条里表现为以下这二者之间的深刻分歧，即一方面是各种文化、群体或者时代的那些天真的土著，他们忍不住假定他们文化的世界观的真理性和他们文化的道德准则的有效性，另一方面是一些开明的相对主义理论家，以某种方式远离了所有这些信念和价值，并且可以看穿它们。但是，这根本不会实现。随着时间的推移，如果这些土著还是不质疑他们的可靠性，并采用一种有些差异的立场，这就是没有理由的。此外，相对主义理论家实际上不会也不能远离文化和信念。他们有自己严格坚守的并视为理所当然的道德和形而上学承诺，正如我们已经讨论过的，这些承诺只会随着一些需要质疑的情形的出现受到碎片化的质疑，而不可能马上被完全废除或者质疑。相对主义者相信或者假定了，相对主义实际上破坏了教条主义，并且提升了个体的自主性，而这正是他们所珍视的常见的现代自由主义价值，即使他们想放弃他们也不会放弃这些价值。

      如果我们放弃主体-客体分裂，就可能超越到底选择客观主义还是相对主义这样的笛卡儿式的焦虑。就这一点而言，一个更好的替代选择是语境主义，在语境主义内，所有的信念、真理、价值及规范等，都被束缚于研究语境或者环境及我们的生活计划内，而不是如相对主义者所坚持认为的，被束缚于个体、群体或者文化内（Williams，2001：第 13 章～第 20 章）。语境主义者既不盲目地假定特定的观点是必然的，也不认为它们都是相对的，而是在具体的语境中，找到质疑某些观点和价值、参与与其他人或者过去的对话中的那些理由。一般来说，这种参与预先假定了，当一些特定的观点和价值是供人竞争的且可能被修正的时候，一些其他的观点和价值不会同时受到质疑。否则，如果我们的所有观点、信念和价值都悬而未决，就没有什么方法可以去理解任何事物。例如，在很多情况下，当我评价我过度容忍的能力是一种令人钦佩的性格特征，还是一种根深蒂固的毛病时，大量的背景知识、信念、态度及价值等，都必然被视为理所当然的。

然而，语境主义与存在真正的知识和真理这种观点是一致的，这些知识和真理并不是相对于一个个体、群体、文化或者一种特定的研究语境而言的。例如，尽管在对犯罪现场的调查中，对研究的约束是针对那个语境而言的，但是，所揭露出来的导致明确判定犯罪一方身份的那些证据，其所生成的知识和真理却在所有语境下都是有效的。

第二节　避免客观主义的客观性

像客观主义者和相对主义者那样，通过预先假定主体-客体本体论和认识论，他们被迫把主观性，如感觉、价值、解释、目的等，视为私人的、特殊的甚至任意的。与之相比，客观性被认为是普遍的、绝对的和永恒的。因此，真正的知识必须是客观的，除此之外的充其量是伪知识。通常存在这样一种假定，真理是对一个独立的外部实在的正确的对应或者表征。此外，在认识者与被认识者及事实和价值之间，存在一种尖锐的区分。因此，按照客观主义者的观点，价值、感觉和目的必然被当作对我们所遇到的外部实在的非认知性的情绪反应，或者被当作个人的主观偏好。主体-客体分裂迫使我们把科学知识视为，满足了普遍性和价值中立等客观主义理想，而且永远不是主观的或者有偏见的。

相对主义者的立场还预设了一种主体-客体本体论和认识论。与客观主义者形成鲜明对照的是，相对主义者声称，有关实在的事实并不优先于或者独立于任何诠释。我们只能畅通无阻地接近主体和主体对外部世界的构想和回应。因此，按照这种观点，真正的知识永远是有偏见的，永远充斥着我们在文化上受到制约的那些视角，这些视角来自家庭、社会、信念群体及政党等。事实上，很多人在采用相对主义立场时所感受到的失落感，恰恰来自这种主体-客体二分。简单地说，就是相对主义对客观主义的批判，预先假定了客观主义的承诺。

　　这两种完全相反的立场的一个显著的相似之处是，客观主义和相对主义都预先假设了一种主体-客体本体论和认识论。这两种立场都一致认为，客观性概念是一种外部人的视角，它摆脱了所有的价值、理想和语境等的影响。它们不一致的地方在于，这种外部人的视角是否存在。因此，这两种观点都通过对一种主体-客体本体论和认识论的承诺，而歪曲了世界图景。然而，如果不存在严格的主体-客体区分，事实和价值之间就没有明确的边界，就没有点状自我来分离认识者和被认识者，这样，无论是客观主义还是相对主义就都不具有任何价值，也就无权得到我们的认可。

　　此外，只是因为不存在以某种方式独立于人类的客观的社会秩序，并不意味着社会世界是不真实的。我们创造出来的并生活于其中的社会秩序，像存在的任何其他事物一样真实。一旦社会科学家将社会世界理论化，他们就参与进了重构世界的过程中，而这个世界是真实存在的（因为我们不能重构一个根本不存在的东西！）。

　　假如我们放弃了主体-客体本体论和认识论假定。如前文所强调的（见本书第五章，第三节），我们的日常活动开始于生活世界中的具体情境和关注点，我将其称之为实践立场，我们就会发现，在我们思考我们可能参与其中的那种理论化之前，我们已经具有这种实践立场了。我们介入具体的语境中，具有各种实践和观察我们情境的方式，这使得我们可以有效地参与世界。这些语境对于我们而言具有重要的意义，并且它们遍布我们永远都不可能一次完全阐释清楚的背景知识。无论我们采取什么理论立场，它们都永远存在于并遍布在这些意义和背景知识中。这就是自我诠释性的动物应对世界的结局，但是，这个结局并不意味着万事万物都是供人竞争的，而是说，万事万物实际上都只是诠释，并且它们会"一直走下去"。事实上，生活世界的平凡性是最根本的基础，当我们试图理解生活世界，而不管我们是在寻找更多的实践理解还是更多的理论理解时，我们站在这个基础之上。

　　我们的出发点是，对自己和世界的日常经验、对事物的熟悉的感觉，都先于强加于我们之上的理论概念和科学抽象而存在。毕竟，社会研究打算解释的，正是我们对于人类生活世界的经验。当然，科学研究可能有助于发现，我们对事物的最初的、前理论的认识是错误的，但是，重要的是弄清楚最初的经验是什么。否则，社会研究就不能解释它想要解释的那些东西，也就是我们对自己和世界的那些真实的、有血有肉的经验。

这就意味着，主观不是对客观实在作出的反应所构成的一个任意的领域。例如，情绪不可以还原为刺激和行为或者涌进我们脑海里的原始感情。相反，情绪只有在涉及有意义的情境时才有意。而且，这些情境只有在涉及我们的目标和愿望时才有意义，虽然那些愿望本身是由我们的情绪和所处的情境塑造出来的。因此，当我们尝试详细说明我们所关注的对象时，会发现，自己难以逃脱地被卷入一张意义之网中。这里存在着一种与经验相关的整体主义的身份之网，它不能还原为对客观上可以得到详细说明的那些事实的陈述。这种客观解释在其对情绪和意义感的解释中，预先假定了主体-客体本体论和认识论，但是，它不可能逃脱这个由意义和与经验相关的身份构成的网。逃脱之所以是不可能的，不是因为不能确立在统计上重要的那些相关性；相反，是因为必须要依赖外部人的视角所拒斥的那种对意义的理解而去规定相关项。①

感觉、意义和目的都不能被还原为仅仅是对独立的客观实在的反应，这是由我们是自我诠释性的存在这一事实而引起的。因为这一事实的存在，人们必须以不可还原的评价性术语来得到理解（Taylor，1985a：59-68）。例如，感觉体现着对情境的判断。从这个观察中泰勒得出了，感觉也包含着对于在生活中什么对于我们而言是真正重要的等的深刻理解。我们的感觉具有一种分层结构，存在着影响我们的各种一阶的感觉和愿望。例如，本能的不喜欢某个人或者对性的渴望。这些基本的反应和冲动可以直接被经验到，它们促使我们以特定的方式作出行动。但是，还存在着一些二阶的感觉和愿望，它们包含并且支配着那些一阶的情绪和愿望。这些二阶动机包括，诸如羞耻、懊悔和骄傲这样的感觉，以及专注于保护我们的尊严或者成为一个善良的人这样的愿望。这些二阶动机比我们的一阶愿望要"更高级"，因为它们在评价和调节我们的一阶愿望中发挥着关键的作用。例如，你对某一个人本能的不喜欢，被你成为一个善良有爱的人这一愿望给克服了。或者，一种身体上的吸引力被你对婚姻的忠诚感制止了。二阶动机与一阶愿望和感觉的定性价值有关，它们界定了哪些愿

① 我们在本书第六章和第十一章中看到了一些例证，证明了我们的意义、实践和阐释是如何相互构成的。

望和感觉是高贵的，哪些是低劣的，哪些是深刻的，哪些是肤浅的，哪些是正派的，哪些是低俗的，哪些是更高级的，哪些是更低级的。因此，你可能会抵抗恶意的感觉或者复仇的愿望，因为从你的二阶承诺角度来看，你会发现这些回应是没有价值的、可鄙的和低劣的，它们会有损你的尊严。

泰勒指出，这些二阶动机定义了一个人的美德观，而且，这种对什么值得的理解反过来界定了我们的身份，给了我们一种目标和方向感。因此，感觉"包含着一种对于人之所以为人的认识，即对于作为人类主体什么对我们才重要的认识"（Taylor，1985a：60）。我们的二阶感觉和愿望形成了一个重要性和意义之网，"它在我们的整个精神生活中产生了共振"（Taylor，1985a：60）。因此，在我们的生活过程中，尝试阐释并澄清这些起决定作用的动机，是作为一个人具有一种"身份"的一个必要的组成部分。正如泰勒所指出的，"［感觉］所包含的那种对于重要性的认识，已经被结合在我们对道德困境的认识之中，根据这种认识，有些事物比另一些更高级，而仍然有一些其他的事物是错误的或者虚假的"（Taylor，1985a：63）。这些"强评价"定义了我们的道德世界地图，并给予我们一种场所感和目的感（Taylor，1989：25-52）。我们关心通过一定的时间实现这些强评价，从这个意义上来说，它们为我们的生活提供了一种结构良好的叙事所特有的连续性和导向性。

客观主义者的方法不能对这些二阶动机提供一种令人满意的解释，因为客观主义解释一般只区分赞成和反对的感觉，即基本的吸引力和厌恶感，并把他们自己限制在不同感觉和愿望的相对优势之间的定量区分上。因此，客观主义者的方法将会把一群愿望看作是，类似于人们在两个有吸引力的选择之间感受到的相互竞争的吸引力，其中哪个愿望的吸引力更强哪个愿望最终就会胜出。这基本上就是霍布斯的解释，把人们解释成权衡其愿望并最终选择其最强烈的偏好（例如，选择巧克力慕斯而不是提拉米苏来作为餐后甜点，是因为他感受到了一种来自巧克力慕斯的更强的"吸引力"）。这些方法不能解释愿望之间真正的定性差异。二阶愿望不只是一个比另一个更强，而且是有区别性的，因为它体现了一种对于什么是好的或者真正值得的认识，因此，对于一个人的身份而言，它们是决定性的。

但是，放弃主体-客体本体论和认识论并不意味着，我们失去了某种形式的客观性。回忆一下第六章简要介绍过的对话式的客观性概念。例如，在一个关于政治或者宗教的会话中，通过真诚地向一个朋友或者同事所说的东西敞开心扉，我开始认识到自己的承诺和偏见，这可能是破天荒头一次，或者也可能以一种更为深刻的方式进行。其中一些承诺和偏见可能会使我看不到，我所尝试理解的会话伙伴正在说的东西的真实性，而其他一些承诺和偏见可能会使我明确地理解，我的会话伙伴正在说的东西的真实性。不管怎样，在这个会话活动中，我发现我对主题的理解及对自己的立场和对话者的理解，都被深化和扩展了。我获得了对任何一种情境的更加清晰的认识。

　　同样，对于社会科学家而言也是一样，因为他们真诚开放的与同事和对手的不同视角交互作用。而这些都代表着，对于人类活动的某一特征的不同内部人的视角，而且，真正被卷入研究活动对话中的不同视角越多，我们对这一活动的理解就越完整。但是，这种完整性并不是旨在像客观主义和相对主义都认为的那样，获得一种最终的外部人的视角。相反，它旨在实现对所研究的活动的一种更充分、更广阔、更丰富的理解，以及对在这一活动和对这一活动的各种不同的视角中起作用的那些价值和理想的更充分、更广阔、更丰富的理解。此外，它旨在理解这一活动的重要性，以及根据这些理解我们应该做什么。而且，我们可以对哪些理解相比其他理解而言更完整地作出判断（就像我们可以理解哪些朋友相比其他朋友而言对我们的会话主题有更充分的理解一样）。此外，一个理解越完整，它对我们的要求就越强，这就迫使我们为了更完整的理解而放弃更多的不完整的理解，即使这些不完整的理解是我们的偏好。这就是避免客观主义或者相对主义的真正的客观性。

　　真正的客观性意味着，作为会话中的伙伴，我们真诚地参与进倾听其他人说什么之中，并使我们接受他们的观点中显露出来的真实性。它还意味着，我们可以对我们的视角采取某种形式的临界距离，这样就可以进入并严格采用竞争性的视角。只有按照这种方式，我们才可以公平公正地对待自己和其他人的视角。但是，这些都并不意味着，价值中立是客观主义和相对主义的外部人的视角的核心。它仅仅意味着，要实现真正的客观，就必须尽我们自己最大的努力，对我们自己和其他人的视角采取一种真诚的、批判的立场。按照这种方式，我们可以学到更多关于我们自己的视角和我们对手视角的东西，并学到更多关于我们自己和我们的承诺的东西。

第三节 揭 开 真 相

最后，我想要对社会研究中的真理作一些评论。至少在一个关键性的方面，社会科学领域中的真理类似于自然科学领域中的真理，那就是，它是不可靠的或者暂时性的，总是被那些揭示出新证据和新理解的研究过程所推翻。真理假说通常要求得到最佳证据的确证，但是，我们用来支持那些假说的理由和论证，总是容易受到批判和修正。例如，按照这种方式，根据引起相对论和量子力学发展的那些研究路线，牛顿力学的真理假说得到了极大地修正。更不用说，在客观主义和相对主义之间选择某一立场，必然会干扰真理的重要方面及其可修正性。

368   同样，强调真理的暂时性本质有助于搞清楚科学中标准实践的意思，否则很难理解标准实践。在量子力学和爱因斯坦的相对论出现以前，很多物理学家把牛顿力学看作是对自然世界运行的大致正确的描述。但是，在 20 世纪物理学理论的这些令人钦佩的突破之后，物理学家面临着一种选择：要么认为牛顿力学是错误的，要么认为牛顿力学只对极其有限范围内的现象而言是有效的。很多物理学家选择后者，他们认为，牛顿力学对于那些涉及中等大小物体的语境而言是有效的，这些中等大小的物体不是特别重，运动的也不是太快。按照这种方式，科学真理受到了语境主义世界特征的修正和极度限制。我们应该会预料到，能揭示出的社会研究真理应该没有多大差异。

因此，无论是在自然研究中发现的真理还是在社会研究中发现的真理，都不是对一个独立实在的静态描述，不是*符合于*（true of）那个实在的描述。相反，无论是对于自然实在还是社会实在而言，真理都是对实在是什么的*真实表征，是忠实于*（true to）那个实在的表征。表征永远都是可修正的，多重可阐释的，且永远不是最终的。就这一点而言，相对主义漏洞百出，因为我们有一些表征是忠实于实在的，而且我们也不需要客观主义来搞清楚真理的意思。

我们需要做的是，准备好接受社会研究所揭示的真理不像自然科学所揭示的真理那样稳定（见本书第十六章）。毕竟，在社会领域中发现的那些持久的模式和行为，是由自我诠释性的存在所维持的。随着我们改变我们的诠释和意义，随着我们重塑我们的价值、理想和意愿，随着我们的感觉和观察事物的方式发生变化，我们会改变我们的行为，并且改变甚至破坏社会领域中的模式。因此，今天对于人类行为而言正确的，并不能保证明天也是正确的，就像中世纪时期那些关于我们的行为是正确的观点，在现在看来并不适合于我们。

假设我们停止像客观主义和相对主义预先假定的那样，把真理当作对一个独立实在的静态描述，相反，把真理构想为对实在的方方面面的真实表征，那么，随着我们的研究语境和目的发生变化，这种表征也存在被修正的可能性。举个例子，当生物学家把一个有组织标本的载片置于一个足够强大的显微镜下，这个组织的细胞结构就被揭示出来了。或者，当天文学家通过一个望远镜来观察一颗远距离恒星或者银河系时，那颗恒星或者银河系的以前看不到的特征就被揭示出来了。尽管这个组织的细胞结构的真理或者这颗恒星或银河系的那些被揭示出来的特征意味着什么，需要我们进一步的推理和思考，但是它们仍然是呈现给我们的真理，供我们思考。

369

这样一种真理概念为解释人类活动开辟了通道，这些解释是可修正的，而不是完全主观的或者客观的。这些解释关注的是揭露或者揭示那些在社会领域中"真实发生的"事情，并试图澄清这些事件及其对我们的重要性。正如之前所讨论的（见本书第三章，第二节；第十六章），我们在自然科学中遇到的真理绝大部分都只包含一种单一诠释。科学家们必须处理那些形成他们的研究框架的诠释和意义。组织细胞、恒星和银河系对于它们自身和世界而言没有任何诠释或者意义。与此相反，人类是自我诠释性的存在，因此，社会科学家必须既重视他们自己的诠释和意义，又重视他们所研究的人的诠释和意义。这就使得揭示社会研究中的真理变得更加复杂。

要证明社会领域中的真理有多复杂，可以考虑以下这种情况。最近几年的很多研究（实际上是很多相关性研究）已经发现，在对常见的宗教信念和实践的不同测量上的得分，与在评价精神和身体健康或幸福的不同量表上的得分，这二者之间存在一种正相关的、适度的、统计学上重要的关系（McCullough，Pargament，Thoresen，2001；Pargament，2001）。我们将怎样看待这些关于宗教信仰和幸福的发现？在何种意义上我们可以说，它们揭示了有关人类生活的一些真实的或者有效的信息？

首先，这些发现很难说是价值中立的。对宗教信念和实践的测量，反映了研究者对于什么是正常的或者值得宗教活动的判断，同时，研究者所使用的健康和幸福量表，反映了研究者有关什么是生活中令人满意的结果的主张。

其次，把这些发现解释为，它们证明了宗教信仰和幸福之间的一种明确的工具主义关系，这显然是错误的。相反，我们应该把处于一面的这些信念和活动，和处于另一面的幸福或者心灵安宁的条件，当作一种特定的文化或者生活方式的不同方面或组成部分。作为在某一时刻人的一种特定生活方式的不同方面，它们看似在一种适当的程度上相互协调。我们必须把我们所思考的生活方式当作一个整体来看待，也就是说，没有什么方法可以去客观的或者完全实用主义的根据其"结论"去评价它。

370   这些发现及我们对它们作出的任何诠释，事实上都具有深刻的价值负载性，这点我怎么强调都不为过。我们可以想象，一个人把物质上的和社会上的成功或者处于统治地位，看得比生命中的其他所有东西都要重要。对于这个人而言，诸如容忍或者心灵的安宁这些宗教态度，看似就并不重要或者是逃避现实的，很多精神焦虑可以被诠释为兴奋或者生命力的一种标志，高血压可能被认为是荣誉的标记！事实上，我们中的很多人都会认为，有时候，像发现苦难的真正意义，或者对其他人采取一种尽可能少的苛刻和宽容的态度，这些精神价值对于使他们受欢迎影响很大，包括使他们易于培养对生活的平静或者易于接受的看法在内。但是，没有人可以获得一种外部人的视角，从这个视角来证明，这种看法是一个好观点或者值得的观点。即使我们可以达到那种完全超然的有利位置，它可能也不会有任何意义。这些关于什么是真正重要的或者值得的结论，没有任何实际意义，除非它们是被个体或者一个群体所确定下来的，这些个体或者群体努力以一种更深刻或者更聪明的方式来识别事物，值得注意的是，这个过程充满了惊奇，至少还包含着某种程度的"从苦难中学习"（这是希腊诗人埃斯库罗斯的话）。

这并不是否认，这些关于我们的社会中的宗教信仰和幸福的研究发现，揭示出了一些有关人类生活中有趣的事情。而只是说，这种研究以各种方式成为了人们争取明确、得体和智慧的一个有机组成部分。首先，这种争取激发并生成了研究，而且，我们可以从它那里获得某些意指或者意义，将依赖于我们在这个奋斗过程中一个特定点上的有利位置和关注点。我已经指出，这个意义建构和诠释的过程是一个双向通道。社会科学家诠释和解释人类活动，但他们对这种活动的理解（事实上，还有他们的理解术语本身），将会在这个过程中得到改变或者发展，就像一个会话中的伙伴常常以一种不可预测的方式影响另一个人的观点和价值一样。同样的双向过程发生在报道结果和它们被市民、学生及其他社会科学家所吸收和诠释的方式之间。这些发现的意义与人类活动或社会生活等实在，可能会因为它们如何被接受和诠释而发生改变。我们可以想象，对于这些关于宗教信仰和幸福的研究，无神论读者可能会被促使着把他们对宗教信仰的认识，重新评价为某种通常是与人类福祉反向的甚至是对人类福祉有害的东西。然而，读者对宗教价值观的更多的同情，可能也会使他们质疑自己的目标和理想。他们可能想要知道，在目前的这种研究和宗教文化中，对健康和幸福的强调，是否会在某种程度上使他们对世界上的苦难和不公正视而不见，而对于这些苦难和不公正，他们可能应该更尖锐地指出它们，甚至是以牺牲他们的舒适和安全为代价。因此，我们赖以为生的意义和我们对这些意义的人文-科学解释，将彼此相互影响并随时间发生变化。这种对事物的看法，对于主流社会科学找到关于人类领域的终极真理或者确定真理这些传统抱负而言，施加了严重的限制。但是，它也再次把我们与我们的世界，即我们尝试理解的世界，在道德上存在主义地联系起来。作为接受这些局限性的交换，我们可能会在我们的探寻过程中获得大量的意义和相关性。

371

第四节　评　　论

　　我们关于什么才是真正重要的那些尝试性的定义，可以被称之为诠释……因此，我们可以说，人类动物不只发现自己不时地被迫诠释自身及其目标，而且，他还总是处于某种诠释之中，而且正是因为这一事实而构成人。要成为人，就必须参与进回答［重要的或者有价值的］问题的过程中，也就是，对自身及其愿望作出诠释。（Taylor，1985b：75）

因为人类现象的这种不可还原的诠释性特征和意义负载特征，只有那些参与各种生活形式和意义感的人，才可以理解这种自我诠释性的存在的感觉和做法，而这些生活形式和意义感充满了整个经验生活世界。社会科学常被理解为对自我诠释性的存在的诠释，社会科学之所以可能，是因为进行这些诠释的科学家本身就是自我诠释性的存在。他们是一个共同的语言和历史世界中真正的共同参与者，因此，至少从某种程度上来说，他们是预先掌握他们想要诠释的那些意义和评价的"内部人"。

从这个角度来看，自然-科学式的方法在社会研究中的作用充其量是一种工具，研究者使用这些工具，有助于揭示社会特征之间的模式和关系，否则，这些模式和关系可能就不会被发现。因此，我们对生活世界的经验和我们对人类价值、目的及观察世界的方式的深刻洞悉，可以使我们理解这些模式和特征意味着什么，以及我们应该如何应对它们，如果这二者之间存在区别的话。

然而，这种伴随人类困境而来的谦卑感，特别是认识到我们只能利用内部人的视角，会建议我们避免揭示关于社会领域的任何终极真理，这部分程度上是因为，在揭示终极真理这个行为中，我们会改变我们所研究的事物，而且会发现，我们也常常被改变。

综上所述，我们应该把自己看作是关系生物，即我们处于与彼此、社会世界、过去甚至未来的关系中。在这些关系中，为了实现一种更好的、更真实的或者更体面的生活，我们依靠彼此并且彼此合作。对于一个社会科学家或者这种关系中的任何参与者来说，实现关于他们的世界或者他们自己的任何终极真理或确定真理，意味着他们已经跳出了这些关系，获得了一种像上帝一样的位置，变成了一个优于我们所了解的那种人类的存在。当然，有些人常常自称具有这样一种优越地位或者知识。但是，我们已经学会了看穿这些主张。竭尽全力之后，我们认识到，在社会研究中，我们作出的那些通常是试验性的但（我们希望是）更好的或者更富有洞察力的诠释，就像我们在日常生活中所作出的理解和判断一样。我们不能使它们分开，它们处于不断的发展过程中，就像我们的生活一样。它们常常要求一定程度的胆量和勇气，去得到明确的表达而不是隐藏在传统智慧或者"常识"中。同时，它们还要求谦卑，以承认我们总是有更多需要学习的东西。

我们必须把社会科学或社会理论重新想象为一种"实践形式"，通过坚持把社会科学置于这一视角下，一些社会思想家（Habermas，1973；Taylor，1985b；Richardson，Christopher，1993）已经证明了这个观点。在真实的实践或者日常生活中，如果我们假装具有一种外部人的视角，或者放弃努力，陷入一种"一切都不重要"或者"什么都行"的犬儒主义或者绝望中，那么，我们会毁掉任何事情。超越客观主义和相对主义意味着，认识到社会研究首先是一种实践形式。从这个角度来看，社会科学既不能超越人类环境，也不能逃避其更加努力、更加热爱并看得更加清楚等责任（即使总是"犹在镜中"）。但是，它们可以把自己定位和标记为人类会话中的一种独特的声音。

----- 进一步的研究 -----

373

1. 客观主义和相对主义如何都预先假定了一种主体-客体本体论和认识论？

2. 你认为反对客观主义和相对主义的最强有力的论证是什么？评价这些论证。

3. 解释一下，如果没有主体-客体分立，如何可以维持关于客观性和真理等的可行的概念。

----- 推荐阅读 -----

R. Bernstein，*Beyond Objectivism and Relativism：Science，Hermeneutics and Praxis*（Philadelphia：University of Pennsylvania Press，1983）．

J. Habermas，*Theory and Practice*（Boston：Beacon，1973）．

F. C. Richardson and J. Christopher，"Social Theory as Practice：Metatheoretical Frameworks for Social Inquiry"，*Journal of Theoretical and Philosophical Psychology* 13（1993）：137-153．

F. C. Richardson，B. Fowers and C. Guignon，"Social Theory as Practice"，in *Re-Envisioning Psychology：Moral Dimensions of Theory and Practice*（San Francisco：Jossey-Bass，1999），pp. 277-306．

C. Taylor，*Philosophical Papers*，vol. 2：*Philosophy and the Human Sciences*（Cambridge：Cambridge University Press，1985b）．

参 考 文 献

Aries, P. 1962   Centuries of Childhood: A Social History of Family Life (trans. R. Bladick; New York: Alfred Knopf).

Auyang, S.1998   Foundations of Complex-System Theories: in Economics, Evolutionary Biology, and Statistical Physics (Cambridge: Cambridge University Press).

Axelrod, R. 1984   The Evolution of Cooperation (New York: Basic Books).

Bacon, F. 2000   The New Organon (ed. L.Jardine and M. Silverthorne; Cambridge: Cambridge University Press [1620]).

Bandura, A. 1977   Social Learning Theory (Englewood Cliff: Prentice-Hall).

1986   Social Foundations of Thought and Action: A Social Cognitive Theory (Englewood Cliff: Prentice-Hall).

Banfield, E.C. 1990   Unheavenly City Revisited (Long Grove, IL: Waveland).

Barrett, W. 1978   The Illusion of Technique (New York: Anchor Press/Doubleday).

Becker, G. S. and K. M. Murphy 1988   "A Theory of Rational Addiction", Journal of Political Economy 96: 675-700.

Bellah, R., R. Madsen, W. Sullivan, A. Swidler and S. Tipton, 1985   Habits of the Heart: Individualism and Commitment in American Life (New York: Harper & Row).

Bentham, J. 1970   An Introduction to the Principles of Morals and Legislation (London: Athlone [1789]).

Berkowitz, P. 2000   "The Futility of Utility", The New Republic 222 no. 23: 38-44.

Berlin, I. 1962   "Does Political Theory Still Exist?", in P. Laslett and W. G. Runciman (eds) Philosophy, Politics and Society, Second Series (Oxford: Basil Blackwell), pp.1-33.

Bernstein，R. 1976   The Restructuring of Social and Political Theory (Philadelphia：
    University of Pennsylvania Press).

1983   Beyond Objectivism and Relativism: Science, Hermeneutics and Praxis (Philadelphia：
    University of Pennsylvania Press).

Bishop，R. C.2002   "Deterministic and Indeterministic Descriptions", in H. Atmanspacher
    and R. Bishop (eds)，Between Chance and Choice: Interdisciplinary Perspectives on
    Determinism (Thorverton: Academic Imprint)，pp.5-31.

2003   "On Separating Predictability and Determinism", Erkenntnis 58: 169-188.

2005a   "Cognitive Psychology: Hidden Assumptions", in B. Slife，J. Reber and F.
    Richardson (eds)，Critical Thinking about Psychology: Hidden Assumptions and Plausible
    Alternatives (Washington: American Psychological Association)，pp.151-170.

2005b   "Patching Physics and Chemistry Together", Philosophy of Science 72: 710-722.

2006a   "Determinism and Indeterminism", in D. Borchert (ed.)，The Encyclopedia of
    Philosophy vol. 3 (Farmington Hills，MI: Thomson Gale，2nd edn)，pp.29-35.

2006b   "Downward Causation in Fluid Convection", Synthese，in press.

2006c   "What Could Be Worse than the Butterfly Effect?", Canadian Journal of Philosophy，
    accepted.

Bourdieu，P. 1977   Outline of a Theory of Practice (Cambridge: Cambridge University
    Press).

Bruegmann，R. 2005   Sprawl: A Compact History (Chicago: University of Chicago Press).

Bruner，J. 1990   Acts of Meaning: Four Lectures on mind and Culture (Cambridge，MA:
    Harvard University Press).

Brunner，K. 1969   "'Assumptions' and the Cognitive Quality of Theories", Synthese 20:
    501-525.

Camerer，C.F. and E. Fehr 2006   "When Does 'Economic Man' Dominate Social
    Behaivor?", Science 311: 41-52.

Cartwright，N. 1989   Nature's Capacities and their Measurement (Oxford: Clarendon).

Cherlin，A. J. 1992   Marriage，Divorce，Remarriage (Cambridge，MA: Harvard University
    Press，revd edn).

Coles，R. 1987   "Civility and Psychology", in R. Bellah，W. Sullivan，and R. Madsen (eds)，
    Individualism and Commitment in American Life: Readings of the Themes of Habits of
    the Heart (New York: Harper and Row)，pp.185-194.

Comte，A.1974   The Positive Philosophy of Auguste Comte Freely Translated and Condensed by Harriet Martineau (New York：AMS Press［1855］).

1988   Introduction to Positive Philosophy (lndianapolis：Hackett).

Cushman，P. 1990   "Why the Self Is Empty"，American Psychologist 45：599-611.

D'Andrade，R. 1986   "Three Scientific World Views and the Covering Law Model"，in D. Fiske and R. Shwerder (eds)，Metatheory in Social Science (Chicago：University of Chicago Press)，pp.19-41.

Daston，L. 2000   "Can Scientific Objectivity Have a History?"，Alexander von Humboldt Stiftung Mitteilungen Sonderdruck aus Heft 75：31-40.

Dennett，D. 1987   The Intentional Stance (Cambridge，MA：MIT Press).

Descartes，R. 2000   Philosophical Essays and Correspondence (lndianapolis：Hackett).

Dewey，J. 1933   How We Think (Boston：Heath).

Dilthey，W. 1976   Wilhelm Dilthey：Selected Writings (Cambridge：Cambridge University Press).

Dreyfus，H. 1987   "Foucault's Therapy"，PsychCritique 2：65-83.

Dreyfus，H. and S. Dreyfus 1988   Mind over Machine：The Power of Human Intuition and Expertise in the Era of the Computer (New York：Free Press).

Dunne，J. 1996   "Beyond Sovereignty and Deconstruction：The Storied Self"，Philosophy and Social Criticism 21：137-157.

Durkheim，E. 1950   The Rules of Sociological Method (trans. S. A.Solovay and J. H. Mueller；New York：The Free Press［1895］).

1960   The Division of Labor in Society (trans. George Simpson；New York：The Free Press ［1893］).

Dworkin，G. 1989   "The Concept of Autonomy"，in J. Christman (ed.)，The Inner Citadel (New York：Oxford University Press)，pp.54-62.

Eckstein，H. 1975   "Case Study and Theory in Political Science"，in F. J. Greenstein and N. W.Polsby (eds)，Handbook of Political Science，vol. VII (Reading，MA：Addison-Wesley)，pp.79-138.

Elman，C. and M. F. Elman (eds) 2001   Bridges and Boundaries：Historians，Political Scientists，and the Study of International Relations (Cambridge，MA：MIT Press).

Elster，J. 1982   "The Case for Methodological Individualism"，Theory and Society 11：453-482.

1989 Nuts and Bolts for the Social Sciences (Cambridge: Cambridge University Press). Elster, J. and O.-J. Skog (eds) 1999 Getting Hooked: Rationality and Addiction (Cambridge: Cambridge University Press).

Etzioni, A. 1994 Spirit of Community: The Reinvention of American Society (New York: Touchstone).

Fancher, R. 1995 Cultures of Healing: Correcting the Image of American Mental Health Care (New York: W. H. Freeman).

Flyvbjerg, B. 2001 Making Social Science Matter: Why Social Inquiry Fails and How It Can Be Successful Again (Cambridge: Cambridge University Press).

Foucault, M. 1979 Discipline and Punish: The Birth of the Prison (trans. A.sheridan; New York: Vintage).

1980a The History of Sexuality, vol. 1: An Introduction (trans. R. Hurley; New York: Vintage/Random House).

1980b Power/Knowledge: Selected Interviews and Other Writings (ed. C.Gordon; New York: Pantheon).

1982 "On the Genealogy of Ethics: An Overview of Work in Progress", in H. Dreyfus and P. Rabinow (eds), Michel Foucault: Beyond Structuralism and Hermeneutics (Chicago: University of Chicago Press), pp.229-252.

Fowers, B. 1998 "Psychology and the Good Marriage: Social Theory as Practice", American Behavioral Scientist 41: 516-541.

Fowers, B., E. Lyons and K. Montel 1996 "Positive Illusions about Marriage: Self Enhancement or Relationship Enhancement?", Journal of Family Psychology10: 192-208.

van Fraassen, B. 1990 Laws and Symmetry (Oxford: Oxford University Press).

1993 "From Vicious Circle to Infinite Regress, and Back Again", in D. Hull, M. Forbes and K. Ohkruhlik (eds), PSA 1992, vol. II. Proceedings of the Philosophy of Science Association Conference 1992 (Evanston: Northwestern University Press), pp.6-29.

Frank, R., T. Gilovich, and D. Regan 1993 "Does Studying Economics Inhibit Cooperation?", Journal of Economic Perspectives 7: 159-172.

Freud, S. 1964 The Complete Psychological Works of Sigmund Freud, vol. XIX: 1923-25) The Ego and the Id, and Other Works (ed. J. Strachey; London: Hogarth Press).

Friedman, M. 1953 "The Methodology of Positive Economics", in Essays in Positive Economics (Chicago: University of Chicago Press), pp.3-43.

1974   "Explanation and Scientific Understanding", The Journal of Philosophy 71：5-19.
   Fromm，E. 1969 Escape from Freedom (New York：Avon［1941］).

1975   Man for Himself (New York：Fawcett Premier［1947］).

Funk，S. C.and B. K. Houston 1987   "A Critical Analysis of the Hardiness Scale's Validity
   and Utility", Journal of Personality and Social Psychology 53：572-578.

Furstenberg，F. and A.Cherlin 1991 Divided Families：What Happens to Children when
   Parents Part (Cambridge，MA：Harvard University Press).

Gadamer，H.-G. 1975   Truth and Method (New York：Continuum).

Geddes，B. 2003   Paradigms and Sand Castles：Theory Building and Research Design in
   Comparative Politics (Ann Arbor：University of Michigan Press).

Gendlin，E.1999   "A New Model", Journal of Consciousness Studies 6：232-237.

Gergen，K. 1982   Toward Transformationin Social Knowledge (New York：Springer-Verlag).

1985   "The Social Constructionist Movement in Modern Psychology", American
   Psychologist 40：266-275.

1994   Realities and Relationships：Soundings in Social Constructionism (Cambridge，MA：
   Harvard University Press).

Giddens，A. 1976   New Rules of Sociological Method (New York：Basic Books).

Giere，R. 1999   Science without Laws (Chicago：University of Chicago Press).

Gigerenzer，G. and D. J. Murray 1987   Cognition as Intuitive Statistics (Hillsdale，NJ：
   Erlbaum).

Gigerenzer，G. and R. Selten 2001   Bounded Rationality：The Adaptive Toolbox
   (Cambridge，MA：MIT Press).

Gilligan，C.1993   In a Different Voice：Psychological Theory and Wornen's Development
   (Cambridge，MA：Harvard University Press).

Girard，R. 1966   Deceit，Desire，and the Novel：Self and Other in Literary Structure
   (Baltimore：Johns Hopkins Press).

Gottman，J. 1993   "The Role of Conflict Engagement，Escalation，or Avoidance in Marital
   Interaction：A Longitudinal View of Five Types of Couples", Journal of Consulting and
   Clinical Psychology 61：6-15.

1994   What Predicts Divorce：The Relationship between Marital Processes and Marital
   Outcomes (Mahawa，NJ：Erlbaum).

Gottman，J. and N. Silver 1994   Why Marriages Succeed or Fail (New York：Simon and

Schuster).

Greenberg, J. and S. Mitchell 1983   Object Relations in Psychoanalytic Theory (Cambridge, MA: Harvard University Press).

Grüne-Yanoff, T. and P. Schweinzer 2005   "Game-Theoretic Models, Stories, and Their Assessment", Mimeo (unpublished).

Guerney, B., G. Brock and J. Coufal 1987   "Integrating Marital Therapy and Enrichment: The Relationship Enhancement Approach", in N. Jacobson and A.Gurman (eds), Clinical Handbook of Marital Therapy (New York: Guilford Press), pp.151-172.

Guignon, C. 1986   "Existentialist Ethics", in J. DeMarco and R. Fox (eds), New Directions in Ethics: The Challenge of Applied Ethics (New York: Routledge & Kegan Paul), pp.73-91.

1989   "Truth as Disclosure: Art, Language, History", The Southern Journal of Philosophy 28: 105-121.

1991   "Pragmatism or Hermeneutics? Epistemology after Foundationalism", in J. Bohman, D. Hiley and R. Schusterman (eds), The Interpretive Turn (Ithaca: Cornell University Press), pp.81-101.

2002   "Hermeneutics, Authenticity, and the Aims of Psychotherapy", JournaJ of Theoretical and Philosophical Psychology 22: 83-102.

Guignon, C.and D. Hiley 1990   "Biting the Bullet: Rorty on Private and Public Morality", in A. Malachowski (ed.), Reading Rorty (Cambridge, MA: Blackwell), pp.339-364.

Habermas, J. 1971   Knowledge and Human Interests (trans. Jeremy J. Shapiro; Boston: Beacon).

1973   Theory and Practice (Boston: Beacon).

1991   The Philosophical Discourse of Modernity (Cambridge, MA: MIT Press).

Hacking, I. 1991   "The Making and Molding of Child Abuse", Critical Inquiry17: 838-867.

1992   "The Self-Vindication of the Laboratory Sciences", in A.Pickering (ed.), Sciences as Practice and Culture (Chicago: University of Chicago Press), pp.29-64.

Hardin, G. 1968   "The Tragedy of the Commons", Science 162: 1243-1248.

Hare, R. 1963   Freedom and Reason (Oxford: Oxford University Press).

Hareven, T. 1987   "Historical Analysis of the Family", in M. Sussman and S. Steinmetz (eds), Handbook of Marriage and the Family (New York: Plenum), pp.37-57.

Harman, G. 1977   The Nature of Morality (New York: Oxford University Press).

Hausman, D. 1983 "Are There Causal Relations Among Dependent Variables?", Philosophy of Science 50: 58-81 .

von Hayek, F. A. 1942 "Scientism and the Study of Man I", Eçonomica 9: 267-291.

1967 Studies in Philosophy, Politics and Economics (Chicago: University of Chicago Press).

Heath, J. 2001 Communicative Action and Rational Choice (Cambridge, MA: MIT Press).

Held, D. 1980 Introduction to Critical Theory: Horkheimer to Habermas (Berkeley: University of California Press).

Hempel, C.G. 1965 "The Function of General Laws in History", in Aspects of Scientific Explanation and Other Essays in the Philosophy of Science (New York: The Free Press), pp.231-243.

Henrich, J. 2006 "Cooperation, Punishment, and the Evolution of Human Institutions", Science 312: 60-61.

Hillman, J. and M. Ventura 1992 We've Had a Hundred Years of Psychotherapy and the World's Getting Worse (San Francisco: Harper San Francisco).

Hobbes, T. 1994 Leviathan (ed. E. Curley; Indianapolis: Hackett [1651/1668]).

1998 On the Citizen (trans. & ed. R. Tuck and M. Silverthorne; Cambridge: Cambridge University Press [1642]).

Hollis, M. and R. Sugden 1993 Rationality in Action, Mind 102: 1-35.

Hoover, K. 2001 Causality in Macroeconomics (Cambridge: Cambridge University Press).

Horkheimer, M. 1974 Eclipse of Reason (New York: Continuum Publishing).

Hull, J. G., R. R. van Treuren and S. Virnelli 1987 "Hardiness and Health: A Critique and Alternative Approach", Journal of Personality and Social Psychology 53: 518-530.

Izawa, C. (ed.), 1989 Current Issues in Cognitive Processes: The Tulane Flowerree Symposium on Cognition (Hillsdale, NJ: Lawrence Erlbaum Associates).

Jaeger, C. C., O. Renn, E. A. R. osa and T. Webler 2001 Risk, Uncertainty, and Rational Action (London: Earthscan).

James, W. 1950 The Principles of Psychology, vol. 1 (New York: Dover [1890]).

Jones, L. G. 1997 "A Thirst for God or Consumer Spirituality? Cultivating Disciplined Practices of Being Engaged by God", in L. Gregory Jones and J. Buckley (eds), Spirituality and Social Embodiment (London: Blackwell), pp.3-28.

Jordan, D., H. Montgomery and E. Thomassen (eds), 1999 The World of Ancient Magic

(Philadelphia: Norwegian Institute at Athens/Coronet Books).

Kane, R. 1996   The Significance of Free Will (Oxford: Oxford University Press).

Karney, B. and T. Bradbury 1995   "The Longitudinal Course of Marital Quality and Stability: A Review of Theory, Method, and Research", Psychological Bulletin 18: 3-34.

Kelly, T.A. 1990   "The Role of Values in Psychotherapy: A Critical Review of Process and Outcome Effects", Clinical Psychology Review 10: 171-186.

Kerlinger, F. N. and H. B. Lee 1999   Foundations of Behavioral Research (Belmont, CA: Wadswo rth).

Kincaid, H. 1986   "Reduction, Explanation, and Individualism", Philosophy of Science 53: 492-513.

1996   Philosophical Foundations of the Social Sciences: Analyzing Controversies in Social Research (Cambridge: Cambridge University Press).

King, R. 1973   The Meaning of God (Philadelphia: Fortress).

Kitcher, P. 1981   "Explanatory Unification", Philosophy of Science 48: 507-531.

1993   The Advancement of Science: Science without Legend, Objectivity without Illusions (Oxford: Oxford University Press).

Kobasa, S. C. 1979   "Stressful Life Events, Personality, and Health: An Inquiry Into Hardiness", Journal of Personality and Social Psychology 37: 1-11.

Koch, S. 1981   "The Nature and Limits of Psychological Knowledge: Lessons of a Quarter Century qua Science", American Psychologist 36: 257-269.

Kohlberg, L. 1984   Essays on Moral Development (New York: Harper & Row).

Kohut, H. 1977   The Restoration of the Self (New York: International Universities Press).

Kuhn, T. 1996   The Structure of Scientific Revolutions (Chicago: University of Chicago Press, 3rd edn [1962]).

2000   "The Natural and the Human Sciences", in The Road Since Structure (Chicago: University of Chicago Press), pp.216-223.

Lasch, C.1991   Culture of Narcissism: American Life in an Age of Diminishing Expectations (New York: W. W. Norton).

Lee, G., K. Seccombe and C.Sheehan 1991   "Marital Status and Personal Happiness: An Analysis of Trend Data", Journal of Marriage and the Family 53: 839-844.

Lee, T. D. and C.Yang 1956   "Question of Parity Nonconservation in Weak Interactions", Physical Review 104: 254-258.

Lester，R. A.1946　"Shortcomings of Marginal Analysis for Wage-Employment problems"，American Economic Review 36：62-82.

1947　"Marginal Costs，Minimum Wages，and Labor Markets"，American Economic Review 37：135-148.

Levi，I. 1986　"The Paradoxes of Allais and Ellsberg"，Economics and Philosophy 2：23-53.

Lewis，C.S. 2001　A Grief Observed (San Francisco：Harper Collins［1961］).

Lindberg，D. C.1992　The Beginnings of Western Science：The European Scientific Tradition in Philosophical，Religious，and Institutional Context，600 B.C to A.D. 1450 (Chicago：University of Chicago Press).

Lukes，S. 1968　"Methodological Individualism Reconsidered"，British Journal of Sociology 19：119-129.

1987　"On the Social Determination of Truth"，in M. Gibbons (ed.)，Interpreting Politics (New York：New York University Press)，pp.64-81.

McCarthhy，T. 1988　"Panel Discussion：Construction and Constraint"，in E. McMullin (ed.)，Construction and Constraint：The Shaping of Scientific Rationality (Notre Dame，IN：University of Notre Dame Press)，pp.223-246.

McCullough，M. E.，K. I. Pargament and C. E. Thoresen 2001　Forgiveness：Theory，Research and Practice (New York：Guilford).

MacIntyre，A. 1981　Afer Virtue (Notre Dame，IN：University of Notre Dame Press).

Mackie，J. 1977　Ethics：Inventing Right and Wrong (Harmondsworth：Penguin Books).

McMullin，E. 1965　"Medieval and Modern Science：Continuity or Discontinuity?"，International Philosophical Quarterly5：103-129.

Maddi，S. 1997　"Personal Views Survey II：A Measure of Dispositional Hardiness"，in C.P. Zalaquett and R. J. Wood (eds)，Evaluating Stress：A Book of Resources (Lanham：The Scarecrow Press).

1999　"The Personality Construct of Hardiness：1. Effeds on Experiencing，Coping，and Strain"，Consulting Psychology Journal：Practice and Research 51：83-94.

Malinowski，B. 1948　The Sexual Lives of Savages in North-Western Melanesia (London：Routledge and Kegan Paul，3rd edn).

Markman，H.，M. Resnick，F. Floyd，S. Stanley and M. Clements 1993　"Preventing Marital Distress through Communication and Conflict Management Training：A Four-and Five-Year Follow-Up"，Journal of Consulting and Clinical Psychology 61：70-77.

May，R. 1958 "Contributions of Existential Psychotherapy", in R. May，E. Angle and H. F.Ellenberger (eds)，Existence: A New Dimension in Psychiatry and Psychology (New York: Basic Books).

Markman，H.，S. Stanley and S. Blumberg 1994 Fighting for Your Marriage: Positive Steps for Preventing Divorce and Preserving a Lasting Love (San Francisco: Jossey-Bass).

Martin，M. 1994 "Taylor on Interpretation and the Sciences of Man", in M. Martin and L. C. McIntyre (eds)，Readings in The Philosophy of Social Science (Cambridge，MA: MIT Press)，pp.259-279.

Marwell，G. and R. Ames 1981 "Economists Free Ride. Does Anyone Else? Experiments on the Provision of Public Goods. IV", Journal of Public Economics 15: 295-310.

Maslow，A. 1998 Toward a Psychology of Being (New York: Van Nostrand Reinhold，3rd edn [1962]).

Mayer，S. E. 1998 What Money Can't Buy: Family Income and Children's Life Chances (Cambridge，MA: Harvard University Press).

Milgram，S. 1974 Obedience to Authority (New York: Harper & Row).

Miller，R. 1978 "Methodological Individualism and Social Explanation", Philosophy of Science45: 387-414.

1987 Fact and Method: Explanation，Confirmation and Reality in the Natural and the Social Sciences (Princeton: Princeton University Press).

Mintz，S. and S. Kellogg 1988 Domestic Revolutions: A Social History of American Family Life (New York: Free Press).

Nagel，E. 1961 The Structure of Science: Problems in the Logic of Scientific Explanation (New York: Harcourt，Brace & World).

Nagel，T. 1989 The View from Nowhere (Oxford: Oxford University Press).

Ochs，J. and A. Roth 1989 "An Experimental Study of Sequential Bargaining", American Economic Review 79: 355-384.

Olson，D.，D. Fournier and J. Druckman 1987 Counselor's Manual for PREPARE/ ENRICH，(Minneapolis: PREPARE/ENRICH，revd edn).

Pargament，K. I. 2001 The Psychology of Religion and Coping: Theory，Research，Practice (New York: Guilford，new edn).

Parsons，T. 1937 The Structure of Social Action: A Study in Social Theory with Special Reference to a Group of Recent European Writers (New York: McGraw-Hill).

1959   The Social System (Glencoe，IL：The Free Press).

Polanyi，M. 1962   Personal Knowledge：Towards a Post-Critical Philosophy (Chicago：University of Chicago Press).

Polsby，N. W. 2001   "Political Science：Overview", in N. J. Smelser and P. B. Battes，eds.，International Encyclopedia of the Social &Behavioral Sciences (Amsterdam：Elsevier)，pp.11698-11701.

Popenoe，D. 1993   "American Family Decline，1960-1990：A Review and Appraisal", Journal of Marriage and the Family 55：527-555.

Popper，K. 1945   "The Poverty of Historicism III", Economica 11：69-89.

1963   Conjectures and Refutations：The Growth of Scientific Knowledge (New York：Harper & Row).

1992   The Logic of Scientific Discovery (London：Routledge，[1959]).

Portis，E. B.，M. B. Levy and M. Landau 1988 Handbook of Political Theory and Policy Science (New York：Greenwood).

Ragin，C.C. 2004   "Turning the Tables：How Case-Oriented Research Challenges Variable-Oriented Research", in D. Collier and H. Brady (eds)，Rethinking Social Inquiry：Diverse Tools，Shared Standards (Lanham，MD：Rowman and Littlefield)，pp.123-138.

Rayner，S. 1986   "Management of Radiation Hazards in Hospitals：Plural Rationalities in a Single Institution", Social Studies of Science 16：573-591.

Reichenbach，H. 1938   Experience and Prediction (Chicago：University of Chicago Press).

Richardson，F. C.and R. Bishop 2002   "Rethinking Determinism in Social Science", in H. Atmanspacher and R. Bishop (eds)，Between Chance and Choice：Interdisciplinary Perspectives on Determinism (Thorverton：Imprint Academic)，pp.425-445.

Richardson，F. C.and J. Christopher 1993   "Social Theory as Practice：Metatheoretical Frameworks for Social Inquiry", Journal of Theoretical and Philosophical Psychology 13：137-153.

Richardson，F. C.and B. Fowers 1998   "Interpretive Social Science：An Overview", American Behavioral Scientist 41：465-495.

Richardson，F. C.，B. Fowers and C.Guignon 1999   Re-envisioning Psychology：Moral Dimensions of Theory and Practice (San Francisco：Jossey-Bass).

Richardson，F.，A.Rogers and J. McCarroll 1998   "Toward a Dialogical Self", American Behavioral Scientist 41：496-515.

Ricoeur, P. 1992   Oneself as Another (Chicago: University of Chicago Press).

Rieff, P. 1959   Freud: The Mind of a Moralist (Chicago: Chicago University Press).

1966   The Triumph of the Therapeutic: Uses of Faith After Freud (Chicago: University of Chicago Press).

Rogeberg, O. 2004   "Taking Absurd Theories Seriously: Economics and the Case of Rational Addiction Theories ", Philosophy of Science 71: 263-285.

Root, M. 1993   Philosophy of Social Science (Oxford: Blackwell).

Rorty, R. 1982   Philosophy and the Mirror of Nature (Princeton: Princeton University Press).

1985   "Solidarity or Objectivity?", in J. Rajchman and C.West (eds), Post-Analytic Philosophy (New York: Columbia University Press), pp.3-19.

1987   "Method, Social Science and Social Hope", in M. Gibbons (ed.), Interpreting Politics (New York: New York University Press), pp.241-260.

Rosenberg, A. 1995   Philosophy of Social Science (Boulder: Westview, 2nd edn).

Ross, L., M. R. Lepper and M. Hubbard 1975   "Perseverance and Self-Perception: Biased Attributional Processes in the Debriefing paradigm", Journal of Personality and Social Psychology 32: 880-892.

Rychlak, J. 1979   Discovering Free Will and Personal Responsibility (Oxford: Oxford University Press).

1988   The Psychology of Rigorous Humanism (New York: New York University Press, 2nd edn). Salmon, M. H. et al. 1992 Introduction to the Philosophy of Science (Indianapolis: Hackett).

Salmon, W. 1984   Scientific Explanation and the Causal Structure of the World (Princeton: Princeton University Press).

Samuelson, P. 1938   "A Note on the Pure Theory of Consumers' Behaviour", Economica 5: 61-71.

Sandel, M. J. 1996   Democracy's Discontents: America in Search of a Public Philosophy (Harvard: Belknap).

Savage, L.J. 1954   The Foundations of Statistics (New York: John Wiley).

Schafer, R. 1976   A New Language for Psychoanalysis (New Haven: Yale University Press).

1980   "Narration in the Psychoanalyic Dialogue", in W. Mitchell, On Narrative (Chicago: University of Chicago Press).

1981   Narrative Actions in Psychoanalysis (New York：Basic Books).

Schilling，G. 2006   "Pluto：Underworld Character Kicked Out of Planet Family", Science 313：1214-1215.

Schumaker，J. 2001   The Age of Insanity：Modernity and Mental Health (Westport，CT：Praeger).

Short，J. F. 1984   "The Social Fabric at Risk：Toward the Social Transformation on Risk Analysis", American Sociological Review 49：711-725.

Shorter，E. 1975   The Making of the Modern Family (New York：Basic Books).

Siegel，L. 2006   "Thank You for Sharing", The New Republic 234：19-23.

Simon，H. A. 1947   Administrative Behavior：A Study of Decision-Making Processes in Administrative Organization (New York：Macmillan 2nd edn).

Sjoberg，G. and T. R. Vaughan 1993   "The Bureaucratization of Sociology", T. R. Vaughan，G. Sjoberg，and L. T. Reynolds (eds)，A Critique of Contemporary American Sociology (Dix Hills，NY：General Hall)，pp.54-113.

Skinner，B. F. 1965   Science and Human Behavior (New York：The Free Press).

1974   About Behaviorism (New York：Knopf).

2005   Walden Two (Indianapolis：Hackett［1948］).

Slife，B. and R. Williams 1995   What's Behind the Research? Discovering Hidden Assumptions in the Behavioral Sciences (Thousand Oaks：SAGE).

Smith，A. 1937   "The Wealth of Nations "(Modern Library；New York：Random House ［1776］).

Smith，T. C.1959   The Agrarian Origins of Modern Japan (Stanford：Stanford University Press). Staats，A. 1991 "Unified Positivism and Unification Psychology：Fad or New Field?", American Psychologist 46：899-912).

Sternberg，R. J. and T. Ben-Zeev 2001   Complex Cognition：The Psychology of Human Thought (New York：Oxford University Press).

Steuer，M. 2002   The Scientific Study of Society (Dordrecht：Kluwer Academic).

Stinchcombe，A. 1968   Constructing Social Theories (New York：Harcourt，Brace & World).

Sullivan，W. 1986   Reconstructing Public Philosophy (Berkeley：University of California Press).

Suppe，F. 1977   The Structure of Scientific Theories (Urbana：University of Illinois Press 2nd edn).

Taylor，C. 1975　Hegel (Cambridge： Cambridge University Press).

1985a　Philosophical Papers，vol.1： Human Agency and Language (Cambridge： Cambridge University Press).

1985b　Philosophical Papers，vol.2： Philosophy and the Human Sciences (Cambridge： Cambridge University Press).

1989　Sources of the Self (Cambridge，MA： Harvard University Press).

1993　"Engaged Agency and Background in Heidegger"，in C. Guignon (ed.)，The Cambridge Companion to Heidegger (Cambridge： Cambridge University Press)，pp.317-336.

1995　Philosophical Arguments (Cambridge，MA： Harvard University Press).

Teller，P. 2001　"Twilight of the Perfect Model Model"，Erkenntnis 55： 393-415.

Thomas，G. 2005　"The Qualitative Foundations of Political Science Methodology"，Perspectives on Politics 3： 855-866.

de Tocqueville，A. 1955　The Old Regime and the French Revolution (New York： Anchor [1856]).

Torretti，R. 2000　"'Scientific Realism' and Scientific Practice"，in E. Agazzi and M. Pauri (eds)，The Reality of the Unobservable： Observability，Unobservability and Their Impact on the Issue of Scientific Realism (Dordrecht： Kluwer Academic)，pp.113-122.

Tversky，A. and D. Kahneman 1981　"The Framing of Decisions and the Psychology of Choice"，Science 211： 453-458.

Tversky，A.and R. Thaler 1990　"Preference Reversals"，Journal of Economic Perspectives 4： 201-211.

Vaughan，T. R.，G. Sjoberg and L. T. Reynolds 1992　A Critique of Contemporary American Sociology (Dix Hills，NY： General Hall).

Vogel，S. 1998　"Exposing Life's Limits in Dimensionless Numbers"，Physics Today (Nov) ： pp.22-27.

Wachtel，P. 1997　Psychoanalysis，Behavior Therapy，and the Relational World (Washington，DC： American Psychological Association).

Warnke，G. 1987　Gadamer： Hermeneutics，Tradition，and Reason (Palo Alto： Stanford University Press).

Watkins，J. W. N. 1957　"Historical Explanation in the Social Sciences"，British Journal for the Philosophy of Science 8： 104-117.

Weber，M. 1949   Max Weber On The Methodology of the Social Sciences (eds & trans. E. Shils and H. Finch；New York：The Free Press).

1968   Economy and Society (ed. G. Roth and C.Wittich；New York：Bedminster，[1921]).

Weisstein，N. 1971   "Psychology Constructs the Female"，Social Education 35：362-373.

Whewell，W. 1858   Novum Organon Renovatum (London：J. W. Parker and Son).

Williams，M. 2001 Problems of Knowledge：A Critical Introduction to Epistemology (Oxford：Oxford University Press).

Williams，R. 1987   "Can Cognitive Psychology Offer a Meaningful Account of Meaningful Human Action"，Journal of Mind and Behavior 8：209-222.

2001   "The Biologization of Psychotherapy：Understanding the Nature of Influences"，in B. Slife，R. Williams and S. Barlow (eds)，Critical Issues in Psychotherapy：Translating New Ideas into Practice (Thousand Oaks：Sage Publications)，pp.51-73.

Winch，P. 1958   The Idea of Social Science and Its Relation to Philosophy (London：Routledge & Kegan Paul).

1977   "Understanding a Primitive Society"，in F. Dallmayr and T. McCarthy (eds)，Understanding and Social Inquiry (Notre Dame，IN：University of Notre Dame Press)，pp.159-188.

Wolin，S. 1972   "Political Theory as Vocation"，in M. Fisher (ed.)，Machiavelli and the Nature of Political Thought (New York：Atheneum)，pp.23-75.

Wylie，A. 1992   "Reasoning about Ourselves：Feminist Methodology in the Social Sciences"，in E. Harvey and K. Okruhik (eds)，Women and Reason (Ann Arbor：University of Michigan Press)，pp.225-244.

Yalom，I. 1980   Existential Psychotherapy (New York：Basic Books).

Yanchar，S. and B. Slife 1997   "Pursuing Unity in a Fragmented Psychology：Problems and Prospects"，Review of General Psychology 1：235-255.

Yankelovich，D. and W. Barrett 1970   Ego and Instinct (New York：Random House).

---

① 索引页码用原书页码，即本书边码。——责任编辑注